Dan Ariely und Jeff Kreisler
Teuer ist relativ

DAN ARIELY UND JEFF KREISLER

## TEUER IST RELATIV

### WARUM WIR NICHT MIT GELD UMGEHEN KÖNNEN

Aus dem Amerikanischen
von Stephan Gebauer

Econ

Die Originalausgabe erschien 2017 unter dem Titel
*Dollars and Sense. How We Misthink Money and How to Spend Smarter*
bei Harper Collins, New York.

Econ ist ein Verlag
der Ullstein Buchverlage GmbH

ISBN: 978-3-430-20252-7

1. Auflage 2018
© 2017 Dan Ariely & Jeff Kreisler
© der deutschsprachigen Ausgabe
Ullstein Buchverlage GmbH, Berlin 2018
Alle Rechte vorbehalten
Gesetzt aus der Quadraat
Satz: LVD GmbH, Berlin
Druck und Bindearbeiten: GGP Media GmbH, Pößneck

Printed in Germany

**DEM GELD GEWIDMET**
Für die wunderbaren Dinge, die du *für* uns tust,
die furchtbaren Dinge, die du *mit* uns tust,
und all die Grauzonen dazwischen.

# INHALT

Einleitung **9**

## TEIL I  WAS IST GELD?

1 Wetten Sie nicht darauf **17**
2 Möglichkeiten winken **23**
3 Ein Wertversprechen **32**

## TEIL II  WARUM UNSERE BEURTEILUNG DES WERTS WENIG MIT DEM WERT ZU TUN HAT

4 Wir vergessen, dass alles relativ ist **41**
5 Wir denken in Kategorien **66**
6 Wir vermeiden Schmerz **93**
7 Wir vertrauen unserem eigenen Urteil **134**
8 Wir überschätzen den Wert dessen, was wir haben **157**
9 Wir können Unfairness nicht ertragen und glauben, der Lohn müsse dem Aufwand entsprechen **185**
10 Wir erliegen dem Zauber von Worten und Ritualen **210**
11 Wir messen den Erwartungen zu großen Wert bei **233**
12 Wir können uns nicht beherrschen **253**
13 Wir überschätzen die Bedeutung des Preises **272**

## TEIL III  UND JETZT? BAUEN WIR EIN HAUS AUF DEM FUNDAMENT UNSERER DENKFEHLER

14 Lassen wir den Gedanken Taten folgen  **293**
15 Ein kostenloser Ratschlag  **307**
16 Beherrschen wir uns  **308**
17 Wir gegen sie  **321**
18 Halten wir inne und denken wir nach  **342**

Dank  **349**

Über die Autoren  **351**

Anmerkungen  **353**

# EINLEITUNG

Im Jahr 1975 leitete Bob Eubanks eine kurzlebige Spielshow im Fernsehen, die den Titel The Diamond Head Game trug. Ein Element der in Hawaii aufgenommenen Show war eine ungewöhnliche Bonusrunde mit Namen »Der Geldvulkan«. Die Teilnehmer wurden in einem Glaskasten eingeschlossen, der sich wenige Sekunden später in einen Windkanal verwandelte, in dem Geldscheine herumflogen. Die Kandidaten mussten versuchen, in einem bestimmten Zeitraum möglichst viele Scheine zu sammeln. Die Leute flippten im »Geldvulkan« vollkommen aus, drehten sich im Kreis und fuchtelten wild nach den Geldscheinen. Es war großes Unterhaltungsfernsehen: Fünfzehn Sekunden lang konnte alle Welt sehen, dass es im Leben nichts Wichtigeres gibt als Geld.

Bis zu einem gewissen Grad leben wir alle in einem Geldvulkan. Wir spielen dieses Spiel weniger intensiv und weniger auffällig, aber wir beteiligen uns seit vielen Jahren in verschiedensten Lebenslagen daran. Die meisten von uns denken viel über Geld nach: darüber, wie viel Geld wir haben, wie viel wir brauchen, wie wir an mehr herankommen können, wie wir das, was wir haben, bewahren können, und wie viel unsere Nachbarn, Freunde und Kollegen verdienen, ausgeben und sparen. Luxusgüter, Rechnungen, Chancen, Freiheit, Stress: Das Geld berührt sämtliche Bereiche des modernen Lebens, vom Familienbudget bis zur nationalen Politik, von Einkaufslisten bis zu Sparkonten.

Und wir müssen uns jeden Tag Gedanken über mehr Dinge machen, da sich die Finanzwelt weiterentwickelt. Unsere Hypotheken, Konsumkredite und Versicherungspolicen werden komplexer, wir leben länger im Ruhestand und werden mit immer neuen Finanztechnologien, komplexeren finanziellen Optionen und größeren finanziellen Herausforderungen konfrontiert.

Es wäre in Ordnung, viel über das Geld nachzudenken, wenn uns das dabei helfen würde, bessere finanzielle Entscheidungen zu fällen. Aber so ist es nicht. Die Wahrheit ist, dass schlechte Geldentscheidungen ein Merkmal des menschlichen Verhaltens sind. Wir verstehen uns sehr gut darauf, unser finanzielles Leben durcheinanderzubringen. Herzlichen Glückwunsch, Menschheit. Wir sind die Besten.

Denken Sie einmal über die folgenden Fragen nach:

- Spielt es eine Rolle, ob wir bar oder mit Kreditkarte bezahlen? Wir geben ja denselben Betrag aus, nicht wahr? Nun, die Forschung hat gezeigt, dass wir beim Zahlen mit Kreditkarte bereit sind, mehr zu bezahlen. Wir kaufen mehr ein und geben größere Trinkgelder, wenn wir mit der Karte zahlen. Außerdem neigen wir dazu, zu unterschätzen oder zu vergessen, wie viel wir ausgegeben haben, wenn wir – Sie haben richtig geraten – mit der Kreditkarte bezahlen.

- Welche Dienstleistung ist das bessere Geschäft für uns: wenn uns ein Schlüsseldienst unsere Haustür in zwei Minuten öffnet und 100 Dollar dafür verlangt, oder wenn er eine Stunde dafür braucht und 100 Dollar verlangt? Die meisten Leute glauben, dass sich der Schlosser, der länger für die Arbeit braucht, mehr bemüht und ein geringeres Stundenhonorar berechnet. Aber was wäre, wenn der Schlosser, der länger braucht, das Schloss zerbricht und austauschen muss, weshalb er 120 Dollar verlangt? Überraschenderweise halten die meisten Leute die Arbeit dieses Schlossers trotzdem für wertvoller als die seines schnelleren Kollegen, obwohl er in Wahrheit lediglich mit seiner Inkompetenz eine Stunde der Zeit seines Kunden verschwendet hat und obendrein teurer ist.

- Sparen wir genug fürs Alter? Wissen wir auch nur annäherungsweise, wie viel wir für den Ruhestand gespart haben werden, wenn wir aus dem Erwerbsleben ausscheiden, wie sich unsere Investments bis dahin entwickeln werden und wie viel Geld wir für die Jahre brauchen werden, die wir erwartungsgemäß im Ruhestand leben werden? Nein. Die Amerikaner fürchten sich so sehr vor der Planung ihres Ruhestands, dass sie weniger als 10 Prozent dessen ansparen, was sie brauchen werden, sie sind nicht sicher, genug zu sparen, und glauben bis zu ihrem achtzigsten Lebensjahr arbeiten zu müssen, obwohl ihre durchschnittliche Lebenserwartung nur bei 78 Jahren liegt. Natürlich ist das auch eine Methode, um die Ausgaben im Ruhestand zu verringern: Man geht nie in den Ruhestand.

- Nutzen wir unsere Zeit richtig? Oder verbringen wir mehr Zeit mit der Suche nach einer Tankstelle, bei der wir ein paar Cent sparen können, als mit der Suche nach einer günstigeren Hypothek?

Abgesehen davon, dass die Art, wie wir über Geld denken, unsere finanziellen Entscheidungen nicht verbessert, verändert uns der einfache Akt des Nachdenkens über Geld manchmal auf besorgniserregende Art.[1] Geld ist in den Vereinigten Staaten der häufigste Scheidungsgrund[2] und die Hauptursache für Stress.[3] Die menschliche Fähigkeit zur Problemlösung sinkt nachweislich, wenn wir uns mit Geldproblemen herumschlagen.[4] Mehrere Studien haben gezeigt, dass reiche Personen insbesondere dann, wenn sie daran erinnert werden, dass sie reich sind, oft weniger ethisch handeln als die Durchschnittsperson,[5] und in einer Studie stellte sich heraus, dass Personen, denen Bilder von Geldscheinen gezeigt wurden, eher am Arbeitsplatz Bürobedarf stahlen oder logen, um an mehr Geld zu kommen.[6] Die Beschäftigung mit Geld bringt tatsächlich unseren Verstand durcheinander.

In Anbetracht der Bedeutung des Geldes – für unser persönliches Leben, für die Volkswirtschaft und für die Gesellschaft – und mit Blick auf die Probleme, auf die wir in dem Bemühen stoßen, rational über Geld nachzudenken, stellt sich die Frage, was wir tun können, um unseren Umgang mit Geld zu verbessern. Die übliche Antwort auf diese Frage lautet »finanzielle Allgemeinbildung«. Leider vergessen wir die Lehren, die wir aus einer solchen Bildung ziehen – Wie sollte man sich beim Autokauf verhalten? Wie findet man die geeignete Hypothek? – sehr schnell wieder, sodass sie praktisch keinen langfristigen Einfluss auf unser Verhalten haben.

Daher werden wir in diesem Buch nicht versuchen, Sie »finanziell zu erziehen« oder ihnen zu sagen, was Sie mit ihrem Geld tun sollen, wann immer Sie die Geldbörse zücken. Stattdessen werden wir einige der häufigsten Fehler im Umgang mit Geld untersuchen und erklären, warum wir diese Fehler begehen. So werden Sie, wenn Sie das nächste Mal vor einer wichtigen finanziellen Entscheidung stehen, besser in der Lage sein, die Kräfte zu verstehen, die sich auf Ihr Verhalten auswirken, und hoffentlich eine bessere Entscheidung fällen. Zumindest werden Sie besser verstehen, warum Sie ein bestimmtes Verhalten zeigen.

Sie werden eine Reihe von Personen kennenlernen und lesen, wie diese Leute zu ihren finanziellen Entscheidungen gelangt sind. Wir werden Ihnen erklären, wie sich diese Personen verhielten, und darlegen, was uns die Wissenschaft über ihre Erfahrungen zu sagen hat. Einige dieser Geschichten sind real, während andere wie Filme »auf einer wahren Geschichte beruhen«. Einige der Personen, denen wir begegnen werden, sind vernünftig. Andere sind Dummköpfe. Ihr Verhalten mag stereotypisch wirken, weil wir einige ihrer Eigenschaften hervorheben oder sogar überzeichnen werden, um bestimmte verbreitete Verhaltensweisen zu verdeutlichen. Wir hoffen, dass unsere Leser das Menschliche, die Fehler und das Versprechen in diesen Geschichten sehen und die Beziehung zu ihrem eigenen Leben herstellen können.

Dieses Buch erklärt, wie wir über Geld denken und welche Fehler wir dabei machen. Und wir zeigen, welche Kluft zwischen unserem Verständnis der Funktionsweise des Geldes, unserem tatsächlichen Umgang damit und einem rationalen Verständnis und Einsatz des Geldes besteht. Wir untersuchen, wo unser Verständnis des Geldes an Grenzen stößt, und erklären die üblichen Fehler, die wir beim Geldausgeben machen.

Werden wir nach der Lektüre dieses Buches imstande sein, klüger mit unserem Geld umzugehen? Garantiert. Vielleicht. Ein bisschen. Wahrscheinlich.

Wir sind davon überzeugt, dass eine Erklärung der komplexen Kräfte hinter den finanziellen Entscheidungen, die unsere Zeit in Anspruch nehmen und unser Leben bestimmen, zumindest unsere finanzielle Lage verbessern kann. Auch glauben wir, dass wir bessere *nichtfinanzielle* Entscheidungen fällen werden, wenn wir die Auswirkungen des Geldes auf unser Denken verstehen. Warum? Weil es bei unseren Entscheidungen in Geldangelegenheiten um mehr als Geld geht. Dieselben Kräfte, die unsere Realität in der Welt des Geldes prägen, beeinflussen auch, wie wir die wichtigen Dinge in anderen Lebensbereichen bewerten: wie wir unsere Zeit verbringen, unsere Karriere steuern, auf andere Menschen zugehen, Beziehungen knüpfen, uns selbst glücklich machen und die Welt um uns verstehen.

Einfach ausgedrückt: Dieses Buch wird alles besser machen. Ist das nicht den Preis des Buches wert?

## TEIL I
# WAS IST GELD?

# 1
# WETTEN SIE NICHT DARAUF

George Jones* muss ein wenig Dampf ablassen. Die Arbeit setzt ihn unter Stress, die Kinder streiten, das Geld ist knapp. Also macht er bei einem von der Firma organisierten Ausflug nach Las Vegas einen Abstecher ins Casino. Er parkt gratis auf dem Parkplatz am Ende einer bemerkenswert gepflegten, mit öffentlichen Geldern finanzierten Straße und wandert mit gesenktem Kopf ziellos in das Universum des Casinos.

Der Lärm reißt ihn aus seiner Benommenheit: Musik aus den Achtzigern, in Registrierkassen klimpernde Münzen und das Klingeln Tausender Glücksspielautomaten. Er fragt sich, wie lange er schon im Casino ist. Es gibt dort keine Uhren, aber beim Anblick der alten Leute, die vor den einarmigen Banditen hocken, könnte man meinen, ein ganzes Leben dort verbracht zu haben. Vermutlich sind es nicht mehr als fünf Minuten gewesen. Der Eingang kann nicht weit entfernt sein. Allerdings kann er den Eingang nicht sehen, und auch keinen Ausgang ... oder irgendwelche Türen oder Fenster oder Flure oder andere mögliche Fluchtwege. Nur blitzende Lichter, spärlich bekleidete Kellnerin-

---

* Nicht der Sänger, sondern jemand, den wir erfunden haben. Für unsere Zwecke wollen wir annehmen, dass er überhaupt nicht singen kann, nicht einmal Karaoke.

nen, Dollarzeichen und Leute, die entweder in Ekstase oder niedergeschlagen sind – aber nie etwas dazwischen.

Spielautomaten? Klar, warum nicht? Beim ersten Versuch dreht die Walze um *Haaresbreite* an einem großen Gewinn vorbei. Also verbringt George eine Viertelstunde damit, Dollarscheine in den Schlitz zu schieben, um seine Verluste wieder hereinzuholen. Er gewinnt kein einziges Spiel, aber einige Male verpasst er einen Volltreffer *ganz knapp*.

Als er in seiner Geldbörse keine dieser lästigen kleinen Scheine mehr findet, holt sich George 200 Dollar vom Geldautomaten. Die Gebühr von 3,50 Dollar stört ihn nicht, denn mit seiner ersten guten Hand wird er diese Kosten wieder einspielen. Er lässt sich an einem Blackjack-Tisch nieder. Im Tausch gegen zehn nagelneue 20-Dollar-Scheine schiebt ihm der weibliche Croupier einen Stapel leuchtendroter Plastikchips zu, auf denen die Silhouette des Casinos mit Federn, einem Pfeil und einem Tipi abgebildet ist. Sie sind jeweils 5 Dollar wert, aber sie fühlen sich nicht wie Geld, sondern eher wie Spielzeug an. George dreht sie zwischen den Fingern, tippt sie auf dem Filz auf, schaut sich an, wie die Stapel der Spieler wachsen und schrumpfen, und wünscht sich, einen in allen Regenbogenfarben schimmernden Chipvorrat zu haben wie die Croupière. George bittet sie, nett zu ihm zu sein. »Schätzchen, wenn es nach mir geht, können Sie alles gewinnen«, antwortet sie. »Das Geld gehört nicht mir.«

Eine hübsche, freundliche Kellnerin bringt George ein Gratisgetränk. Gratis! Was für ein Geschäft! Er hat schon gewonnen. Er gibt der Kellnerin einen der kleinen Spielzeugchips.

George spielt und hat ein bisschen Spaß. Dann hat er das Gegenteil von Spaß. Er gewinnt ein wenig und verliert mehr. Manchmal, wenn die Chancen anscheinend gut für ihn stehen, verdoppelt er seinen Einsatz oder teilt seine Karten, um vier Chips statt zwei oder sechs statt drei zu riskieren. Am Ende hat er seine 200 Dollar verloren. Irgendwie schafft er es nicht, wie die anderen Spieler am Tisch hohe Chipstapel anzuhäufen, um wenige Minuten später Geldbündel zu zücken und Chips nachzukaufen. Einige seiner Mitspieler sind freundlich, andere werden wütend, wenn ihnen jemand »ihre Karte wegschnappt«, aber keiner von ihnen scheint zu der Sorte Spieler zu gehören, die es sich leisten können, in einer Stunde 500 oder 1000 Dollar zu verlieren. Und trotzdem geschieht genau das immer wieder.

Am Morgen hat George noch wenige Schritte von einem Café entfernt kehrtgemacht, um 4 Dollar zu sparen, indem er sich seinen Kaffee im Hotelzimmer selbst brühte. Und wenige Stunden später wirft er vierzig Chips im Wert von 5 Dollar weg, ohne mit der Wimper zu zucken. Er gibt sogar der Croupière einen, weil sie so nett ist.

## WAS GEHT HIER VOR?

Es ist ein bisschen unfair, mit diesem Beispiel zu beginnen, denn die Spielhallen haben die Kunst perfektioniert, uns von unserem Geld zu trennen. Aber Georges Erfahrung gibt uns einen Hinweis auf psychologische Fehler, die wir auch unter weniger heimtückischen Umständen begehen.

Sehen wir uns einige der Phänomene an, die sich in der Glitzerwelt der Casinos auf unser Verhalten auswirken. In den folgenden Kapiteln werden wir uns diesen Faktoren genauer widmen:

**MENTALE BUCHFÜHRUNG.** George macht sich Sorgen über seine finanzielle Lage, was man daran erkennt, dass er am Morgen lieber das Geld für einen Kaffee spart. Dennoch verspielt er im Casino leichthin 200 Dollar. Sein widersprüchliches Verhalten liegt daran, dass er die Ausgaben im Casino auf einem anderen »mentalen Konto« verbucht als den Kaffee. Indem er sein Geld gegen Plastikspielsteine eintauscht, eröffnet er ein »Unterhaltungskonto«, während seine anderen Ausgaben weiter aus einem Konto für »tägliche Ausgaben« kommen. Dieser Trick hilft ihm, die beiden Ausgabenarten unterschiedlich zu beurteilen, obwohl sie tatsächlich mit demselben Konto bestritten werden müssen: Auf diesem Konto liegt »Georges Geld«.

**GRATIS HAT EINEN PREIS.** George ist zufrieden, weil er kostenlos parken kann und Gratisgetränke bekommt. In Wahrheit bezahlt er nur nicht direkt für diese »kostenlosen« Dinge, die ihn in eine gute Stimmung bringen und sein Urteilsvermögen trüben. Tatsächlich haben diese »kostenlosen« Angebote einen hohen Preis. Es gibt die Redensart, die besten Dinge im Leben seien gratis. Mag sein. Aber was gratis ist, verursacht oft unerwartete Kosten.

**DER SCHMERZ DES BEZAHLENS.** George hat nicht das Gefühl, Geld auszugeben, wenn er die bunten Casinochips nutzt, um spielen zu können oder Trinkgelder zu geben. Er hat vielmehr das Gefühl, ein Spiel zu spielen. Da er den Verlust mit jedem verlorenen Chip nicht spürt und sich der Tatsache, dass er Geld ausgibt, nicht vollkommen bewusst ist, sind ihm die Auswirkungen seiner Entscheidungen nicht klar. Plastikchips auszugeben, fühlt sich, anders als die Übergabe von Geldscheinen, nicht wie wirkliches Bezahlen an. Also wirft George mit den Chips um sich.

**RELATIVITÄT.** Das Trinkgeld von 5 Dollar, das George der Kellnerin für ein Gratisgetränk gibt, und die Abhebegebühr von 3,50 Dollar wirken verglichen mit den auf dem Blackjack-Tisch gestapelten Chips oder den 200 Dollar, die sich George aus dem Geldautomaten geholt hat, wie unerhebliche Ausgaben. Es sind *relativ* kleine Geldbeträge, und weil er sie in Relation zu den großen Beträgen betrachtet, fällt es ihm leichter, weiter Geld auszugeben. Hingegen wirkten die 4 Dollar, die er am Morgen in einem Lokal für einen Kaffee hätte bezahlen müssen, verglichen mit dem kostenlosen Kaffee aus der Maschine in seinem Hotelzimmer, wie eine zu hohe Ausgabe.

**ERWARTUNGEN.** Umgeben vom Anblick und den Klängen des Geldes – Registrierkassen, glitzernde Lampen, Dollarzeichen – fühlt sich George zwangsläufig wie James Bond, wie ein geschmeidiger Held, der über ungünstige Wahrscheinlichkeiten im Casino und Bösewichte gleichermaßen triumphieren wird.

**SELBSTBEHERRSCHUNG.** Das Glücksspiel ist bei vielen Menschen ein ernstes Problem, ja sogar eine Sucht. Aber für unsere Zwecke genügt es festzustellen, dass es George, der unter Stress steht und von der Umgebung mit den freundlichen Angestellten und den »leichten« Chancen beeinflusst wird, schwerfällt, der Versuchung des Glücksspiels zu widerstehen und sich auf die Aussicht zu konzentrieren, in einem weit entfernten Ruhestand 200 Dollar mehr zur Verfügung zu haben.

Es mag den Anschein haben, als könnten uns all diese kognitiven Fehler nur bei einem Casinobesuch unterlaufen, aber die Wahrheit ist: Die Welt hat sehr viel größere Ähnlichkeit mit einem Casino, als wir zugeben möchten. Im Jahr 2016 machten die Vereinigten Staaten sogar einen Casinobesitzer zu ihrem Präsidenten. Obwohl wir nicht alle Dampf ablassen, indem wir in die Spielhalle laufen, sind wir alle bei unseren Entscheidungen mit ähnlichen Herausforderungen konfrontiert, wenn es um die mentale Buchführung, den Preis des Kostenlosen, den Schmerz des Bezahlens, um Relativität, Selbstbeherrschung und andere Probleme geht. Die Fehler, die George im Casino macht, unterlaufen uns allen in vielen Bereichen unseres Alltagslebens. Der Grund für diese Fehler ist, dass wir die Natur des Geldes falsch verstehen.

Die meisten Leute glauben, sich mit Geld gut auszukennen, aber die überraschende Wahrheit ist, dass wir nicht wirklich wissen, was es ist und was es für uns tut. Und was noch überraschender ist: Wir wissen nicht, was es mit uns macht.

# 2
# MÖGLICHKEITEN WINKEN

Was genau ist also Geld? Was tut es für uns und was macht es mit uns?

Diese Fragen stellte sich George im Casino mit Sicherheit nicht, und den meisten von uns gehen sie, wenn überhaupt, nur selten durch den Kopf. Aber es sind wichtige Fragen, und sie sind ein guter Ausgangspunkt.

Geld stellt einen WERT dar. Für sich genommen ist Geld wertlos. Es repräsentiert lediglich den Wert von Dingen, gegen die wir es eintauschen können. Geld ist ein Bote, der Wert übermittelt.

Das ist wunderbar: Geld macht es uns leicht, den Wert von Gütern und Dienstleistungen zu bestimmen, und das wiederum macht es uns leicht, sie auszutauschen. Anders als unsere Vorfahren müssen wir nicht viel Zeit dafür aufwenden, zu feilschen oder zu plündern, um grundlegende Güter in unseren Besitz zu bringen. Das ist gut, denn nur wenige von uns können mit einer Armbrust oder einem Katapult umgehen.

Geld weist einige spezielle Merkmale auf, die es besonders nützlich machen:

- Es ist **allgemeingültig**: Wir können es gegen fast alles eintauschen.

- Es ist **teilbar**: Es kann auf fast jedes Ding von beliebiger Größe angewandt werden.

- Es ist **austauschbar**: Wir sind nicht auf eine bestimmte Währungseinheit angewiesen, denn sie kann durch jede andere Einheit ersetzt werden, die denselben Betrag repräsentiert. Ein Zehndollarschein ist so gut wie jeder andere Zehndollarschein, egal wo und wie wir in seinen Besitz gelangt sind.

- Es kann **gespeichert** werden: Es kann zu jedem Zeitpunkt verwendet werden, jetzt oder in der Zukunft. Anders als Autos, Möbel, Lebensmittel oder T-Shirts altert Geld nicht. Es verrottet und verdirbt nicht.

Mit anderen Worten: Jeder Geldbetrag kann jederzeit verwendet werden, um (fast) beliebige Dinge zu erwerben. Dank dieser grundlegenden Tatsache können wir Menschen, wir Angehörigen der Spezies *Homo irrationalis*, darauf verzichten, direkt miteinander zu feilschen und stattdessen ein Symbol – Geld – zu verwenden, um Güter und Dienstleistungen sehr viel effizienter auszutauschen. Das wiederum verleiht dem Geld seine letzte und wichtigste Eigenschaft: Es ist ein ALLGEMEINES GUT, was bedeutet, dass jedermann es für den Erwerb von (fast) allem verwenden kann.

Wenn wir uns diese Merkmale des Geldes ansehen, wird uns klar, dass es das moderne Leben ohne Geld nicht geben würde. Geld gibt uns die Möglichkeit, zu sparen, Neues auszuprobieren, zu teilen und uns zu spezialisieren – es erlaubt uns, Lehrer und Künstler, Rechtsanwalt und Landwirt zu werden. Das Geld gibt uns die Freiheit, unsere Zeit und Mühe auf alle möglichen Aktivitäten zu verwenden, uns unseren Begabungen und Neigungen zu widmen, Neues zu lernen und Kunst, Wein und Musik zu genießen – lauter Dinge, die es ohne Geld nicht in größerem Umfang gäbe.

Das Geld hat das menschliche Leben so sehr verändert wie alle anderen bedeutenden Fortschritte – im selben Maß wie die Druckerpresse, das Rad, die Elektrizität und sogar das Reality-TV.

Doch so wichtig und nützlich das Geld ist, sind einige seiner Vorzüge zugleich auch ein Fluch. Sie bringen viele der Probleme hervor, die mit der Verwendung des Geldes einhergehen. Wie der große Philosoph Notorious B. I. G. sagte: »Mo' Money Mo' Problems.«

Um uns ein Bild von Segen und Fluch des Geldes zu machen – jede Münze hat tatsächlich zwei Seiten – sollten wir uns die grundlegende Natur des Geldes ansehen. Es steht außer Frage, dass die Möglichkeit, Geld gegen eine fast unbeschränkte Vielfalt von Dingen einzutauschen, eine grundlegende und großartige Eigenschaft ist. Aber sie bedeutet auch, dass die Entscheidungen über die Verwendung unseres Geldes ungeheuer komplex sind.

Obwohl der Volksmund etwas anderes sagt, ist es tatsächlich ganz einfach, Äpfel mit Birnen zu vergleichen. Wenn wir vor einem Obstteller stehen, auf dem ein Apfel und eine Birne liegen, wissen wir zu jedem beliebigen Zeitpunkt genau, welche der beiden Früchte wir wollen. Aber wenn das Geld ins Spiel kommt und wir entscheiden müssen, ob wir für einen Apfel einen Dollar oder 50 Cent bezahlen wollen, dann stehen wir vor einer schwierigeren Entscheidung. Kostet der Apfel einen Dollar, die Birne hingegen nur 75 Cent, so wird die Entscheidung noch komplexer. Wann immer es bei einer Entscheidung ums Geld geht, wird sie schwieriger!

## ENTGANGENE MÖGLICHKEITEN

Warum werden diese Entscheidungen über Geld komplizierter? Es liegt an den OPPORTUNITÄTSKOSTEN.

Wenn wir die besonderen Merkmale des Geldes berücksichtigen – die Tatsache, dass es allgemeingültig, teilbar, speicherbar, austauschbar und vor allem ein allgemeines Gut ist –, wird klar, dass wir Geld fast beliebig verwenden können. Aber dass wir es für den Kauf fast beliebiger Güter verwenden können, bedeutet nicht, dass wir *alles* damit kaufen können. Wir müssen eine Wahl treffen. Wir müssen Opfer bringen und entscheiden, welche Dinge wir *nicht* kaufen. Das bedeutet, dass wir es, wann immer wir Geld verwenden, bewusst oder unbewusst, mit Opportunitätskosten zu tun haben.

Opportunitätskosten sind Alternativen. Alternativen, auf die wir jetzt oder später verzichten, um etwas Bestimmtes zu tun. Es sind die Möglichkeiten, die wir opfern, wenn wir uns für etwas entscheiden.

Wir *sollten* die Opportunitätskosten so verstehen: Wenn wir Geld für eine Sache ausgeben, können wir es nicht für etwas anderes ausgeben, und zwar weder jetzt noch zu einem späteren Zeitpunkt.

Werfen wir erneut einen Blick auf den Obstteller, nur dass wir uns jetzt eine Welt vorstellen wollen, in der es nur zwei Produkte gibt: einen Apfel und eine Birne. Die Opportunitätskosten des Kaufs des Apfels bestehen darin, dass wir auf die Möglichkeit verzichten, die Birne zu kaufen, und die Opportunitätskosten der Entscheidung für die Birne bestehen darin, dass uns die Möglichkeit entgeht, den Apfel zu kaufen.

Hätte unser Freund George also jene 4 Dollar für einen morgendlichen Kaffee in einem Lokal ausgegeben, so hätte er keine Möglichkeit mehr gehabt, dieses Geld für eine Busfahrkarte, einen Nachtisch beim Mittagessen oder etwas Süßes bei einem Treffen der Anonymen Spieler auszugeben, an denen er in ein paar Jahren teilnehmen wird. Er hätte nicht auf 4 Dollar verzichtet, sondern auf andere Möglichkeiten, die ihm diese 4 Dollar zum jetzigen Zeitpunkt oder irgendwann in der Zukunft eröffnet hätten.

Um besser zu verstehen, warum die Opportunitätskosten so wichtig sind und warum es uns nicht gelingt, sie angemessen zu berücksichtigen, können wir uns vorstellen, dass uns jemand jeden Montag 500 Dollar gibt und dass wir im Lauf der Woche nur dieses Geld zur Verfügung haben. Am Wochenanfang denken wir möglicherweise nicht über die Konsequenzen unserer Entscheidungen nach. Es ist uns nicht klar, worauf wir verzichten, wenn wir im Restaurant essen oder etwas trinken gehen oder das schöne Hemd kaufen, auf das wir schon seit einer Weile ein Auge geworfen haben. Aber wenn das Geld langsam schwindet und das Wochenende näherrückt, wird uns bewusst, dass wir uns einige Dinge nicht mehr leisten können. Am Freitag haben wir nur noch 43 Dollar übrig und begreifen, dass es Opportunitätskosten gibt und dass sich unsere Ausgaben am Wochenanfang auf den Betrag ausgewirkt haben, der uns noch zur Verfügung steht. Da wir uns am Montag entschieden haben, ein schickes Hemd zu kaufen, ins Restaurant und anschließend in eine Bar zu gehen, stehen wir am Sonntag vor einer schwierigen Wahl: Wir können uns noch die Zeitung oder einen Bagel mit Frischkäse leisten, aber beides ist nicht mehr möglich. Am Montag hätten wir über die Opportunitätskosten nachdenken können, aber sie waren uns noch nicht bewusst. Jetzt sind die Opportunitätskosten endlich klar, aber es ist zu spät, um noch etwas zu ändern (wenigstens macht es sich gut, den Sportteil mit leerem Magen zu lesen).

Die Opportunitätskosten sind also das, worüber wir nachdenken *sollten*, wenn wir finanzielle Entscheidungen fällen. Wir sollten überlegen, auf welche Alternativen wir in dem Augenblick verzichten, da wir uns entscheiden, unser Geld für bestimmte Dinge auszugeben. Aber wir denken nicht genug über die Opportunitätskosten nach – wenn wir uns überhaupt damit beschäftigen. Das ist unser größter Fehler im Umgang mit Geld und der Grund für viele weitere Fehler. Es ist das unsolide Fundament, auf dem wir das Haus unserer Finanzen errichten.

## EIN UMFASSENDERES BILD

Opportunitätskosten sind nicht auf die persönlichen Finanzen beschränkt. Sie haben globale Auswirkungen, wie Präsident Dwight D. Eisenhower im Jahr 1953 in einer Rede über das Wettrüsten feststellte:

Jedes Geschütz, das gegossen wird, jedes Schlachtschiff, das vom Stapel läuft, jede Rakete, die abgefeuert wird, ist letzten Endes ein Diebstahl an denen, die hungern und nicht ernährt werden, an denen, die frieren und keine Kleidung erhalten. Diese hochgerüstete Welt gibt nicht nur Geld aus. Sie gibt den Schweiß ihrer Arbeiter, das Genie ihrer Wissenschaftler, die Hoffnungen ihrer Kinder aus. Ein modernes Kampfflugzeug kostet so viel wie moderne Schulen für mehr als dreißig Städte. So viel wie zwei Stromkraftwerke, die jeweils eine Stadt mit 60 000 Einwohnern versorgen können. So viel wie zwei modern ausgestattete Krankenhäuser. So viel wie fünfzig Meilen Betonpflaster. Für ein einziges Kampfflugzeug zahlen wir mit einer halben Million Scheffel Weizen. Für einen einzigen Zerstörer bezahlen wir mit Häusern, in denen wir mehr als 8000 Menschen hätten unterbringen können.

Zum Glück bewegen sich unsere persönlichen Opportunitätskosten meistens eher in der Größenordnung von Äpfeln als in der von Kriegen.

---

Vor einigen Jahren fragten Dan und ein Forschungsassistent von ihm bei einem Toyota-Autohaus potenzielle Käufer, worauf sie verzichten würden, sollten sie ein neues Auto kaufen. Die meisten Leute konnten die Frage nicht beantworten. Keiner der Kunden hatte sich die Mühe gemacht, darüber nachzudenken, dass man sich für die Tausenden Dollar, die man für ein Auto ausgeben würde, auch andere Dinge kaufen könnte. Dan versuchte, ein wenig tiefer zu bohren, und fragte die Kunden, welche spezifischen Produkte und Dienstleistungen sie nicht erwerben könnten, wenn sie sich einen neuen Toyota kauften. Die meisten Leute antworteten, wenn sie einen Toyota kauften, könnten sie keinen Honda kaufen, oder wählten eine andere einfache Ersatzmöglichkeit. Nur wenige Kunden sagten, sie würden nicht in der Lage sein, in diesem Jahr nach Spanien und im Jahr darauf nach Hawaii zu reisen, oder sie würden es sich in den nächsten Jahren nicht leisten können, zweimal im Monat in ein nettes Restaurant zu gehen, oder sie würden fünf Jahre länger brauchen, um ihren Studienkredit abzuzahlen. Die Leute waren anscheinend nicht imstande oder nicht bereit, sich das Geld, das sie auszugeben gedachten, als potenzielle Fähigkeit vorzustellen, in der Zukunft eine Reihe von Erfahrungen und Gütern zu bezahlen. Das liegt daran, dass Geld so abstrakt und allgemein ist, dass es uns schwerfällt, uns Opportunitätskosten vorzustellen oder sie zu berücksichtigen. Wenn wir Geld ausgeben, kommt uns im Grunde nichts Bestimmtes außer der einen Sache in den Sinn, über deren Kauf wir nachdenken.

Die Unfähigkeit, uns Opportunitätskosten vorzustellen, sowie unsere Abneigung gegen eine Beschäftigung mit diesen Kosten sind nicht auf den Autokauf beschränkt. Wir sind fast nie in der Lage, die Alternativen richtig einzuschätzen. Und wenn wir die Opportunitätskosten nicht sehen, ist leider die Wahrscheinlichkeit groß, dass unsere Entscheidungen unseren Interessen schaden.

Nehmen wir den Kauf einer Stereoanlage, den Shane Frederick, Nathan Novemsky, Jing Wang, Ravi Dhar und Stephen Nowlis in einem Artikel mit dem passenden Titel »Opportunity Cost Neglect« (Vernachlässigung der Opportunitätskosten) als Beispiel heranziehen. Die Autoren führten ein Experiment durch, bei dem sie die Teilnehmer baten, sich zwischen einer Anlage von Pioneer zum Preis von 1000 Dollar und einem Produkt von Sony zum Preis von 700 Dollar zu entscheiden. Eine zweite Versuchsgruppe wurde aufgefordert, zwischen der 1000 Dollar teuren

Pioneer-Anlage und einem ebenfalls 1000 Dollar teuren Paketangebot zu wählen, bei dem sie *zusätzlich* zur Sony-Anlage einen Gutschein in Höhe von 300 Dollar erhalten würden, der ausschließlich zum Erwerb von CDs verwendet werden konnte.

In Wahrheit wählten beide Gruppen zwischen verschiedenen Arten, 1000 Dollar auszugeben. Die erste Gruppe konnte entscheiden, ob sie das ganze Geld für eine Pioneer-Anlage oder 700 Dollar für eine Sony-Anlage und 300 Dollar für andere Dinge ausgeben wollte. Die zweite Gruppe konnte entscheiden, ob sie das ganze Geld für die Pioneer-Anlage oder 700 Dollar für eine Sony-Anlage und 300 Dollar für Musik-CDs ausgeben wollte. Die Ergebnisse zeigten, dass die mit einem 300-Dollar-Gutschein für CDs verbundene Sony-Anlage sehr viel beliebter war als dieselbe Anlage ohne die CDs. Das ist sonderbar, denn genau genommen sind 300 Dollar, über die man frei verfügen kann, mehr wert als 300 Dollar, die für CDs ausgegeben werden müssen. Denn mit dem frei verfügbaren Geld kann man alles kaufen, was man will – einschließlich CDs. Aber die Versuchsteilnehmer fanden die 300 Dollar verlockender, wenn sie für CDs ausgegeben werden mussten. Das liegt daran, dass CDs im Wert von 300 Dollar sehr viel konkreter und klarer definiert sind als 300 Dollar für »beliebige Dinge«. Bei den 300 Dollar für CDs wissen wir, was wir bekommen. Sie sind greifbar und leicht zu bewerten. Sind die 300 Dollar hingegen abstrakt und allgemein, so gelingt es uns nicht, uns eine bestimmte Vorstellung davon zu machen, wie wir dieses Geld ausgeben werden, weshalb die auf uns wirkenden emotionalen Motivationskräfte schwächer sind. Das ist nur ein Beispiel dafür, dass wir den Wert des Geldes, wenn wir eine allgemeine Vorstellung davon haben, zu niedrig einschätzen im Vergleich zu einer Situation, in der wir eine spezifische Vorstellung von den Verwendungsmöglichkeiten des Geldes haben.[7]

Heutzutage über den Wert von CDs nachzudenken, ist natürlich so, als ob man sich Gedanken über die Treibstoffeffizienz eines Stegosaurus machte, aber das Ergebnis des Experiments ist weiterhin gültig: Es überrascht die Menschen, wenn man sie darauf hinweist, dass es alternative Möglichkeiten gäbe, ihr Geld auszugeben, sei es für eine Urlaubsreise oder einen Stapel CDs. Diese Überraschung ist ein Indiz dafür, dass die Menschen von Natur aus nicht dazu neigen, die Alternativen zu erwägen. Aber ohne Auseinandersetzung mit den Alternativen können wir die Opportunitätskosten unmöglich richtig einschätzen.

Die Neigung zur Vernachlässigung der Opportunitätskosten ist ein Ausdruck eines grundlegenden Denkfehlers. Wie sich herausstellt, ist jene wunderbare Eigenschaft des Geldes – die Möglichkeit, es gegenwärtig und in der Zukunft gegen so viele verschiedene Dinge einzutauschen – auch der Hauptgrund für unseren problematischen Umgang mit Geld. Wenn wir Ausgaben erwägen, sollten wir die Opportunitätskosten sorgfältig durchdenken – wir sollten uns bewusst machen, dass wir, indem wir Geld für eine Sache ausgeben, auf die Möglichkeit verzichten, dieses Geld für etwas anderes auszugeben. Aber diese Denkweise ist zu abstrakt. So zu denken ist zu schwierig. Also lassen wir es bleiben.

Erschwerend kommt hinzu, dass uns das moderne Leben eine Vielzahl finanzieller Instrumente in die Hand gibt, darunter Kreditkarten, Hypotheken, Ratenzahlungen beim Autokauf und Studienkredite, und diese Instrumente trüben – oft gezielt – unsere Fähigkeit, die zukünftigen Auswirkungen unserer Ausgaben richtig einzuschätzen.

Da wir über finanzielle Entscheidungen nicht richtig nachdenken können oder wollen, neigen wir dazu, alle möglichen mentalen Abkürzungen zu nehmen. Viele dieser Strategien helfen uns dabei, mit der Komplexität des Geldes fertigzuwerden, aber sie helfen uns nicht unbedingt dabei, diese Komplexität vernünftig oder auf die für uns vorteilhafteste Art zu bewältigen. Und oft verleiten sie uns dazu, den Wert von Dingen falsch zu beurteilen.

# 3
## EIN WERTVERSPRECHEN

Während einer Flugreise bat Jeffs kleiner Sohn seinen Vater, ihm eine Geschichte zu erzählen. Die Kinderbücher steckten im Gepäck, das Jeff am Schalter aufgegeben hatte – obwohl ihn seine Frau extra daran erinnert hatte, sie im Handgepäck mitzunehmen. Also improvisierte Jeff die folgende Variante von Theodor Seuss' *There's a Wocket in My Pocket!*:

Wie viel würdest du für ein Grippel bezahlen? Für ein Gnappel? Ein Flappel? Ein Schwippel?
Und was ist mit einem Zolock? Einem Nolock? Oder einem aus Albanien importierten dreifingrigen Blorock?

Man könnte meinen, Jeff hätte lediglich die in der Nähe sitzenden Passagiere (und natürlich seinen Sohn) gefoltert, aber wie groß ist der Unterschied zwischen solchen Fragen und jenen, mit denen wir im wirklichen Leben konfrontiert werden?

Wie wissen wir, welcher Preis für eine »Coca-Cola«, einen Monat »Netflix« oder ein »iPhone« angemessen ist? Was sind das für Worte? Was sind das für Dinge? Wie beurteilen wir den Wert von Dingen, die einem Besucher von einem anderen Planeten so unsinnig erscheinen würden wie eine Zampe hinter einer Lampe oder ein Schnug in einem Krug? Wenn wir keine Ahnung hätten, was etwas ist, was sein Preis ist oder was andere Leute tatsächlich dafür bezahlt haben – wie könnten wir dann wissen, wie viel wir für diese Sache bezahlen sollten?

Und was ist mit Kunstwerken? Welchen Unterschied gibt es zwischen einem Tropfenbild von Jackson Pollock und einem aus Albanien importierten dreifingrigen Blorock? Es ist ebenso einzigartig und ungewöhnlich ... und hat vermutlich den gleichen praktischen Nutzen. Und doch haben Kunstwerke einen Preis. Im Jahr 2015 bezahlte ein Kunstsammler 179 Millionen Dollar für ein Werk, das die Zeitschrift *New Yorker* als »nicht unbedingt besonderen Picasso aus seiner ganz ordentlichen späten Schaffensperiode« bezeichnete.[8] Jemand anderer verwendete Instagram-Fotos von Leuten – die sich jedermann *kostenlos* im Internet anschauen konnte – modifizierte sie und verkaufte sie für 90 000 Dollar.[9] Ein Foto von einer Kartoffel verkaufte sich sogar für eine Million Euro. Wer legt diese Preise fest? Wie werden diese Werte bestimmt? Würde jemand ein Foto von einem Haufen Kartoffeln kaufen wollen, das ich mit meinem Smartphone aufgenommen habe?

Wir alle haben schon viel über den »Wert« gehört. Der Wert eines Produkts oder einer Dienstleistung gibt Aufschluss darüber, wie viel wir dafür bezahlen würden. Im Grunde *sollte* der Wert den Opportunitätskosten entsprechen. Er sollte richtig widerspiegeln, was wir aufzugeben bereit sind, um eine Sache oder eine Erfahrung zu erwerben. Und wir *sollten* unser Geld abhängig vom tatsächlichen Wert verschiedener Optionen ausgeben.

In einer idealen Welt würden wir den Wert aller Dinge, die wir kaufen, richtig beurteilen. »Welchen Wert hat das für mich? Was bin ich bereit dafür aufzugeben? Wie hoch sind die Opportunitätskosten? Das ist der Betrag, den ich dafür bezahlen werde.« Aber wie uns die Fitnessmagazine in Erinnerung rufen, leben wir nicht in einer idealen Welt: Wir haben keinen Waschbrettbauch, und wir beurteilen den Wert von Dingen nicht richtig.

Es folgen einige historische Beispiele dafür, wie Menschen den Wert von Dingen falsch beurteilen:

- Die amerikanischen Ureinwohner verkauften Manhattan für ein paar Perlen und Goldgulden. Wie hätten sie auch den Wert von etwas – von Grundbesitz – beurteilen sollen, von dem sie nie gehört hatten und das keinen Sinn für sie ergab?

- In manchen Städten können Wohnungsmieten auf über 4000 Dollar im Monat steigen, was wir gleichmütig hinnehmen. Ein Anstieg des Benzinpreises um 15 Cent kann zur Abwahl einer Regierung führen.

- Wir bezahlen 4 Dollar für einen Kaffee in einem »Coffee Shop«, obwohl wir dasselbe einfache Getränk im Mini-Markt um die Ecke für einen Dollar bekommen.

- Der Börsenwert von Start-up-Firmen im Technologiesektor, die keinerlei Einnahmen erzielen, steigt regelmäßig auf Hunderte Millionen, wenn nicht sogar Milliarden Dollar, und wir reagieren überrascht, wenn diese Unternehmen die in sie gesetzten Erwartungen nicht erfüllen.

- Manche Leute geben 10000 Dollar für eine Urlaubsreise aus, fahren jedoch jeden Tag zwanzig Minuten um den Block, um einen kostenlosen Parkplatz zu finden.

- Wir vergleichen die Preise von Smartphones. Wir glauben, eine Ahnung zu haben, was wir da tun, und am Ende haben wir das Gefühl, eine kluge Wahl getroffen zu haben.

- König Richard III. war bereit, sein Königreich – *sein ganzes Königreich* – für ein Pferd zu verkaufen. Ein Königreich für ein Pferd!

Wir beurteilen den Wert von Dingen seit jeher auf eine Art und Weise, die nicht zwangsläufig etwas mit ihrem Wert zu tun hat. Wären wir vollkommen rationale Geschöpfe, so ginge es in einem Buch über Geld um den Wert, den wir Produkten und Dienstleistungen beimessen, weil Preise rational den Opportunitätskosten entsprechen, die dem Wert entsprechen. Aber wir sind nicht rational, wie wir in Dans anderen Büchern gesehen haben (Stattdessen bedienen wir uns verschiedenster komischer mentaler Tricks, um herauszufinden, welchen Wert wir Dingen beimessen – das heißt, wie viel wir dafür zu zahlen bereit sind.

Daher geht es in *diesem* Buch um unseren sonderbaren, unberechenbaren und vollkommen irrationalen Umgang mit Ausgabenentscheidungen und um die Kräfte, die uns dazu verleiten, manchen Dingen einen zu hohen und anderen einen zu geringen Wert beizumessen.

Wir betrachten diese Kräfte, diese Tricks und Abkürzungen als »Werthinweise«. Dabei handelt es sich um Hinweise, die unserer Meinung nach mit dem realen Wert eines Produkts oder einer Dienstleistung zusammenhängen, obwohl oft kein solcher Zusammenhang besteht. Natürlich gibt es durchaus gute Werthinweise. Aber viele andere sind irrelevant und irreführend, und manche dienen der gezielten Manipulation. Trotzdem lassen wir zu, dass diese Hinweise unsere Wahrnehmung des Werts beeinflussen.

Was ist der Grund dafür? Es liegt nicht daran, dass es uns gefiele, Fehler zu begehen oder uns selbst zu schaden (obwohl es Orte gibt, an denen man auch dafür bezahlen kann). Wir folgen diesen Hinweisen, weil es so schwierig ist, die Opportunitätskosten einzuschätzen und den realen Wert von Dingen zu beurteilen. Und es wird noch schwieriger herauszufinden, wie viel etwas wert ist, wenn die Finanzwelt versucht, uns zu verwirren und abzulenken. Diese Dynamik ist von entscheidender Bedeutung: Wir ringen unentwegt mit der Komplexität des Geldes und mit unserer Unfähigkeit, die Opportunitätskosten zu berücksichtigen. Noch schlimmer ist, dass wir unablässig mit externen Kräften ringen müssen, die versuchen, uns dazu zu bewegen, häufiger mehr Geld auszugeben. Zahlreiche Akteure sind daran interessiert, dass wir den Wert der Dinge falsch beurteilen, da sie profitieren, wenn wir unser Geld irrational ausgeben. Angesichts all der Herausforderungen, mit denen wir konfrontiert sind, ist es ein Wunder, dass wir nicht alle in eine Milliarde Dollar teuren Luxuswohnungen herumlaufen und Knasche aus einer tausend Dollar teuren Flasche trinken.

# TEIL II
# WARUM UNSERE BEURTEILUNG DES WERTS WENIG MIT DEM WERT ZU TUN HAT

# 4
# WIR VERGESSEN, DASS ALLES RELATIV IST

Susan Thompkins ist für ihre Familie nur die Tante Susi, und jedermann hat so etwas wie eine Tante Susi. Tante Susi ist eine fröhliche und liebevolle Frau, die jedes Mal, wenn sie für sich selbst und ihre Kinder einkaufen geht, auch Geschenke für ihre Nichten und Neffen mitbringt. Tante Susi kauft sehr gerne bei JCPenney ein. Sie ging schon als Kind mit ihren Eltern und Großeltern dort einkaufen und half ihnen, Schnäppchen aufzuspüren. Man fand dort immer so viele tolle Angebote. Es war ein vergnügliches Spiel: Man lief herum, hielt nach der größten Zahl vor dem Prozentzeichen Ausschau und war stolz, wenn man das Geheimversteck gefunden hatte.

In den letzten Jahren nahm Tante Susi die Kinder ihres Bruders mit und zeigte ihnen hässliche Sweater und farblich nicht zusammenpassende Kleidungsstücke, die sie sich »einfach nicht entgehen lassen durften, weil es so tolle Schnäppchen waren«. Den Kindern gefiel es nicht, aber sie hatte großen Spaß. Die Sonderangebote von JCPenney faszinierten Tante Susi.

Doch eines Tages beschloss Ron Johnson, der neue Geschäftsführer von JCPenney, auf die Schnäppchen zu verzichten. Stattdessen führte er »offene und ehrliche« Preise ein. Kein Ausverkauf mehr, keine Schnäppchen, keine Coupons, keine Rabatte mehr.

Tante Susi war traurig. Dann wurde sie wütend. Sie hörte auf, bei JCPenney einzukaufen. Gemeinsam mit ihren Freundinnen gründete sie sogar eine Gruppe im Internet, deren Motto »Ich hasse Ron Johnson« lautete. Susi und ihre Freundinnen waren nicht die einzigen verärgerten Konsumenten. Viele Kunden wendeten sich von JCPenney ab. Es waren schlechte Zeiten für das Unternehmen. Es waren schlechte Zeiten für Susi. Es waren schlechte Zeiten für Ron Johnson. Und es waren schlechte Zeiten für die hässlichen Sweater: Sie konnten sich nicht selbst kaufen. Die einzigen, die glücklich waren, sind Susis Neffen.

Ein Jahr später erfuhr Tante Susi, dass JCPenney wieder zu den Discountpreisen zurückkehrte. Zurückhaltend und wachsam ging sie nachschauen. Sie durchwühlte einen Stapel Hosenanzüge, prüfte ein paar Schals und nahm Briefbeschwerer in einem Schaukasten unter die Lupe. Sie sah sich die Preise an. »Minus 20 %«, »Heruntergesetzt«, »Sale«. Am ersten Tag kaufte sie nur ein paar Artikel, aber bald war sie wieder ganz die Alte. Sie war wieder glücklich. Und das bedeutet mehr Einkaufsausflüge, hässliche Sweater und gequälte Dankesbekundungen ihrer Verwandten. Hurra.

## EINEN JCPENNEY FÜR DEINE GEDANKEN

Im Jahr 2012 verabschiedete sich Ron Johnson, der neue Geschäftsführer von JCPenney, von der traditionellen, ein wenig betrügerischen Praxis, die Preise von Produkten höher anzusetzen, um sie dann verbilligen zu können. In den Jahrzehnten vor Johnsons Ankunft bot JCPenney Kunden wie Tante Susi immer Coupons, Sonderangebote und Discounts im Laden an. Damit wurden die »regulären Preise«, die künstlich aufgeblasen worden waren, herabgesetzt, um den Kunden »Sonderangebote« zu suggerieren. In Wahrheit entsprachen die Preise von JCPenney nach den Preisnachlässen den Preisen der Konkurrenz. Um zum endgültigen Einzelhandelspreis eines Produkts zu gelangen, führten der Händler und seine Kundschaft gemeinsam dieses Kabukitheater der kreativen Senkung von künstlich aufgeblasenen Preisen mit unterschiedlichen Schildern, Prozenten, Abverkäufen und Sonderangeboten auf. Und sie wiederholten das Stück ein ums andere Mal.

Dann kam Ron Johnson mit der »offenen und ehrlichen« Preisgestaltung. Keine Coupons mehr, keine Schnäppchenjagd mehr, keine vorgetäuschten Abverkäufe. Nur noch die realen Preise, die in etwa denen der Konkurrenz und den früheren »Endpreisen« von JCPenney (nach Anhebung und anschließender Senkung) entsprachen. Johnson war der Meinung, die neue Methode sei klarer, weniger manipulativ und respektvoller gegenüber den Kunden (was vollkommen richtig war).

Das Problem war, dass treue Kunden wie Tante Susi diese Ehrlichkeit hassten. Sie wollten nichts von »offen und ehrlich« wissen. Sie kehrten der Kette den Rücken, weil sie sich durch die realen und ehrlichen Preise in die Irre geführt und betrogen fühlten. Sie mochten die ehrliche und offene Preisgestaltung nicht. Innerhalb eines Jahres stürzte der Umsatz von JCPenney um verblüffende 985 Millionen Dollar ab. Johnson wurde auf die Straße gesetzt.

Kurz nach seiner Entlassung stiegen die Listenpreise der meisten Artikel in den Regalen von JCPenney um 60 Prozent oder mehr. Ein Beistelltisch, der 150 Dollar gekostet hatte, verteuerte sich auf einen »regulären Preis« von 245 Dollar.[10] Und zu den höheren »regulären Preisen« kam eine größere Zahl von Discountoptionen: Statt eines einzelnen Dollarbetrags bot JCPenney »Ausverkaufs-«, »Original-« und »Schätzpreise« an. Berücksichtigt man die – durch Ausverkauf, Coupons oder Sonderangebote – erreichten Preisnachlässe, so blieben die Preise natürlich weitgehend unverändert. Sie sahen nur anders aus. Jetzt wirkte es, als böte JCPenney erneut wirkliche Schnäppchen an.

Unter der Leitung von Ron Johnson hatte JCPenney seine Produkte zu ehrlicheren Preisen angeboten und war bei den Kunden auf Ablehnung gestoßen, weil sie vorgetäuschte Preisnachlässe vorzogen. Tante Susi hasst Johnson noch immer. Man stelle sich das vor: Die Kunden von JCPenney stimmten mit ihren Geldbörsen ab und entschieden sich dafür, manipuliert zu werden. Sie wollten Schnäppchen und Abverkäufe, selbst wenn das die Rückkehr überhöhter regulärer Preise bedeutete – und genau das bekamen sie am Ende.

JCPenney und Ron Johnson zahlten einen hohen Preis für ihr mangelndes Verständnis der Psychologie der Preisgestaltung.* Aber am Ende wurde dem Unternehmen klar, dass es sein Geschäft besser auf unserer Unfähigkeit aufbauen sollte, den Wert von Dingen rational zu beurteilen. Oder wie der Schriftsteller und Satiriker H. L. Mencken einmal sagte: »Es ist noch niemand pleite gegangen, weil er die Intelligenz der amerikanischen Konsumenten unterschätzte.«

## WAS GEHT HIER VOR?

Die Geschichte von Tante Susi und JCPenney verdeutlicht einige der vielen Auswirkungen der RELATIVITÄT, eine der stärksten Kräfte, die uns dazu bewegen, uns bei der Beurteilung des Werts von Dingen kaum um ihren tatsächlichen Wert zu kümmern. Tante Susi beurteilte den *relativen* Wert der Produkte von JCPenney. Relativ wozu? Natürlich relativ zum angegebenen ursprüng-

---

* Wenn Sie zufällig eine große Einzelhandelskette leiten und irgendwann darüber nachdenken, Ihre Preisgestaltung grundlegend zu ändern, raten wir Ihnen, die neue Strategie in einer oder zwei Filialen zu testen, bevor Sie sie in der gesamten Kette einführen. Selbstverständlich gilt dieser Rat nicht, wenn Sie es auf eine Kündigung und eine schöne Abfindung abgesehen haben.

lichen Preis. JCPenney half ihr beim Vergleich, indem der Händler den Preisnachlass in Prozenten ausdrückte und Hinweise wie »Ausverkauf« oder »Sonderangebot« hinzufügte, um der Kundin zu helfen, ihre Aufmerksamkeit auf das im Verhältnis zum »ursprünglichen« Preis phantastische Angebot zu lenken.

Welches Produkt würden Sie kaufen? Ein Hemd zum Preis von 60 Dollar oder dasselbe Hemd zum Preis von 100 Dollar, jedoch mit einem Preisnachlass?»–40 %! Nur $60!« Eigentlich sollte es egal sein, nicht wahr? Ein 60 Dollar teures Hemd ist ein 60 Dollar teures Hemd, egal welche Worte und Bilder auf dem Preisschild stehen. Aber da die Relativität auf einer tiefen Bewusstseinsebene auf uns wirkt, nehmen wir die beiden Preise nicht auf diese Art war, und wenn wir Stammkunden wie Tante Susi sind, werden wir uns immer für das Hemd entscheiden, das im Angebot ist – und die bloße Gegenwart des zum regulären Preis von 60 Dollar angebotenen Hemds wird uns empörend erscheinen.

Ist dieses Verhalten vernünftig? Nein. Ist es nachvollziehbar, wenn wir einmal die Relativität verstanden haben? Ja. Ist es verbreitet? Ja. Kostete es einen Spitzenmanager seinen Job? Zweifellos.

Wir sind oft nicht in der Lage, den eigentlichen Wert von Produkten und Dienstleistungen zu messen. Wie können wir in diesem Vakuum herausfinden, welches der tatsächliche Wert eines Hauses, eines Sandwichs, einer medizinischen Dienstleistung oder eines albanischen dreifingrigen Blorocks ist? Da es schwierig ist, den Wert von Dingen korrekt zu bestimmen, suchen wir nach alternativen Möglichkeiten, um den Wert zu messen. Und an diesem Punkt kommt die Relativität ins Spiel.

Wenn es schwierig ist, den Wert von etwas direkt zu messen, vergleichen wir es mit anderen Dingen, zum Beispiel mit einem Konkurrenzprodukt oder anderen Versionen des Produkts. Wenn wir Dinge vergleichen, erzeugen wir relative Werte. Aber das wirkt eher unproblematisch, nicht wahr?

Das Problem ist jedoch nicht das Konzept der Relativität an sich, sondern die Art und Weise, wie wir es anwenden. Würden wir alle Dinge mit allen anderen Dingen vergleichen, so würden wir unsere Opportunitätskosten sehen und alles wäre in Ordnung. Aber das tun wir nicht. Wir vergleichen eine Sache nur mit einer anderen (und manchmal mit zweien). Deshalb kann uns die Relativität hinters Licht führen.

Verglichen mit 100 Dollar sind 60 Dollar relativ billig, aber erinnern Sie sich noch an die Opportunitätskosten? Wir sollten 60 Dollar mit 0 Dollar vergleichen – oder mit allen anderen Dingen, die wir für 60 Dollar kaufen könnten. Aber das tun wir nicht. Nicht, wenn wir wie Tante Susi den relativen Wert heranziehen und den gegenwärtigen Preis eines Produkts damit vergleichen, was es vor der Preissenkung kostete (oder angeblich kostete), um seinen Wert zu bestimmen. Auf diese Art führt uns die Relativität in die Irre.

Die Ausverkaufspreise von JCPenney geben den Kunden einen wichtigen Werthinweis – besser gesagt, den *einzigen* Hinweis. Der Ausverkaufspreis – und die Ersparnis, die JCPenney verspricht – liefern den Kunden den Bezugsrahmen zur Beurteilung der Frage, ob ein Produkt ein Schnäppchen ist.

Die Schilder, auf denen JCPenney Discountpreise anbietet, liefern den Kunden einen Kontext, und wie könnten wir den Wert eines Hemds ohne Kontext bestimmen? Wie sollen wir wissen, ob es 60 Dollar wert ist oder nicht? Wir können es nicht wissen. Aber verglichen mit einem Hemd für 100 Dollar ist eines für 60 Dollar offensichtlich billig, nicht wahr? Es ist wertvoll, denn man bekommt ja praktisch 40 Dollar geschenkt! Kaufen wir alle eins, damit unsere Neffen auf dem Schulhof verspottet werden!

Indem JCPenney die Ausverkaufsangebote und »Ersparnisse« abschaffte, beseitigte die Kette ein Element, das seinen Kunden das Gefühl gab, die richtige Entscheidung zu fällen. Allein der

Anblick eines herabgesetzten Preises neben einem »regulären« Preis gab ihnen den Hinweis, dass sie eine kluge Entscheidung fällten. Aber das taten sie nicht.

## RELATIV AUSGEDRÜCKT

Lassen wir unsere Geldbörsen einen Augenblick beiseite und sehen wir uns das Prinzip der Relativität im Allgemeinen an. Eine beliebte optische Täuschung ist dieses Bild schwarzer und grauer Kreise:

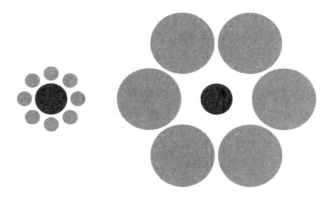

Offensichtlich ist der schwarze Kreis auf der rechten Seite kleiner als der schwarze Kreis links. Nur ist er eben nicht kleiner. So unglaublich es scheinen mag, die beiden schwarzen Kreise sind exakt gleich groß. Wenn Sie es nicht glauben, überprüfen Sie es ruhig: Decken Sie die grauen Kreise zu und vergleichen Sie. Wir warten so lange.

Dass uns diese Illusion täuschen kann, hat einen einfachen Grund: Wir vergleichen die beiden schwarzen Kreise nicht direkt miteinander, sondern mit ihrer unmittelbaren Umgebung, in diesem Fall mit den grauen Kreisen. Der schwarze Kreis auf der linken Seite ist groß verglichen mit den grauen Kreisen, die ihn umgeben, während der schwarze Kreis auf der rechten Seite verglichen mit den umgebenden grauen Kreisen klein ist. Haben wir ihre relative Größe einmal auf diese Art bestimmt, so vergleichen wir nicht die absolute, sondern die relative Größe der beiden schwarzen Kreise miteinander. Das nennt man visuelle Relativität.

---

Und da wir einen Faible für optische Täuschungen haben, hier eine weitere unserer Lieblingsillusionen: die Schachbrett-Illusion von Adelson. Sie funktioniert so: Auf einem Schachbrett steht ein Zylinder, der einen Schatten auf die Felder wirft. (Um beim Thema dieses Kapitels zu bleiben, verwenden wir statt des Zylinders einen hässlichen Pullover.) Zwei Felder sind gekennzeichnet. Feld A liegt außerhalb des Schattens, Feld B im Schatten. Wenn wir sie miteinander vergleichen, sehen wir, dass der Buchstabe A deutlich dunkler ist. Richtig? Falsch. So unglaublich das scheinen mag, die Schattierung von A und B ist exakt gleich. Wenn Sie uns nicht glauben, können Sie alle anderen Felder zudecken. Vergleichen Sie Feld A und Feld B. Wir warten.

Die Relativität ist ein allgemeiner mentaler Mechanismus, der in vielen verschiedenen Lebensbereichen auf unterschiedliche Art und Weise funktioniert. Beispielsweise hat Brian Wansink in *Mindless Eating* gezeigt, dass sich die Relativität auf unseren Taillenumfang auswirken kann.[11] Die Entscheidung darüber, wie viel wir essen, hängt nicht einfach von unserem Nahrungsbedarf, sondern auch von einem Vergleich mit dem alternativen Nahrungsangebot ab. Nehmen wir an, wir könnten in einem Restaurant zwischen drei unterschiedlich großen Hamburgern wählen: Einer wiegt 220, der zweite 280 und der dritte 340 Gramm. Wahrscheinlich werden wir den 280-Gramm-Burger wählen und am Ende der Mahlzeit vollkommen satt sein. Stehen jedoch Hamburger mit 280, 340 und 400 Gramm Gewicht auf der Speisekarte, so werden wir wahrscheinlich wieder den mittelgroßen bestellen und nach dem Verzehr des 340 Gramm schweren Hamburgers ebenso satt sein, obwohl wir mehr gegessen haben als im ersten Fall, was nicht nötig gewesen wäre, um die erforderlichen Nährstoffe aufzunehmen oder uns satt zu fühlen.

Wir betrachten Nahrung auch in Relation zu anderen Objekten in unserer Umgebung. Beispielsweise vergleichen wir die Menge des Essens mit der Größe des Tellers. Brian Wansink befestigte für eines seiner Experimente Suppenschüsseln an der Tischplatte und forderte die Versuchspersonen auf, so lange zu essen, bis sie genug hätten. Einige Leute aßen einfach Suppe, bis sie satt waren. Aber ein Teil der Versuchsteilnehmer aß ohne es zu wissen aus Schüsseln, die an der Unterseite ein kleines Loch hatten, an dem ein Schlauch befestigt war. Während sie aßen, leitete Brian unbemerkt von den Versuchspersonen langsam zusätzliche Suppe in ihre Schüsseln. Jedes Mal, wenn sie einen Löffel Suppe schöpften, floss eine kleine Menge nach. Am Ende hatten die Personen, die vor den unerschöpflichen Suppenschüsseln saßen, sehr viel mehr Suppe gegessen als diejenigen, die aus nicht manipulierten Schüsseln gegessen hatten. Und als sie nach dem Verzehr großer Mengen Suppe (auf Anweisung des Versuchsleiters) zu essen aufhörten, erklärten sie, noch immer hungrig zu sein. Die Personen, die aus den »unerschöpflichen« Schüsseln aßen, erhielten keine Hinweise zum Sättigungsgrad durch die konsumierte Menge oder durch ihr Hungergefühl. Stattdessen beurteilten sie ihre Sattheit anhand des Ausmaßes der Verringerung der Suppenmenge in Relation zum Gefäß.

Derartige Vergleiche sind nicht auf Objekte beschränkt, die wie Suppe oder Hamburger derselben Kategorie angehören. Als der italienische Diamantenhändler Salvador Assael erstmals versuchte, die mittlerweile sehr beliebten schwarzen Perlen aus Tahiti an den Mann zu bringen, biss kein einziger Käufer an. Assael gab sich nicht geschlagen und beschränkte sich auch nicht darauf, einfach ein paar schwarze Perlmuttkügelchen unter die Lieferungen weißer Perlen zu mischen. Er überredete einen befreundeten Juwelier namens Harry Winston, die schwarzen Perlen im Schaufenster seines Juweliergeschäfts in der Fifth Avenue in New York gemeinsam mit Diamanten und anderen kostbaren Edelsteinen auszustellen. Innerhalb kürzester Zeit waren die Perlen ein Verkaufsschlager, und ihr Preis schoss in die Höhe. Ein Jahr früher waren sie noch wertlos gewesen – vermutlich waren sie weniger wert als die Austern, aus denen sie stammten. Doch über Nacht gelangte die Welt zu der Überzeugung, dass schwarze Perlen, die edel genug waren, um neben einem eleganten Saphiranhänger ausgestellt zu werden, sehr viel wert sein mussten.

Diese Beispiele zeigen, dass die Relativität ein grundlegender Vorgang im menschlichen Verstand ist. Wenn sie unsere Beurteilung des Werts konkreter Dinge wie Nahrung und Edelsteine beeinflusst, wirkt sie sich wahrscheinlich auch nachhaltig darauf aus, wie wir über die Verwendung unseres Geldes denken.

## RELATIV ÜBLICHE BEISPIELE
## FÜR FINANZIELLE RELATIVITÄT

Neben der Besessenheit von Schnäppchen, die wir am Beispiel von Tante Susi gesehen haben, gibt es zahlreiche Denkfehler, die dazu führen, dass der relative den realen Wert verdunkelt. Sehen wir uns einige dieser Fehler an.

- Bei einem Autohändler werden uns zusätzliche Optionen wie Ledersitze und Sonnendächer, eine Reifenversicherung, Aschenbecher mit Silberrahmen und der nutzlose Liebling des stereotypischen Autoverkäufers angeboten: der Unterbodenschutz. Autohändler – die nach den Matratzenverkäufern vielleicht durchtriebensten Amateurpsychologen – wissen, dass einem Konsumenten, der 25 000 Dollar für ein Produkt ausgibt, zusätzliche Ausgaben wie 200 Dollar für die CD-Anlage, im Vergleich zu den Gesamtkosten geringfügig vorkommen. Würden wir jemals eine CD-Anlage für 200 Dollar kaufen? Gibt es überhaupt noch jemanden, der sich CDs anhört? Nein und nein. Aber da dieses Extra lächerliche 0,8 Prozent des Gesamtpreises ausmacht, verschwenden wir keinen Gedanken daran. Doch diese Dinge, die keinen Gedanken wert sind, können sich rasch summieren.

- Wenn wir in einer schicken Ferienanlage Urlaub machen, regen wir uns oft nicht auf, wenn man uns 4 Dollar für eine Flasche Mineralwasser in Rechnung stellt, obwohl wir anderswo nur ein Viertel dafür bezahlen würden. Das liegt teilweise daran, dass wir faul sind und gerne wie Könige am Strand herumliegen. Aber es hat auch damit zu tun, dass 4 Dollar gemessen an mehreren Tausend Dollar, die wir für unseren Urlaub auf der Tropeninsel ausgeben, ein relativ kleiner Betrag sind.

- An der Supermarktkasse müssen wir skandalträchtigen Magazinen und Süßigkeiten widerstehen. Die Methode ist dieselbe: Verglichen mit den 200 Dollar für einen Wochenvorrat von Lebensmitteln wirken 2 Dollar für eine Schachtel Tic Tac oder 6 Dollar für eine Zeitschrift voller Kardashians wie eine Lappalie.

- Vergiss den Wein nicht! Guter Wein kostet im Restaurant sehr viel mehr als in einer Weinhandlung. Es ist nachvollziehbar, dass wir für die Annehmlichkeit, zum Abendessen Wein zu trinken, im Restaurant mehr bezahlen – schließlich wollen wir nicht nach jedem Happen zum Auto laufen, um einen Schluck aus der beim Discounter erworbenen Flasche Beaujolais zu nehmen – aber dies ist ein Tribut an den relativen im Gegensatz zum absoluten Wert. Wir würden kaum 80 Dollar für eine Flasche durchschnittlichen Weins bezahlen, wenn wir außerdem Chips und Schmierkäse kaufen, aber wenn wir in einem exklusiven französischen Restaurant mehrere hundert Dollar für ein Abendessen ausgeben, wirken 80 Dollar für den Wein nicht mehr ganz so teuer.

Wo wir schon beim Supermarkt sind: Jeff machte vor Kurzem beim Einkauf eine interessante Erfahrung. Seine bevorzugten Frühstücksflocken waren jahrelang Optimum Slim. Für einen Mann in fortgeschrittenem Alter, der ein kleines Bäuchlein mit sich herumträgt und beschränkten sportlichen Ehrgeiz hat, verspricht diese Marke das optimale Maß an Schlankheit.

Im Supermarkt um die Ecke hatte das Produkt immer 3,99 Dollar gekostet. Doch eines Tages konnte er es nicht am gewohnten Platz im Regal finden. Er machte sich auf die Suche, aber die Frühstücksflocken waren verschwunden. Er bekam eine kleine Panikattacke – was bei ihm häufig vorkommt und durch alle möglichen Schocks wie fehlende Frühstücksflocken oder eine unauffindbare TV-Fernbedienung ausgelöst werden kann –, die erst endete, als ein Angestellter auf eine neue Schachtel am gewohnten Platz deutete. Die Packung enthielt Frühstücksflocken mit dem Namen »Nature's Path Organic – Low Fat Vanilla«, und links oben in der Ecke fand sich ein kleines Bild der alten Optimum-Slim-Packung mit folgendem Text: »Neuer Look, aber derselbe tolle Geschmack.«

Was für eine Erleichterung. Jeff steckte das Valium weg und schnappte sich eine Schachtel. Dann fiel ihm ein Schild am Regal auf. »Nature's Path Organic Optimum Slim – Regulärer Preis: $6,69. Im Angebot für $3,99.«

Genau, Jeffs bevorzugte Frühstücksflocken, die immer 3,99 Dollar gekostet hatten, sahen jetzt neu aus und hatten einen neuen Preis von ... 3,99 Dollar. Heruntergesetzt vom »regulären« Preis von ... 6,69 Dollar? Es wäre eine Sache, wenn das Unternehmen eine neue Verpackung eingeführt hätte, um den Preis erhöhen zu können. Es wäre etwas anderes, wenn der Händler so täte, als wäre der reguläre Preis ein Angebotspreis, um den Verkauf anzukurbeln. Aber beides gleichzeitig zu tun, bedeutete, die Relativität auf die Spitze zu treiben.

Jeff war nicht das Ziel dieses Angebots, denn er mochte das Produkt bereits. Händler und Hersteller wollten neue Kunden anlocken, die keine Möglichkeit hatten, den Wert dieser »neuen« Frühstücksflocken einzuordnen. Da neue Kunden keinerlei Bezugsrahmen hatten – sie konnten nicht wissen, ob diese Flocken schmeckten oder gesund waren oder welchen Wert sie hatten –, hofften Produzent und Händler, potentielle Käufer mit dem neuen Namen und dem leichten Vergleich zwischen 6,69 und 3,99 Dollar zu beeindrucken: »Toll, diese Flocken sind im Augenblick sehr wertvoll!«

Nehmen wir an, wir stoßen auf etwas, das wir immer schon haben wollten. Wir wollen es ein **Ding** nennen. (In herkömmlichen englischsprachigen Wirtschaftslehrbüchern ist in solchen

Fällen von *widgets* die Rede, ein Begriff, mit dem ein nicht näher beschriebenes Produkt bezeichnet wird, um die Tatsache zu verschleiern, dass es von fragwürdigem Wert ist, und um die Leser herkömmlicher Wirtschaftslehrbücher zu quälen.) Unser Ding steht zum Verkauf! Um 50 Prozent herabgesetzt! Großartig, nicht wahr? – Aber halten wir einen Augenblick inne: Warum interessiert uns das Sonderangebot? Warum interessiert uns, was das Produkt *früher* kostete? Der frühere Preis sollte unerheblich sein, denn jetzt kostet das Produkt nicht so viel. Aber da wir nicht beurteilen können, wie viel dieses frühere Ding wert ist, vergleichen wir den *jetzigen* Preis mit dem Preis vor dem Sonderangebot (mit dem »regulären« Preis) und deuten diesen Vergleich als Hinweis auf einen verblüffend hohen gegenwärtigen Wert.

Der Kauf von Schnäppchen gibt uns das Gefühl, besonders und schlau zu sein. Sie geben uns das Gefühl, Wert zu finden, wo andere ihn nicht gefunden haben. Wenn Tante Susi bei einem ursprünglich 100 Dollar teuren Hemd anscheinend 40 Dollar spart, hat sie das Gefühl, als bekäme sie 40 Dollar geschenkt, die sie für etwas anderes ausgeben kann. Wenn wir rational denken, sollten wir nicht den Wert des Geldes messen, das wir *nicht* ausgeben – den Wert der 40 Dollar –, sondern den Wert der 60 Dollar, die wir sehr wohl ausgeben. Aber so denken wir nicht.

Ein anderer Bereich, in dem wir derartige Vergleiche beobachten können, sind die (sogenannten) Mengenrabatte. Wenn eine Flasche eines sehr teuren Shampoos 16 Dollar und eine Flasche mit dem doppelten Inhalt 25 Dollar kostet, wirkt die größere, teurere Flasche plötzlich wie ein tolles Angebot. Das lässt uns leicht vergessen, ob wir wirklich eine so große Menge dieser teuren Shampoo-Marke brauchen. Darüber hinaus dienen die Mengenrabatte zur Verschleierung der Tatsache, dass wir keine Ahnung haben, wie wir den Wert des Chemikaliencocktails beurteilen sollen, der uns als Shampoo verkauft wird.

Wäre Albert Einstein nicht Physiker, sondern Ökonom gewesen, so hätte er die Relativitätstheorie (E = MC²) möglicherweise geändert: 100 $ > Rabatt von 50 % auf 200 $.

## DOLLAR UND PROZENTE

Angesichts dieser Beispiele denken wir vielleicht: »Also gut, ich habe verstanden, dass die Verwendung der Relativität ein Fehler ist.« Das ist gut! »Aaaaaber ...«, sagen Sie wahrscheinlich, »diese Entscheidungen sind sinnvoll, denn prozentual an den Gesamtausgaben gemessen, sind die zusätzlichen Ausgaben winzig.« Das stimmt schon, aber wir sollten einen Dollar immer als einen Dollar betrachten, gleichgültig, was wir sonst noch ausgeben. 200 Dollar zusätzlich für einen CD-Player auszugeben, nur weil wir zufällig 25 000 für ein Auto ausgeben, ist ebenso unsinnig wie eine Ausgabe von 200 Dollar für einen CD-Player, nur weil wir zufällig ein kariertes Hemd tragen. Es *fühlt* sich nur nicht so unsinnig an.

Nehmen wir an, wir gehen am Samstagmorgen aus dem Haus, um zwei Besorgungen zu erledigen. Zuerst wollen wir die Laufschuhe kaufen, die wir seit einer Weile im Auge haben. Wir gehen in den Laden und holen die 60 Dollar teuren Schuhe aus dem Regal. Der Angestellte verrät uns, dass ein anderer Laden in der Nähe die gleichen Schuhe für 40 Dollar im Angebot hat. Lohnt es sich, fünf Minuten im Auto zu fahren, um 20 Dollar zu sparen? Wenn wir wie die meisten Leute sind, beantworten wir die Frage mit ja.

Nachdem wir die Schuhe gekauft haben, nehmen wir die zweite Besorgung in Angriff. Wir wollen ein paar Gartenmöbel kaufen, denn der Frühling hat endlich begonnen. In einem Gartenmarkt finden wir die perfekte Sitzgarnitur mit Gartenstühlen und einem Tisch samt Sonnenschirm für 1060 Dollar. Doch auch hier hören wir von einem wohlmeinenden Verkäufer, dass dieselbe Kombination bei einem anderen Händler, der fünf Minuten entfernt ist, im Angebot ist: Dort bekommen wir sie für 1040 Dollar. Investieren wir auch hier fünf Minuten, um 20 Dollar zu sparen? Wenn wir wie die meisten Leute sind, werden wir es in diesem Fall nicht tun.

In beiden Fällen sehen wir nicht den wahren, absoluten Wert: 20 Dollar für eine Fahrt von fünf Minuten. Stattdessen betrachten wir die 20 Dollar in Relation zu 60 beziehungsweise 1060 Dollar. Wir betrachten den relativen Vorteil, den Schuhe zum Preis von 40 Dollar gegenüber Schuhen zum Preis von 60 Dollar haben, und gelangen zu dem Schluss, dass dieses Geld fünf Minuten unserer Zeit wert ist. Dann betrachten wir den relativen Vorteil des Gartenensembles für 1040 mit dem für 1060 Dollar und stellen fest, dass sich der Zeitaufwand nicht lohnt. Im ersten Fall sparen wir 33 Prozent, im zweiten nur 1,9 Prozent – aber der Betrag, den wir sparen, ist in beiden Fällen identisch.

Dieses Phänomen ist auch der Grund dafür, dass ein Autokäufer, der nicht mit der Wimper zuckt, als er zusätzlich zu den 25 000 Dollar für das Auto 200 Dollar für einen CD-Player ausgeben soll, möglicherweise Coupons ausschneidet, um 25 Cent bei einer Tüte Chips zu sparen, oder mit seiner Familie darüber streitet, ob im Restaurant ein oder zwei Dollar Trinkgeld angebracht sind. Wenn Relationen ins Spiel kommen, entscheiden wir möglicherweise schnell über große Ausgaben und langsam über kleine Ausgaben, was daran liegt, dass wir nicht den eigentlichen Betrag, sondern das prozentuale Verhältnis zur Gesamtausgabe sehen.

Sind diese Entscheidungen logisch? Nein. Sind sie richtig? Oft sind sie es nicht. Fallen sie uns leicht? Und ob! Die meisten von uns geben meistens die einfache Antwort. Das ist eines unser großen Probleme.

## IMMER MIT DER RUHE

Welche der folgenden Fragen werden wir schneller und entschiedener beantworten: »Was möchtest du zum Abendessen?« oder »Möchtest du zum Abendessen Hühnchen oder Pizza?« Die erste Frage eröffnet uns unendlich viele Optionen. Bei der zweiten müssen wir zwischen zwei Möglichkeiten entscheiden und nur klären, welche von beiden in Relation zur anderen verlockender ist. Auf die zweite Frage werden wir rasch antworten. Sie lädt zu einem einfachen Vergleich ein, und die Antwort liegt eigentlich auf der Hand: Wer würde das Hühnchen der Pizza vorziehen, sofern er nicht unter Laktoseintoleranz leidet?

Die Relativität beruht auf zwei Arten von Abkürzungen, die wir auf dem Weg zu Entscheidungen wählen. Erstens: Wenn wir keine Möglichkeit haben, den absoluten Wert von etwas zu bestimmen, greifen wir auf Vergleiche zurück. Zweitens neigen wir zu *einfachen* Vergleichen. Aylin Aydinli, Marco Bertini und Anja Lambrecht haben die Relativität am Beispiel von E-Mail-Sonderangeboten wie jenen von Groupon studiert, die sie als »Preisaktionen« bezeichnen. Solche Angebote haben eine besonders aufschlussreiche emotionale Wirkung: Wenn wir auf Preisaktionen stoßen, nehmen wir uns weniger Zeit, um verschiedene Optionen zu erwägen. Und wenn wir später nach Einzelheiten des Angebots gefragt werden, erinnern wir uns an weniger Produktinformationen.[12]

Es scheint, als wären Rabatte ein Zaubertrank, um uns zu verdummen. Sie machen einfach unseren Entscheidungsprozess schlechter. Wenn ein Produkt »im Angebot« ist, entscheiden wir uns schneller und noch unbedachter, als wenn das Produkt seinen »regulären« Preis hat, aber dasselbe kostet.

Da es uns so schwerfällt, den realen Wert von fast allem zu beurteilen, wählen wir, wenn etwas im Angebot ist – wenn man den Preis für uns in Relation zu einem höheren Preis setzt – den einfachen Weg und fällen unsere Entscheidung auf der Grundlage dieses Angebotspreises. So wie die Kunden von JCPenney machen wir uns nicht die Mühe zu versuchen, den absoluten Wert eines Produkts herauszufinden, sondern wählen den Weg des geringsten Widerstands, sobald man uns die Möglichkeit dazu gibt.

## ABLENKEN UND KÖDERN

Die Relativität und unsere Neigung zu einfachen Entscheidungen machen uns anfällig für zahlreiche Eingriffe und Manipulationen durch jene Leute, die die Preise einschließlich von Lockpreisen festsetzen. In *Denken hilft zwar, nützt aber nichts* illustrierte Dan das Problem der Relativität anhand der Abonnement-Angebote der Zeitschrift *Economist*. Den Lesern wurde ein Abonnement der Onlineausgabe für 59 Dollar, ein Abonnement der Druckausgabe für 125 Dollar oder ein Abonnement von Druck- und Onlineausgabe für 125 Dollar angeboten.

Wenn wir schlau wie die von Dan getesteten Studierenden des Massachusetts Institute of Technology sind, werden 84 Prozent von uns das Abonnement wählen, das für 125 Dollar sowohl die Druck- als auch die Onlineausgabe beinhaltet. Niemand würde sich für das 125-Dollar-Abonnement entscheiden, das auf die Druckausgabe beschränkt ist, und nur 16 Prozent würden die Variante wählen, die nur die Onlineausgabe der Zeitschrift beinhaltet. Sind wir nicht wirklich schlau?

Wie wäre es aber, wenn wir lediglich zwischen dem Online-Abonnement für 59 Dollar und der Option für 125 Dollar wählen könnten, die beide Druck- und Onlineausgabe beinhaltet? Wären wir so kluge Köpfe wie die Leute, die Tausende Dollar an Studiengebühren zahlen, um ein paar zusätzliche Jahre am MIT Fallbeispiele untersuchen zu dürfen, so würden wir plötzlich ganz anders entscheiden: In diesem Fall entschieden sich 68 Prozent der Studierenden für das Online-Abo, und nur 32 Prozent waren bereit, 125 Dollar für das Abonnement von Druck- samt Onlineausgabe zu bezahlen. Zur Erinnerung: In der Gruppe, der drei Optionen angeboten worden waren, entschieden sich 84 Prozent für die teurere Variante.

Indem die Marketingstrategen des *Economist* die offensichtlich minderwertige Option eines auf die Druckausgabe beschränkten Abos anboten, gelang es ihnen, den Absatz des Online- und Print-Abos fast zu verdreifachen. Wie war das möglich? Ganz einfach: Die auf die Druckausgabe beschränkte Option war ein Scheinangebot, das nur dazu diente, die Konsumenten mittels der Relativität zum Kombinationsabonnement zu lenken.

125 Dollar für die Druckausgabe *plus* Onlineausgabe sind offenkundig ein besseres Angebot als 125 Dollar allein für die Druckausgabe. Diese beiden Optionen sind ähnlich und leicht zu vergleichen. Sie erzeugen einen relativen Wert. Wir entscheiden uns ausgehend von diesem Vergleich und haben das Gefühl, klug gehandelt zu haben. Und wir kommen uns noch klüger vor, nachdem wir ein paar Ausgaben der Zeitschrift gelesen haben (und zweifellos wirken wir auf unsere Freunde klüger, wenn wir ein Exemplar auf dem Couchtisch liegen lassen). Aber wie können wir wissen, dass wir nicht in Wahrheit ahnungslose Teilnehmer an einem Experiment sind, das beweist, dass wir eigentlich nicht besonders klug sind?

Dans Experiment zeigt, wie die Relativität gegen uns verwendet werden kann (und oft verwendet wird). In diesem Fall vergleichen wir das Abonnement für die Druckausgabe nur mit der Kombination von Druck- und Onlineausgabe, weil dieser Vergleich der naheliegende und einfachste ist. Da diese Optionen einander bei Inhalt und Preis am ähnlichsten sind, ist es einfach, sie zu vergleichen. So ist es einfach, die dritte Option, die einen komplexeren Vergleich erfordert, zu ignorieren, zu vergessen oder zu meiden. Wenn wir mit einfachen Vergleichen konfrontiert werden, lassen wir den größeren Kontext, die alternativen Optionen außer Acht – in diesem Experiment sind das die 59-Dollar-Option und die Option, überhaupt kein Geld für den *Economist* auszugeben. Wir beschreiten den Weg der Relativität. Es gefällt uns, plausible Erklärungen für unser Verhalten zu finden, und angesichts der Relativität ist es leicht, eine solche Erklärung zu geben. Wir versteifen uns auf derartige Rechtfertigungen unseres Verhaltens, selbst wenn diese Begründungen kaum einen Sinn ergeben.

In eine andere Situation, in der wir uns vom einfachen Vergleich in die Irre führen lassen und die Relativität zur Beurteilung des Werts nutzen, weil es keine andere einfache Möglichkeit gibt, geraten wir dann, wenn es zahlreiche Möglichkeiten gibt, die wir allesamt nicht leicht beurteilen können. Dan hat dies anhand des Kaufs eines Fernsehgeräts erklärt: Die Versuchspersonen konnten zwischen einem 36-Zoll-Gerät von Panasonic für 690, einem 42-Zoll-Gerät von Toshiba für 850 Dollar und einem 50-Zoll-Gerät von Philips für 1480 Dollar wählen. Angesichts dieser Optionen entschieden sich die meisten Versuchsteilnehmer für die Zwischenlösung, das heißt für das 850 Dollar teure Gerät von Toshiba. Das billigste und das teuerste Produkt funktionieren wie Hinweisschilder, die uns zur mittleren Option lenken. In diesem Fall bewegt uns die Relativität nicht dazu, ein bestimmtes Produkt mit einem anderen zu vergleichen, sondern lenkt unsere Aufmerksamkeit auf bestimmte Produktmerkmale wie Preis oder Größe und bewegt uns dazu, diese Merkmale relativ zu betrachten. Wir sagen zu uns selbst: »Der Preis bewegt sich zwischen 690 und 1480 Dollar.« Oder: »Die Bildschirmgröße liegt zwischen 36 und 50 Zoll.« Dann entscheiden wir uns relativ zur Bandbreite – oft für das, was in der Mitte liegt.

Wenn wir keine Ahnung haben, was etwas kosten sollte, gelangen wir zu der Überzeugung, es sei die beste Entscheidung, weder zu viel für das Luxusmodell auszugeben noch für wenig Geld ein minderwertiges Modell zu kaufen. Also wählen wir das Mittelding – das oft genau das ist, was uns die Marketingexperten von vornherein verkaufen wollten. Deshalb haben sie diese Optionen angeboten. Obwohl wir keine Ahnung haben, ob die mittlere Option wirklich das ist, was wir wollen, oder ob es den dafür gezahlten Preis wert ist, scheint uns diese Entscheidung vernünftig. Die Entscheidung ist nicht zwangsläufig falsch, aber unsere Gründe für diese Wahl haben wenig mit dem wahren Wert der gewählten Option zu tun. Es ist dasselbe, wenn man ein Hemd für 60 Dollar kauft, weil es vorher 100 Dollar kostete, wenn man den mittelgroßen Hamburger bestellt, egal ob man zwischen 220, 280 und 340 Gramm oder zwischen 280, 340 und 400 Gramm wählen kann, wenn man im Kino eine Schachtel Popcorn für 8 Dollar kauft, nur weil dort auch eine Riesenration für 9 Dollar angeboten wird, die viel zu groß wirkt. Wenn es zwei Optionen gibt, ist die Relativität wunderbar. Dann geht es nicht um den absoluten Wert des gewählten Angebots, sondern um das Verhältnis zwischen den Alternativen.

Wir lassen uns oft auf den einfachen Vergleich ein. Marketingfachleute, Menüdesigner und Politiker wissen das und nutzen diesen Trick in der Planung ihrer Strategien. Jetzt kennen wir den Trick ebenfalls, und mit diesem Wissen gerüstet, können wir die Welt ein wenig objektiver betrachten. Vielleicht können wir das Kräfteverhältnis auf dem Markt ein wenig zu unseren Gunsten verschieben.

### EIN BÜNDEL VON OJE

Die Relativität wirkt sich auch auf unsere Beurteilung des Werts aus, wenn Produkte gebündelt werden, das heißt wenn sie zahlreiche Merkmale und Optionen umfassen. In solchen Fällen scheint uns die Relativität eine Chance zu eröffnen, uns in der

Komplexität zurechtzufinden. Doch tatsächlich ist sie die Ursache für ein andersartiges Problem und zusätzliche Konfusion. Nehmen wir beispielsweise die »Value Meals« im Fastfood-Restaurant. Wir könnten zwei getrennte Speisen bestellen, aber warum nehmen wir nicht beide zusammen und für einen kleinen Aufpreis eine dritte dazu? Wollen wir einen Hamburger und ein Erfrischungsgetränk? Warum nehmen wir nicht Pommes Frites dazu? Wollen wir nicht die extragroße Portion nehmen? Eine solche Bündelung lockt uns in eine Falle, weil wir nicht genau wissen, welchem Angebot wir welchen Wert beimessen sollen. Wenn wir mit solchen gebündelten Angeboten konfrontiert werden, können wir die einzelnen Bestandteile kaum noch bewerten, denn wenn wir einen davon entfernen, ändert sich die gesamte Preisstruktur. Wenn drei Speisen für sich genommen jeweils 5 Dollar kosten, zusammen jedoch für 12 Dollar zu haben sind, stellt sich die Frage, welche der drei mit einem Preis von 5 Dollar überbewertet ist. Welches der drei Produkte bekommen wir mit einem Preisnachlass? Oder werden sie alle drei verbilligt? Wie viel ist ein Erfrischungsgetränk mit welcher Größe wert? Und wie viel ist die schicke Sammeltasse wert? Ach was, ich nehme einfach das Menü eins! Rufen Sie bitte meinen Kardiologen an.

Wenn wir gebündelte Angebote auf diese Art definieren, stellen wir rasch fest, dass unser Leben voller Bündel ist. Und viele davon wurden offenbar gezielt so gestaltet, dass sie uns verwirren. Wenn wir ein Haus für 250 000 Dollar kaufen, ist dies nicht der tatsächliche Gesamtbetrag, den wir ausgeben, sondern eine Zahl, an der wir uns orientieren. In der Praxis erbringen wir zunächst eine Eigenleistung und zahlen anschließend 15 oder 30 Jahre lang monatlich einen bestimmten Betrag ab, der einen Prozentsatz des Darlehensbetrags zuzüglich Zinsen beinhaltet, die sich ändern können oder nicht. Dazu kommen Versicherung und Steuern, die sich ebenfalls im Lauf der Zeit ändern. Und natürlich die Kosten von Taxierung, Inspektionen, Grundbucheinträgen, Maklergebühren, Anwaltsgebühren, Beurkundungsgebühren, Notariatsgebühren und Gebühren für die Erfindung neuer Gebühren. Es wäre schwierig, all diese Kosten zu trennen, um das beste Geschäft zu finden. Also bündeln wir sie und sagen einfach, dass wir ein Haus für 250 000 Dollar kaufen.

Natürlich ziehen es alle Anbieter von Dienstleistungen vor, ihre Gebühren in dieser großen Summe zu verstecken, damit die Kosten unbemerkt bleiben oder damit die Anbieter unsere Neigung zur Herstellung von Relationen ausnutzen können, wenn wir die Kosten doch bemerken.

Oder nehmen wir den Kauf eines Handys. Es ist praktisch unmöglich, ein Gerät und seinen einzigartigen Serviceplan mit den Geräten und Plänen der Konkurrenz zu vergleichen. Die einzelnen Elemente sind so designt, dass sie für sich genommen schwer zu beurteilen sind: Was sind Textnachrichten verglichen mit mehreren Gigabyte an Daten wert? 4G-Netze, Gebühren für die Überschreitung der Datenmenge, Gesprächsminuten, Roaming, Netzabdeckung, Spiele, Speicherplatz, globaler Zugang … Was sind diese Dinge wert? Was ist mit dem Service, den Gebühren und dem Ruf des Anbieters? Wie kann man ein iPhone bei Vodafone mit einem Android-Gerät bei T-Mobile vergleichen? Es müssen zu viele kleine, integrierte Elemente beurteilt werden, um den relativen Wert jedes einzelnen ermitteln zu können, weshalb wir am Ende die Gesamtkosten der Telefone und der Monatsgebühren vergleichen. Sofern das möglich ist.

## RELATIVER ERFOLG

Die Liste der Dinge, die von der Relativität abhängen, umfasst sehr viel mehr Produkte als Handys und hässliche Pullover. Die Relativität wirkt sich auch auf unser Selbstwertgefühl aus. Wir haben Freunde, die einige der besten Universitäten des Landes besucht haben. Gemessen an allen vernünftigen Maßstäben sind diese Freunde sehr erfolgreich. Einige von ihnen beurteilen sich selbst jedoch nur im Vergleich zu »erfolgreicheren« Kollegen, Mitgliedern des Country Clubs und Golfpartnern, weshalb sie das Gefühl haben, dass es ihnen nicht gut geht. Jeff erinnert sich noch lebhaft an ein trauriges Erlebnis bei der Geburtstagsfeier eines Freundes, der einen vorzüglichen Catering-Service bestellt hatte. Umringt von wohlmeinenden Freunden und einer schönen, gesunden und glücklichen Familie stand das Geburtstagskind in seiner Fünfzimmerwohnung in einem von einem Portier behüteten Haus an der Park Avenue und gestand mit einem Seufzer: »Ich hatte gedacht, in diesem Alter würde ich in einer größeren Wohnung leben.«

Hätte er sein Leben objektiv betrachtet, so hätte er seinen Erfolg feiern müssen. Aber verglichen mit einigen ausgewählten Kollegen hielt er sich für eine Enttäuschung. Als Komiker und Autor kann sich Jeff glücklicherweise nicht mit den Bankern unter seinen Freunden vergleichen. Daher kann er die Dinge mit einer gewissen Distanz betrachten und relativ zufrieden mit seinem Leben sein. Ein noch größeres Glück ist, dass Jeffs Frau ihn nicht mit einem Banker vergleichen kann, obwohl sie der Meinung ist, einige Komiker zu kennen, die amüsanter sind als er.

Wesentlich ist, dass sich die Relativität auf sämtliche Lebensbereiche auswirkt, und zwar erheblich. Es ist eine Sache, zu viel Geld für eine Stereoanlage auszugeben; etwas ganz anderes ist es, unsere Lebensentscheidungen zu bedauern. Das Glück scheint zu oft weniger ein Ausdruck unseres tatsächlichen Glücks, sondern vielmehr ein Ergebnis dessen zu sein, wie wir uns mit anderen vergleichen. In den meisten Fällen ist dieser Vergleich weder gesund noch gut. Tatsächlich ist unsere Neigung, uns mit anderen zu vergleichen, derart ausgeprägt, dass wir ein Gebot erfinden mussten, das es uns verbietet, die Dinge unseres Nachbarn zu begehren.

Das Bedauern ist in mancher Hinsicht lediglich eine weitere Version des Vergleichens. Mit Bedauern vergleichen wir uns selbst – unser Leben, unsere Karriere, unsere Gesundheit, unseren Status – nicht mit anderen Leuten, sondern mit alternativen Versionen von uns selbst. Wir vergleichen uns mit einem Selbst, das wir hätten sein können, wenn wir an einem bestimmten Punkt in unserem Leben einen anderen Weg eingeschlagen hätten. Auch das ist oft weder gesund noch hilfreich.

Aber wir wollen nicht zu tiefgründig und philosophisch werden. Machen wir uns keine Gedanken über das Glück und den Sinn des Lebens, zumindest noch nicht. Nehmen wir einfach diese Gedanken und Gefühle und schließen sie in eine kleine Schachtel ein. Gliedern wir diese Dinge auf.

# 5
# WIR DENKEN IN KATEGORIEN

Man kann eigentlich nicht sagen, dass Jane Martin ihren Job hasst. Sie hasst nur, was sie manchmal in ihrem Job tun muss. Sie koordiniert die Veranstaltungen eines kleinen staatlichen Colleges, aber manchmal hat sie das Gefühl, lediglich Regeln und Vorschriften zu koordinieren, und oft sagen sie und ihre Kollegen Nein zueinander. Sie muss Bewilligungen einholen, um Geld aus dem Aktivitätenfonds oder dem allgemeinen Fonds oder dem Fonds der ehemaligen Studierenden verwenden zu können. Jede Kleinigkeit, von den Bestandteilen des Unterhaltungsprogramms über die Tischdecken bis zum Transport, muss durch die Hierarchie einer Haushaltsbürokratie geschleust werden. Und ihre Tätigkeit wird nicht nur von den Abteilungen der Hochschule, von den Ehemaligenverbänden und Studierenden misstrauisch beäugt, die den kleinsten Fehler von Jane gnadenlos anprangern. Auch der Staat und die Vorschriften auf Bundesebene machen Jane zu schaffen. Es tobt ein unablässiger Streit über die Finanzen und Verfahren, denn jede Behörde verlangt, um Erlaubnis gefragt zu werden. Jane liebt es, Veranstaltungen zu organisieren. Aber sie hasst es, sich mit dem Papierkram herumschlagen zu müssen.

In ihren eigenen vier Wänden sieht es jedoch ganz anders aus. Zuhause ist Jane sehr detailverliebt. Sie führt ein strenges Regiment, sorgt für die Einhaltung des Budgets – und sie liebt es, die Kontrolle zu haben! Sie weiß genau, welchen Betrag ihre Familie jeden Monat für bestimmte Dinge ausgeben kann. 200 Dollar für Freizeitvergnügungen. 600 Dollar für Lebensmittel. Jane legt jeden Monat Geld für Reparaturen, Steuern und Ärzte zur Seite, selbst wenn aktuell keine solchen Ausgaben anfallen. Sie legt tatsächlich Bargeld für jede dieser Kategorien in etikettierte Umschläge, sodass sie und ihr Mann, wenn sie sich ein Abendessen im Restaurant leisten wollen, im Umschlag mit der Aufschrift »Restaurant« nachsehen müssen, ob sie sich dieses Vergnügen leisten können. Jane lässt nicht zu, dass die Familie Urlaubsreisen zu lange im Voraus plant. Wenn am Ende eines Kalenderjahres in den Umschlägen für Reparaturen, Steuern und Ärzte Geld übrig ist, stellt sie es für einen Urlaub im folgenden Sommer zur Verfügung. Auf diese Art hat sie in den vergangenen zehn Jahren mit einer Ausnahme – 2011 musste ihre Tochter nach einem Sportunfall am Knie operiert werden, und dieser Eingriff verschlang die gesamte Urlaubsrücklage – immer genug Geld für eine schöne Reise gespart.

Jane hat eine Abneigung gegen den Oktober, denn in diesen Monat fallen die Geburtstage von sieben Familienmitgliedern und engen Freunden, weshalb sie den Umschlag für Geschenke immer leert. Dieses Jahr hat sie sich entschlossen, für den Geburtstag ihres Vetters Lou kein Geld aus dem Umschlag »Freizeit« zu borgen; damit Lou trotzdem nicht leer ausgeht, hat sie vier Stunden investiert, um einen Kuchen für ihn zu backen. Lou freut sich sehr. Jane ist erschöpft.

## WAS GEHT HIER VOR?

Janes Verhalten ist ein extremes Beispiel für die *mentale Buchhaltung*, eine weitere Art, über Geld nachzudenken, die wenig mit dem tatsächlichen Wert der Dinge zu tun hat. Die mentale Buchhaltung kann durchaus ein nützliches Werkzeug sein, aber meistens führt sie zu schlechten Entscheidungen – vor allem, wenn uns überhaupt nicht bewusst ist, dass wir diese Methode anwenden.

Erinnern Sie sich noch an die Austauschbarkeit? Die Vorstellung, dass Geld mit sich selbst austauschbar ist? Ein Eindollarschein hat offensichtlich denselben Wert wie alle anderen Eindollarscheine. Theoretisch ist das richtig. Aber in der Praxis messen wir nicht allen unseren Eindollarscheinen denselben Wert bei. Wie wir einen Dollar bewerten, hängt davon ab, mit welcher Kategorie wir ihn erstmals verknüpft haben – mit anderen Worten, wie wir ihn verbuchen. Diese Neigung, verschiedene Dollar in verschiedene Kategorien – in Janes Fall in verschiedene Umschläge – zu stecken, führt zweifellos nicht zu einem rationalen Umgang mit Geld. Aber in Anbetracht der Tatsache, wie schwierig es ist, die Opportunitätskosten und den realen Wert von Dingen zu bestimmen, hilft uns diese Strategie beim Haushalten. Sie ermöglicht es uns, schneller darüber zu entscheiden, wie wir unser Geld ausgeben wollen. Das kann gut sein, aber indem wir die mentale Buchhaltung praktizieren, verstoßen wir auch gegen das Prinzip der Austauschbarkeit. Wir berauben uns ihrer Vorzüge – indem wir die Dinge vereinfachen, ebnen wir den Weg für eine Reihe weiterer finanzieller Irrtümer.

Das Konzept der mentalen Buchhaltung geht auf Richard Thaler zurück. Das Grundprinzip lautet, dass unser finanzielles Verhalten große Ähnlichkeit mit dem von Unternehmen und Organisationen hat. Wenn wir für eine große Einrichtung wie Janes College arbeiten, wissen wir, dass für jede Abteilung jedes Jahr ein Budget erstellt und das verfügbare Geld nach Bedarf ausgegeben wird. Verbraucht eine Abteilung das zugeteilte Geld zu früh, so bekommt sie Schwierigkeiten. Der Abteilungsleiter wird erst zu Beginn des Folgejahrs neue Budgetmittel erhalten. Hat eine Abteilung am Jahresende Geld übrig, so bekommen alle Mitarbeiter einen neuen Laptop oder bei der Weihnachtsfeier wird statt Donuts aus der Schachtel frisches Sushi aufgetischt.

Wie gehen wir persönlich mit unseren Haushaltsmitteln um? Auch im Privatleben teilen wir unser Geld Kategorien oder Konten zu. Normalerweise legen wir Geld für Kleidung und Freizeitvergnügen, Miete und Stromrechnung, Investitionen und Annehmlichkeiten beiseite. Wir halten uns nicht unbedingt an die Budgetvorgaben, aber wir planen unseren Haushalt. Und wie viele Unternehmen haben wir ein Problem, wenn wir das gesamte für eine Kategorie vorgesehene Geld verbrauchen: Wir können das Budget nicht aufstocken (und wenn wir es können, fühlen wir uns nicht wohl dabei). Bleibt hingegen in einer Ausgabenkategorie Geld übrig, so ist es sehr leicht, dieses überschüssige Geld auszugeben. Vielleicht gehen wir nicht so weit, das Geld wie Jane in etikettierte Umschläge zu stecken, aber wir alle betreiben bewusst oder unbewusst eine mentale Buchhaltung.

Ein Beispiel: Nehmen wir an, wir haben gerade 100 Dollar für eine Eintrittskarte für ein sehr erfolgreiches Broadway-Musical ausgegeben, in dem vulgäre Puppen, unverschämte Superhelden, Gründerväter und Schülerstreiche vorkommen. Als wir beim Theater eintreffen, holen wir die Brieftasche hervor – und wir stellen zu unserem Entsetzen fest, dass wir die Eintrittskarte verloren haben. Zum Glück haben wir 100 Dollar dabei. Würden wir eine zweite Eintrittskarte kaufen?

Die große Mehrheit der Personen, denen diese Frage gestellt wird, beantworten sie mit nein. Schließlich haben sie das Geld für die Eintrittskarte bereits ausgegeben. Diese ist weg, Pech gehabt. Aber was geschieht, wenn man die Leute bittet, von der Annahme auszugehen, dass sie doch eine Ersatzkarte bezahlen, und sie auffordert anzugeben, wie viel sie dieser Theaterbesuch gekostet habe? Die meisten Leute antworten, der Spaß habe sie 200 Dollar gekostet, nämlich zwei Eintrittskarten zu je 100 Dollar.

Nun wollen wir annehmen, dass die Dinge an jenem Tag anders laufen: Wir haben keine Karte im Vorverkauf bestellt, freuen uns jedoch genauso auf die Vorstellung. Als wir an der Theaterkasse stehen und unsere Geldbörse zücken, stellen wir fest, dass wir einen der beiden 100-Dollar-Scheine verloren haben, die wir eingesteckt hatten. *Oh nein!* Jetzt sind wir 100 Dollar ärmer. Zum Glück haben wir noch den anderen 100-Dollar-Schein. *Oh ja!* Würden wir die Eintrittskarte kaufen oder nach Hause gehen? Mit dieser Situation konfrontiert, antworten die meisten Befragten, sie würden den Eintritt bezahlen. Denn was hat der Verlust eines 100-Dollar-Scheins mit einem Theaterbesuch zu tun? Nehmen wir an, wir verhalten uns wie die meisten Leute und kaufen die Eintrittskarte: Wie viel haben wir dafür bezahlt? In diesem Fall antworten die Befragten mehrheitlich, sie hätten 100 Dollar ausgegeben.

Obwohl die Leute unterschiedlich auf die beiden Situationen reagieren, sind diese in den Augen des Ökonomen im Grunde identisch. In beiden Fällen haben wir einen geplanten Theaterbesuch und den Verlust eines Stücks Papier im Wert von 100 Dollar (einer Eintrittskarte oder eines Geldscheins). Aber in den Augen einer normalen Person gibt es einen klaren Unterschied: In einem Fall wird das verlorene Stück Papier als Theaterkarte bezeichnet, im anderen Fall als Währung. Wie kann das Stück Papier so unterschiedliche Reaktionen auslösen? Wie kommt es, dass uns dieser Unterschied dazu bewegt, uns in einem Fall das Musical anzusehen und im anderen nach Hause zu gehen? Und ganz abgesehen davon: Wie sind wir an eine so billige Eintrittskarte für ein Broadway-Musical herangekommen? (100 Dollar? In dieser theoretischen Welt kann man sich wirklich eine Menge leisten.)

Kehren wir für einen Augenblick zu den Budgets von Unternehmen zurück. Wenn wir ein Budget für Theaterkarten haben und ausschöpfen (wir verwenden es für die Eintrittskarte), füllen wir es nicht auf. Also kaufen wir keine neue Karte. Aber wenn das

Geld aus dem allgemeinen Budget verschwindet – anstatt für einen bestimmten Posten verwendet zu werden –, haben wir nicht das Gefühl, es aus einer bestimmten Budgetkategorie genommen zu haben. Daher sehen wir keine Notwendigkeit, das Budget für eine bestimmte Kategorie zu kürzen. Das bedeutet, dass in unseren Augen immer noch Geld auf dem Theaterkonto ist, da wir das verlorene Geld ja auf dem Konto für allgemeine Ausgaben verbucht haben. Daher lassen wir uns durch den Verlust nicht daran hindern, den ungehörigen Gesang der Puppen zu genießen.

Diese mentale Buchhaltung wirkt durchaus logisch. Nur führt sie zu Fehlern. Aber warum?

## KONTEN MIT HOHEM SELBSTBETRUGSSALDO

Wären wir vollkommen rational, so würden unsere Entscheidungen nicht von imaginären Budgetkonten beeinflusst, unabhängig von deren Form, Ort oder Zeitpunkt. Aber wir lassen uns von ihnen beeinflussen.

Wir praktizieren unentwegt mentale Buchhaltung. Hier einige Beispiele dafür, wie wir unser Geld auf verschiedenen Konten parken:

1. Wir legen etwas Geld auf geringverzinste Girokonten, während wir hohe Schulden auf hochverzinsten Kreditkarten anhäufen.

2. Wenn Jeff in interessanten Städten auftritt oder als Redner eingeladen ist (wie vor kurzem in Barcelona) nimmt er manchmal seine Familie mit. Gleichgültig, wie viel er verdient oder wie viel die Reise kostet, er gibt immer zu viel Geld aus. Es ist leicht, mehr von dem Geld auszugeben, das er für seine Auftritte bekommt, denn er verdient und gibt dieses Geld

gleichzeitig aus. Der Anstieg des Saldos auf dem Einnahmenkonto überschattet den schrumpfenden Saldo auf dem Urlaubskonto, was dazu führt, dass alle Ausgabenregeln über Bord geworfen werden. In Jeffs Vorstellung kommt das Geld, das er fürs Essen im Restaurant oder Vergnügungen ausgibt, nicht aus dem Reise-, Bildungs- oder Wohnbudget der Familie. Er bezahlt diese Dinge aus seinem Rednerhonorar – und zwar jedes Mal. Wäre es einfach ein Familienausflug, so wäre Jeff finanziell sehr viel umsichtiger; zumindest würde er mehr passiv-aggressive Fragen stellen: »Brauchen wir wirklich noch ein Glas Cava?« (Die Antwort auf diese Frage ist immer: »Ja, mehr bitte.«)

3. Ganz Las Vegas ist ein einziges Beispiel für mentale Buchhaltung. Die Tourismusbeauftragten der Stadt wissen, wie wir Buch führen. Sie haben sogar einen Marketingslogan entwickelt, um uns bei der Aufgliederung zu helfen: »Was in Las Vegas geschieht, bleibt in Las Vegas.« Sie wecken unsere niedrigsten Instinkte, und wir leisten der Aufforderung bereitwillig Folge. Wir fliegen nach Vegas und legen im Geist unser ganzes Geld auf ein Vegas-Konto. Wenn wir beim Roulette gewinnen, freuen wir uns über den Geldregen. Wenn wir verlieren, ist es nicht weiter schlimm, denn wir haben das Geld bereits als ausgegeben verbucht, indem wir es auf das Vegas-Konto gelegt haben. Die Wahrheit ist, dass es weiterhin unser Geld ist, egal, auf welches mentale Konto wir es legen. Aber es fühlt sich nicht so an. Was auch immer damit geschieht, während wir in Vegas sind – gleichgültig, ob wir ein paar Tausend Dollar verlieren oder gewinnen –, dieses Geld kehrt in Wahrheit mit uns nach Hause zurück. Es bleibt nicht in Las Vegas, genauso wenig wie anzügliche Fotos, die wir auf Instagram posten. Daher sollten wir das Smartphone im Zimmer lassen.

Gary Belsky und Thomas Gilovich erzählen die Fabel von dem Mann nach, der sich mit 5 Dollar an einen Roulettetisch setzt, eine unglaubliche Glückssträhne hat und an einem Punkt fast 300 Millionen Dollar im Plus ist.[13] Dann setzt er einmal auf die falsche Zahl und verliert seinen gesamten Gewinn zuzüglich der 5 Dollar, mit denen er angefangen hat. Als er in sein Zimmer zurückkehrt, fragt ihn seine Frau, wie es ihm ergangen ist. Die Antwort: »Ich habe 5 Dollar verloren.« Würde uns so ein Unglück widerfahren, so hätten wir zweifellos das Gefühl, mehr als 5 Dollar verloren zu haben, aber auch wir würden uns wahrscheinlich nicht so fühlen, als hätten wir 300 Millionen Dollar verloren. Die 5 Dollar, mit denen wir begonnen haben, sind das Einzige, was sich wie »unser Geld« anfühlt. Wir würden jeden Dollar, den wir im Lauf des Abends gewinnen, vom ersten bis zum dreihundertmillionsten, der Kategorie »Gewinn« zuschlagen. Mag sein, dass wir 300 Millionen Dollar von unserem Gewinn verloren haben, aber wir haben das Gefühl, lediglich 5 Dollar von unserem eigenen Geld eingebüßt zu haben. (Natürlich hätten wir auch die Fähigkeit verloren, aufrichtig gegenüber unserer Frau zu sein, aber das ist ein Thema für ein anderes Buch.)

Keines dieser Szenarien hat einen Sinn, wenn wir uns klarmachen, dass sämtliches Geld, das wir ausgeben, sparen, verspielen oder versaufen, in Wahrheit aus demselben großen Reservoir kommt, das wir als »unser Geld« bezeichnen. Es sollte keine Rolle spielen, welcher Kategorie wir das Geld zuordnen, denn am Ende ist all dieses Geld unser Geld. Aber wie wir zuvor gesehen haben, ordnen wir unser Geld mentalen Kategorien zu, und von diesem Augenblick an entscheidet die Kategorisierung darüber, wie wir über den Wert unseres Geldes denken, wie bereitwillig wir es ausgeben, wofür wir es ausgeben und wie viel am Monatsende davon übrig ist.

## MENTALE BUCHHALTUNG: EIN GANZ BESONDERES PROBLEM

Anders als die meisten der in diesem Buch behandelten Probleme ist die mentale Buchhaltung zu komplex, als dass man einfach sagen könnte: »Es ist falsch, mentale Buchhaltung zu betreiben. Wir müssen damit aufhören.« Wie die anderen Fehler ermöglicht auch die mentale Buchhaltung keinen rationalen Umgang mit Geld, aber wenn wir unsere Lebenswirklichkeit und unsere kognitiven Beschränkungen berücksichtigen, *kann es eine nützliche Strategie sein*. Das gilt insbesondere, wenn die mentale Buchhaltung klug eingesetzt wird. Aber natürlich setzen wir sie nur selten klug ein. Deshalb existiert der Rest dieses Kapitels.

Zunächst sollten wir klären, warum die mentale Buchhaltung einzigartig ist.

Nehmen wir an, es gibt drei Arten von Personen. Dies sind: 1) die vollkommen rationale Person – der *Homo economicus*, 2) die teilweise rationale Person mit kognitiven Beschränkungen – sie kann die beste Wahl treffen, wenn sie genügend Zeit und die mentale Fähigkeit dazu hat, sowie 3) die teilweise rationale Person mit kognitiven Beschränkungen, die obendrein *Emotionen* hat – also ein menschliches Wesen ist.

Für die vollkommen rationale Person – knien wir nieder vor unseren Herren, den Robotern! – ist die mentale Buchhaltung eindeutig ein Fehler. In einer vollkommen rationalen Welt sollten wir Geld, das wir auf einem Konto haben, genauso behandeln wir unser Geld auf einem anderen Konto. Schließlich ist es nichts anderes als Geld. Geld ist Geld ist Geld. Es ist vollkommen austauschbar. In der vollkommen rationalen Welt besitzen wir eine unbegrenzte Fähigkeit zu finanziellen Berechnungen, weshalb eine Unterteilung unseres Geldes in Kategorien ein Fehler ist, verstößt sie doch gegen das Prinzip der Austauschbarkeit und beraubt uns dieses großen Vorteils des Geldes.

Für die Person mit kognitiven Beschränkungen, das heißt für die Person, die den realen Beschränkungen der Fähigkeit unseres Gehirns zur Speicherung und Verarbeitung von Information unterworfen ist, kann die mentale Buchhaltung jedoch nützlich sein. In der realen Welt ist es extrem schwierig, die Opportunitätskosten festzustellen und die vielgestaltigen Abwägungen vorzunehmen, die bei jeder finanziellen Transaktion erforderlich sind. Die mentale Buchhaltung liefert uns ein nützliches heuristisches Instrument, oder besser eine Abkürzung zu Entscheidungen. Jedes Mal, wenn wir etwas wie einen Kaffee kaufen, können wir mit gutem Grund denken: »Oh, für dieses Geld könnte ich auch eine Unterhose kaufen, bei iTunes einen Film herunterladen, zwei Liter Benzin tanken oder jetzt oder in der Zukunft eine Vielzahl anderer Dinge erwerben.« Wir können jedoch auch auf die mentale Buchhaltung zurückgreifen und diesen Kaffee auf unserem »Lebensmittelkonto« verbuchen. Auf diese Art müssen wir lediglich die Opportunitätskosten auf diesem Konto berücksichtigen. Dieses Vorgehen schränkt unser Denken ein, vereinfacht es jedoch auch: »Oh, mit diesem Geld könnte ich die Hälfte meines Mittagessens oder einen zusätzlichen Kaffee am Freitagnachmittag bezahlen.« Das vereinfacht die Berechnung. Aus diesem Blickwinkel betrachtet ist die mentale Buchhaltung zwar immer noch nicht rational, aber sie ist durchaus vernünftig, vor allem, wenn wir unsere beschränkte Rechenleistung berücksichtigen.

Wenn wir die Dinge kategorisieren, um uns das Leben leichter zu machen, müssen wir nicht jedes Mal, wenn wir Geld ausgeben, über ein Universum von Opportunitätskosten nachdenken. Das würde uns vollkommen überfordern. Wir müssen nur über ein kleines Teilbudget – für Kaffee, Restaurantbesuche oder Unterhaltung – und die Opportunitätskosten innerhalb dieser Kategorie nachdenken. Das ist nicht die perfekte Lösung, aber es hilft. Tatsächlich können wir, wenn wir erst einmal begriffen haben, dass die mentale Buchhaltung nicht rational ist, aber nützlich sein kann, darüber nachdenken, wie wir sie zu unserem Vorteil einsetzen können.

Womit wir bei der dritten Art von Person sind, bei jener, die Emotionen hat, unter Stress und Ärgernissen leidet, Fristen einhalten muss und viele andere Dinge zu tun hat. Mit anderen Worten: Wir kommen zu uns, den *wirklichen Menschen*. Anders als die Berücksichtigung sämtlicher Opportunitätskosten jeder Transaktion ist es zumindest nicht fast unmöglich, dieselbe Übung innerhalb kleinerer Kategorien durchzuführen, aber auch das ist zumindest mühsam. Wenn wir jedes Mal, wenn wir etwas Bestimmtes kaufen wollen – einen Kaffee, Benzin, eine App, dieses Buch – über Pro und Contra dieser Entscheidung nachdenken müssen, wird uns das schön auf die Nerven gehen. Personen auf Diät, die jede Kalorie zählen sollen, reagieren oft mit Frustration, Fressattacken und der Zählung genau keiner Kalorie. Ganz ähnlich verhalten sich oft Personen, die mit komplexen Budgetkategorien konfrontiert werden: Sie hören auf zu haushalten.

Das wollen wir vermeiden.

Wenn uns Leute erzählen, dass es ihnen schwerfällt, ihre Ausgaben zu kontrollieren, stellen wir fest, dass diese Leute für alles Budgets aufstellen könnten, aber wir sagen ihnen auch, dass das wahrscheinlich so nervenaufreibend sein dürfte, dass sie einfach aufgeben werden. Also schlagen wir diesen Personen stattdessen vor, sich zu entscheiden, wie viel Geld sie für eine umfassende Kategorie von »Ermessensausgaben« veranschlagen möchte. Gemeint sind die Dinge, ohne die sie leben kann, wie zum Beispiel einen Spezialkaffee, schöne Schuhe oder jede Menge Drinks in der Bar. Diesen Betrag soll die Person wöchentlich auf eine Prepaid-Debitkarte überweisen. Nun hat sie eine Kategorie von Ermessensausgaben, für die ihr jeden Montag ein neues Budget zur Verfügung steht. Die Abrechnung wird zeigen, wie sie das Geld verwendet hat und welches die Opportunitätskosten *innerhalb dieser allgemeinen Kategorie* sind. Die Opportunitätskosten der Entscheidungen sind also auf Anhieb erkennbar. Die Person kann sich einfach die Abrechnung der Ermessensausgaben ansehen. Dieses Vorgehen erfordert immer noch Bemühung, aber es ist nicht so lästig wie separate Abrechnungen für Kaffee, Bier, Taxifahrten und die digitale Ausgabe dieses Buchs. Dies ist eine Möglichkeit, die mentale Buchhaltung zu unserem Vorteil zu nutzen und zugleich der Komplexität und den Anforderungen unseres realen Lebens Rechnung zu tragen.

## WEITERE LÖSUNGEN

Wie Sie sehen, ist die mentale Buchhaltung ein einzigartiger Denkfehler im Umgang mit Geld: Im Allgemeinen sollten wir keine mentale Buchhaltung betreiben, aber da sie uns das Leben erleichtert, tun wir es. Das wiederum bedeutet, dass wir uns der Fehler bewusst sein sollten, die wir bei der mentalen Buchhaltung begehen. Indem wir diese Fehler erkennen, können wir feststellen, wie wir unseren Umgang mit Geld anders gestalten können, wenn wir unser natürliches Ausgabenverhalten analysieren.

Im letzten Teil dieses Buchs werden wir Ihnen weitere Tipps geben, die Ihnen dabei helfen sollen, sich Ihre fehlerhaften Vorstellungen vom Geld bewusst zu machen und zu Ihrem Vorteil zu nutzen. Aber zunächst müssen wir noch einige Dinge über unseren irrationalen Umgang mit Geld lernen. Wir werden die übrigen Lösungen in einem anderen Abschnitt behandeln – oder wenn Sie so wollen, auf ein anderes mentales Konto legen.

## ES IST NICHT IN ORDNUNG

Unsere Kategorisierung des Geldes wirkt sich darauf aus, wie wir es behandeln und verwenden, aber wir haben nicht immer eine klare Vorstellung davon, wie wir unser Geld kategorisieren sollen. Anders als ein Unternehmen verfügen wir nicht über Büromaterial und Personal. Wir weisen unser Budget anderen Arten von mentalen Konten zu und folgen dabei anderen Regeln, je nachdem, wie wir es verdienen, wie wir es ausgeben und welches Gefühl es uns gibt. Wurden wir mit diesem Geld für unsere Arbeit bezahlt oder verdanken wir es einem auf der Straße gefundenen Lotterielos? Oder verdanken wir es einer Erbschaft, einer Gaunerei oder unserem Geschick als Online-Gamer?

Zur Verdeutlichung: Wenn wir einen Geschenkgutschein von Amazon oder iTunes bekommen, werden wir damit wahrscheinlich Dinge kaufen, für die wir kein Geld ausgeben würden, wenn dieses Geld aus unserem Gehalt stammte. Warum? Weil wir einen Geschenkgutschein auf unserem Geschenkkonto verbuchen, während unser hart verdientes Gehalt auf ein Konto geht, das wir weniger leichtfertig belasten. Für diese Konten gelten unterschiedliche Ausgabenregeln (obwohl es, um es noch einmal zu widerholen, in jedem Fall unser eigenes, fungibles Geld ist).

Eine kuriose Erkenntnis über die Kategorisierung unseres Geldes ist, dass Personen, die sich wegen der Herkunft ihres Geldes schuldig fühlen, oft einen Teil davon für wohltätige Zwecke spenden.[14] Lassen wir diese Erkenntnis wirken: Wie wir unser Geld ausgeben, hängt davon ab, wie wir darüber *empfinden*. Es stimmt, ein weiterer verborgener Faktor, der sich auf die Kategorisierung unseres Geldes auswirkt, ist das Gefühl, das es bei uns weckt. Fühlen wir uns schlecht, weil wir das Geld unter negativen Umständen erhalten haben? Haben wir das Gefühl, dass es gratis ist, weil wir es als Geschenk erhalten haben? Oder fühlen wir uns gut, weil wir hart für dieses Geld gearbeitet haben und es verdienen?*

Die Leute werden Geld, das sie mit ihrem Arbeitseinkommen verdient haben, wahrscheinlich »verantwortungsbewusst« ausgeben und zum Beispiel Rechnungen damit bezahlen, weil es sich wie »ernstes Geld« anfühlt. Fühlt sich Geld hingegen vergnüglich an – zum Beispiel, wenn man 300 Millionen Dollar im Casino gewonnen hat –, so wird man es vermutlich für Vergnügungen wie weiteres Glücksspiel ausgeben.

Jonathan Levav und Pete McGraw haben herausgefunden, dass wir Geld, das sich *schlecht* anfühlt, zu »waschen« versuchen. Wenn wir beispielsweise Geld von einem geliebten Verwandten erben, fühlt sich dieses Geld gut an, weshalb wir bereit sind, es auszugeben. Stammt es hingegen aus einer Quelle, die wir nicht mögen – im Experiment von Levav und McGraw war diese Quelle der Tabakkonzern Philip Morris – so fühlen wir uns bei der Verwendung dieses Geldes schlecht. Um es von den negativen Gefühlen zu reinigen, geben wir zunächst einen Teil dieses Geldes für positive Zwecke wie eine Hilfsorganisation aus, anstatt es selbstsüchtig zu verwenden und Eiscreme davon zu kaufen. Haben wir einmal einen Teil des Geldes für gute Zwecke ausgegeben, so fühlen wir uns wohl damit, und jetzt fällt es uns nicht mehr schwer, den Rest für annehmliche Dinge wie Urlaubsreisen, Juwelen und Eiscreme auszugeben.

Levav und McGraw bezeichnen dieses Verhalten als EMOTIONALE BUCHHALTUNG. Die emotionale Geldwäsche kann verschiedenste Formen annehmen. Wir können Geld, das besudelt wirkt, reinigen, indem wir es zuerst für ernste Dinge wie die Schuldentilgung oder tugendhafte wie Eiscreme für ein Waisen-

---

* In unserem nächsten Buch werden wir uns mit der Frage beschäftigen, warum uns der Song »She works hard for the money« von Donna Summer einfach nicht aus dem Kopf geht.

haus ausgeben. Wenn wir mit dem Geld etwas tun, das uns ein gutes Gefühl gibt, beseitigen wir die schlechten Gefühle, was uns die Freiheit gibt, das Geld nach Belieben auszugeben. Die emotionale Geldwäsche ist zweifellos nicht rational, aber sie gibt uns ein gutes Gefühl.[15]

## EINE ROSE MIT EINEM ANDEREN NAMEN WÜRDE UNS MEHR KOSTEN

Manchmal tun wir unschöne Dinge, wie Buchhaltungsabteilungen von Unternehmen – zum Beispiel, wenn wir Buchhaltungstricks anwenden, um das System auszutricksen. Dann verhalten wir uns wie Unternehmen von einer bestimmten Sorte, Unternehmen von der Art Enrons. Erinnern Sie sich noch an Enron? An den berühmt-berüchtigten Energiekonzern, der um die Jahrtausendwende zum Inbegriff betrügerischer Managementpraktiken wurde? Enron machte einige Insider mit betrügerischen Buchhaltungstricks obszön reich. Manager des Konzerns richteten Konten in Steuerparadiesen ein, um Ausgaben zu verstecken und fingierte Einkünfte zu erzeugen. Sie verkauften mit Täuschungsabsicht Derivate auf im Grunde erfundene Produkte. Ihre gesamte Buchführung wurde von einer Wirtschaftsprüfungsfirma, die sie selbst gegründet hatten, »überwacht«. Sie waren Betrüger. Und sie waren so gut darin, dass sie tatsächlich selbst an die Richtigkeit ihrer betrügerischen Buchhaltungspraktiken zu glauben begannen.

Die Finanzkrise von 2008 wurde nicht zuletzt durch Buchhaltungstricks heraufbeschworen, indem einige Finanzdienstleister einfach damit Geld verdienten, dass sie dieses hin- und herschoben, aufblähten und weiterverkauften. Sie unterschlugen Gelder und schleusten sie von einem Konto auf das andere, wenn es ihnen in den Kram passte, wenn es rentabel war und wenn sie davon profitierten.

In unserem Alltagsleben wenden wir ähnliche Buchhaltungstricks an. Wir belasten unsere Kreditkarte mit verschiedenen Einkäufen und vergessen diese rasch. Wir nutzen Geld, das wir eigentlich sparen wollten. Wir denken nicht über große Rechnungen nach, wenn sie nicht in unser monatliches Budget passen. Wir verschieben Geld zwischen Ersparnissen, Girokonto und Rücklagen für Notfälle, um etwas »Besonderes« damit machen zu können. Aber unsere Buchhaltungstricks lösen zumeist keine weltweiten Wirtschaftskrisen aus. Meistens schaden sie nur unserer persönlichen finanziellen Zukunft. Meistens.

Naja, vielleicht sind wir nicht so schlimm wie Enron und Gleichgesinnte, aber wir nehmen es bei der mentalen Buchhaltung nicht allzu genau. Wir lassen uns leicht von Emotionen, Selbstsucht, Impulsivität, Unfähigkeit zur Planung, kurzfristigem Denken, Selbstbetrug, äußerem Druck, Selbstrechtfertigungen, Verwirrtheit und Habgier leiten. Das sind unsere zehn finanziellen Sünden. Es sind keine Todsünden, aber mit Sicherheit sind sie nicht vorteilhaft.

Und wie bei den Enrons dieser Welt wird unsere mentale Buchhaltungsabteilung von sehr nachlässigen Wirtschaftsprüfern überwacht, die nicht allzu viel nachdenken möchten, die Freuden des Geldausgebens genießen wollen und unter einem inhärenten Interessenkonflikt leiden. Denn *wir* sind unsere Wirtschaftsprüfer. Wir sind der Fuchs, der unseren finanziellen Hühnerstall beaufsichtigt.

Stellen wir uns vor, es ist Zeit fürs Abendessen, und wir haben Hunger. Gestern Abend haben wir etwas nach Hause bestellt, weshalb wir heute eigentlich selbst kochen wollten. Aber wir haben vergessen, einkaufen zu gehen. Ein Blick auf das Budget zeigt, dass wir nicht auswärts essen gehen sollten, vor allem nicht in dieses schicke neue Restaurant um die Ecke. Es stimmt schon, unsere Freunde gehen heute Abend aus, aber wir sollten uns zu Hause selbst etwas zubereiten und das gesparte Geld auf ein Pensionskonto legen, auf dem bis zu unserem achtzigsten Lebensjahr Zinsen auflaufen. Dann können wir es uns leisten, nur noch im Restaurant zu essen. Aber wir vergessen, uns zu fragen: »Was würde Jane Martin oder Moses tun?« Also rufen wir den Babysitter an, und eine Stunde später sitzen wir mit dem Cocktail in der Hand in jenem schicken Restaurant am Tisch.

Wenigstens haben wir uns geschworen, billig und gesund zu essen. Aber dann sehen wir das Menü. Unser Plan war es, das Huhn zu nehmen, aber der Hummer in Weinsauce streckt seine köstlichen Scheren aus und packt uns an der gierigen Kehle. »Marktpreis.« Das klingt nicht schlecht. Wir haben gehört, dass die Saison in den Fanggründen von Maine gut gelaufen ist. Also bestellen wir den Hummer und stippen die köstliche Sauce mit knusprigem Brot bis auf den letzten Tropfen auf. Wir hatten auch gedacht, mit Leitungswasser auszukommen, aber was soll's: Zu dem Hummer gehört einfach eine Flasche von dem fruchtigen Pinot. Das Dessert können wir wirklich auslassen – aber nein, wer kann zu dem köstlichen Soufflé nein sagen.

Als die Rechnung gebracht wird, stellen wir fest, dass wir die 6 Dollar, die ein Teller Pasta und eine Orange daheim gekostet hätten, weit hinter uns gelassen haben. Wir haben gegen unsere Ernährungs- und Buchhaltungsregeln verstoßen. Aber zum Glück ist kein Whistleblower in der Nähe.

Wir fühlen uns nicht schlecht, weil wir gut gegessen und Geld ausgegeben haben. Schließlich müssen wir uns ernähren, und nach einer langen Arbeitswoche hatten wir eine Belohnung verdient, nicht wahr? Dazu kommt, dass wir nach einem Gläschen zu viel die kognitiven Fähigkeiten eingebüßt haben, über langweilige Dinge wie Ersparnisse oder offene Rechnungen nachzudenken.

Obwohl sie irrational ist, kann die mentale Buchhaltung, so wie die Buchhaltung von Unternehmen, durchaus nützlich sein, wenn sie mit Verstand betrieben wird. Budgetkategorien können uns helfen, unsere Finanzen zu planen und unsere Ausgaben zu kontrollieren. Aber so wie die Buchhaltung von Unternehmen ist auch die mentale Buchhaltung kein Allheilmittel, denn sie enthält zahlreiche Grauzonen. So wie manche Unternehmen mit einer »kreativen Buchhaltung« gesetzliche Schlupflöcher nutzen, führen wir uns selbst mit unserer flexiblen Einstellung zu den Ausgaben hinters Licht. Wir verwalten unser Geld schlecht, wenn wir vollkommen auf Kategorien verzichten, aber selbst wenn wir sie anwenden, biegen wir uns die Einstufung unserer Ausgaben nach unseren Bedürfnissen zurecht. Wir ändern die Regeln und erzählen uns selbst Märchen, um unseren Launen nachgeben zu können.

Mark Twain beschreibt ein Beispiel für diese kreative Manipulation der Regeln. Nachdem er sich geschworen hatte, jeden Tag nur noch eine Zigarre zu rauchen, begann er, nach immer größeren Zigarren Ausschau zu halten, bis er sich schließlich Exemplare drehen ließ, die so groß waren, dass er sie »als Krücke hätte verwenden können«.[16] Die Sozialwissenschaftler bezeichnen diese Art der kreativen Buchhaltung als FORMBARE MENTALE BUCHHALTUNG. Eine solche Buchführung praktizieren wir, wenn wir uns erlauben, unsere Ausgaben unklar zu klassifizieren und kreativ auf verschiedenen mentalen Konten zu verbuchen. So gelingt es uns, den Kontoinhaber auszutricksen. Leider sind wir selbst dieser Kontoinhaber. Wäre unsere mentale Buchhaltung nicht formbar, so müssten wir uns strikt an die Ausgabenregeln halten. Aber da sie formbar ist, manipulieren wir unsere mentalen Konten, um zweifelhafte Ausgaben zu rechtfertigen. So können wir ohne schlechtes Gewissen zu viel Geld ausgeben.

Mit anderen Worten: Obwohl wir wussten, dass unser Budget eigentlich kein weiteres Essen im Restaurant zuließ, haben wir einen Weg gefunden, es uns zu erlauben. Vielleicht haben wir das Essen vom »Essenskonto« in das »Freizeitkonto« verschoben, oder wir sind zu der Überzeugung gelangt, dass es nicht unsere Verantwortung ist, unser Kind auf die Universität zu schicken. Im

Grunde haben wir wie ein kleines Enron gehandelt und ein paar Zahlen im Finanzplan mit Tippex bearbeitet, um dafür zu sorgen, dass wir unsere unmittelbaren Bedürfnisse befriedigen konnten. Wir werden nicht ins Gefängnis gehen, aber wir haben gegen unsere eigenen Regeln verstoßen. Wir haben die Mauer zwischen Essen und Freizeit niedergerissen und die Tür zur Hölle, zur köstlichen Hölle mit Pinot aufgestoßen.

Wir ändern nicht nur unsere Verwendung verschiedener Kategorien, sondern auch die Regeln für die Definition dieser Kategorien. Wenn wir eine wenig rühmliche Gewohnheit haben und zum Beispiel Lotterietickets oder Zigaretten kaufen, stellen wir gerne willkürliche Regeln auf, die uns derartige Ausgaben erlauben: »Ich werde nur Lotto spielen, wenn mindestens 100 Millionen im Jackpot sind.« Natürlich ist das eine dumme Regel, denn die Lotterie ist unabhängig von der Größe des Jackpots eine schlechte Wahl. Es ist so, als würde man sagen: »Ich werde nur an teilweise bewölkten Tagen rauchen.« Trotzdem gibt uns die Regel ein besseres Gefühl, wenn wir eine Entscheidung fällen, obwohl wir wissen, dass sie falsch ist.

Natürlich verstoßen wir auch gegen diese selbst gemachten Regeln, wann immer wir eine Begründung dafür finden: wenn im Büro Geld für Lotterielose gesammelt wird, wenn wir an der Kasse in einer langen Schlange stehen, wenn wir besonders verträumt sind oder wenn wir nach einem harten Tag eine Belohnung verdient haben. Da wir die Regeln aufgestellt haben und oft die einzigen sind, die von der Existenz dieser Regeln wissen, fällt es uns bemerkenswert leicht, die Vorschriften ohne jegliche Auswirkungen zu ändern, zu ergänzen oder durch andere Regeln zu ersetzen. (»Die 100-Millionen-Dollar-Regel wird für alle Loskäufe ausgesetzt, die ich kaufe, während ich eine braune Hose trage.«) Unser inneres Parlament wird zweifellos zustimmen, gleich wie erbost die Opposition reagiert, gleich wie kurz die Debatte dauert.

## SCHLECHTES GELD VERDRÄNGT GUTES GELD

Nehmen wir an, wir kommen tatsächlich in den Genuss eines plötzlichen Geldsegens: Wir gewinnen ein wenig Geld im Lotto oder werden für einen Vortrag in Barcelona bezahlt. Ohne uns allzu viele Gedanken zu machen, können wir dieses Geld mehrfach ausgeben und zulassen, dass das gute Gefühl des nachsichtigen, von Schuldgefühlen befreiten Bonuskontos auf unsere schrumpfenden Konten abfärbt. Wir verprassen Geld und reden uns selbst ein, dass all diese Ausgaben durch den Geldsegen gedeckt sind, obwohl wir dieses Konto vor langer Zeit leergeräumt haben. Beispielsweise rechtfertigte Jeff in Barcelona mehrere zusätzliche Ausgaben (oft, aber nicht immer für Schaumwein), indem er sich jedes Mal einredete, er bestreite die Ausgabe einfach aus seinem Vortragshonorar. In dieser Situation war es leicht, jeden einzelnen Kauf als eine Sonderausgabe zu betrachten, mit der Jeff seinen Auftritt als Redner feiern konnte. Tatsächlich summierten sich all diese kleinen Belohnungen zu einem ziemlich hohen Betrag, aber Jeff machte sich das nie bewusst – zumindest nicht, bis einen Monat später die Kreditkartenrechnung ins Haus trudelte. (Zu den Kreditkarten kommen wir noch.)

Die formbare mentale Buchhaltung erlaubt es uns auch, auf unsere langfristigen Rücklagen zurückzugreifen, um momentane Bedürfnisse oder Launen zu befriedigen. Sie erlaubt uns, einen Arzt zu bezahlen, wenn wir unerwartet medizinische Hilfe brauchen. Sie erlaubt uns, uns nach Belieben vollkommen neue Budgetkategorien auszudenken, und was noch schlimmer ist: Haben wir einmal eine neue Kategorie eingeführt, so fällt es von da an leichter, Geld dafür abzuzweigen. Wer hätte gedacht, dass es einen Budgetposten »Feier des überstandenen Mittwochs mit einer Happy Hour« gibt und dass er sich jede Woche wiederholt?

Wenn es uns doch einmal gelingt, in einem Bereich Geld zu sparen, belohnen wir uns manchmal für diesen Triumph, indem wir Geld für nicht mit diesem Bereich zusammenhängende Luxusgüter ausgeben, die wir normalerweise nicht kaufen würden. Aber der Sinn von Ersparnissen auf einem mentalen Konto ist nicht, dass man ein anderes Konto zusätzlich belastet. Wenn das geschieht – was nicht immer, aber oft genug passiert –, belohnen wir gutes Verhalten mit schlechtem Verhalten, welches das gute direkt untergräbt. Es ist erfreulich, wenn es uns gelingt, in einer Woche zusätzliche 100 Dollar zu sparen, aber diesen Erfolg zu feiern, indem wir 50 Dollar für etwas ausgeben, das wir sonst nicht gekauft hätten – zum Beispiel für ein Abendessen oder ein Geschenk –, verbessert unsere allgemeine finanzielle Lage nicht.

Eine weitere Form der kreativen Buchhaltung wird als INTEGRATION bezeichnet. Dabei überzeugen wir uns davon, dass zwei verschiedene Ausgaben eigentlich ein und dieselbe sind, indem wir die kleinere Ausgabe derselben Kategorie zuschlagen wie die größere. Auf diese Art können wir uns selbst überlisten und uns der Illusion hingeben, unser Budget lediglich durch eine große Ausgabe zu belasten, was psychologisch weniger unangenehm ist als eine große *zuzüglich* einer kleinen Ausgabe.

Beispielsweise rechnen wir die 300 Dollar für den CD-Player zur Ausgabe von 25 000 Dollar für das Auto und denken uns diese Kosten einfach als Teil des Autos. Oder wir kaufen ein Haus für 500 000 Dollar und geben 600 Dollar für Gartenmöbel aus, damit wir auf unserer schönen neuen Terrasse sitzen können. Wir fassen beide Ausgaben einfach unter dem Titel »Hauskauf« zusammen, anstatt zwischen Hauskauf und Möbelkauf zu unterscheiden. Indem wir Ausgaben auf diese Art kombinieren, haben wir das Gefühl, nicht zwei Konten – das Wohn- und Einrichtungskonto – belastet und zweimal Geld eingebüßt zu haben – für Haus *und* Möbel. Nein, wir haben nur eine Ausgabe gehabt. Oder wir gehen nach einem ermüdenden Einkaufstag in ein teures Restaurant essen ... leisten uns noch ein Dessert ... und gehen anschließend etwas in einer Bar trinken. Und all diese Genüsse parken wir auf einem mentalen Konto, das wir vage als »Wieder einmal auf einen freien Tag hereingefallen« bezeichnen.

Wir betreiben auch betrügerische Buchhaltung, indem wir Ausgaben falsch klassifizieren. Beispielsweise wollte Jane kein Geld für ein Geschenk für ihren Vetter Lou ausgeben, weshalb sie vier Stunden damit verbrachte, einen Kuchen für ihn zu backen. Diese Zeit und Mühe haben einen Wert: Diese vier Stunden hätte sie auch für etwas anderes nutzen können, beispielsweise hätte sie ausspannen, ihre Familie besuchen oder auch Geld verdienen können. Finanziell ausgedrückt, stellt sich die Frage, ob ihre Zeit mehr als 15 Dollar wert ist, die sie hätte ausgeben können, um Lou einen Bilderrahmen zu kaufen. Wahrscheinlich ja (obwohl ein persönliches Geschenk natürlich einen emotionalen Wert hat). Wenn es strikt um den finanziellen Wert geht – und darum geht es Jane – ist es eine schlechte Entscheidung, 15 Dollar gegen vier Stunden harter Arbeit einzutauschen. Die Ursache für diese Fehlentscheidung ist eine schlechte Klassifizierung.

Unsere persönlichen mentalen Buchhaltungsregeln sind nicht spezifisch, und obendrein wird ihre Einhaltung nicht streng überwacht. Oft existieren sie lediglich als unbestimmte, unausgegorene Vorstellungen in unserem Kopf. So finden wir bei Bedarf leicht Schlupflöcher. Wie wir zuvor gesehen haben, werden die meisten von uns, wenn sie die Wahl erhalten, den Weg des geringsten Widerstands wählen: Wir werden die augenblicklich verlockendste Option wählen und anschließend mit den Klassifikationen jonglieren, um sie zu begründen, selbst wenn wir uns mit unserer Entscheidung selbst betrügen.

Wir scheuen keine Mühe, wenn es darum geht, uns ums Denken zu drücken.

Wir sind keine schlechten Menschen. Die meisten von uns sind nicht bewusst gierig, dumm oder böswillig. Wir verstoßen nicht rücksichtslos gegen unsere mentalen Buchhaltungsregeln. Aber wir nutzen die Formbarkeit dieser Regeln, um finanzielle

Entscheidungen zu rechtfertigen, die gegen diese Regeln verstoßen.[17] Wie beim Umgehen von Diätvorschriften nutzen wir unsere Kreativität, um Rechtfertigungen für alle möglichen Regelverstöße zu finden. Wir haben schließlich ein Eis verdient, da wir vorgestern zum Mittagessen nur einen Salat gegessen haben. Und der Eiswagen ist ein lokaler Gewerbebetrieb, den man unterstützen sollte, nicht wahr? Und außerdem gibt es nur einen Sommer im Jahr. Also belohnen wir uns! Bitte noch eine Kugel!

## GUTES TIMING IST ALLES

Man kann die Zeit nicht dehnen, oder? Wir versuchen es unentwegt. Tatsächlich besteht die vielleicht am häufigsten angewandte Methode, um bei der mentalen Buchhaltung zu pfuschen, in der Art und Weise, wie wir mit der Zeit umgehen, genauer gesagt mit der zeitlichen Lücke zwischen der Bezahlung eines Produkts und seinem Konsum.

Besonders interessant an unserer Einstufung finanzieller Entscheidungen ist das mentale Konto, auf dem wir einen Kauf verbuchen, und unser Empfinden bezüglich dieser Ausgabe. Oft hängt beides nicht mit dem aktuellen Wert eines Kaufs, sondern mit der Zeit zusammen, die zwischen dem Kauf und dem Konsum eines Produkts oder einer Dienstleistung verstreicht. Beispielsweise studierten Eldar Shafir und Richard Thaler das Verhalten von Weinliebhabern – eine kluge und köstliche Wahl – und fanden heraus, dass der Kauf von Weinvorräten oft als »Investition« betrachtet wird.[18] Monate oder Jahre später, wenn dieser Wein geöffnet, eingeschenkt, getrunken und gepriesen wird, haben wir das Gefühl, der Genuss sei kostenlos. An diesem Abend wird kein Geld für edlen Wein ausgegeben. Dieser Wein ist das Ergebnis einer klugen Investition vor langer Zeit. Hätten wir diesen Wein jedoch heute gekauft – oder hätten wir das große Unglück, die Flasche in der Küche fallen zu lassen – so würde sich der Kauf so anfühlen, als hätten wir ihn aus dem *heutigen* Budget bestritten. In diesem Fall würden wir uns nicht für eine kluge Investition loben. Der Grund ist, dass zwischen Kauf und Konsum nicht genug Zeit verstrichen ist, um beide Aktionen verschiedenen Kategorien zuordnen zu können. In jedem dieser Weinkonsumszenarios – Kauf vor einiger Zeit und Konsum heute; Kauf heute und Konsum heute; Kauf vor einiger Zeit und zerbrochene Flasche heute – geben wir Geld für eine Flasche Wein aus, aber abhängig vom Zeitpunkt des Kaufs und von der Zeitspanne, die zwischen Kauf und Konsum liegt, beurteilen wir die Kosten dieses Weins sehr unterschiedlich.

Was für ein Haufen selbstbetrügerischer Störenfriede wir doch sind. Wenigstens trinken wir Wein, während wir Ärger machen.

Das Timing ist nicht nur wichtig, wenn es ums Geldausgeben geht. Es spielt auch beim Geldverdienen eine Rolle. Was ziehen Gehaltsempfänger vor: eine Erhöhung des Monatsgehalts um 1000 Dollar oder eine Bonuszahlung von 12 000 Dollar am Jahresende? Vernünftiger ist es, die monatliche Gehaltserhöhung zu wählen, denn wenn wir das Geld vor dem Ende des Jahres bekommen, können wir es zurücklegen, investieren, zur Schuldentilgung verwenden oder unsere monatlichen Ausgaben damit bestreiten.

Fragt man jedoch Versuchspersonen, wie sie eine einmalige Zahlung von 12 000 Dollar am Jahresende oder ein monatliches Mehreinkommen von 1000 Dollar verwenden würden, so antworten die meisten, dass sie sich mit der Einmalzahlung etwas Besonderes leisten würden, um sich eine Freude zu machen. Der Grund dafür ist, dass eine Pauschalzahlung nicht mit dem üblichen monatlichen Auf und Ab von Einkommen und Ausgaben einhergehen würde – sie würde nicht in unserem regulären Buchhaltungssystem auftauchen. Erhielten wir das Geld hingegen monatlich, so würden wir es als Gehalt einstufen – und die meisten von uns würden es verwenden, um ihre normalen Ausgaben zu bestreiten. Bonuszahlungen fallen nicht in diesen monatlichen Zeitrahmen, weshalb wir sie für Belohnungen ausgeben können, die Schuldgefühle bei uns wecken würden. (Wein und Eiscreme könnten solche Belohnungen sein, aber wir wollen nicht urteilen.)

Einen weiteren Beleg dafür, dass wir Spaß an Bonuszahlungen haben, liefert unsere Beziehung zum Finanzamt, einer Einrichtung, die normalerweise nicht mit »Spaß« in Verbindung gebracht wird. Die Amerikaner wollen Steuerrückzahlungen, weil es sich wie ein Bonus anfühlt, am 15. April Geld zu erhalten. Wir könnten die Steuervorauszahlungen so festlegen, dass wir am Ende des Jahres weder Steuern nachzahlen müssen noch ein Guthaben beim Finanzamt angehäuft haben. Stattdessen ziehen viele von uns vor, mit jedem Gehaltsscheck *zu viel* Steuern zu zahlen – und auf diese Art bewusst das ganze Jahr ein zu niedriges Gehalt ausgezahlt zu bekommen-, damit wir im April einen Bonus – eine Rückzahlung – erhalten. Einen jährlichen Bonus *vom Staat* obendrein. Wenn das nicht etwas Besonderes ist. Zu schade, dass wir uns nicht so leicht von unserem Geld trennen können, wenn es gilt, andere, produktivere Vorhaben zu finanzieren.

## KOSTENLOS BEZAHLT

Diejenigen von uns, die in einer Stadt leben und ein Auto besitzen, wissen, wie teuer es sein kann, ein eigenes Fahrzeug zu unterhalten. In der Stadt ist die KFZ-Versicherung teurer. Der Stadtverkehr beansprucht ein Auto sehr, weshalb die Wartungskosten höher sind. Wir bezahlen für Parkplätze, Kurzparkzonen und sehr ungerechte Knöllchen. Und obendrein benutzen wir Städter unsere Autos nicht annähernd so viel wie die Bewohner der Vorstädte. Für viele Stadtbewohner wäre es vernünftiger, mit dem

Taxi zu fahren oder sich für die gelegentlichen Wochenendausflüge oder Fahrten ins Einkaufszentrum am Stadtrand einen Mietwagen zu nehmen. Das würde sehr viel weniger kosten als der Besitz eines Autos. Trotzdem haben Städter, wenn sie einmal ihr Auto benutzen – für einen Einkauf, eine Fahrt aufs Land oder einen Besuch bei Freunden »draußen« –, das Gefühl, die Fahrt koste sie nichts. Sie haben den Eindruck, Geld für das Taxi oder einen Mietwagen zu sparen und die Reise im Grunde kostenlos zu machen. Der Grund dafür ist, dass der Ausflug von ihren regelmäßigen, laufenden Zahlungen abgedeckt ist.

Ähnlich verhält es sich mit Ferienhäusern für Teilzeitnutzung: Man bezahlt im Voraus einen hohen Betrag für das Recht, das Haus zu nutzen, wann immer man möchte. Gratis! Nun ja, man bezahlt tatsächlich nichts für die Woche, die man in dem Haus verbringt, aber normalerweise zahlt man einmal im Jahr dafür – und zwar sehr viel. Aber der Urlaub fühlt sich gratis an, weil Kauf und Nutzung zu unterschiedlichen Zeitpunkten erfolgen.

## VERBINDLICHKEITEN

Die mentale Buchhaltung hat gewaltige Auswirkungen auf unsere finanziellen Entscheidungen. Sie beeinflusst unsere Aufmerksamkeit und lenkt sie ab, prägt unsere Vorstellungen davon, wofür wir Geld ausgeben sollten und wofür nicht. Aber bedenken Sie: Die mentale Buchhaltung ist nicht immer schlecht für uns. In Anbetracht unserer kognitiven Beschränkungen hilft sie uns manchmal, nützliche Abkürzungen zu finden und eine gewisse finanzielle Ordnung aufrechtzuerhalten. Aber dabei stellen wir oft sehr lockere Buchhaltungsregeln auf, die unsere Fähigkeit zur Beurteilung des Werts von Angeboten negativ beeinflussen können. Das gilt insbesondere dann, wenn wir das Vergnügen des Konsums – zeitlich, durch die Zahlungsmethode oder unsere

Aufmerksamkeit – von der schmerzhaften Erfahrung trennen, für diesen Konsum bezahlen zu müssen.

Ach was: Sie wussten nicht, dass es schmerzhaft für Sie ist, für Dinge bezahlen zu müssen? Dann halten Sie Ihre Brieftasche fest und blättern Sie um ...

# 6
# WIR VERMEIDEN SCHMERZ

Jeff ist verheiratet – entschuldigt, Leute –, und aus seinen Flitterwochen können wir sehr viel darüber lernen, wie wir in Geldangelegenheiten denken. Hier ist Jeffs romantische Geschichte von Liebe und Geld:

Anne und ich fanden einen geeigneten Ort, ein hübsches Ferienressort auf der Karibikinsel Antigua. Freunde hatten uns von diesem zauberhaften Ort erzählt, der uns sehr gut geeignet schien, um uns von unserer Hochzeit zu erholen. Die Fotos sahen sehr schön aus, und als wir uns mit den Details einer Feier für einen Haufen Leute herumschlugen, die wir irgendwie kannten, war die Vorstellung, an einem ruhigen Strand zu dösen, unwiderstehlich.

Wir beschlossen, ein All-Inclusive-Paket zu nehmen. Wir dachten darüber nach: Das Gesamtpaket würde teurer sein als eine Option, bei der wir nach Bedarf Leistungen auswählen und einzeln zahlen würden, und wir würden wahrscheinlich zu viel essen und trinken. Aber nachdem wir monatelang streng Diät gehalten hatten, um bei der Hochzeitsfeier gut auszusehen, entschieden wir uns für die All-Inclusive-Lösung. Ihre Attraktivität bestand zum Teil darin, dass sie so einfach schien. Als wir das Paket gebucht und bezahlt hatten, konnten wir auch einen Punkt in unserer scheinbar endlosen To-do-Liste streichen. Wer hätte geahnt, dass die Planung einer Hochzeit so mühsam war? Ich hatte gedacht, man müsse nichts weiter tun als sich einen Smoking zu borgen und Geschenke zu öffnen. Weit gefehlt. Man musste sich um Dinge wie Blumen, Sitzordnungen und natürlich Ehegelübde kümmern. Es war harte Arbeit.

---

Wir sind der Meinung, dass die Hochzeitsplanung eine verpflichtende Aktivität beim ersten Date sein sollte: Wenn ein Paar das übersteht, kann es gemeinsam ins Kino gehen. Andernfalls wird die Beziehung nicht funktionieren. Wir sind bereit, darauf zu wetten, dass die Hochzeitsplanung als fester Bestandteil der Brautwerbung die Zahl inkompatibler Paare verringern würde. Heiraten ist schwer!

Hinweis: *Nicht alle unsere Ideen sind gut.*

---

Wie dem auch sei, die Hochzeit war wunderbar. Viel Liebe, Gelächter und eine Eistorte von Ben & Jerry's – sehr zu empfehlen.

Wenige Tage später machten wir uns auf den Weg nach Antigua, und nachdem wir uns Tausende Stunden ausgeschlafen hatten, konnte unser Urlaub wirklich beginnen. Und ja, wir aßen zu viel, tranken zu viel, taten alles zu viel. Es gab so viel zu tun. Zum Beispiel essen. Und trinken. Und essen und trinken. Ein reichhaltiges Frühstück, ein paar Bloody Marys, zum Mittagessen Meeresfrüchte, Cocktails auf Kokosnussbasis, ein Schläfchen, ein Drink mit Rum, Abendessen, guter Wein. Und Dessert. Wir aßen viel Dessert. Sie fuhren jeden Abend den Dessertwagen auf. Was konnten wir tun? Daheim völlerten wir nicht, aber wir waren ziemlich sicher, dass sie die Extrakalorien nicht durch den Zoll lassen würden.

Wir schafften es, ein paar Aktivitäten in den Zeitplan zu pressen: Schwimmen, Tennis, Segeln, Schnorcheln. Wir unternahmen sogar einige Exkursionen, die wir jedoch abkürzten (ich überlasse es Ihnen zu bewerten, ob das daran lag, dass wir uns genau über die Geschichte Antiguas informiert oder zu wenig Rum hatten). Wir hatten das Gefühl, uns ein wenig gehen zu lassen, aber gleichzeitig glaubten wir verdient zu haben, uns ein wenig zu verwöhnen. Schuldig fühlten wir uns bei all dieser Schwelgerei nur, wenn wir hin und wieder eine halbe Flasche Wein übrig ließen. Was nicht etwa daran lag, dass wir nur eine halbe Flasche getrunken hätten: die angebrochene Flasche war normalerweise die zweite oder dritte des Abends.

Eine der angenehmen Überraschungen in unserem im Voraus bezahlten All-Inclusive-Urlaub war, dass in der Ferienanlage die Preise für jeden Service überall ausgehängt waren. Wir sahen, was Speisen, Getränke und Strandhandtücher kosteten. Die Liegestühle waren mit Preisen übersät. Wir wurden bei Bootsfahrten und Ausflügen auf der Insel damit konfrontiert. Anfangs fanden wir das ein wenig aufdringlich, aber nach einer Weile fanden wir Gefallen dran, dass man uns daran erinnerte, wie viele Speisen, Getränke und Vergnügungen wir gratis bekamen und wie viel Geld wir sparten.

Es war eine Flucht vor der Realität. Vor der Hochzeitsplanung, der Hochzeit, den Hochzeitsgästen. Wir waren fett, wir waren betrunken und wir hatten Sonnenbrand.

Als die Hälfte unseres Urlaubs vorüber war, begann es zu regnen. Es regnete und regnete, drei Tage lang.

Normalerweise hätte uns das die Laune verdorben. Schließlich will man in den Flitterwochen am Strand liegen, nicht wahr? Aber manchmal macht man eben Zitronen-Rum-Punch, wenn einem das Leben Saures gibt.

Wir zogen an die Bar um. Wir probierten jeden Drink, den es gab. Manche mochten wir, andere ließen wir stehen. Angeheitert, wie wir waren, freundeten wir uns mit anderen frisch vermählten Paaren an, die ebenfalls in der Bar Zuflucht suchten. Es waren lauter nette Leute, und manche besuchen wir immer noch von Zeit zu Zeit, obwohl die Zeit und der Rum unsere Erinnerung an jene regnerischen Tagen verwischt haben.

Ein Paar aus London – wir wollen es das Ehepaar Smith nennen – kam an, als es gerade zu regnen begann. Die beiden lehnten das Angebot ab, sich zu uns zu gesellen und am Wettbewerb »Probier alle Drinks« zu beteiligen. Stattdessen tranken sie jedes Gebräu, das sie bestellt hatten, bis auf den letzten Tropfen, selbst wenn ihr Gesichtsausdruck nicht darauf hindeutete, dass sie das Getränk wirklich genossen. (Diagnose: Nicht genug Rum.)

Als die Regentage endeten, trafen wir die Smiths am Strand oder im Restaurant – aber nur zum Abendessen. Sie ließen oft das Frühstück aus und begnügten sich mit einer großen Mahlzeit am Abend. Sie tranken auch nicht viel, obwohl sie gerne von langen Nächten daheim in den englischen Pubs erzählten. Sie tranken nur ein, zwei Gläser Wein zum Essen und fast nie etwas am Strand. Und sie schienen viel zu streiten. Wir hatten kein Recht, über sie zu urteilen – aber wir urteilten über sie. Wie sich herausstellte, hatten sie sich für die Variante »À la carte« entschieden und waren sich nicht immer einig darüber, wofür sie ihr Geld ausgeben sollten. In gewisser Hinsicht war das verständlich: Die Getränke und Aktivitäten waren nicht billig, und die Diskussionen über die besten Aktivitäten bereicherten ihr junges eheliches Glück um ein gesundes Maß an ehelichen Spannungen.

Wir reisten am selben Tag ab wie die Smiths. Als wir in den Shuttle-Bus stiegen, der uns zum Flughafen bringen sollte, sahen wir, wie sie mit den Angestellten an der Rezeption eine 19 Seiten lange Rechnung durchgingen. Es war ein trauriges Ende unserer gemeinsamen Zeit, vor allem, weil sie den Bus und beinahe auch ihren Heimflug verpassten.

Einen Flug zu verpassen, hätte jedoch auch ein Segen sein können. In Antigua stranden? Zu unserem Glück strandeten wir in Miami. Es ist eine schöne Stadt, aber nur sehr wenige Orte eignen sich für einen unerwarteten Kurzbesuch. Wir warteten auf unseren Anschlussflug, als uns zuerst ein Problem mit dem Gepäck und dann ein nahender Hurrikan zwangen, mehrere Tage in Miami auszuharren. Die Fluggesellschaft brachte uns in einem Hotel unter. Für einen Aufpreis von 200 Dollar hätten wir ein besseres Zimmer bekommen, aber wir gelangten zu dem Schluss, dass sich das nicht lohnt. Das Hotel, das in einer schlechten Gegend lag, war schäbig und schmuddelig, aber wir dachten uns, dass wir diese kleine Überraschung einfach genießen sollten. Keiner von uns war jemals in Miami gewesen. Was sprach dagegen, anderthalb Tage in dieser Stadt zu verbringen?

Wir verzichteten auf jede Feier und gingen sofort schlafen. Am Morgen teilten wir uns im beliebtesten Diner in der Umgebung ein großes Omelett. Ich hatte nicht genug Hunger, um alleine ein ganzes zu schaffen, und 15 Dollar schienen mir sehr teuer für ein paar Bissen. Das Omelett war gut. Wir gingen an den Strand, verzichteten jedoch darauf, ein Boot zu mieten, Wasserski zu fahren oder uns einen Sonnenschirm zu leihen. Wir setzten uns einfach in den Sand und entspannten uns. Am Horizont sahen wir die Sturmwolken aufziehen. Zum Mittagessen teilten wir uns erneut eine Speise. Anschließend sahen wir uns an, wohin wir zum Abendessen gehen konnten, und suchten ein geeignetes Unterhaltungsprogramm aus.

Wir gingen in ein gutes Restaurant, wo wir einen herrlichen Blick auf den noch ruhigen Ozean hatten. Wir langten beim Brot zu, ließen die Hors d'oeuvres und den Salat aus und aßen jeweils eine Vorspeise. Kein Wein. Wir tranken beide zwei Cocktails, verzichteten jedoch auf das Dessert. Wir hatten genug Zucker für ein Menschenleben gegessen. (Die Annahme, der Zoll würde die zusätzlichen Kalorien nicht durchlassen, hatte sich leider als Irrtum erwiesen.) Ich war nach dem Essen noch ein bisschen hungrig, aber ich dachte mir, bei der Show könnte ich einen Imbiss nehmen.

Nur sahen wir uns keine Show an. In einem neuen Club, der offenbar sehr hip war, trat eine Calypso-Band auf, aber als wir dort eintrafen, gab es nur noch Karten für 35 Dollar. Das schien uns sehr teuer für eine Band, die wir noch nie gehört hatten. Also entschlossen wir uns, stattdessen einen Spaziergang zurück zum Hotel zu unternehmen. Dann begann es zu regnen. Heftig. Es war ein tropischer Regenguss. Wir liefen zu unserem Hotel zurück, warfen die Tür hinter uns zu, hüpften ins Bett, holten unsere Bücher hervor und lasen, bis uns die Augen zufielen. Es war ein netter, einfacher Tag gewesen.

Als wir endlich wieder zuhause waren, stellten wir fest, dass uns auf dem bösen Langzeitparkplatz ein Tag zu viel verrechnet worden war, weshalb ich mit den Angestellten diskutieren musste. Wir kamen erst spät abends daheim an und mussten sofort schlafen gehen, denn am nächsten Morgen mussten wir wieder arbeiten gehen. Das unschöne Ende einer schönen Reise. Aber so ist nun einmal das Leben.

Unsere Freunde wollten alles über unsere Hochzeitsreise wissen, und wir erzählten es ihnen gerne. Also versammelten wir uns am folgenden Wochenende zum Abendessen in einem netten Restaurant. Es war schön, unsere Freunde wiederzusehen und von ihnen zu hören, wie braun wir waren (die kleinen Freuden des Lebens). Dann kam die Rechnung, und ich konnte beim besten Willen nicht vermeiden, darauf hinzuweisen, dass wir im Bemühen um Ausnüchterung nicht von dem Champagner und dem teuren Wein getrunken hatten, den unsere Freunde bestellt hatten. Am Ende einer längeren Diskussion über die Frage, wer was bezahlen sollte, sahen sich alle die Rechnung an und bezahlten einfach das, was sie selbst konsumiert hatten.

Ich fragte die Kellnerin, ob sie auch Muscheln und Sonnencreme als Zahlungsmittel akzeptierte. Sie lachte nicht. Ich gab ihr meine Kreditkarte. Das unangenehme Ende eines angenehmen Abends. Aber so ist nun einmal das Leben.

## EIN SCHÖNES ENDE

Das Ende einer Erfahrung ist sehr wichtig. Man denke an das Schlussgebet im Gottesdienst, an das Dessert zum Abschluss einer Mahlzeit oder an die Abschiedsgesänge am Ende eines Ferienlagers. Ein positiver Abschluss einer Erfahrung ist wichtig, weil er darüber entscheidet, wie wir uns an diese Erfahrung erinnern und wie wir sie bewerten.

Donald Redelmeier, Joel Katz und Daniel Kahneman haben untersucht, wie sich der Abschluss einer Darmspiegelung (das »Ende unseres Endes«) auf die Erinnerung der Patienten an den gesamten Eingriff auswirkt.[19] Bei einigen Patienten wurde der Eingriff auf die übliche Art abgeschlossen, während bei anderen am Ende ein fünfminütiges Verfahren angehängt wurde. Das zusätzliche Behandlungselement verlängerte die Kolonoskopie, machte das Ende jedoch weniger schmerzhaft. Die Patienten, bei denen das längere Verfahren mit dem weniger schmerzhaften Ende angewandt wurde, beschrieben den Eingriff insgesamt als weniger unangenehm, obwohl der übliche Eingriff noch um ein weiteres Verfahren erweitert worden war.

Natürlich gibt es kleine Unterschiede zwischen Darmspiegelungen und Urlaubsreisen, aber der Grundsatz, dass der Abschluss der Erfahrung wichtig ist, gilt auch hier. Wir beenden unseren Urlaub oft mit einer unerfreulichen Erfahrung, mit den Dingen, die wir am wenigsten mögen: mit der Hotelrechnung, Ärger beim Einchecken, Warten auf die Koffer und ein Taxi, mit schmutziger Wäsche, dem Klingeln des Weckers, der Rückkehr zur Arbeit. Diese Aktivitäten können die Wahrnehmung der gesamten Urlaubserfahrung prägen und eine positive Erinnerung trüben.

Wir hätten schönere Erinnerungen an einen Urlaub – und sei es mit drei Tagen Regen –, wenn wir ihn positiv abschließen könnten. Wie können wir das bewerkstelligen? Wir könnten die Reise mit einer Feier am Vorabend der Abreise »im Geist« beenden, indem wir uns den unangenehmen Dingen widmen, die uns in den Alltag zurückbringen. Indem wir das tun, verlegen wir das Kofferpacken, den Flughafen und die ermüdende Heimreise psychisch in unser »normales Leben«, anstatt es der Kategorie »Urlaubsende« zuzuordnen. Wir legen die Reise in eine Kiste und schließen diese ab, um die unangenehmen Erfahrungen draußen zu halten.

Eine andere Lösung besteht darin, die Reise zu verlängern. Nach der Heimkehr und der Rückkehr in die tägliche Routine können wir uns Zeit nehmen, um uns über unsere Erinnerungen und Erfahrungen zu unterhalten, Fotos anzuschauen und uns Notizen zu machen, während die Erinnerung an den Urlaub noch frisch ist. Wir können auch für einen sanfteren Ausklang sorgen, indem wir Zeit damit verbringen, den Urlaub im Geist noch einmal durchzuspielen.

Schließlich könnten wir unsere Urlaubserfahrung verbessern, indem wir uns am Ende vor Augen halten, dass der Urlaub besser gewesen ist als eine Darmspiegelung.

---

## WAS GEHT HIER VOR?

In Jeffs Erfahrung auf seiner Hochzeitsreise finden wir die zahlreichen Manifestationen des SCHMERZES BEIM BEZAHLEN. Worin die Qualen beim Bezahlen bestehen, ist klar: Wenn wir für

Dinge zahlen müssen, empfinden wir eine Form von psychischem Schmerz. Dieses Phänomen wurde erstmals von Drazen Prelec und George Loewenstein in ihrer Arbeit »The Red and the Black: Mental Accounting of Savings and Debt« beschrieben.[20]

Wir alle kennen körperliche und emotionale Schmerzen, verursacht durch einen Wespenstich, Migräne oder ein gebrochenes Herz. Die Schmerzen, die wir beim Bezahlen empfinden, werden nicht durch das Geldausgeben selbst, sondern durch das hervorgerufen, was wir dabei denken. Je mehr wir darüber nachdenken, desto schmerzhafter ist es. Und wenn wir etwas konsumieren, während wir über das Bezahlen nachdenken, verringern diese schmerzhaften Gedanken den Genuss an der Erfahrung erheblich.

Der Terminus »Schmerz des Bezahlens« bezieht sich auf das Gefühl des Missvergnügens und den Stress, der durch das Geldausgeben verursacht wird, aber in jüngerer Zeit haben Studien, bei denen Neuroimaging und die Magnetresonanztomographie eingesetzt wurden, gezeigt, dass beim Bezahlen tatsächlich dieselben Hirnregionen stimuliert werden, die auch an der Verarbeitung körperlicher Schmerzen beteiligt sind. Hohe Preise stimulieren diese Hirnregionen stärker, aber nicht nur hohe Preise verursachen Schmerzen. Jeder Preis tut das. Es ist der Schmerz, den wir alle empfinden, wenn wir etwas aufgeben müssen.[21]

## KEIN SCHMERZ, KEIN GEWINN

Wenn wir Schmerz empfinden, versuchen wir instinktiv, ihn loszuwerden. Wir wollen unsere Schmerzen lindern und beherrschen. Wenn wir in eine Situation geraten, in der uns Schmerzen drohen, zucken wir zusammen, ducken uns, versuchen auszuweichen. Dasselbe tun wir, wenn der Schmerz des Bezahlens droht. Das Problem ist, dass die Abwehrmechanismen, mit denen wir diesen Schmerz zu vermeiden versuchen, oft langfristig noch größere Schmerzen verursachen. Warum? Weil wir uns dem Schmerz beim Verlust von Geld zu entziehen versuchen, indem wir schmerzlose Methoden des Bezahlens wählen und dabei andere Dinge außer Acht lassen, die wichtiger für uns wären. Diese Schmerzvermeidung hilft uns nicht, finanzielle Schwierigkeiten zu vermeiden. Sie hilft uns, den augenblicklichen Schmerz zu vermeiden, wofür wir jedoch später einen hohen Preis bezahlen müssen.

Die Schmerzvermeidung ist ein wirkungsvoller Motivator und ein gerissener Feind: Sie lässt uns den Wert aus dem Auge verlieren. Wir entscheiden uns falsch, weil wir uns auf die Schmerzen konzentrieren, die wir beim Kaufen empfinden, anstatt uns mit dem Wert des Kaufs zu beschäftigen.

Schmerzen sind unangenehm, aber sie sind auch ein wichtiges Signal. Sie sagen uns, dass etwas nicht in Ordnung ist. Wenn wir uns ein Bein brechen, sagt uns der Schmerz, dass wir zum Arzt gehen müssen. Der Schmerz, den wir beim Berühren einer heißen Flamme empfinden, bewegt uns dazu, die Hand zurückzuziehen. Die schmerzhafte Zurückweisung von Megan F. im siebten Schuljahr lehrt uns, dass wir vor Mädchen namens Megan auf der Hut sein sollten. Nichts für ungut, Megan H.

Ein Kleinkind, das beim Berühren eines heißen Heizkörpers Schmerz empfindet, lernt im Lauf der Zeit, wodurch dieser Schmerz verursacht wird, und hört schließlich auf, die Heizung anzufassen. Wir sollten lernen, was uns Schmerzen verursacht, und diese Ursache vermeiden. Aber tun wir das? Hören wir auf, schmerzhafte Dinge zu tun, oder betäuben wir lediglich den Schmerz, damit wir die schmerzhaften Dinge weiterhin tun können, ohne dabei etwas Unangenehmes zu empfinden? Fragen wir den Komiker Jerry Seinfeld:

»Wir können auf viele Dinge verweisen, die zeigen, dass der Mensch nicht klug ist. Mein persönlicher Favorit ist der Helm.

Ich meine die Tatsache, dass wir den Helm erfinden mussten. Warum erfanden wir den Helm? Weil wir an vielen Aktivitäten teilnahmen, bei denen wir uns die Köpfe zertrümmerten. Also studierten wir die Situation. Wir kamen nicht auf den Gedanken, diese Aktivitäten zu vermeiden, sondern entschlossen uns, kleine Plastikhelme anzufertigen, damit wir weiterhin unseren köpfezertrümmernden Gewohnheiten frönen konnten. Noch dümmer als der Helm ist nur die Helmpflicht, deren Zweck darin besteht, ein Gehirn zu schützen, das so schlecht funktioniert, aber sie versucht nicht einmal, das Köpfezertrümmern zu verhindern.«

Jerry Seinfeld, *I'm Telling You for The Last Time*

Der Schmerz des Bezahlens sollte uns an schmerzhaften Ausgaben hindern. Aber anstatt den Schmerz zu beenden, finden wir mit der »Hilfe« von Finanzdienstleistungen wie Kreditkarten Wege, um den Schmerz zu betäuben. Die Verwendung von Kreditkarten, E-Wallets und Einziehungsaufträgen ist etwa so, als würden wir uns einen »Geldhelm« aufsetzen. Wie schlechte Ärzte behandeln wir das Symptom (den Schmerz), aber nicht die Krankheit (das Geldausgeben).

Dies ist einer der schweren Fehler, die sich auf unsere Beurteilung finanzieller Entscheidungen auswirken.

Der Schmerz des Bezahlens wird von zwei verschiedenen Faktoren verursacht. Da ist zum einen der Zeitraum, der zwischen dem Zeitpunkt, an dem unser Geld die Brieftasche verlässt, und dem Zeitpunkt verstreicht, an dem wir das mit diesem Geld bezahlte Gut konsumieren. Der zweite Faktor ist die Aufmerksamkeit, die wir dem eigentlichen Zahlungsvorgang widmen. Die Formel lautet: Schmerz des Bezahlens = Zeit + Aufmerksamkeit.

Wie vermeiden wir den Schmerz des Zahlens, und wie wirkt sich diese Vermeidung darauf aus, welchen Wert wir dem Geld beimessen? Nun, wir tun das Gegenteil von dem, was den Schmerz verursacht. Wir verlängern den Zeitraum zwischen Zahlung und

Konsum und verringern die Aufmerksamkeit, die wir der Zahlung widmen müssen. Zeit und Aufmerksamkeit.

Was Jeffs Erfahrung anbelangt, so bezahlten er und seine reizende, geduldige, freundliche Frau, die eigentlich viel zu viel Klasse für ihn hat, ihre Flitterwochen lange vor Antritt der Reise. Als die beiden diesen großen Scheck ausstellten, zuckten sie zweifellos zusammen. Aber als sie in Antigua eintrafen, waren die Zahlung und der damit verbundene Schmerz längst vergessen. Jede Erfahrung, jedes Vergnügen, jeder Drink fühlte sich gratis an. Wenn sie eine weitere Flasche Wein bestellten oder ein Segelboot ausliehen, mussten sie nicht über das Geld nachdenken und sich nicht fragen, ob dieses Vergnügen seinen Preis wert war. Ihre finanzielle Entscheidung war längst gefallen. Sie konnten ihren Wünschen und Launen nachgeben, und genau das taten sie. Angesichts der hohen Preise der einzelnen Angebote fühlten sie sich sogar noch besser, weil sie nicht mehr dafür bezahlen mussten: In diesem Augenblick hatten sie das Gefühl, all diese Dinge gratis zu bekommen.

Die Smiths hingegen erlebten während ihres Aufenthalts regelmäßig den Schmerz des Bezahlens. Jedes Mal, wenn sie etwas tun wollten – wenn sie trinken, essen, schwimmen oder schnorcheln wollten – mussten sie dafür bezahlen, den damit verbundenen Schmerz fühlen und die vom Schmerz verursachte Verringerung des Genusses hinnehmen. Sie mussten keine Rechnungen begleichen, aber sie mussten Kosten und Nutzen abwägen und die Ausgabe auf ihr Zimmer anschreiben lassen, über ein Trinkgeld nachdenken und so weiter. Selbst kleine Genüsse waren mit einer Zahlung und mit Schmerzen verbunden. Natürlich ist das relativ geringe Maß an Aufmerksamkeit, das sie aufbringen mussten, um für einen Drink in einem Hotel auf einer Karibikinsel zu unterschreiben, das Paradebeispiel für ein »Erste-Welt-Problem«, aber dieser Schmerz war trotzdem spürbar. Die Smiths wurden ständig mit dem Schmerz des Bezahlens konfrontiert, was in den Spannungen und kleinen Diskussionen des Paars zum Ausdruck kam. Der Zeitpunkt für »Bis das der Tod uns scheidet« schien rasch näher zu rücken.

Als Jeff und seine Frau in Miami hängen blieben, waren sie immer noch auf ihrer Hochzeitsreise – in mancher Hinsicht war die Stadt ein exotischer Ort für sie. Sie kannten Miami nicht, sie waren auf Reisen, es gab dort Flughäfen, Hotels, Strände und alles, was zu einem geplanten Urlaub gehört. Also waren sie bereit, sich auf Ausgaben einzulassen und Dinge auszuprobieren, bei denen sie sich nicht ganz sicher waren. Da die Fluglinie ihr Hotel bezahlte, hatten sie das Gefühl, einen finanziellen Bonus zu haben, den sie ausgeben konnten (da ist sie wieder, die mentale Buchhaltung). Aber es war nicht dasselbe wie ein im Voraus bezahlter Urlaub. Sie mussten ihre Geldbörsen zücken und Geld auf den Tisch legen, oder sie mussten ihre Kreditkarten verwenden. Sie mussten sich mit dem Bezahlen beschäftigen und dem Geld, das ihr Bankkonto verließ, Aufmerksamkeit schenken. Daher legten sie in Miami eine gewisse Zurückhaltung an den Tag und gaben nicht jeder Laune nach. Sie verzichteten darauf, sich den Auftritt einer Band anzusehen, die sie nicht kannten, und schränkten ihren Alkoholkonsum ein. Sie waren sparsamer als auf Antigua. Schlecht für die Tourismusbranche in Florida, gut für Jeffs Taillenumfang.

Als sie wieder zu Hause waren, wurden sie noch knickriger: Nun fühlten sie den ganzen Schmerz des Bezahlens. Der Alltag hatte sie wieder, sie konnten keine Ausgaben mehr auf dem mentalen Konto verbuchen, das sie für die Flitterwochen eingerichtet hatten. Als sie mit ihren Freunden im Restaurant saßen, wurden sie mit der wenig erfreulichen Aussicht konfrontiert, den Wein anderer zu bezahlen, nachdem sie gerade Tausende Dollar für ihre Hochzeit und die Hochzeitsreise ausgegeben hatten. Der Schmerz des Bezahlens drückte auf ihre Stimmung. Um den Schmerz ein wenig zu lindern, zückten sie die Kreditkarte. Wie wir sehen werden, schmerzte die Verwendung dieses Plastikkärtchens nicht so sehr wie der Anblick von Geld, das aus der eigenen Geldbörse in die einer Kellnerin wechselt.

## MANCHE MÖGEN'S HEISS

Wenn wir den Schmerz des Bezahlens ausschalten können, geben wir bereitwilliger Geld aus und genießen den Konsum von Gütern mehr. Wenn wir den Schmerz des Bezahlens vergrößern, sinken unsere Ausgaben, und wir bekommen unser Geld besser unter Kontrolle. Sollten wir den Schmerz des Bezahlens immer erhöhen oder verringern? Natürlich nicht. Abhängig von den Umständen kann das eine oder das andere angebracht sein.

Bestimmte Erfahrungen wie Flitterwochen machen wir nur ein- oder zweimal im Leben (oder vielleicht dreimal, wenn wir Politiker sind). Bei solchen besonderen Gelegenheiten scheint es angebracht, den Schmerz des Bezahlens zu verringern und diese einmalige Erfahrung einfach zu genießen. Aber im Alltagsleben, wo wir manche Dinge wieder und wieder tun, gibt es möglicherweise Kategorien, für die wir die Schmerzen des Bezahlens erhöhen sollten. Ein Mittagessen im Restaurant, eine Zeitschrift an der Supermarktkasse, ein teurer Fruchtsaft im Fitnesscenter – über solche Ausgaben können wir zweimal nachdenken, ohne einen kostbaren Augenblick zu zerstören.

Entscheidend ist, dass wir den Schmerz des Bezahlens, den wir bei einer beliebigen Transaktion fühlen, erhöhen oder verringern können. Aber wir sollten das bewusst tun, abhängig davon, wie sehr wir etwas genießen oder unsere Ausgabe verringern wollen. Wir sollten nicht einfach zulassen, dass der Schmerz unkontrollierbar und ohne unser Wissen zu- oder abnimmt.

## DIE UHR TICKT UND TICKT IN MEINER GELDBÖRSE

Wenn Konsum und Zahlung zeitlich zusammenfallen, ist der Genuss sehr viel geringer. Wenn sie voneinander getrennt sind, schenken wir der Zahlung nicht so große Aufmerksamkeit. Wir vergessen sie, was es uns ermöglicht, sehr viel mehr zu genießen, was wir erworben haben. Es ist, als müssten wir jedes Mal, wenn wir für etwas bezahlen, eine Steuer in Form von Schuldgefühlen entrichten, deren Wirkung jedoch vorübergehend und auf den Zeitpunkt beschränkt ist, zu dem wir bezahlen oder darüber nachdenken, zu bezahlen.

Es gibt im Grunde drei Zeitpunkte, zu denen wir für ein Produkt oder eine Dienstleistung bezahlen können: bevor wir etwas konsumieren (wie Jeff bei seiner Hochzeitsreise), während des Konsums (wie die Smiths) oder im Nachhinein (wie Jeff es beim Essen mit seinen Freunden mit der Kreditkarte tat).

Sehen wir uns die Wahl des Zeitpunkts in einem Experiment an, das Jose Silva und Dan durchgeführt haben:

Die beiden zahlten Studierenden 10 Dollar dafür, dass sie in einem Labor 45 Minuten vor einem Computer saßen. Die Studierenden konnten dort sitzen, nichts tun und mit den 10 Dollar nach Hause gehen, aber sie hatten auch die Möglichkeit, für einen geringen Preis Artikel zu lesen. Es wurden drei Kategorien von Informationen angeboten: Comics, die begehrteste Kategorie, Nachrichten und wissenschaftliche Artikel, die zweitbeliebteste Kategorie, sowie eine sehr unbeliebte Kategorie, die aus Studien über postmoderne Literatur bestand. Die Studierenden konnten jede beliebige Information für einen bestimmten Preis ansehen. Der Computer registrierte alle Seiten, die sie sich ansahen, und stellte ihnen für jeden Comic 3,5 Cent und für jeden Nachrichten- oder Wissenschaftsartikel 0,5 Cent in Rechnung. Artikel über postmoderne Literatur konnten sie in beliebiger Zahl kostenlos lesen.[22]

## EIN NICHT GANZ SO EINFACHES MISSVERSTÄNDNIS

Sind Sie ein Fan postmoderner Literatur? Verstehen Sie postmoderne Literatur, oder wollen sie zumindest, dass die Leute glauben, Sie verstünden sie?

Dann sollten Sie eine wunderbare Website mit dem Titel Postmodernism Generator (www.elsewhere.org/journal/pomo/) besuchen. Diese Seite erzeugt »postmoderne« Essays, indem sie willkürlich Zitate vermischt und mit Namen wie »Foucault«, »Fellini« und »Derrida« anreichert. Das kann der Generator so gut, dass wir das Gefühl haben, jeden Satz zu verstehen; aber nach einer Weile wird uns klar, dass wir nichts verstanden haben. Das ist das Gefühl, das viele Leute beim Lesen postmoderner Literatur beschleicht.

Wir haben darüber nachgedacht, dieses Buch mit dem Postmodernismus-Generator zu schreiben. Wer weiß, vielleicht haben wir es getan.

---

Zusätzlich wurden für verschiedene Gruppen unterschiedliche Zahlungsmethoden festgelegt. Den Versuchsteilnehmern in der Gruppe, in der die Zahlung im Nachhinein erfolgen sollte, wurde mitgeteilt, dass die Gebühren für die Artikel am Ende der Sitzung von ihrem Honorar abgezogen würde, wie eine Rechnung am Monatsende. In der Gruppe, für die eine Vorauszahlung festgelegt worden war, erhielten die Teilnehmer eine Art Geschenkgutschein: Sie bekamen 10 Dollar, aber das Geld wurde auf ein elektronisches Konto gelegt, das sie verwenden konnten, um online Artikel zu lesen. Dieser Gruppe wurde gesagt, dass sie am Ende des Experiments das auf ihrem Konto übriggebliebene Geld ausbezahlt bekämen. Für die dritte Gruppe wurden Mikrozahlungen festgelegt: Den Teilnehmern wurde jedes Mal, wenn sie einen Artikel anklickten, der entsprechende Betrag abgezogen. Jedes Mal, wenn die Versuchspersonen auf einen Link klickten, fragten wir sie: »Sind sie sicher, dass sie 0,5 Cent für diesen Artikel bezahlen wollen?« Oder: »Sind sie sicher, dass sie 3 Cent für diesen Comic bezahlen wollen?« Wenn sie auf »OK« klickten, wurde ihnen der Betrag sofort abgezogen, und am oberen Bildschirmrand wurde das verbliebene Guthaben angezeigt. (Jeff fragt sich oft, wo Dan all die Studierenden für seine Experimente auftreibt, denn Jeff würde sie gerne für Experimente kontaktieren, bei denen sie sein Haus streichen oder auf seine Kinder aufpassen würden.)

Wichtig ist, dass die Teilnehmer unabhängig von der Versuchsbedingung dieselben Beträge für die Artikel zahlten, die sie lasen. Zudem gaben die Versuchspersonen in allen drei Gruppen nicht viel Geld aus (die Preise für die einzelnen Artikel waren bewusst niedrig angesetzt). Doch abhängig davon, wie die Teilnehmer die Zahlung beurteilten, unterschied sich ihr Ausgabenverhalten erheblich.

Wenn das Geld zu Beginn des Experiments auf das Unterhaltungskonto der Versuchspersonen gelegt wurde (Vorauszahlung) gaben sie durchschnittlich 18 Cent aus. Wenn sie am Ende des Experiments bezahlten (nachträgliche Zahlung), sank die durchschnittliche Ausgabe auf 12 Cent. Das zeigt uns, dass die Teilnehmer dazu neigten, mehr Geld – 50 Prozent mehr – auszugeben, wenn ihr Geld auf einem für eine bestimmte Aktivität bestimmten Konto lag. Aber besonders auffällig war, wie wenig sie ausgaben, wenn sie sich vor jedem Kauf mit der Ausgabe beschäftigen mussten (gleichzeitige Zahlung): In diesem Fall gab der durchschnittliche Versuchsteilnehmer nur 4 Cent aus. Unter dieser Versuchsbedingung sahen sich die Teilnehmer im Durchschnitt einen Comic und zwei Wissenschaftsartikel an und verbrachten den Rest der Zeit mit der Lektüre literarischer Studien – quälend, aber kostenlos. In ihrer Gesamtheit deuten diese Resultate darauf hin, dass unser Verhalten davon abhängt, ob wir im Voraus oder im Nachhinein für etwas bezahlen müssen. Vor allem aber ändert sich unser Ausgabenverhalten dramatisch, wenn wir gezwungen sind, uns die Zahlung bewusst zu machen. Zusammengefasst: Aufgrund des Schmerzes beim Bezahlen sind wir bereit, für den Konsum ein und desselben Guts mehr zu zahlen, wenn wir nicht im Nachhinein, sondern im Voraus zur Kasse gebeten werden – und wenn wir während des Konsums bezahlen müssen, sinkt unsere Bereitschaft zum Geldausgeben noch deutlicher. Der Zeitpunkt des Bezahlens hat großen Einfluss auf unser Verhalten. Er kann uns sogar dazu bewegen, Studien über postmoderne Literatur zu lesen.

Wir wollen nicht auf der postmodernen Literatur herumhacken – zweifellos hat sie einen Wert für manche Leute, irgendwo –, aber wir müssen darauf hinweisen, dass die Versuchsteilnehmer keinen Spaß daran hatten, sich damit zu beschäftigen. Tatsächlich verrieten sie uns, dass sie das Kreischen von Kreide auf einer Tafel unserer Version der postmodernen Literatur vorgezogen hätten. Das bedeutet, dass die kostenlose Aktivität – die Artikel über postmoderne Literatur – den geringsten Schmerz beim *Bezahlen*, aber den größten Schmerz beim *Konsum* verursachten. Die Versuchspersonen genossen den Konsum postmoderner Literatur sehr viel weniger als die Erfahrung der Comics. Aber um den Schmerz des Bezahlens für die Comics zu vermeiden, setzten sich die Teilnehmer dem Schmerz des Konsums der postmodernen Literatur aus. Wären die Personen, die jeden Konsum sofort bezahlen mussten, bereit gewesen, 12 Cent statt 4 Cent auszugeben, so hätten sie in dem 45-minütigen Experiment eine insgesamt sehr viel angenehmere Erfahrung machen können. Aber der Schmerz des Bezahlens war offenbar so stark, dass er sie davon abhielt.

Nehmen wir an, wir treten unsere Hochzeitsreise an und entscheiden uns, alles, was wir im Hotel konsumieren, sofort zu bezahlen. Am Abend liegen wir am Strand, und der Kellner bietet uns eine Flasche Champagner an, die wir trinken können, während wir uns den Sonnenuntergang ansehen. Aber wir sind so verärgert über den Preis der Flasche und all die Kosten, die sich anhäufen, dass wir uns mit Leitungswasser begnügen. Auf diese Art vermeiden wir den Schmerz, überteuerten Champagner bezahlen zu müssen, aber wir verzichten auch auf das Vergnügen, bei einer Gelegenheit, die sich in unserem Leben wahrscheinlich nicht wiederholen wird, Champagner zu trinken.

Wenn wir für alles, was wir konsumieren, sofort bar bezahlen, sehen wir, dass es mitunter schwierig ist, zwischen dem Schmerz des Bezahlens und dem Genuss des Konsums abzuwägen. Wie Foucault nach Angabe des Postmodernismus-Generators einmal sagte: »Das Leben ist nicht einfach, mein Herr.«

## VORAUSZAHLUNG

Nachdem Jeff seine Hochzeitsreise im Voraus bezahlt hatte, konsumierte er mehr und genoss den Konsum mehr, als wenn er für alles während oder nach der Reise zur Kasse gebeten worden wäre. Möglicherweise bezahlte er sogar insgesamt mehr. Trotzdem genoss er die Reise mehr. Diese Tatsache ist einigen Unternehmen nicht entgangen. Die Vorauszahlung ist in Mode gekommen. Schicke Restaurants wie das Trois Mec in Los Angeles, das Alinea in Chicago und das Atera in New York ermutigen ihre Kunden mittlerweile, ihre Mahlzeiten im Voraus online zu bezahlen.

Aber die Vorauszahlung ist nicht nur ein Trend; wir begegnen ihr überall. Wir kaufen Theaterkarten und Flugtickets, lange bevor wir sie verwenden. Sie haben dieses Buch bezahlt, bevor Sie es konsumierten, anstatt bis zur letzten Seite damit zu warten (wenn Sie damit fertig sind, werden Sie uns zweifellos einen Dankesbrief mit einem üppigen Trinkgeld schicken wollen).

Wenn wir etwas bezahlen, bevor wir es konsumieren, dann ist der Konsum beinahe schmerzlos. Zu diesem Zeitpunkt fühlen wir weder den Schmerz des Bezahlens noch müssen wir uns Gedanken darüber machen, dass man uns zu einem späteren Zeitpunkt zur Kasse bitten wird. Es ist eine schmerzlose Transaktion (sofern wir nicht etwas bezahlen, das uns körperlichen Schmerz bereitet – Dinge wie eine Klettertour, ein Boxttraining oder einen Besuch bei einer Domina – aber dies ist ein Familienbuch, weshalb wir nicht in dieser Richtung weitergehen sollten).

Amazon.com ermöglicht uns mit der jährlichen Prime-Mitgliedschaft eine Vorauszahlung der Lieferkosten. Dieser Dienst kostet in den Vereinigten Staaten 99 Dollar, beinhaltet jedoch ganzjährig kostenlose Lieferungen. Natürlich sind die Lieferungen nicht wirklich kostenlos – wir haben 99 Dollar dafür bezahlt – aber wenn wir jeden einzelnen Kauf im Lauf des Jahres betrachten, ist mit den Lieferungen kein zusätzlicher Schmerz des Bezahlens verbunden. Wir haben das Gefühl, dass uns unsere Bestellungen gratis ins Haus geliefert werden – vor allem, weil Amazon direkt neben dem Preis einen farbenfrohen Sticker mit der Aufschrift »Kostenlose Lieferung in 2 Tagen mit Prime« setzt. Wir haben fast das Gefühl, mehr kaufen zu *müssen*, weil wir ein derart gutes Geschäft machen! Und je öfter wir bei Amazon bestellen, desto billiger, desto »kostenloser« wird jeder Online-Kaufrausch. Was für ein Geschäft!

Nehmen wir an, wir buchen eine einwöchige Safari in Afrika, die uns 2000 Dollar kosten wird. Wir haben zwei Möglichkeiten, für dieses Abenteuer zu bezahlen: Wir können die ganze Reise vier Monate im Voraus oder am Ende der Safari bar bezahlen. Auf die Frage, welche Form der Zahlung wirtschaftlich vernünftiger ist, würden wir natürlich antworten, dass es besser ist, die erbrachten Dienstleistungen am Ende zu bezahlen. Und wenn diese Variante sonst keinen Vorteil hätte, so könnten in diesen vier Monaten zumindest Zinsen auf unser Geld auflaufen. Aber was ist mit der Freude an der Reise? Bei welcher Zahlungsvariante werden wir die Safari mehr genießen? Wenn wir wie die meisten Leute sind, werden wir viel mehr Spaß daran haben, wenn wir im Voraus dafür bezahlen. Warum? Weil wir uns, wenn wir am letzten Tag bezahlen würden, an den letzten Tagen der Safari fragen würden, ob sich die Ausgabe wirklich gelohnt hat. Wenn uns solche Gedanken durch den Kopf gehen, werden wir die Erfahrung sehr viel weniger genießen.

Die Vorauszahlung ist auch ein fester Bestandteil der Erfahrungen, die wir mit Geschenkgutscheinen und Casinochips machen. Haben wir einmal Geld für einen Geschenkgutschein von Starbucks, Amazon oder Babies »R« Us ausgegeben, so weisen wir diesen Betrag einer Ausgabenkategorie zu: Haben wir einen Zwanzigdollarschein erst einmal gegen einen Starbucks-Gutschein eingetauscht, so wurde dieses Geld Latte Macchiatos zugewiesen, nicht Cola oder chinesischem Essen. Und wurde einmal Geld in diese Kategorie eingeordnet, so haben wir das Gefühl, dass die Zahlung bereits erfolgt ist. Wir verwenden kein eigenes Geld für die Produkte, was zur Folge hat, dass wir uns nicht schuldig fühlen, wenn wir es ausgeben. Wenn wir unser eigenes Geld herausrücken müssen, werden wir uns nur einen kleinen Kaffee bestellen, aber wenn die Ausgabe von einem Geschenkgutschein abgebucht wird, werfen wir das Geld für einen Venti Soy Chai Latte und Biscotti hinaus. Ist schließlich gratis, nicht wahr? Wir empfinden keinen Schmerz beim Ausgeben des Guthabens auf einem Geschenkgutschein, denn das Gefühl, das wir dabei haben, unterscheidet sich sehr von unseren Empfindungen beim Geldausgeben.

Es mag wie ein Gemeinplatz klingen, aber wir alle konsumieren gerne Dinge, und wir alle bezahlen nur ungern dafür. Aber wie Prelec und Loewenstein nachgewiesen haben, ist der Zeitpunkt des Bezahlens bedeutsam, und wir fühlen uns wohler, wenn wir etwas konsumieren, das wir bereits bezahlt haben.[23]

## BEIM KONSUM BEZAHLEN

Wie wirkt es sich auf den Schmerz des Bezahlens und unser Wertempfinden aus, wenn wir für etwas bezahlen, während wir es konsumieren?

Nehmen wir an, wir kaufen uns einen hübschen kleinen Sportwagen, um den Eintritt ins Rentenalter oder eine Midlife-Crisis zu verdrängen. Dazu nehmen wir einen Kredit auf, der monatliche Ratenzahlungen mit sich bringt. Wie beabsichtigt fährt sich das Auto sehr gut, und es hilft uns, unsere Sterblichkeit und einige schlechte Lebensentscheidungen zu vergessen. Aber wir stellen fest, dass wir immer weniger Zeit haben, um mit dem Auto herumzufahren, und nach einer Weile verliert das Fahren sogar seinen Reiz. Die monatlichen Ratenzahlungen erinnern uns an eine übereilte und kostspielige Anschaffung, die zu rechtfertigen uns immer schwerer fällt. Also tilgen wir den gesamten Kredit auf einen Schlag. Diese große einmalige Zahlung ist zweifellos schmerzhaft, aber es erleichtert uns, dass die monatlichen Schmerzen regelmäßiger Zahlungen und die damit verbundenen Schuldgefühle verschwunden sind. Wir finden sogar wieder ein bisschen Vergnügen daran, das Verdeck herunterzufahren und mit unserem Kabrio herumzuflitzen. Wir machen uns keine Sorgen mehr über die monatlichen Zahlungen und beginnen, das Autofahren zu genießen, obwohl wir nicht allzu oft dazu kommen.

Wenn wir Dinge bezahlen, während wir sie konsumieren, spüren wir nicht nur den Schmerz des Zahlens deutlicher, sondern genießen auch den Konsum weniger. Was, wenn ein Restaurantbesitzer herausfände, dass seine Gäste durchschnittlich 25 Bissen nehmen und 25 Dollar für ein Abendessen bezahlen? Das macht einen Dollar pro Bissen. Eines Tages entschließt sich der Gastwirt, einen Aktionspreis anzubieten und seinen Gästen nur 50 Cent pro Bissen in Rechnung zu stellen. Dann geht er noch einen Schritt weiter und sagt: »Sie müssen nur die Happen bezahlen, die sie nehmen! Einen Bissen, den sie nicht nehmen, müssen sie auch nicht bezahlen.« Der Kellner bringt uns das Essen, bleibt neben dem Tisch stehen und macht auf seinem Notizblock jedes Mal, wenn wir einen Happen in den Mund nehmen, einen Strich. Als wir fertig sind, zählt der Kellner die Bissen zusammen. Das ist zweifellos ein Rezept für eine sehr kostengünstige Mahlzeit. Aber wie groß wird der Genuss sein? Klingt nicht unbedingt vergnüglich, oder? Dan brachte einmal Pizza in seine Vorlesung und stellte den Studierenden pro Bissen 25 Cent in Rechnung. Das Ergebnis? Riesige Bissen. Die Studierenden glaubten, den Schmerz des Bezahlens vermeiden zu können, indem sie besonders große Stücke abbissen. Natürlich litten sie beim Essen, das ihnen im Hals stecken blieb, weshalb es kein gutes Geschäft, geschweige denn ein Genuss war. Die mengenabhängige Berechnung von Mahlzeiten im Restaurant ist oft keine gute Lösung, denn sie macht die Erfahrung sehr unangenehm. Natürlich kann sie ein guter Diätansatz sein, da das Essen nicht mehr als Genuss, sondern als Qual empfunden wird. Ganz zu schweigen davon, dass das Zählen von Bissen einfacher sein dürfte als das Zählen von Kalorien.

In der Unternehmenswelt zeigte sich am Beispiel eines kleinen Unternehmens namens AOL, wie schmerzhaft es sein kann, wenn das Bezahlen mit dem Konsum zusammenfällt. Millennials, die sich nicht genau erinnern, was AOL war, können das Akronym googeln.

Im Jahr 1996 gab Bob Pittman, der Geschäftsführer von AOL, bekannt, dass sein Unternehmen seine zwei Tarife – die Kunden zahlten entweder 19,95 Dollar für 20 Stunden und 2,95 Dollar für jede zusätzliche Stunde oder 9,95 Dollar für 10 Stunden und 2,95 Dollar für jede weitere Stunde – durch eine Flatrate von 19,95 für einen unbegrenzten Internetzugang zu ersetzen. Die Mitarbeiter von AOL bereiteten sich darauf vor, dass die Kunden aufgrund dieser Tarifänderung andere Zeiten in Anspruch nehmen würden: Sie sahen sich an, wie viele Kunden den Dienst etwa 10 beziehungsweise etwa 20 Stunden nutzten, und gelangten zu dem Ergebnis, dass ein Teil der Kunden beginnen würde, das Internet häufiger zu nutzen. Abgesehen davon nahmen sie an, dass die meisten Leute den Dienst weiterhin wie bisher nutzen würden, sofern ihre Nutzungsdauer nicht nahe an der Schwelle des bisherigen Pauschaltarifs lag. AOL glaubte aufgrund eigener Berechnungen, dass ein Kunde, der das Internet bisher nur sieben Stunden im Monat nutzte, auch mit dem neuen Tarif kaum sehr viel länger online sein würde. Auf der Grundlage dieser Annahme erhöhte das Unternehmen die vorhandene Serverkapazität um einige Prozent. Damit war AOL zweifellos für den Beginn des unbegrenzten Internetzugangs gerüstet. Richtig?

Falsch. Tatsächlich verdoppelte sich die Nutzungsdauer der Kunden über Nacht. Darauf war AOL natürlich nicht vorbereitet. Das Unternehmen war gezwungen, die Serverkapazitäten anderer Anbieter zu nutzen, die gerne aushalfen – und AOL teuer dafür bezahlen ließen. Pittman versuchte, seinen Schnitzer zu rechtfertigen: »Wir sind die Größten in der Welt. Es gibt kein historisches Beispiel, an dem man sich orientieren könnte. Wer wäre auf die Idee gekommen, dass es zu einer Verdoppelung kommen würde ... Es ist, als würde ein Fernsehsender seine Einschaltquote verdoppeln.«

Aber hätten die Experten von AOL, die das Nutzungsverhalten ihrer Kunden studierten, das wirklich nicht vorhersehen können? Hätte sich AOL mit den Vorgängen rund um das Bezahlen und mit dem damit verbundenen Schmerz befasst, so hätte es festgestellt, dass sich die Kunden bei den alten Tarifen zwangsläufig ständig der verbliebenen Zeit und der Kosten einer Zeitüberschreitung bewusst waren, da Konsum und Bezahlung zusammenfielen und am oberen Bildschirmrand eine Uhr lief, welche die verbleibende Nutzungsdauer anzeigte. Die Folge war, dass sie das Surfen weniger genossen. In dem Augenblick, als der Zähler, der die bis zum Ende der Nutzungsdauer von 10 oder 20 Stunden verbleibende Zeit anzeigte, beseitigt wurde, verschwand auch der Schmerz des Bezahlens. Es war klar, dass die Kunden den Dienst sehr viel mehr genießen und intensiver – sehr viel intensiver – nutzen würden.

Der mit einer gleichzeitigen Bezahlung einhergehende Schmerz ist nicht zwangsläufig etwas Schlechtes. Er macht uns deutlicher bewusst, wie viel Geld wir ausgeben. Ein interessantes Beispiel dafür ist der Energieverbrauch: Wenn wir unser Auto volltanken, sehen wir, wie der Preis im Display der Zapfsäule steigt. Da wir uns der Ausgabe schmerzhaft bewusst sind, denken wir möglicherweise darüber nach, ein sparsameres Auto zu kaufen oder uns einer Fahrgemeinschaft anzuschließen. Aber der Stromzähler unserer Wohnung befindet sich normalerweise draußen oder ist in einem Kasten versteckt. Wir werfen nur selten einen Blick darauf. Dazu kommt, dass die Stromrechnung für den heutigen Tag erst in einigen Wochen ins Haus flattern wird. Und die Rechnung wird oft direkt von unserem Girokonto abgezogen. Daher können wir unmöglich wissen, was wir zu einem gegebenen Zeitpunkt ausgeben. Wir sind uns der Ausgabe nicht richtig bewusst und spüren den damit verbundenen Schmerz nicht. Gibt es vielleicht eine Lösung für unseren überhöhten Stromverbrauch? (Spoiler Alert: In Teil 3 werden wir uns genauer damit beschäftigen.)

## NACHTRÄGLICH BEZAHLEN

Oh, die Zukunft. Um verstehen zu können, warum sich zukünftige Zahlungen – wir bezahlen für Dinge, *nachdem* wir sie konsumiert haben – auf den Schmerz des Bezahlens auswirken, müssen wir uns darüber klar werden, warum wir zukünftigem Geld geringeren Wert beimessen als gegenwärtigem. Gäbe man uns die Wahl zwischen einem Geschenk von 100 Dollar in diesem Augenblick oder 100 Dollar in einer Woche, einem Monat oder einem Jahr, so würden die meisten von uns die 100 Dollar zum jetzigen Zeitpunkt nehmen. Geld in der Zukunft hat einen diskontierten Wert. (Es gibt ungezählte Studien über die Irrationalität, die wir bei der Diskontierung zukünftiger Ergebnisse an den Tag legen.[24]) Wenn wir über zukünftige Zahlung nachdenken, schmerzt dieser Gedanke weniger als wenn wir denselben Betrag in der Gegenwart bezahlen müssen. Und je weiter in der Zukunft das Bezahlen liegt, desto weniger schmerzhaft ist es. Manchmal haben wir in der Gegenwart fast das Gefühl, etwas gratis zu bekommen. Wir werden erst in der wunderbaren, unbekannten Zukunft bezahlen, wenn wir möglicherweise bereits im Lotto gewonnen haben, ein Filmstar sind oder den mit Sonnenenergie betriebenen Jetpack erfunden haben.

## KREDIT, WO KREDIT FÄLLIG WIRD

Es ist eine der gleichermaßen brillanten und gefährlichen Eigenschaften der Kreditkarte: Sie übt so große psychologische Macht aus, weil sie den Zeitpunkt des Konsums vom Zeitpunkt des Bezahlens trennt. Und indem sie uns die Möglichkeit gibt, in Zukunft für Dinge zu bezahlen (wann genau ist die Zahlung fällig?), verwischt die Kreditkarte unseren finanziellen Horizont sowie unsere Opportunitätskosten und verringert den gegenwärtigen Schmerz des Bezahlens.

Denken wir einmal darüber nach: Wenn wir ein Essen im Restaurant mit der Kreditkarte bezahlen, haben wir dann wirklich das Gefühl, in diesem Augenblick zu bezahlen? Nein. Wir unterschreiben lediglich die Quittung; die Zahlung erfolgt irgendwann in der Zukunft. Und wenn später die Kreditkartenrechnung kommt: Haben wir dann wirklich das Gefühl, zu bezahlen? Nein. Zu diesem Zeitpunkt denken wir, dass wir eigentlich bereits im Restaurant bezahlt haben. Die Kreditkartenfirmen nutzen nicht nur die Illusion der Zeitverschiebung, um den Schmerz des Bezahlens zu lindern: Sie tun es *zweimal*. Einmal geben sie uns das Gefühl, dass wir später bezahlen werden, und einmal geben sie uns das Gefühl, bereits bezahlt zu haben. So ermöglichen sie es uns, die Dinge mehr zu genießen und unser Geld ohne Gewissensbisse auszugeben.

Der Erfolg der Kreditkarte beruht auf unserem Wunsch, den Schmerz des Bezahlens zu vermeiden. Es gelingt der Karte, unsere Wahrnehmung des Werts zu verschieben. Indem sie ein unmerkliches Bezahlen ermöglicht und den zwischen Konsum und Bezahlung verstreichenden Zeitraum verschiebt, verringert die Kreditkarte den Schmerz des Bezahlens, den wir in dem Augenblick empfinden, in dem wir etwas kaufen, auf ein Mindestmaß. Sie erzeugt eine Distanz, die unsere Bereitschaft zum Geldausgeben erhöht. Wie Elizabeth Dunn und Mike Norton beobachtet haben, wirkt sich diese Distanz nicht nur auf unser augenblickliches Empfinden aus, sondern auch auf unsere Erinnerung der Kauferfahrung: Sie macht es uns schwer, »uns im Nachhinein noch daran zu erinnern, wie viel Geld wir tatsächlich wann ausgegeben haben«.*[25] Wenn wir in einen Laden gehen und Socken, einen Pyjama und einen hässlichen Pullover kaufen, werden wir uns nach unserer Heimkehr mit geringerer Wahrscheinlichkeit an den genauen Betrag unserer Ausgabe erinnern, wenn wir statt mit Bargeld mit einer Kreditkarte bezahlt haben. Kreditkarten

---

* Die beiden verweisen auch auf Studien, die zeigen, dass Studierende ihre Kreditkartenrechnungen um 30 Prozent unterschätzen und dass Wirtschaftsstudierende doppelt so viel für Produkte ausgeben, wenn sie Kreditkarten verwenden.

funktionieren wie die Gedächtnislöscher aus Science-Fiction-Filmen, nur dass wir sie tatsächlich in unserer Brieftasche mit uns herumtragen.

Studien haben gezeigt, dass Konsumenten nicht nur bereit sind, mehr für Produkte zu bezahlen, wenn sie eine Kreditkarte benutzen,[26] sondern dass sie auch mehr kaufen, mehr Trinkgeld geben, die Höhe ihrer Ausgaben eher unterschätzen oder vergessen und Ausgabenentscheidungen schneller fällen. Dazu kommt, dass all diese von der Kreditkarte beeinflussten Verhaltensweisen ausgelöst werden, indem Kreditkartensymbole und POS-Terminals zur Schau gestellt werden, die uns die »Vorzüge« der Kreditkarte in Erinnerung rufen. Bereits im Jahr 1986 fanden die Autoren einer Studie heraus, dass es genügte, Kreditkartenbroschüren auf die Theke zu legen, um die Kunden dazu zu bewegen, mehr Geld auszugeben.[27]

Mit anderen Worten, Kreditkarten, ja sogar ein Hinweis auf die Möglichkeit, mit Karte zu bezahlen, bewegen uns dazu, schneller und sorgloser mehr Geld auszugeben und unsere Ausgaben rascher zu vergessen. In mancher Hinsicht funktioniert die Kreditkarte wie eine Droge, die unsere Fähigkeit zur Informationsverarbeitung und zu rationalem Handeln einschränkt. Kreditkarten kann man nicht trinken, rauchen oder schnupfen – zumindest noch nicht –, aber ihre Wirkungen sind sehr bedenklich.

Die Kreditkarte veranlasst uns auch dazu, den Wert eines Kaufs anders zu beurteilen. Sie rückt die positiven Aspekte des Kaufs in den Vordergrund, anders als Bargeld, das uns auch den Nachteil des Einkaufens – die Trennung von unserem Geld – vor Augen führt. Mit der Kreditkarte in der Hand denken wir darüber nach, wie köstlich etwas schmecken oder wie gut es sich auf unserem Kaminsims machen wird. Wenn wir Geldscheine in der Hand halten, konzentrieren wir uns mehr darauf, dass uns dieses Dessert dick machen wird und dass wir keinen Kamin haben.[28]

Das Produkt ist dasselbe, der Preis ist derselbe, aber wir beurteilen seinen Wert sehr unterschiedlich, je nachdem, wie wir dafür bezahlen müssen, wie leicht uns das Bezahlen gemacht wird und wie viel Schmerz es uns verursacht.

## SIE ARBEITET HART, UM IHR GELD AUSZUGEBEN

Die Wirkung der Kreditkarte beruht nicht nur darauf, dass sie die Zeit verschiebt – dass sie den zwischen Genuss und Zahlung verstreichenden Zeitraum ändert –, sondern auch darin, dass sie die Aufmerksamkeit verringert, die wir dem Bezahlen widmen müssen. Je geringer die Aufmerksamkeit, desto geringer der Schmerz, und desto höher der Wert, den wir einem Kauf grundlos beimessen.

Einem Angestellten die Kreditkarte zu reichen, damit er sie durch das Lesegerät zieht, ist leichter als die Geldbörse zu zücken, nachzusehen, wie viel Geld wir dabei haben, ein paar Scheine herauszuziehen, sie zu zählen und auf das Wechselgeld zu warten. Wenn wir Bargeld verwenden, denken wir tatsächlich über das Geld nach, das wir ausgeben. Wir sehen, berühren, sortieren, zählen die Geldscheine und trennen uns davon. Es wird uns bewusst, dass wir Geld verlieren. Bei der Kartenzahlung ist der Verlust nicht so greifbar und spürbar.

Die Kreditkarte macht das Bezahlen auch leichter und weniger schmerzhaft, indem sie die Einkäufe eines Monats in einer einfachen Rechnung sammelt. Die Kreditkartenfirmen sind Aggregatoren, die all unsere Ausgaben – für Lebensmittel, Kleidung, Freizeit usw. – in einer Summe bündeln. Wir häufen eine Rechnung an, was zur Folge hat, dass es weniger schmerzhaft scheint, die Karte mit einem weiteren Kauf zu belasten, denn der Gesamtbetrag, den wir der Kreditkartenfirma schulden, ändert sich nicht wesentlich.

Wie wir im Kapitel über die Relativität gelernt haben, wirkt ein Geldbetrag – zum Beispiel 200 Dollar für ein Abendessen – kleiner, unbedeutender und weniger schmerzhaft, wenn er nicht für sich betrachtet, sondern in Relation zu einem größeren Betrag gesetzt wird, zum Beispiel zu einer monatlichen Kreditkartenrechnung über 5000 Dollar. Daher unterschätzen wir leicht den Wert eines zusätzlichen Ausgabenpostens von 200 Dollar, wenn wir mit der Kreditkarte bezahlen. Dies ist ein üblicher Fehler, vor allem dann, wenn wir einen Kredit aufnehmen – zum Beispiel, wenn wir eine Hypothek über 400 000 Dollar aufnehmen und ein paar Tausend Dollar mehr für einen neuen Fußbodenbelag ausgeben, oder wenn wir leichthin 200 Dollar mehr in einen CD-Player für ein neues Auto investieren, das uns 25 000 Dollar kostet.

Die Kreditkarte ist natürlich nicht das einzige Finanzinstrument, das die schmerzlindernde, wertverwischende Wirkung der Aggregation nutzt. Vermögensverwalter verdienen ihr Geld, indem sie den Investoren verschiedene Gebühren in Rechnung stellen. Beispielsweise verrechnen sie im Allgemeinen ein Prozent des Portfoliowerts (der »verwalteten Vermögenswerte«, wie sie es gerne ausdrücken). Wenn wir Geld verdienen, schöpfen sie ihre Gebühr ab. Wir bekommen dieses eine Prozent nie zu sehen. Wir spüren den Verlust nicht, weil es uns nie wirklich bewusst wird, dass wir diese Gebühr bezahlen. Aber was wäre, wenn wir die Vermögensverwalter anders bezahlen würden? Was, wenn wir ihnen für unser Eine-Million-Dollar-Portfolio jeden Monat 800 Dollar überweisen oder am Jahresende einen Scheck über 10 000 Dollar ausstellen würden? Würde sich das nicht darauf auswirken, wie wir über ihren Dienste denken? Würden wir nicht sehr viel mehr von ihnen verlangen? Mehr Beratung? Mehr Zeitaufwand? Würden wir uns nicht nach anderen Möglichkeiten umsehen, wenn uns bewusst wäre, was es uns kostet, dass jemand unser Geld verwaltet?

Wer kein großes Investmentportfolio hat, der kann als Beispiel an all die Dinge denken, die auf der 19-seitigen Hotelrechnung der Smiths standen, oder an unsere Handyrechnungen, auf denen neben den Verbindungsgebühren verschiedene Downloadkosten stehen. Oder an Kabelpakete, in denen Telefon, Internet und Fernsehen mit einem Monatsabonnement auf *Bob der Baumeister*-Videos gebündelt werden, denn: »Kann unser Krabbelkind mit der Fernbedienung umgehen?« Nun ja, es kann.

## BESCHRÄNKTER ZUGANG

Kommen wir noch einmal auf die Geschenkgutscheine zurück. Sie sind ein Beispiel für Instrumente, die als »beschränkt verwendbare Zahlungsmittel« bezeichnet werden, da wir nur bestimmte Dinge damit kaufen können. Andere beschränkt verwendbare Zahlungsmittel sind Casinochips und Vielfliegermeilen. Diese Instrumente machen das Bezahlen bemerkenswert schmerzlos. Sie sind von vornherein durch die mentale Buchhaltung von unseren normalen Werthinweisen abgekoppelt, aber zusätzlich erleichtern sie das Geldausgeben, indem sie uns die schmerzhaften Entscheidungen im Wesentlichen abnehmen. Wenn wir einen Geschenkgutschein nur bei Best Buy einlösen, einen Spielchip nur im Casino Harrah's in Las Vegas verwenden oder unsere Vielfliegermeilen nur für Flüge von United Airlines nutzen können, machen wir uns keine Gedanken darüber, ob Best Buy, Harrah's oder United Airlines den besten Wert für unser Geld bieten. Stattdessen können wir das Geld gedankenlos bei diesen Anbietern ausgeben, denn der Bezahlmodus gehört in diese Kategorie. Und da wir das Geld ausgeben können, ohne darüber nachdenken zu müssen, werden wir unsere Ausgabenentscheidungen kaum kritisch bewerten.

Da wir schon beim Thema Glücksspiel sind, können wir auch darauf hinweisen, dass Casinos die größten Experten darin sind, die Leute von ihrem Geld zu trennen. (Die Finanzindustrie folgt mit knappem Rückstand auf dem zweiten Rang.) Spielchips, kostenlose alkoholische Getränke, versteckte Uhren sowie Essen und Unterhaltung rund um die Uhr: all das dient dazu, möglichst viel Geld aus jedem Besucher herauszuholen. Erinnern Sie sich noch an George Jones, dem wir am Anfang des Buchs begegnet sind? An den Mann, der seine Geldsorgen am Black Jack-Tisch zu bewältigen versuchte? Das ist die Macht des Casinos.

Natürlich hat die Anstrengung des Bezahlens mannigfaltige Auswirkungen auf unsere Ausgabenentscheidungen. Die Tatsache, dass das Bezahlen schwierig ist, sollte die Beurteilung des Werts nicht beeinträchtigen, aber sie tut es.

## KANNST DU MICH JETZT SPÜREN?

Wussten Sie, dass das erste Patent, das Amazon.com anmeldete, seine »One Click«-Technologie betraf? Die Möglichkeit, etwas mit einem einzigen Mausklick zu kaufen, so groß oder überflüssig es auch sein mag, macht das Geldausgeben so einfach. So schmerzlos. So unerlässlich für den Erfolg von Amazon.com. Wie wir gesehen haben, ist das Bezahlen per Internet ohnehin unglaublich einfach. Wir schauen uns ein paar Minuten um, während wir auf Facebook Zeit verschwenden, und bums! Ein neues Sofa ist auf dem Weg. Wir bemerken kaum, dass wir Geld ausgeben.

Und dieses mangelnde Bewusstsein des Verlusts von Geld ist möglicherweise die beunruhigendste Auswirkung der laufend perfektionierten Methoden, mit denen uns Unternehmen dazu verleiten, den Schmerz des Bezahlens zu vermeiden. So viele technologische Fortschritte haben das Bezahlen so einfach gemacht, dass wir oft kaum noch bemerken, wie wir Geld ausgeben. Elektronische Mautsysteme kassieren automatisch Autobahngebühren von uns, und wir kennen nicht einmal den Betrag, bis wir am Monatsende die Abrechnung sehen (wenn wir uns überhaupt die Mühe machen, sie zu kontrollieren). Dasselbe gilt für Abbuchungsaufträge für monatliche Autoraten, Hypotheken und andere Kredite, die unser Konto verlassen, ohne dass wir auch nur einen OK-Button anklicken müssten. Dazu kommen Smart Cards, Zahlung per Handy, E-Wallets, PayPal, Venmo und bald wahrscheinlich Netzhautscans. Diese »Fortschritte« machen das Bezahlen einfach. Reibungslos. Schmerzlos. *Gedankenlos.* Wenn wir nicht einmal wissen, dass etwas geschieht, wie können wir es dann fühlen? Wie können wir die Konsequenzen verstehen? In urbanen Legenden, in denen uns Schurken eine Niere herausschneiden, wachen wir zumindest in einem Eisbecken auf und begreifen, dass uns etwas Schlimmes widerfahren ist. Bei automatisch abgebuchten Zahlungen wird uns sogar dieser Moment der Erkenntnis vorenthalten.

Salienz ist der Begriff für Erwachsene, um zu beschreiben, dass etwas – in diesem Fall eine Zahlung – so auffällig ist, dass es unsere Aufmerksamkeit weckt. Und es bedarf der Aufmerksamkeit aufgrund einer auffälligen Zahlung, damit wir den Schmerz fühlen und daher reagieren, das heißt die Kosten und Nutzen unserer Entscheidungen beurteilen können. Nur wenn wir den Schmerz fühlen, lernen wir, die Hand von der heißen Flamme zu nehmen.

Beim Bezahlen mit Bargeld ist die Salienz in den Vorgang eingebaut. Wir sehen und fühlen das Geld, wir müssen die Scheine abzählen und das Wechselgeld kontrollieren. Schecks sind etwas weniger auffällig, aber wir müssen immer noch einen Betrag aufschreiben, der uns damit bewusst wird, und das Papier jemandem übergeben. Und wie wir gesehen haben, ist die Salienz von Kreditkarten noch geringer, und zwar sowohl physisch – man muss nur die Karte durch das Lesegerät ziehen und ein oder zwei Knöpfe drücken – als auch was die Sichtbarkeit des gezahlten Betrags betrifft. Oft registrieren wir den Betrag kaum, wenn wir nicht gerade ein Trinkgeld berechnen müssen. Noch geringer ist die Salienz digitaler Zahlungen.

Wenn wir es nicht fühlen können, kann es nicht wehtun. Wie gesagt, wir mögen es, wenn die Dinge einfach sind. Und schmerzlos. Wenn wir die Wahl haben, werden wir dem Einfachen und Schmerzlosen immer den Vorzug vor dem Wohlüberlegten und Mühsamen geben.

Möglicherweise fühlen wir uns nach einem teuren Essen im Restaurant schuldig, weil wir den Schmerz des Bezahlens spüren, aber dieser Schmerz kann uns auch (bis zu einem gewissen Grad) von Impulskäufen abhalten. In einer Zukunft, in der wir zum Bezahlen unseres Konsums vor allem digitale Geldbörsen verwenden werden, besteht die Gefahr, dass fast sämtliche Reibungen im Zahlungssystem beseitigt werden. Dann werden wir der Versuchung wahrscheinlich sehr viel öfter erliegen. Es wird ein wenig so sein, wie den ganzen Tag am Strand zu liegen und kostenlose Getränke, Imbisse und Desserts in Reichweite zu haben. Das Ergebnis? Auf Dauer wird dieses Leben weder für unsere Gesundheit noch für unsere Ersparnisse gut sein.

Unsere Hoffnung ist, dass die Zukunft des Geldes nicht nur eine Verringerung des Schmerzes des Bezahlens mit sich bringen, sondern uns auch die Gelegenheit geben wird, bewusstere und schmerzhaftere Methoden des Bezahlens zu wählen. Bei greifbarem Bargeld haben wir keine andere Wahl: Wir müssen die Zeit und Aufmerksamkeit aufbringen, Geldscheine aus der Börse zu ziehen und das Wechselgeld zu zählen. Bei elektronischem Geld hingegen ist die Versuchung groß, Zahlungsmethoden zu wählen, die uns den Schmerz des Bezahlens ersparen. Und wenn eine Bank eine schmerzhaftere Methode entwickelt, die uns vor Augen führt, dass wir Geld ausgeben, ist die Frage, ob wir die Option wählen werden, bei der wir die Agonie des Bezahlens spüren werden. Werden wir uns für die Option entscheiden, die uns jetzt schmerzt, damit es uns später besser gehen wird? Wir sollten eine gesunde Dosis Schmerz in der Gegenwart akzeptieren, die uns bewusst macht, was wir ausgeben, und uns daran erinnert, dass Geld weder auf Bäumen noch in Apps wächst. Die Frage ist: Werden wir das tun?

## KOSTENLOSE SCHMERZBETÄUBUNG

Was wäre, wenn das Leben immer wie Jeffs Flitterwochen wäre? Was, wenn wir immer das Gefühl hätten, alles sei gratis? Würden wir mehr essen? Den Augenblick mehr genießen? Wenn wir das Gefühl haben, etwas sei gratis, gibt es keinen Schmerz des Bezahlens, was angenehm ist. Aber wäre das langfristig wirklich gut für uns?

»Gratis« ist ein sonderbarer Preis, aber es ist ein Preis. Wenn etwas gratis ist, neigen wir dazu, auf eine Kosten-Nutzen-Analyse zu verzichten. Wir geben einer Sache, die gratis ist, also den Vorzug vor etwas, das etwas kostet. Aber das ist nicht immer die beste Entscheidung.

Nehmen wir an, wir gehen mittagessen und stehen vor mehreren Imbisswagen. Wir achten auf unsere Ernährung und finden einen Wagen verlockend, der Vollkornsandwichs mit reichlich frischem Gemüse und wenig Fett anbietet. Perfekt! Aber dann bemerken wir einen anderen Anbieter, der zum Dank an seine Kunden kostenlose frittierte Käsesandwichs anbietet. Wir haben uns nie für diese Art von Essen interessiert und mögen amerikanischen Käse nicht besonders, aber wir sind bereit, dankend anzunehmen. Bezahlen wir also für die ideale Nahrung oder nehmen wir die nicht so tolle, weil sie nichts kostet? Wenn wir wie die meisten Leute sind, nehmen wir das Gratisangebot wahr.

Derselben Versuchung sind wir in vielen Lebenslagen ausgesetzt, ob uns nun Lebensmittel oder Finanzdienstleistungen angeboten werden. Nehmen wir an, wir können zwischen zwei

Kreditkarten wählen. Bei der einen müssen wir jährliche Überziehungszinsen von 12 Prozent, aber keine Jahresgebühr zahlen, bei der anderen ist der Zinssatz mit 8 Prozent niedriger, aber der Anbieter verlangt eine Jahresgebühr von 100 Dollar. Die meisten Leute würden in dieser Situation die Kosten der Jahresgebühr überbewerten und die Karte mit dem Zinssatz von 12 Prozent wählen, weil sie gebührenfrei ist. Diese Karte wird langfristig sehr viel mehr kosten, denn irgendwann werden sie eine Zahlung versäumen oder ein Minus anhäufen.

Ein anderes Beispiel: Wir haben die Wahl zwischen den Abonnements für die Onlineausgaben von zwei Zeitungen. Das eine kostet 2 Dollar, das andere 1,50 Dollar im Monat. Bei der Wahl zwischen den beiden Zeitungen gilt es zu berücksichtigen, dass die eine den Schwerpunkt auf die internationale Politik legt, während sich die andere auf die Innenpolitik konzentriert. Abhängig von unseren Interessen werden wir unsere Wahl treffen. Schließlich sind 50 Cent gemessen an der Zeit, die wir für die Zeitungslektüre aufwenden, nicht allzu viel – wir können also den Wert der Information vergleichen, die uns die beiden Zeitungen anbieten. Aber wie sieht es aus, wenn das Kostenverhältnis ein bisschen anders ist: Was, wenn die eine Zeitung 50 Cent kostet und die andere gratis ist? Wägen wir immer noch sorgfältig zwischen den beiden Angeboten ab und berücksichtigen den Wert unserer Zeit und den Wert des Inhalts? Oder entscheiden wir uns einfach für die kostenlose, schmerzlose Option? Der Unterschied zwischen den beiden Angeboten ist immer noch 50 Cent, und das Zeitunglesen ist immer noch eine wichtige und zeitaufwändige Aktivität. Aber wenn es eine kostenlose Option gibt, hören die meisten von uns auf zu denken und entscheiden sich rasch dafür, nur um den Schmerz des Bezahlens zu vermeiden.

Eine weitere Wirkung von Gratisangeboten ist, dass es uns immer dann, wenn etwas anfangs nichts kostet, sehr schwerfällt, später damit zu beginnen, dafür zu bezahlen. Sehen wir den Tatsachen ins Auge. Wenn wir keinen Schmerz des Bezahlens empfinden, sind wir oft übermäßig begeistert – und gewöhnen uns an diesen Preis. Nehmen wir an, wir haben eine App auf dem Handy, mit der wir Songs identifizieren können. Wir lieben es, nach neuer Musik zu suchen, und hören College-Radiosender, prüfen Filmmusik und so weiter. Wenn wir beim Einkaufen oder im Auto etwas hören, das uns gefällt, aktivieren wir diese kleine App, und sie identifiziert den Song: Schon kennen wir den Titel und den Künstler. Was geschieht, wenn wir wieder einmal versuchen, diese tolle App zu aktivieren, jedoch mit dem Hinweis konfrontiert werden, dass wir, wenn wir die Applikation weiter verwenden wollen, eine einmalige Gebühr von 99 Cent bezahlen müssen? Wie reagieren wir? Bezahlen wir rund einen Dollar für die Verwendung eines Programms, das wir lieben? Oder machen wir uns auf die Suche nach einer kostenlosen App, selbst wenn sie nicht so gut funktioniert? Ein Dollar ist zweifellos kein großer Betrag, vor allem nicht für etwas, das unser Leben bereichert. Ein Dollar ist nicht viel verglichen mit den Beträgen, die wir täglich für Kaffee, Transport oder Körperpflege ausgeben. Und doch weckt der Wechsel von Gratis zu diesem kleinen Betrag bei uns Zweifel, denn wir zögern, für etwas zu zahlen, das wir bereits kostenlos bekommen haben. Wir zögern nicht, jeden Tag 4 Dollar für einen Latte zu bezahlen, aber ein Dollar für eine App, die bisher nichts gekostet hat? Unverschämt!

Hier ist ein Experiment, das jeder leicht ausprobieren kann: Beziehen Sie an einer verkehrsreichen Kreuzung mit einem Tablett Stellung, auf dem einige Becher stehen, und hängen Sie sich ein Schild um, auf dem »Gratisproben« steht. Halten Sie fest, wie viele Passanten nehmen – und schlucken – was auch immer in den Bechern ist, und zwar ohne zu fragen, wer Sie sind, was Sie da anbieten und warum Sie es tun. Nicht ganz ethisch, aber interessant.

## GETEILTES LEID

Kommen wir noch einmal auf das Abendessen von Jeff und seiner Frau mit ihren Freunden nach der Hochzeitsreise zurück. Forschungsergebnisse deuten darauf hin, dass Menschen im Restaurant mehr konsumieren, wenn alle wissen, dass die Rechnung geteilt wird. Sie wollen ihre ahnungslosen Tischgenossen ein wenig ausnutzen, wie Greg es mit dem teuren Wein tat.[29] Diese Neigung, zu viel zu bestellen, wenn die Rechnung geteilt wird, deutet darauf hin, dass die beste Methode darin besteht, dass jeder zahlt, was er konsumiert, und diese Strategie am Anfang des Essens erklärt. Aber ist das die vergnüglichste Methode? Ist es die schmerzloseste? Keineswegs.

Mit Blick auf den Schmerz des Bezahlens ist die empfohlene Methode zur Aufteilung der Rechnung mit Freunden so etwas wie Kreditkartenroulette. Wenn der Kellner am Ende des Essens die Rechnung bringt, zücken alle Beteiligten ihre Kreditkarte. Der Kellner wählt eine aus, und diese Person bezahlt die gesamte Richtung. Eine ähnliche, weniger vom Glück abhängige Version derselben Methode besteht darin, dass bei jedem gemeinsamen Essen abwechselnd einer der Freunde die gesamte Rechnung übernimmt. Diese Methode funktioniert am besten, wenn wir einen stabilen Freundeskreis haben und regelmäßig in der Gruppe essen gehen – obwohl wir möglicherweise versucht sind, gerade an dem Essen, bei dem wir mit Zahlen an der Reihe sind, »zufällig« nicht teilzunehmen. Dieses Manöver würde die Zahl der Zahlungen verringern, aber es würde auch die Zahl unserer Freunde verringern.

Warum finden wir so großen Gefallen am Kreditkartenroulette? Wenn wir den Nutzen für alle Beteiligten berücksichtigen – das heißt, wie nützlich die Erfahrung für alle Tischgenossen ist, wie viel Vergnügen sie daran haben –, ist klar, warum eine einzelne Person die gesamte Rechnung bezahlen sollte. Würden alle Beteiligten ihren Anteil übernehmen, so würden sie alle ein gewisses Maß an Schmerz beim Bezahlen empfinden. Bezahlt hingegen eine einzige Person die gesamte Rechnung, so empfindet diese Person einen heftigen Schmerz des Bezahlens, der jedoch nicht so groß sein wird wie der gesamte Schmerz, der den anderen Tischgenossen erspart wird. Tatsächlich wäre der Schmerz nicht sehr viel höher, wenn jeder Beteiligte einfach sein eigenes Essen bezahlte. Die Intensität des Schmerzes steigt nicht proportional zum Betrag, den wir zahlen müssen. Wir empfinden es als unangenehm, für unser Essen bezahlen zu müssen. Es ist nicht viermal so unangenehm, unser Essen und das von drei Freunden bezahlen zu müssen. Wir fühlen uns sogar deutlich weniger als viermal so schlecht. Und das Beste an diesem Kreditkartenroulette ist, dass jeder, der nicht bezahlt, »schmerzfrei« essen wird.

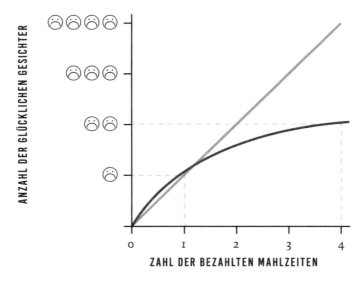

*Sinkendes Schmerzempfinden beim Bezahlen eines Abendessens*

Wenn also vier Personen jeweils ihr eigenes Essen bezahlen, können wir sagen, dass der kumulative Schmerz vier unzufriedene Gesichter sind. Zahlt nur eine Person, so haben wir nur ein *sehr* unzufriedenes Gesicht und drei zufriedene Gesichter. Wir sollten auch das erhöhte kollektive Vergnügen bei abwechselndem Bezahlen berücksichtigen, denn unsere Freunde fühlen sich wohl, wenn wir für sie zahlen, und wir fühlen uns gut, wenn wir unsere Freunde einladen können.

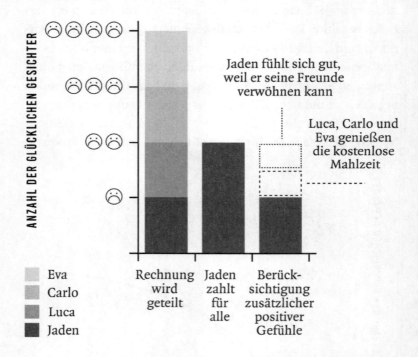

*Wenn eine Person die gesamte Rechnung begleicht, verringert sich langfristig das gesamte Unbehagen*

Dies ist ein klassisches Beispiel für das Sportklischee, dass man manchmal »für das Team einstecken muss«. In diesem Fall sind unsere Freunde das Team und die Rechnung das, was man einstecken muss.

Ist das System finanziell effizient? Wahrscheinlich nicht, denn Speisen haben unterschiedliche Preise, die Zusammensetzung unseres Freundeskreises könnte sich bei verschiedenen Abendessen ändern, und vielleicht mögen wir manche Freunde nicht so sehr wie andere ... Aber selbst wenn wir mit dieser Methode auf lange Sicht ein wenig mehr zahlen, werden der Schmerz des Bezahlens wahrscheinlich geringer und die Freude an den gemeinsamen Abendessen größer sein. Außerdem werden wir sehr viel mehr kostenlose Mahlzeiten bekommen.

Das Konzept der rotierenden Restaurantrechnungen zeigt, dass der Schmerz des Bezahlens an sich nichts Schlechtes sein muss. Verstehen wir es richtig, so können wir sowohl unser finanzielles als auch unser Sozialleben verbessern.

Wir alle leiden, wenn wir bezahlen müssen. Wir alle finden Wege, um diese Schmerzen zu lindern. Manche trinken oder nehmen Drogen, andere schauen *The Real Housewives of New Jersey*, wieder andere heiraten und machen eine Hochzeitsreise, um zu feiern, dass sie nun ihr Leben lang jemanden an der Seite haben, mit dem sie die Schmerzen teilen (und den sie dafür verantwortlich machen) können. Solange wir uns der Dinge bewusst sind, die wir tun, um den Schmerz des Bezahlens zu vermeiden, können wir ihn richtig einordnen und seinen Einfluss auf unser Leben beschränken.

# 7
# WIR VERTRAUEN UNSEREM EIGENEN URTEIL

Im Jahr 1987 entschlossen sich Gregory Northcraft und Margaret Neale, zwei Professoren an der University of Arizona, einen Spaß zu machen. Sie luden einige der angesehensten und vertrauenswürdigsten Immobilienmakler Tucsons zu einer gemeinsamen Besichtigung eines Hauses ein. Diese Experten für den lokalen Immobilienmarkt kannten den Wert der Häuser in der Gegend so gut wie niemand sonst. Northcraft und Neale erlaubten den Maklern, sich das Haus genau anzusehen, nannten ihnen die Preise vergleichbarer Objekte und gaben ihnen weitere Informationen.

Die Makler erhielten alle dieselben Informationen über das Haus, mit einer Ausnahme: Northcraft und Neale nannten ihnen unterschiedliche Preise. Einigen Maklern sagten die beiden, sie wollten das Haus für 119 900 Dollar anbieten. Anderen nannten sie einen Preis von 129 900 Dollar, einer dritten Gruppe einen Preis von 139 900 Dollar und einer vierten einen Preis von 149 900 Dollar. (Wenn Sie heute ein Haus im Einzugsgebiet einer großen Stadt kaufen wollen, versuchen Sie, die Tränen zurückzuhalten – dieses Experiment liegt viele Jahre zurück.) Die Preisvorstellung der Hausbesitzer war die erste Information, welche die Makler über das Haus erhielten, das sie begutachteten.

Sodann fragten Northcraft und Neale die Immobilienexperten, welchen Preis sie für angemessen hielten. Welchen Erlös konnte man mit diesem Haus auf dem Immobilienmarkt von Tucson erwarten?

Die Makler, denen eine Preisvorstellung von 119 900 Dollar genannt worden war, schätzten den Wert des Hauses auf 111 454 Dollar. Jene, die von einem angestrebten Preis von 129 900 Dollar ausgingen, schätzten den tatsächlichen Wert im Durchschnitt auf 123 209 Dollar. Eine Preisvorstellung von 139 900 Dollar führte zu einem Schätzwert von 124 653 Dollar, ein Ausgangspreis von 149 900 Dollar zu einer Schätzung von 127 318 Dollar.[30]

| Preisvorstellung des Verkäufers | Schätzung der Experten |
|---|---|
| $119 900 | $111 454 |
| $129 900 | $123 209 |
| $139 900 | $124 653 |
| $149 900 | $127 318 |

Je höher der Preis war, den sich die »Verkäufer« vorstellten – der erste Preis, den die Makler sahen –, desto höher schätzten die Experten den Preis, der für das Haus erzielt werden könne. Ein um 30 000 Dollar höherer Ausgangspreis bewegte sie dazu, den Wert des Hauses um rund 16 000 Dollar höher anzusetzen.

Bevor wir beginnen, uns über die mangelnden Fähigkeiten dieser Experten zu empören, sollten wir darauf hinweisen, dass Northcraft und Neale auch bei Laien diesen Test durchführten. Es stellte sich heraus, dass die Preisvorstellung des Anbieters die Einschätzung der Laien noch sehr viel mehr beeinflusste als die der Immobilienmakler: Eine Erhöhung des Angebotspreises um 30 000 Dollar führte zu einem Anstieg des geschätzten Werts um 31 000 Dollar. Es stimmt, dass sich die Experten durch den Preis beeinflussen ließen, der ihnen vom Anbieter genannt wurde, aber nur halb so viel wie die Laien.

Die Preisvorstellung des Verkäufers sollte sich jedoch nie auf den Wert auswirken, den ein Haus in den Augen irgendeiner Person hat. Der Wert eines Hauses sollte von Marktbedingungen wie den aktuellen Preisen, von der Qualität des Hauses, von der Größe des Grundstücks, von der Qualität der Schulen in der Umgebung und von den Preisen anderer zum Verkauf stehender Häuser in der Nachbarschaft bestimmt werden. Das sollte insbesondere für die Beurteilung durch Experten gelten, die den Markt und die Hauspreise besser als alle anderen kennen. Aber so war es nicht. Im Experiment von Northcraft und Neale zeigte sich deutlich, dass sich die Preisvorstellung des Eigentümers auf die Beurteilung des Werts auswirkte.

Womit wir beim lustigsten Teil der Geschichte sind: Die große Mehrheit der Immobilienmakler (81 Prozent) erklärte, den Angebotspreis bei ihren Schätzungen *überhaupt nicht zu berücksichtigen*. 63 Prozent der Laien behauptete, diese Information habe sich nicht auf ihre Entscheidung ausgewirkt. Der Angebotspreis wirkte sich also auf die Bewertung des Hauses durch alle Versuchspersonen aus – aber die meisten hatten keine Ahnung, dass sie beeinflusst wurden.

## WAS GEHT HIER VOR?

Wessen Rat vertrauen wir am meisten? An wen wenden wir uns, wenn wir in Zeiten des Zweifels und der Unsicherheit Rat brauchen? An unsere Eltern, einen Seelsorger, einen Lehrer, einen Politiker?

Wie sich herausstellt, sind wir selbst die Person, der wir am meisten vertrauen. Das ist möglicherweise nicht gut für uns. Bewusst oder unbewusst verlassen wir uns auf unseren eigenen brillanten Verstand, wenn wir den Wert von Dingen beurteilen, selbst wenn wir auf einem Gebiet nicht so erfahren oder kenntnisreich wie andere Leute sind und auch nicht so erfahren oder schlau sind, wie wir selbst glauben. Unser übermäßiges Vertrauen in uns selbst ist dann am größten – und am gefährlichsten – wenn wir uns auf unseren ersten Eindruck verlassen, denn dann laufen wir Gefahr, Opfer des Ankereffekts zu werden.

Der ANKEREFFEKT tritt dann auf, wenn uns etwas, das keinerlei Relevanz für unsere Entscheidung haben sollte, dazu bewegt, einen bestimmten Schluss zu ziehen. Dann lassen wir zu, dass irrelevante Information unseren Entscheidungsprozess kontaminiert. Der Ankereffekt mag nicht so besorgniserregend erscheinen, wenn wir uns vor Augen halten, dass Zahlen nicht allzu oft unsere Entscheidungen kontaminieren. Aber ein zweites und gefährlicheres Merkmal des Ankereffekts ist, dass dieser anfängliche, irrelevante Ausgangspunkt von da an zur Grundlage zukünftiger Entscheidungen werden kann.

Die Immobilienmakler in Tucson fielen dem Ankereffekt zum Opfer. Sie sahen eine Zahl und wurden davon beeinflusst. Sie vertrauten sich selbst.

Wurde ihnen ein Preis von 149 000 Dollar für das Haus vorgeschlagen, so setzte sich diese Zahl im Kopf der Makler fest und wurde mit dem Hauspreis verknüpft. Von diesem Moment an war diese Zahl der Bezugspunkt für ihre Schätzungen des Werts der Immobilien. Sie verwandelte sich in eine persönliche Bezugszahl, der sie vertrauten, ob sie sich dessen bewusst waren oder nicht.

Dass man die Zahl »149 000« sieht oder hört, sollte eigentlich nichts mit der Bestimmung des Werts eines Hauses haben. Es ist doch nur eine Zahl. Aber so ist es eben nicht: In Ermangelung anderer klarer Informationen, in Ermangelung eines verifizierbaren, sicheren Werts – und selbst bei Vorhandensein zahlreicher Kontextinformationen – änderten die Immobilienmakler ihre

Schätzungen, weil sie mit dieser Zahl konfrontiert und von da an davon beeinflusst wurden. Die Zahl zog sie an wie ein Magnet. Oder wie ein schwarzes Loch. Oder wie ein Anker.

## ANKER LICHTEN

Was würden wir dafür verlangen, den Hund einer anderen Person jeden Tag eine Stunde lang auszuführen? Wie viel würden wir für eine Dose eines Erfrischungsgetränks bezahlen? Wir brauchen nicht lange, um auf solche Fragen eine Antwort zu geben oder zumindest an mehrere mögliche Antworten zu denken. Nehmen wir an, wir sind bereit, für eine Getränkedose höchstens einen Dollar zu bezahlen. Das ist unser Vorbehaltspreis. Normalerweise nennen unterschiedliche Personen annähernd denselben Vorbehaltspreis, wenn es um Dinge wie Erfrischungsgetränke geht. Woran liegt das? Mögen wir alle Erfrischungsgetränke im selben Maß? Haben wir alle ein ähnliches verfügbares Einkommen? Erwägen wir alle dieselben Alternativen? Welche kognitiven Prozesse durchlaufen wir, wenn wir alle zu einem ähnlichen Urteil über den angemessenen Preis eines Erfrischungsgetränks gelangen?

Das Gesetz von Angebot und Nachfrage besagt, dass wir bei der Festlegung unseres Vorbehaltspreises nur berücksichtigen sollten, welchen Wert ein Gut oder eine Dienstleistung für uns hat und welche anderen Optionen wir haben. Aber in der Realität hat der Verkaufspreis beträchtlichen Einfluss auf den Vorbehaltspreis, den wir festlegen. Wie viel kostet das Erfrischungsgetränk normalerweise im Supermarkt? Wird es in einem Hotel oder am Flughafen angeboten? Der Verkaufspreis liegt außerhalb des Rahmens von Angebot und Nachfrage, aber wie andere Anker wirkt er sich auf den Preis aus, den zu zahlen wir bereit sind. Es wird eine zyklische Beziehung: Wir sind bereit, etwa einen Dollar für das Getränk zu bezahlen, weil es normalerweise so viel kostet. Das ist der Ankereffekt. Die Welt sagt uns, dass der Preis eines Erfrischungsgetränks bei etwa einem Dollar liegt, also bezahlen wir diesen Preis. Haben wir einmal ein Erfrischungsgetränk für einen Dollar gekauft, bleibt diese Entscheidung hängen und beeinflusst von da an unsere Beurteilung des Werts dieses Getränks. Wir haben mit einem Produkt einen Geldbetrag geheiratet, mit dem wir wohl oder übel zusammenbleiben werden, bis dass der Tod oder eine gut geschüttelte Dose uns scheiden.

Erstmals beschrieben wurde der Ankereffekt von Amos Tversky und Daniel Kahneman im Jahr 1974 in einem Experiment über die Vereinten Nationen.[31] Die beiden Forscher wiesen eine Gruppe von Collegestudierenden an, ein Glücksrad zu drehen, das so manipuliert worden war, dass der Zeiger immer bei 10 oder 65 stehen blieb. Dann stellten sie den Studierenden zwei Fragen:

1. Stellen die afrikanischen Länder mehr oder weniger als 10 bzw. 65 Prozent (je nachdem, auf welcher Zahl das Glücksrad stehen geblieben war) der Mitglieder der Vereinten Nationen?

2. Wie viel Prozent der UN-Mitglieder stellen die afrikanischen Länder?

Bei den Versuchspersonen, die als erstes danach gefragt wurden, ob der Anteil der afrikanischen Länder bei mehr oder weniger als 10 Prozent liege, war die durchschnittliche Antwort auf die zweite Frage 25 Prozent. Diejenigen, die in der ersten Frage mit der Zahl 65 konfrontiert wurden, antworteten auf Frage zwei durchschnittlich, der Anteil liege bei 45 Prozent. Die Zahl, die aus dem Glücksrad für Frage eins übernommen wurde, hatte erhebliche Auswirkungen auf die Antworten, die auf die unabhängige Frage zwei gegeben wurden. Die erste Verwendung der Zahl bewegte die Versuchspersonen dazu, in Bezug auf den Anteil der afrikanischen Länder an der UN-Mitgliedschaft entweder an die Zahl 10 oder an die Zahl 65 zu denken. Waren sie einmal einer dieser beiden Zahlen ausgesetzt worden, so beeinflusste diese Zahl ihre Antwort auf die zweite Frage, die eigentlich nichts mit dieser Zahl zu tun hatte. So funktioniert der Ankereffekt.

Für jene, die gerne unbekannte und potenziell nutzlose Informationen sammeln, sei erwähnt, dass in den Siebzigerjahren 23 Prozent der UN-Mitglieder afrikanische Länder waren.

Der Ankereffekt führt uns vor Augen, dass wir dann, wenn wir den Wert von etwas nicht kennen – wie viele Dollar ist ein Haus wert, wie viele CD-Player ist ein Sonnendach wert, wie viele afrikanische Mitgliedsländer haben die Vereinten Nationen –, besonders anfällig für Suggestion sind, sei es durch beliebige Zahlen, gezielte Manipulation oder die Dummheit unserer eigenen Vorstellungen.

Wie wir in den Kapiteln über den Schmerz des Bezahlens und die Relativität gesehen haben, klammern wir uns, wenn wir im Meer der Ungewissheit treiben, an jeden Baumstamm. Ein Ankerpreis ist ein einfacher und vertrauter Ausgangspunkt.

Der für das Haus in Tucson geforderte Preis und das UN-Glücksrad lieferten Anhaltspunkte für die Wahrnehmung des Werts. Je höher der geforderte Preis, desto höher der wahrgenommene Wert, selbst wenn der Wert eigentlich auf dem Preis beruhen sollte, den wir zahlen würden. Und der Preis, den wir bezahlen würden, sollte nicht auf dem geforderten Preis, sondern auf den Opportunitätskosten beruhen.

Das Tucson-Experiment ist wichtig, weil die Immobilienmakler die Akteure waren, die am besten informiert waren und die meiste Erfahrung besaßen – es war zu erwarten, dass sie imstande sein würden, den tatsächlichen Wert des Hauses zu schätzen. Sie waren diejenigen, die dieses Meer am besten kannten. Wenn es jemanden gab, der sich bei der Beurteilung des Werts des Hauses ausschließlich am Wert orientieren konnte, so waren es diese Experten. Aber sie konnten es nicht. Nun könnte man sagen, das beweise lediglich, dass das Immobiliengeschäft eine Farce ist, und als Hauseigentümer würden wir dem zustimmen. Aber bedeutsamer ist, dass dieser Fehler, wenn er den Experten unterlaufen konnte, jedem passieren kann. Und genau so ist es.

Wir werden alle unentwegt von Ankern beeinflusst, normalerweise ohne uns dessen bewusst zu sein. Rufen wir uns in Erinnerung, dass 81 Prozent der Makler und 63 Prozent der Laien der Meinung waren, der Ankerpreis habe ihr Urteil *nicht beeinflusst*. Die Daten zeigen, dass sie in Wahrheit *erheblich* beeinflusst wurden, aber es war ihnen überhaupt nicht bewusst.

Der Ankereffekt beruht darauf, dass wir unserem eigenen Urteil vertrauen, denn wenn ein Anker einmal in unser Bewusstsein hängt und akzeptiert wurde, glauben wir instinktiv, er sei relevant und fundiert. Schließlich würden wir uns nicht selbst in die Irre führen, nicht wahr? Außerdem können wir einfach nicht im Irrtum sein, denn wir sind ja brillant. Wir geben nie bereitwillig zu, im Irrtum zu sein, weder anderen noch uns selbst gegenüber. Fragen Sie einmal jemanden, der irgendwann einmal in einer Beziehung gewesen ist: Ist es leicht, zuzugeben, dass man im Unrecht ist? Es gibt im Leben kaum etwas, was uns schwerer fallen würde.

Dass wir nicht gerne zugeben, im Irrtum zu sein, hat in diesem Fall weniger mit Arroganz als mit Faulheit zu tun (im Allgemeinen hat die Arroganz durchaus großen Einfluss auf unser Verhalten, aber in diesem spezifischen Fall ist es nicht so). Wir wollen nicht zu schwierigen Entscheidungen gezwungen sein. Wir wollen uns nicht selbst in Frage stellen, wenn es nicht unumgänglich ist – also neigen wir zur einfachen, vertrauten Entscheidung. Und diese Entscheidung hängt oft von einem Ausgangspunkt ab, der in unserem Denken verankert wurde.

## HERDENTRIEB

Wenden wir uns kurz dem HERDING und dem SELF-HERDING zu. Der Begriff des Herding beschreibt das Phänomen, dass wir uns nach der Masse richten werden; dass wir uns bei der Beantwortung der Frage, ob etwas gut oder schlecht ist, am Verhalten *anderer Leute* orientieren. Wenn andere Leute etwas mögen oder unbedingt haben, tun oder bezahlen wollen, gelangen wir rasch zu der Überzeugung, dass dieses Etwas gut ist. Wir nehmen an, dass etwas großen Wert hat, weil ihm andere *anscheinend* großen Wert beimessen. Das Herding ist im Grunde das psychologische Phänomen, auf dem Empfehlungsportale wie Yelp beruhen. Das Herding ist der Grund dafür, dass wir von Restaurants und Clubs angezogen werden, vor denen sich lange Warteschlangen bilden. Könnten diese Veranstaltungsorte die Leute nicht drinnen warten lassen? Nein, sie wollen, dass die Kundschaft draußen wartet, wo sie als attraktive Köder dienen, die jene anlocken sollen, die ihr Geld für Designer-Wodka und dröhnende Bässe ausgeben wollen.

Das Self-Herding ist die zweite, gefährlichere Auswirkung des Ankereffekts. Es funktioniert im Grunde genauso wie das Herding, nur dass wir uns bei unseren Entscheidungen nicht an denen anderer Leute orientieren, sondern auf vergleichbaren Entscheidungen, die wir selbst in der Vergangenheit gefällt haben. Wir nehmen an, etwas sei sehr wertvoll, weil *wir selbst* ihm in der Vergangenheit großen Wert beigemessen haben. Wir messen einer Sache den Wert bei, den sie »normalerweise« hat oder »immer« gehabt hat, weil wir unserem eigenen Verhalten vertrauen. Wir erinnern uns daran, dass wir eine bestimmte Wertentscheidung wieder und wieder gefällt haben, und nehmen an, es sei eine gute Entscheidung gewesen, ohne sie immer von Neuem zu beurteilen. Schließlich fällen wir stets brillante Entscheidungen. Wenn wir uns in der Vergangenheit so entschieden haben, muss dies also die beste, am gründlichsten durchdachte Entscheidung sein. Liegt das nicht auf der Hand? Haben wir einmal 4 Dollar für einen Café Latte oder 50 Dollar für einen Ölwechsel bezahlt, so steigt die Wahrscheinlichkeit, dass wir es auch in Zukunft tun werden. Wir haben uns schon zuvor so entschieden, wir erinnern uns daran, und wir bevorzugen unsere eigenen Entscheidungen – selbst wenn das bedeutet, dass wir mehr für etwas bezahlen als nötig wäre. Selbst wenn es einen Ort gibt, an dem wir einen kostenlosen Kaffee bekommen, während wir auf einen Ölwechsel warten, der 25 Dollar kostet.

Die Verankerung beginnt mit einer einzelnen Entscheidung, verwandelt sich dann jedoch durch Self-Herding in ein größeres Problem. Wir geraten in einen endlosen Kreislauf von Selbsttäuschung, Fehlschlüssen und falschen Urteilen. Wir kaufen einen Gegenstand zu einem bestimmten Preis, weil ein Preis – ein Anker – vorgegeben wird. Dieser Kaufpreis wird dann zum Beweis dafür, dass unsere Entscheidung klug war. Und das ist der Ausgangspunkt für unsere zukünftigen Käufe ähnlicher Gegenstände.

Ein weiterer wertmanipulierender Hinweis, der als enger Verwandter des Ankereffekts und des Self-Herding zu betrachten ist, ist der BESTÄTIGUNGSFEHLER. Zu einem Bestätigungsfehler kommt es, wenn wir eine neue Information so interpretieren, dass sie unseren Bedürfnissen und Erwartungen entspricht. Bestätigungsfehler kommen auch ins Spiel, wenn wir neue Entscheidungen so ausrichten, dass sie unsere früheren Entscheidungen bestätigen. Wenn wir in der Vergangenheit eine bestimmte finanzielle Entscheidung gefällt haben, neigen wir zu der Annahme, dies sei die beste mögliche Entscheidung gewesen. Wir suchen nach Daten, die unsere Meinung bestätigen, und wenn wir solche Daten finden, sind wir noch fester von der Qualität unserer Entscheidung überzeugt. So werden unsere früheren Entscheidungen verfestigt, und in der Gegenwart und Zukunft bleiben wir einfach auf dem eingefahrenen Weg.

Um die Auswirkungen des Bestätigungsfehlers zu verstehen, müssen wir uns nur ansehen, wie wir uns über die Welt informieren. Wir alle suchen uns die Medien aus, von denen wir unsere politische Information beziehen wollen, und blenden jene Nachrichten aus, die unseren Überzeugungen widersprechen. Wir konzentrieren uns auf Informationen, die unsere vorgefassten Meinungen bestätigen. Das ist nicht gut für uns als Bürger oder als Gesellschaft, selbst wenn es uns individuell eine angenehmere Erfahrung beschert.

Es ist durchaus sinnvoll, auf die Richtigkeit unserer früheren Entscheidungen zu vertrauen: Wir wollen uns nicht ständig mit Selbstzweifeln quälen, und einige unserer vergangenen Entscheidungen dürften tatsächlich gut durchdacht sein und mit Recht als Bezugspunkte dienen. Gleichzeitig setzen wir unser vergangenes Ich – jenes Ich, das erstmals einen Wert beurteilte, sei es, dass es um die bewusste Entscheidung für einen Kaffee für 4 Dollar oder um die unbewusste Wahl ging, über den Kauf eines 149 900 Dollar teuren Hauses nachzudenken – unter erheblichen Druck, indem wir uns auf unsere historischen Entscheidungen stützen. Es heißt, man hätte nur eine Chance, einen guten ersten Eindruck zu machen. Möglicherweise gilt für unsere finanziellen Entscheidungen dasselbe wie für unsere Beziehungen.

Der Ankereffekt wirkt sich nicht nur bei der Preisgestaltung auf dem Immobilienmarkt aus, sondern beeinflusst so unterschiedliche finanzielle Entscheidungen wie Gehaltsverhandlungen (das erste Angebot hat erhebliche Auswirkungen auf das Verhandlungsergebnis), Aktienkurse, Auszeichnungen und unsere Neigung, mehr von einem Produkt zu kaufen, wenn wir ein Schild sehen, auf dem steht: »Beim Kauf von 12 Stück 1 Stück gratis.«[32]

Es gibt unzählige weitere Beispiele für den Ankereffekt. Werden wir mehr oder weniger als hundert Beispiele beschreiben? Wie viele Beispiele erwarten Sie? Aber gut, wir wollen Sie nicht auf den Arm nehmen.

- Kommen wir zum Autokauf zurück. Kaum jemand bezahlt den vom Hersteller empfohlenen Preis, aber es hat einen Grund, dass dieser unübersehbar zur Schau gestellt wird: Es liegt am Ankereffekt.

- Stellen wir uns vor, wir schlendern im Einkaufszentrum an einem Schuhgeschäft vorbei. Im Schaufenster fällt uns ein Paar glitzernder Pumps auf. Oder besser, uns fällt das atemberaubende Preisschild auf: $2500. Zweitausendfünfhundert Dollar für ein Paar Schuhe? Wir denken ein paar Sekunden darüber nach, aber wir können das einfach nicht glauben. Trotzdem betreten wir den Laden und nehmen einen Schuh aus dem Regal: Er kostet 500 Dollar und gefällt uns sehr, sehr gut – aber wir wissen, dass wir diese Schuhe wirklich nicht kaufen sollten. Mag sein, aber im Land der 2500-Dollar-Pumps ist der 500-Dollar-Schuh der König.

- Sie interessieren sich eher für Essen als für Schuhe? Stellen wir uns vor, wir sitzen in einem schicken Restaurant und studieren die appetitlich gestaltete Speisekarte. Was sehen wir als erstes? Den exquisiten Hummer und das auf der Weide gezüchtete, handmassierte Kobe-Rind in Trüffelkruste für 125 Dollar. Das ist nicht, was wir wollen – oder bekommen –, aber es dient als Anker für unsere Beurteilung des Werts anderer Speisen und sorgt dafür, dass alles andere auf der Karte vergleichsweise preiswert wirkt.*

---

* Fachleute wie der Restaurantberater Gregg Rapp erklären, dass die teuerste Speise auf der Karte tatsächlich die Einnahmen erhöht, indem sie die Gäste dazu bewegt, die Speise mit dem *zweit*höchsten Preis auszuwählen. Hier haben wir es mit Lockpreisen zu tun, die sich auf den Ankereffekt und die Relativität stützen.

- Die Managergehälter in amerikanischen Unternehmen sind in den letzten Jahren dramatisch gestiegen, was zum Teil auf den Ankereffekt zurückzuführen ist. Hat erst einmal ein Geschäftsführer die Gehaltsgrenze von 1 Million oder 2 Millionen oder 35 Millionen Dollar gesprengt, so treibt diese Zahl die Erwartungen und die Schätzungen bezüglich des Werts von Spitzenmanagern in die Höhe – zumindest in den Augen anderer Manager. Sie nennen diese Art der Gehaltsverankerung »Benchmarking«, denn das klingt besser als »Die Leute über den Tisch ziehen, weil man damit durchkommt«.

- Erinnern Sie sich noch an Salvador Assaels schwarze Perlen im Kapitel über die Relativität? Diese Perlen wurden zwischen Diamanten und anderen Edelsteinen platziert, um sie wertvoll erscheinen zu lassen. Diese Platzierung diente dazu, den Wert der Perlen, mit dem wahrgenommenen Wert von Diamanten und seltenen Juwelen, der dank der Bemühungen der Familie De Beers ziemlich hoch war, zu verknüpfen und im Bewusstsein der Konsumenten zu verankern.

Diese sowie zahllose andere Beispiele zeigen uns, dass es eine Vielzahl von Möglichkeiten gibt, um unsere Wahrnehmung des Werts von Dingen durch Verankerung zu beeinflussen.

## OHNE ANKER

Der Ankereffekt kann auch genutzt werden, um Preise niedrig zu halten. Dass wir Geld sparen, bedeutet nicht unbedingt, dass wir den Wert von Dingen richtig beurteilen.

Erinnern wir uns an die kostenlosen Apps, mit denen wir uns an anderer Stelle befasst haben. Applikationen passen sehr gut in einige Preiskategorien, und sind diese Preise erst einmal festgelegt, beurteilen die Konsumenten den Nutzen einer App nicht zwangsläufig in Relation zu dem Nutzen, den sie hätten erzielen können, wenn sie denselben Betrag für etwas anderes ausgegeben hätten. Stattdessen konzentrieren sie sich auf den Preis der App im Verhältnis zum ursprünglichen Ankerpreis.

Nehmen wir beispielsweise einmal an, wir nutzen eine neue App für 13,50 Dollar ein ganzes Jahr lang zweimal wöchentlich jeweils eine Viertelstunde. Ist das nun ein niedriger oder ein hoher Preis? Es fällt uns sehr schwer, uns die absolute Menge an Genuss und Nutzen vorzustellen, die uns eine solche Erfahrung verglichen mit anderen Verwendungsmöglichkeiten unseres Geldes verschaffen kann. Stattdessen vergleichen wir die Kosten dieser App mit den Kosten anderer Apps. Das führt nun dazu, dass wir zu dem Schluss gelangen, die neue Applikation sei das Geld nicht wert. Aber einen Augenblick bitte: Diese App würde uns allerdings 27 Stunden Spaß ermöglichen. Das ist genauso viel Zeit, wie wir brauchen würden, um uns 18 Filme anzusehen, die uns bei iTunes rund 70 Dollar und im Kino noch sehr viel mehr kosten würden. Oder in dieser Zeit könnten wir auch 54 halbstündige Episoden einer Fernsehserie sehen, deren Streaming uns bei einem Preis von 99 Cent pro Episode 53,46 Dollar kosten würde. Wenn wir es so betrachten, scheinen 13,50 Dollar für 27 Stunden Spaß kein ganz so schlechtes Geschäft zu sein. Das Problem ist allerdings, dass wir weder diesen Vergleich noch irgendeinen anderen anstellen. Stattdessen vergleichen wir diese App ausschließlich mit anderen Apps einzig und allein aufgrund des Preises – und dieser Preis ist bei null verankert. Die Konsequenz ist, dass wir unser Geld auf eine Art und Weise ausgeben, die unseren Genuss überhaupt nicht maximiert und möglicherweise auch finanziell vollkommen sinnlos ist.

## IGNORANZ IST EIN SEGEN

Je weniger wir über etwas wissen, desto größer unsere Abhängigkeit von Ankern. Rufen wir uns noch einmal das Immobilienbeispiel aus Tucson in Erinnerung: Immobilienmakler und Laien wurden mit Ankerpreisen konfrontiert und anschließend aufgefordert, den Wert des Hauses zu schätzen. Die Immobilienexperten, von denen eine größere Kenntnis der Hauspreise erwartet wurde als von Laien, wurden von den Ankerpreisen weniger beeinflusst als die Nichtexperten. Wir können auch annehmen, dass eine Gruppe, der man nicht einmal Vergleichspreise und andere relevante Informationen gegeben hätte, aufgrund ihres noch geringeren Wissens noch stärker von den Ankerpreisen beeinflusst worden wäre.

Dieses Ergebnis – die Verankerung hat geringere Wirkung, wenn wir nicht ahnungslos sind, sondern eine grobe Vorstellung vom Wert haben – sollten wir unbedingt im Hinterkopf behalten. Wenn wir von einem bestimmten Wert- und Preisrahmen ausgehen, fällt es anderen Akteuren schwerer, Anker einzusetzen, um unser Urteil zu beeinflussen.

William Poundstone erzählt die Geschichte des Verkaufs von Andy Warhols Haus in Montauk (Long Island) nach dem Tod des Künstlers. Wie sollte man in Anbetracht der scheinbar willkürlichen Preise für Kunst den Preis eines Hauses bestimmen, das (irgendwann) von einem berühmten Künstler bewohnt wurde? Woran sollte der Wert festgemacht werden? An seiner Präsenz, seiner Aura, seinen 15 Minuten Ruhm? Das Haus wurde für den absurden Preis von 50 Millionen Dollar zum Verkauf angeboten.[33] Schließlich wurde der Preis auf 40 Millionen herabgesetzt. Nun stellt sich die Frage: Wenn der Preis um 10 Millionen Dollar gesenkt werden konnte, warum wurde dann überhaupt erst so viel Geld dafür verlangt? Die Antwort: Der Ankereffekt. Die 50 Millionen Dollar standen als Ankerpreis im Raum, und bald fand sich jemand, der tatsächlich 27,5 Millionen Dollar für das Haus bezahlte. Das war nur etwas mehr als die Hälfte des ursprünglich geforderten Preises, aber wie gesagt, der Angebotspreis war: 50. Millionen. Dollar. Wäre das Haus ursprünglich für 9 Millionen Dollar auf den Markt gekommen – was immer noch sehr viel Geld ist, aber den Marktpreisen für große Anwesen in der Gegend jedoch näher kommt –, so wäre sein Preis kaum auf das Dreifache *gestiegen*. Die gewaltige Preisforderung erhöhte den *wahrgenommenen* Wert des Hauses. Man könnte es als passenden posthumen Kommentar des großen Malers von Tomatensuppendosen zur Konsumkultur betrachten.

Wenn wir auf Produkte oder Dienstleistungen stoßen, deren Wert wir kaum einordnen können, ist der Ankereffekt sehr stark. Noch stärker ist er, wenn man uns neue Produkte vorstellt, die vollkommen anders sind als alles, was wir kennen. Stellen wir uns vor, es gibt keinen Markt, keine vergleichbaren Angebote, keine Maßstäbe, keinen Kontext für ein Produkt oder eine Dienstleistung. Wir haben es mit etwas zu tun, das aus dem Weltall kommen könnte ...

Als Steve Jobs das iPad auf den Markt brachte, hatte noch nie jemand so ein Ding gesehen. Jobs setzte den Preis mit 999 Dollar an und erklärte, alle Experten seien sich darin einig, dieses Produkt solle 999 Dollar kosten. Er sprach noch eine Weile länger und hielt den Preis auf diesem Niveau, um schließlich zu verkünden, dass ein iPad ... 499 Dollar kosten werde! Wahnsinn! Was für ein großer Wert! Köpfe explodieren! Kinder weinen vor Freude! Elektronisches Pandämonium!

Dan machte einmal ein Experiment, in dem die Versuchspersonen angeben sollten, wie viel sie dafür verlangen würden, sich das Gesicht blau anzumalen, die Nase in drei Paar Schuhe zu stecken, eine Maus zu töten, eine Viertelstunde an einer Straßenecke zu singen, drei Paar Schuhe zu putzen, fünfzig Zeitungen auszutragen und einen Hund eine Stunde lang auszuführen.

Tätigkeiten wie an Schuhen schnuppern und einen Mord an einer Maus, für die es keinen Markt gibt, berücksichtigte er, damit die Versuchspersonen bei der Preissetzung nicht auf vertraute Techniken zurückgreifen konnten. Der Preis für das Schuheputzen, Zeitungsaustragen und Hundeausführen war nicht schwer zu bestimmen – er lag im Bereich des Mindestlohns. Wenn die Versuchspersonen angaben, wie viel sie für die Tätigkeiten mit Ankerpreis verlangen würden, war dieser Preis zumeist nicht weit vom Mindestlohn entfernt. Aber für die ersten vier Tätigkeiten – ein Gesicht anmalen, Schuhe schnuppern, eine Maus töten und auf der Straße singen – gab es keinen Ankerpreis. Die Folge war eine breite Streuung der Antworten. Einige Versuchspersonen waren bereit, diese Dinge praktisch gratis zu tun, andere wollten mehrere Tausend Dollar dafür.

Warum? Wenn es darum geht, an Schuhen zu schnuppern, kennen wir den Marktpreis nicht. Also müssen wir von unseren eigenen Präferenzen ausgehen. Diese sind von Person zu Person sehr unterschiedlich und oft schwer zu bestimmen. Wir müssen in uns gehen, überlegen, was uns gefällt und nicht gefällt, was wir für etwas ausgeben würden, wie viel Spaß wir daran hätten, was wir dafür aufgeben würden (die Opportunitätskosten) und vieles mehr. Das kann eine Herausforderung sein, aber wenn wir sie annehmen müssen, finden wir am Ende einen Preis. Einen Preis, der bei unterschiedlichen Personen sehr unterschiedlich ist.

Wenn es für etwas – sagen wir für einen Toaster – einen Marktpreis gibt, beschäftigen wir uns nicht mit unseren Präferenzen. In diesem Fall ist das nicht nötig. Wir akzeptieren den Marktpreis als Ausgangspunkt. Vielleicht denken wir über die Opportunitätskosten und über unser Budget nach, aber wir gehen nicht von unserem eigenen, sondern vom Marktpreis aus und gelangen zu einem akzeptablen Preis, der nicht allzu weit vom Ausgangspreis entfernt ist.

Betrachten wir es unter einem anderen Gesichtspunkt und versuchen wir, den Genuss eines erholsamen Schlafs in Dollar auszudrücken. Jeder von uns wird abhängig davon, wie leicht er einschläft und wie gerne er schläft, eine andere Antwort geben. Wie viel Geld ist diese Erfahrung wert? Schwer zu sagen. Aber wie sieht es aus, wenn wir den Wert des Genusses bestimmen sollen, den wir beim Verzehr eines Schokoladenriegels oder eines Milchshakes empfinden? Wahrscheinlich wissen wir augenblicklich, was uns dieser Genuss wert ist – aber das liegt nicht daran, dass wir in Sekundenbruchteilen den Genuss berechnet haben, den wir von dieser Erfahrung erwarten, sondern weil wir vom Marktpreis ausgehen und sehr nah bei diesem Preis landen. Es ist schwer zu bestimmen, wie viel Geld man uns geben müsste, damit wir jemandem erlauben, uns dreißig Sekunden lang auf den Fuß zu treten, aber gäbe es einen Markt für das Sich-auf-den-Fuß-treten-lassen, so würde es uns vermutlich sehr viel leichter fallen, einen Preis für diese Erfahrung zu nennen. Das liegt nicht daran, dass es leichter wäre, unser Vergnügen einzuschätzen, sondern daran, dass wir eine andere Strategie (Verankerung) verfolgen können, um eine Antwort zu finden. Nicht unbedingt die richtige Antwort, aber zumindest eine Antwort. Wenn diese Informationen sonst keinen Nutzen haben, so hoffen wir zumindest, dass sie einige von Ihnen dazu inspirieren wird, in den aufregenden Gebieten des Füßetretens und Schuheschnupperns unternehmerisch tätig zu werden.

## WILLKÜRLICHE KOHÄRENZ

Wie Sie wahrscheinlich bemerkt haben, kann der Ankereffekt sowohl vom ersten Preis, den wir sehen (zum Beispiel vom empfohlenen Herstellerpreis), als auch von den Preisen ausgehen, die wir in der Vergangenheit für ein Produkt bezahlt haben. Der vom

Hersteller empfohlene Preis ist ein Beispiel für einen *externen* Anker – so behauptet der Autohersteller, das Auto, nach dem wir uns sehnen, koste 35 000 Dollar. Der Preis eines Erfrischungsgetränks ist ein *interner* Anker, der auf unserer eigenen Erfahrung mit dem Kauf von Coke, Diet Coke oder New Double Diet New Caffeine Free Cherry Coke Zero beruht. Die Wirkung dieser beiden Arten von Ankerpreisen auf unsere Entscheidungen ist im Grunde die gleiche.[34] Tatsächlich spielt es kaum eine Rolle, wo der Anker herkommt. Wenn wir darüber nachdenken, etwas zu diesem Preis zu kaufen, ist der Anker ausgeworfen. Die Zahl kann sogar vollkommen beliebig sein.

Unsere bevorzugten Experimente zum Ankereffekt wurden von Drazen Prelec, George Loewenstein und Dan durchgeführt. In einem dieser Experimente fragten sie eine Gruppe von MIT-Studierenden, wie viel sie für bestimmte Produkte bezahlen würden. Unter den Produkten waren eine Computermaus, eine schnurlose Tastatur, Schokoladespezialitäten und exquisite Weine. Bevor die Versuchspersonen gefragt wurden, welcher Preis ihnen angemessen schien, wurden sie aufgefordert, die beiden letzten Ziffern ihrer Sozialversicherungsnummer aufzuschreiben und anzugeben, ob sie die verschiedenen Artikel zu dem Preis kaufen würden, der sich aus diesen beiden beliebigen Zahlen ergab. Waren die beiden letzten Ziffern der Sozialversicherungsnummer beispielsweise 5 und 4, so sollten die Studierenden erklären, ob sie bereit wären, die Tastatur für 54 Dollar zu kaufen, den Wein für 54 Dollar und so weiter. Anschließend wurden sie gebeten, den Betrag zu nennen, den sie *tatsächlich* für jeden der Artikel bezahlen würden.

Das faszinierende Ergebnis: Der Betrag, den die Studierenden für die Artikel zu zahlen bereit waren, stand in Beziehung zu den letzten zwei Ziffern ihrer Sozialversicherungsnummer. Je höher die Zahl, desto mehr wollten sie für einen Artikel ausgeben, je niedriger, desto weniger wollten sie dafür bezahlen. Natürlich hatte die Sozialversicherungsnummer überhaupt nichts mit dem tatsächlichen Wert der Artikel zu tun, aber diese beliebigen Ziffern beeinflussten den Wert, den die Studierenden einem Produkt beimaßen.

Selbstverständlich fragten Drazen, George und Dan ihre Versuchspersonen, ob sie der Meinung waren, dass sich die letzten zwei Ziffern ihrer Sozialversicherungsnummer in irgendeiner Weise auf ihre Bewertung der Artikel und ihre Angebote ausgewirkt hatte. Alle Studierenden verneinten das.

Hier sehen wir den Ankereffekt am Werk. Obendrein war es eine vollkommen willkürliche Verankerung, die sich trotzdem auf die Einschätzung der Preise auswirkte. Sobald eine beliebige Zahl als Preis in unserem Bewusstsein verankert ist, dient sie jetzt und in Zukunft als Bezugspunkt für verwandte Produkte.[35] Vernünftigerweise sollte es nicht so sein, aber es ist so. Wir haben uns vor langer Zeit von der Vernunft verabschiedet.

Dieser Punkt ist wichtig und verdient wiederholt zu werden: Ein Ankerpreis kann jede beliebige Zahl sein; wichtig ist nur, dass wir sie mit einer Entscheidung verknüpfen. Diese Entscheidung bekommt Gewicht und beeinflusst unsere zukünftigen Entscheidungen. Der Ankereffekt zeigt, wie wichtig eine frühe Preisfestsetzung ist: Sie etabliert einen Wert in unserer Vorstellung und wirkt sich von da an auf unsere Berechnung des Werts aus.

Und das ist noch nicht das Ende der Geschichte! Der langfristige Einfluss von Ankerpreisen entsteht in einem Prozess, der als WILLKÜRLICHE KOHÄRENZ bezeichnet wird. Die grundlegende Idee dahinter ist: Abgesehen davon, dass der Betrag, den die Versuchsteilnehmer für einen Artikel zu bezahlen bereit waren, erheblich durch den willkürlichen Anker beeinflusst wurde, verwandelte sich dieser Preis, nachdem er einmal für eine Produktkategorie festgelegt worden war, in den Anker für andere Artikel in derselben Kategorie. Die Studierenden im zuvor beschriebenen Experiment wurden aufgefordert, Angebote für zwei Produkte innerhalb einer Kategorie zu machen – für zwei Weine und zwei

Computerperipheriegeräte (eine drahtlose Tastatur und eine Maus). Wirkte sich die Entscheidung über den angemessenen Preis des ersten Produkts in einer Kategorie – des ersten Weins oder der Tastatur – auf die Entscheidung über den Preis des zweiten Produkts in derselben Kategorie aus? Hoffentlich ist es keine Überraschung mehr für Sie, dass die erste Entscheidung tatsächlich die zweite beeinflusste. Die Versuchspersonen, die zuerst den durchschnittlichen Wein sahen, waren bereit, für den zweiten, besseren Wein mehr zu bezahlen. Jene, die zuerst den besseren Wein sahen, wollten für den zweiten Wein weniger zahlen. Dasselbe gilt für das Computerzubehör.

Das bedeutet, dass wir, wenn wir uns nach unserer ersten Entscheidung in Bezug auf eine Produktkategorie weiterbewegen, nicht länger über den ursprünglichen Anker nachdenken: Wir fällen die zweite Entscheidung in Relation zur ersten. Wenn uns die letzten zwei Ziffern unserer Sozialversicherungsnummer – sagen wir 7 und 5 – dazu bewegen, 60 Dollar für eine Flasche Wein zu bezahlen, orientieren wir uns bei der Festlegung des »angemessenen« Preises für die zweite Flasche Wein nicht mehr an den beliebigen Ziffern 7 und 5, sondern an diesen 60 Dollar für die erste Flasche. An die Stelle des Ankereffekts tritt die Relativität. Natürlich wirkt sich der Anker weiterhin aus; schließlich hat er uns dazu bewegt, statt 40 Dollar 60 Dollar für die erste Flasche Wein zu bieten. Und wenn wir zu dem Ergebnis gelangen, dass die zweite Flasche halb so viel wert ist wie die erste, bieten wir nicht 20 Dollar (die Hälfte von 40 Dollar), sondern 30 Dollar (die Hälfte von 60 Dollar) für die Flasche.

In der Realität nehmen wir zumeist relative Bewertungen vor. Wir vergleichen Fernsehgeräte mit Fernsehgeräten, Autos mit Autos und Häuser mit Häusern. Die willkürliche Kohärenz zeigt uns, dass unser Verhalten zwei Regeln gehorchen kann. Wir können zuerst den Ausgangspreis für eine Produktkategorie vollkommen willkürlich bestimmen, aber sobald eine Entscheidung über diese Kategorie gefallen ist, gehen wir von da an bei der Bewertung von Produkten in dieser Kategorie von dieser Entscheidung aus. Das scheint vernünftig, ist es aber nicht, denn wenn wir von einem irrelevanten Ankerpreis ausgehen, entspricht keiner der Preise, die in Relation dazu gesetzt werden, dem wahren Wert des jeweiligen Produkts.

Drazen, George und Dan haben herausgefunden, dass die willkürlichen Ausgangspunkte und das auf diesen Ankern beruhende Bewertungsmuster eine Illusion von Ordnung erzeugen. Wenn wir nicht wissen, was etwas kostet oder wenn wir in einer Sache unsicher sind, werden wir uns an jeden Strohhalm klammern. Apps, iPads, schaumlose Soja-Lattes, übelriechende Schuhe – dies sind oder waren zuvor keine Güter mit feststehenden Preisen. Wird ein Preis vorgeschlagen und überzeugen wir uns selbst, dass er vernünftig ist, so setzt er sich in unserer Vorstellung fest und wird verankert, sodass er von diesem Zeitpunkt an unsere Bewertung ähnlicher Güter beeinflusst.

Die anfänglichen Anker zählen in mehrerlei Hinsicht zu den wichtigsten Preisindikatoren in unserem finanziellen Leben. Sie legen einen Bezugspunkt für die Realität fest, etwas, das wir lange Zeit als real und vernünftig betrachten. Die meisten Zauberer, Marketingexperten und Politiker wären sehr glücklich über einen Trick, der so einfach und wirksam wäre wie der Anker der Sozialversicherungsnummer. Dem Rest von uns wird angesichts all dieser Zahlen und Relativitäten und Preise eines klar: Wir könnten alle einen Schluck guten oder relativ weniger guten Wein vertragen.

## ANKER HOCH

Als Teenager glauben wir oft, unbesiegbar zu sein. Wir sind Superhelden. Wenn wir älter werden, wird uns klar, dass wir

Grenzen haben. Wir machen Fehler. Wir sind keine Superhelden, sondern einfach Menschen, die rote Strumpfhosen tragen. Wir werden uns unserer körperlichen Grenzen und der Tatsache, bewusst, wie verrückt unsere schlechten Entscheidungen waren. Aber solche Erkenntnisse – die demütigend sein können, aber uns zumindest klüger machen – gewinnen wir nur aus bewussten Entscheidungen. Wir beginnen nie an Entscheidungen zu zweifeln, die wir unbewusst fällen, die wir nicht beachten, die wir vergessen haben oder auf denen wir seit Langem gedankenlos unser Leben aufbauen.

Im Grunde wissen wir nicht, was uns eine bestimmte Sache wert ist. Das sollte mittlerweile klar sein. Dass wir uns so leicht und unbewusst von einem Preis beeinflussen lassen, der uns vorgesetzt wird – von einem Anker –, sollte uns klar machen, wie schwierig es ist, den Wert von etwas zu beurteilen. Weil es so schwierig ist, sehen wir uns nach Hilfe um, und oft ziehen wir uns selbst zurate, egal wie klug oder unklug unsere früheren Entscheidungen waren. Wir stehen auf den Schultern von Riesen ... selbst wenn diese Riesen lediglich die gewaltigen Fehler sind, die wir begangen haben.

Die meisten Begleitdokumente von Investments beinhalten einen Haftungsausschluss: »Die vergangenen Resultate sind keine Garantie für entsprechende zukünftige Resultate.« In Anbetracht der Tatsache, dass der Ankereffekt unsere Fähigkeit zu Bewertung von Produkten erheblich einschränkt und dass dieser Effekt im Wesentlichen auf unseren früheren Entscheidungen beruht, sollten wir einen ähnlichen Haftungsausschluss auf unser eigenes Leben anwenden: Unsere vergangenen Entscheidungen sind keine Garantie für gute Ergebnisse in der Zukunft.

Um die Lehre anders zu formulieren: *Glauben Sie nicht alles, was Sie denken.*

# 8
# WIR ÜBERSCHÄTZEN DEN WERT DESSEN, WAS WIR HABEN

Tom und Rachel Bradley sind ein fiktives Ehepaar, das in Midsized City lebt. Sie haben drei Kinder, zwei Autos und einen Hund. Ihre Diät besteht aus geistreichen Bemerkungen, Sitcoms und zuckerhaltigen Getränken. Rachel verdient sich ihr Geld als freiberufliche Werbetexterin, Tom ist Kundenmanager bei Dingsda & Co, dem führenden Hersteller, Vertreiber und Vermarkter von hochwertigen Dingsdas. In seiner Tätigkeit muss er erklären, dass ein Dingsda einfach ein Begriff ist, den die Ökonomen als Platzhalter für ein generisches Gut verwenden. »Wissen Sie«, erklärt Tom etwa fünfmal am Tag im Gespräch mit einem Klienten, »Dingsdas sind unverzichtbar für Ihr Geschäft. Sie sind kompatibel mit Ihrer Organisation, und sie sind der einzige funktionierende Wachstumsmotor. Sie müssen nicht verstehen, was ein Dingsda tut, Sie müssen nur rasch mehr davon bestellen!« Er macht den Job seit 15 Jahren.

(Wenn Sie es genau wissen wollen: Wir haben Rachel nach Jeffs großer Liebe in der High School benannt, und Tom ist nach seiner großen Liebe in mittleren Jahren benannt, dem Quarterback der New England Patriots.)

Zwei Kinder von Tom und Rachel, die Zwillinge Robert und Roberta, besuchen die Universität, weshalb sich das Ehepaar nach einem kleineren Haus umsieht. Die Bradleys wollen in der Gegend bleiben, denn ihr drittes Kind Emily ist gerade erst in die High School gekommen und hat im Ort sehr viele enge Freundinnen (und einige nicht ganz so enge Freindinnen). Aber vier Schlafzimmer brauchen die Bradleys nicht mehr, und sie könnten das zusätzliche Geld gut gebrauchen.

Zunächst versuchen sie, ihr Haus selbst an den Mann zu bringen, um sich die Maklerprovision zu sparen. Sie verlangen 1,3 Millionen Dollar.* Doch abgesehen davon, dass sie kein einziges Angebot bekommen, geht ihnen der Verkauf bald auf die Nerven. Bei Besichtigungen stören sich potenzielle Käufer an kleinen Mängeln wie abgeplatzter Farbe, einem rostigen Boiler oder »sonderbaren« Einrichtungsgegenständen. Tom und Rachel sprechen über all die wunderbaren Dinge, die ihre Kinder in der Küche und im Wohnzimmer anstellten, erzählen von einer lustigen Rauferei mit dem Hund, verweisen auf all ihre Renovierungsarbeiten und darauf, dass sie durch die Auslegung der Räume den Platz optimal genutzt haben. Niemand scheint beeindruckt. Niemand scheint zu sehen, wie großartig das Haus ist und was für ein günstiges Angebot es ist.

Schließlich ringen sich die Bradleys dazu durch, eine Immobilienmaklerin namens Heather Buttonedup zurate zu ziehen. Heather schlägt ihnen vor, das Haus für 1,1 Millionen Dollar anzubieten. Sie sind nicht einverstanden. Sie erinnern sich daran, dass Freunde vor drei Jahren ein ähnliches Haus in der Nachbarschaft für 1,4 Millionen verkauft haben. Die Bradleys erhielten damals ebenfalls zwei Angebote für ihr Haus, eins von 1,3 Millionen und eins von 1,5 Millionen. Und das ist drei Jahre her. Heute muss ihr Haus mindestens genauso viel, wenn nicht

---

* Der Immobilienmarkt des heutigen Midsized City unterscheidet sich sehr von dem Tucsons im Jahr 1987.

mehr wert sein, vor allem, wenn man die Inflation berücksichtigt.

»Aber das war während des Immobilienbooms«, erklärt die Maklerin.

»Und seitdem sind drei Jahre vergangen, sodass der Wert mit Sicherheit gestiegen ist«, hält Rachel ihr entgegen. »Und unser Haus ist sehr viel schöner als ihres.«

»Vielleicht für Sie«, sagt Rachel, »aber sehen Sie sich einmal an, wie viel Renovierungsarbeiten nötig sind. Die Leute wollen heute keine offene Wohnküche. Der Käufer wird einige aufwändige Änderungen vornehmen müssen.«

»Was?!«, wirft Tom ein. »Wissen Sie, wie viel Zeit, Mühe und Geld wir in die Renovierung investiert haben? Es ist ein tolles Haus.«

»Ich bin sicher, dass es für sie toll ist, aber – was ist das da?«

»Ein Fahrradträger.«

»Über dem Küchentisch?«

»Er macht jedes Essen zu einem besonderen Erlebnis.«

Die Maklerin rollt mit den Augen. »Es ist natürlich Ihre Entscheidung, aber mein Rat ist: Wenn sie dieses Haus verkaufen wollen, sollten sie es für 1,1 Millionen anbieten und froh sein, wenn sie es zu diesem Preis loswerden.«

Die Bradleys haben das Haus vor vierzehn Jahren für 400 000 Dollar gekauft, sodass sie in jedem Fall viel Geld damit verdienen werden. Trotzdem wundern sie sich darüber, wie verrückt Heather und die potenziellen Käufer sein müssen, um nicht zu erkennen, was dies für ein besonderes Haus ist.

Nach langer Überlegung entschließen sich die Bradleys, ihr Haus über Buttonedup für 1,15 Millionen Dollar anzubieten. Sie erhalten ein Angebot über 1,09 Millionen. Die Maklerin ist begeistert und will das Angebot sofort annehmen. Aber die Bradleys wollen noch abwarten. Nach einer Woche erhöht Heather den Druck. »Seien wir realistisch. Im besten Fall lassen Sie den

Käufer zappeln und bekommen 15 000 oder 20 000 Dollar mehr. Das lohnt sich nicht. Verkaufen Sie jetzt und ziehen Sie um.« Schließlich verkaufen sie für 1 085 000 Dollar. Davon gehen 65 000 Dollar an die Maklerin.

In der Zwischenzeit suchen die Bradleys ein neues Haus. Keines der Häuser, die sie besichtigen, gefällt ihnen. In all diesen Häusern wurden sonderbare, völlig sinnlose Umbauten vorgenommen, und überall hängen Kinderbilder. Und dann diese Preise: Tom und Rachel können kaum glauben, was für Illusionen manche dieser Leute haben; sie verlangen sehr viel mehr, als ihre Häuser wert sind. »Glauben die, es ist noch immer wie vor drei Jahren, als der Markt überhitzte?« »Verrückt.« »Die Zeiten haben sich geändert. Der Preis sollte sich ebenfalls ändern.«

Schließlich finden sie ein nettes Haus. Der Besitzer will 650 000 Dollar, sie bieten 635 000 Dollar. Der Besitzer wartet auf ein besseres Angebot. Die Maklerin sagt ihnen, sie sollten sich besser beeilen und sich rasch entscheiden, da weitere Interessenten aufgetaucht seien. Sie glauben ihr nicht. Am Ende kaufen sie es für 640 000 und sind sehr zufrieden.

## WAS GEHT HIER VOR?

Die Geschichte der Immobilienabenteuer der Bradleys mag erfunden sein, aber sie beruht auf zahlreichen wahren Begebenheiten. Vor allem zeigt sie, wie wir die Dinge überbewerten, die wir besitzen.

Auf einem idealen Markt mit vollkommen rationalen Akteuren sollten Verkäufer und Käufer einem Gut denselben Wert beimessen. Dieser Wert wird vom Nutzen des Guts und von den Opportunitätskosten bestimmt. Doch bei den meisten Transaktionen in der realen Welt schätzt der Besitzer eines Guts dessen Wert höher ein als der potenzielle Käufer. Die Bradleys halten ihr

Haus für wertvoller als es ist, weil sie es seit einer Weile besitzen und all diese »wunderbaren« Verbesserungen vorgenommen haben – wodurch es noch mehr zu »ihrem Haus« geworden ist. Wenn wir in etwas investieren, wird das Gefühl der Eigentümerschaft stärker, und die Eigentümerschaft bewegt uns dazu, Dinge auf eine Art und Weise zu bewerten, die wenig mit ihrem tatsächlichen Wert zu tun hat. Der Besitz eines Gutes bewegt uns unabhängig davon, wie es in unseren Besitz gekommen ist, zur Überbewertung dieses Gutes. Warum? Es liegt am sogenannten ENDOWMENT-EFFEKT.

Dass wir etwas einfach deshalb höher bewerten, weil wir es besitzen, wurde erstmals von der Psychologin Ellen Langer von der Universität Harvard nachgewiesen; Richard Thaler erweiterte die Endowment-Theorie später. Der Endowment-Effekt entsteht dadurch, dass der gegenwärtige Eigentümer eines Gutes dieses überbewertet und daher versuchen wird, es für einen höheren Preis zu verkaufen, als ein potenzieller zukünftiger Besitzer dafür zu zahlen bereit ist.[36] Schließlich ist der potenzielle Käufer noch nicht sein Eigentümer und daher noch nicht von der Liebe zu seinem Eigentum beeinflusst. In Experimenten zum Endowment-Effekt sind die Verkaufspreise normalerweise etwa doppelt so hoch wie die Kaufpreise.

Der Preis, zu dem die Bradleys ihr Haus verkaufen wollten – das heißt der Wert, den sie ihm beimaßen –, war höher als der Preis, den potenzielle Käufer zu zahlen bereit waren. Als die Bradleys selbst in die Rolle der Käufer schlüpften, drehte sich auch das Missverhältnis zwischen den Preisen um: Als Käufer bewerteten die Bradleys die Häuser, die sie sich ansahen, niedriger als die Besitzer dieser Häuser.

Auf den ersten Blick sollte uns das nicht überraschen. Das Bestreben, ein Gut für einen möglichst hohen Preis zu verkaufen und für einen möglichst niedrigen Preis zu erwerben, ist vollkommen rational. Es ist eine grundlegende wirtschaftliche Strategie, zu versuchen, billig zu kaufen und teuer zu verkaufen. Man könnte meinen, hier handle es sich lediglich um einen einfachen Fall von »teuer verkaufen und billig kaufen«, nicht wahr? Nein, nicht unbedingt. Hier handelt es sich nicht um eine Verhandlungstaktik. Sorgfältige Experimente haben gezeigt, dass die höheren Verkaufspreise dem Wert entsprechen, den Besitzer ihrem Eigentum tatsächlich zusprechen, und dass die niedrigeren Kaufpreise dem Wert entsprechen, den potenzielle Käufer denselben Gütern tatsächlich beimessen. Wenn wir etwas besitzen, beginnen wir nicht nur zu glauben, dass es mehr wert ist, sondern wir gelangen zu der Überzeugung, dass *auch andere Leute* diesen erhöhten Wert zwangsläufig sehen und bereit sein werden, dafür zu bezahlen.

Ein Grund für diese Überbewertung ist, dass uns der Besitz einer Sache dazu bewegt, uns mehr auf ihre positiven Merkmale zu konzentrieren.

Als die Bradleys über den Verkauf ihres Hauses nachdachten, schwelgten sie in schönen Erinnerungen – an den Ort, an dem ihr Töchterchen Emily laufen lernte und die Zwillinge um die Liebe ihrer Eltern buhlten und auf dem Treppengeländer herunterrutschten. Sie erinnerten sich an Überraschungspartys und an die Augenblicke, in denen sie ihre Kinder anschrien und ihre Namen verwechselten. Ohne dass es ihnen bewusst wurde, flossen diese Erinnerungen in das Familienglück, die das Haus für sie repräsentierte, und in seinen Wert ein. Sie bemerkten einfach nicht, dass der Boiler alt war, dass die Treppenstufen knarrten, oder dass der Fahrradhalter auf den Küchentisch zu fallen drohte. Aber potenzielle Käufer bemerkten diese Mängel sehr wohl.

Die Bradleys sahen nur das Positive, die schöne Zeit, die sie in diesem Haus verbracht hatten. Die Dinge, die das Haus in ihren Augen wertvoller machten, waren persönlich, was ihnen jedoch nicht bewusst war. Daher nahmen sie an, dass Fremde, die ihre Erfahrungen nicht teilten, das Haus genauso betrachten würden. Ihre Emotionen und Erinnerungen wurden Teil der unbewussten Bewertung ihres Hauses, die natürlich nichts mit dem tatsächlichen Wert zu tun hatte, den diese Immobilie für jemanden haben konnte, der diese Erinnerungen nicht mit ihnen teilte. Wenn wir unseren Besitz bewerten, sind wir blind für die Tatsache, dass er nur uns selbst emotional bereichert.

## WIE BESITZEN WIR ES?

Das Gefühl der Eigentümerschaft nimmt viele Formen an. Zu den Faktoren, die das Gefühl der Eigentümerschaft vertiefen, gehört die Investitionsanstrengung.

Eine Bemühung gibt uns das Gefühl der Eigentümerschaft, das Gefühl, dass wir etwas geschaffen haben. Wenn wir Mühe in etwas investieren, wächst unsere Liebe zu dem Objekt, an dessen Entstehung wir beteiligt gewesen sind. Unser Beitrag muss nicht groß sein, er muss nicht einmal real sein: Der Glaube, etwas mit der Entstehung zu tun zu haben, verstärkt unsere Liebe und damit unsere Bereitschaft zu bezahlen. Je mehr Arbeit wir in etwas investieren – in ein Haus, ein Auto, eine Steppdecke, eine Wohnküche, ein Buch über Geld – desto inniger wird unsere Beziehung dazu. Unser Gefühl, es zu besitzen, wird gestärkt.

Die Geschichte von Bemühung und Eigentümerschaft endet nicht an diesem Punkt. Je schwieriger etwas zu erzeugen ist, desto stärker wird unser Gefühl, an seiner Entstehung beteiligt gewesen zu sein, und desto stärker wird unsere Liebe dazu.

Mike Norton, Daniel Mochon und Dan bezeichnen dieses Phänomen als IKEA-EFFEKT – benannt nach dem Frikadellenrestaurant/Umlautproduzenten/Kinderspielplatz, das/der nebenbei auch ein Möbelhändler ist. Halten wir uns vor Augen, was benötigt wird, um ein Ikea-Möbel ins Leben zu rufen: Wir müssen zu dem riesigen, nur selten leicht zu erreichenden Ikea-Lager fahren, uns auf dem Parkplatz zurechtfinden, eine riesige Einkaufstasche nehmen, Pfeilen folgen und dabei den tobenden Kindern anderer Leute ausweichen, Kücheneinrichtungen aus dem Raumfahrtzeitalter begutachten, unsere Partner/innen davon abhalten, Kücheneinrichtungen aus dem Raumfahrtzeitalter zu begutachten, uns lustige, unverständliche Namen einprägen, die Artikel unserer Wahl selbst im Lager suchen gehen, auf einen Wagen wuchten und zur Kasse bringen. Dann müssen wir nach Hause fahren, die Artikel ausladen, in unsere Wohnung hinauf schleppen, mehrere Stunden fluchend über amüsanten, aber vollkommen unverständlichen Montageanleitungen brüten und zu der Überzeugung gelangen, dass sie uns die falschen Werkzeuge eingepackt haben – ach nein, da ist es ja, unter meinem Bein – Autsch! – Das hier passt nicht richtig, Schätzchen, kannst du mir den Hammer bringen, ja, es funktioniert, in ein paar Minuten bin ich fertig, ich werde einfach dieses Teil hier herausreißen, macht nichts, ist ja auf der Rückseite, und endlich: Voilà! Ein Nachttischchen und eine Lampe. Und ein paar überschüssige Teile, die wir rasch vor unserer Familie verstecken.

Empfinden wir nach all der Mühe nicht ein starkes Gefühl der Verbundenheit mit dieser Schöpfung, ein Gefühl des Stolzes über eine gute Leistung? Dieses Ding ist *unseres, wir* haben es gemacht! Mit Sicherheit werden wir es nicht für ein paar Dollar hergeben.

Das ist der Ikea-Effekt.[37]

Denken wir an all die Arbeit, die die Bradleys in ihr Haus gesteckt haben. Die Wohnküche. Die Bilder. Der Fahrradhalter als Kronleuchter. All die Mühe machte das Haus zu etwas Besonderem, zu ihrer Schöpfung. In ihren Augen stieg sein Wert mit jeder kleinen Änderung und Verbesserung. Das Haus passte perfekt zu ihnen und ihren Vorlieben, weil sie es mühevoll zu etwas Besonderem gemacht hatten. Nicht nur, dass sie ihr Haus sehr liebten, sie konnten auch nicht nachvollziehen, dass sich andere Leute nicht genau wie sie in dieses Haus verliebten.

Wir können uns etwas auch willkürlich und ohne jede Bemühung »zu eigen machen«. Ziv Carmon und Dan beobachteten in einem Experiment, dass Studierende der Duke University, die bei einer Verlosung Eintrittskarten für ein Basketballspiel gewonnen hatten, einen sehr viel höheren Preis dafür verlangten als andere Studierende (die keine Karte hatten) dafür zu zahlen bereit waren. Das galt, obwohl die Karten beiden Seiten dieselbe Erfahrung mit demselben realen Wert versprach.[38] Die Studierende, die ihre Karte bei der Verlosung gewonnen hatten, hatten keinen Grund, ihr einen höheren Wert beizumessen als andere Personen, wenn man davon absieht, dass sie die Karte besaßen. In einem anderen Experiment stellte sich heraus, dass Studierende der Cornell University, die kostenlos Tassen erhalten hatten, den Preis dieser Tassen doppelt so hoch schätzten wie diejenigen, die keine solche Tasse besaßen.[39] Das lag nicht einfach daran, dass Studierende unbedingt Kaffee brauchen, wenn vor zwei Uhr nachmittags eine Aktivität von ihnen verlangt wird, sondern daran, dass jene Studierende, die zufällig in den Besitz einer Tasse gelangten, rasch ein Gefühl der Eigentümerschaft entwickelten und ihre Tasse daher überbewerteten.

Greifbare Dinge sind oft vom Endowment-Effekt betroffen: Menschen bewerten Dinge höher, wenn sie sie in Händen halten. (Das war vielleicht der Grund dafür, dass AOL in fernen Zeiten CDs mit der Aufforderung verschickte, seine Dienste in Anspruch zu nehmen.) Es ist nicht klar, warum Tassen ein derart beliebtes Versuchswerkzeug bei Sozialwissenschaftlern sind – man sollte meinen, rote Plastikbecher wären besser geeignet für bierselige Studierende –, aber Forscher der Ohio State University und der Illinois State University verwendeten sie ebenfalls, um die Bedeutung des physischen Kontakts mit einem Gut zu verdeutlichen. Sie beobachteten, dass Personen, die eine Kaffeetasse länger als

30 Sekunden in der Hand hatten, bereit waren, mehr für diese Tasse zu bezahlen als Personen, die das Gefäß weniger als zehn Sekunden lang oder überhaupt nicht in der Hand gehalten hatten.[40] Halten wir uns das vor Augen: Eine halbe Minute genügt, um ein Gefühl der Eigentümerschaft zu entwickeln, das stark genug ist, um unsere Einschätzung des Werts eines Guts zu verzerren. Beeindruckend! Vielleicht werden die Modeläden bald ihre Angestellten anweisen, die Kunden dazu zu bewegen, Kleidungsstücke mindestens dreißig Sekunden lang anzuprobieren; Autoverkäufer werden uns dazu bringen, eine halbe Minute das Steuer des Wagens festzuhalten; Krabbelkinder werden weiterhin Besitzrechte auf jedes Spielzeug anmelden, das sie in die Hände bekommen.

Sehen wir uns zum Beispiel Dienstleister an, die kostenlose oder stark verbilligte Probezeiten für die Nutzung eines Services anbieten. Eine Zeitschrift bietet uns ein dreimonatiges Probeabonnement für 1 Dollar pro Monat an, eine Telefongesellschaft bietet ein neues Smartphone an, das uns ein Jahr lang nichts kostet, und ein Kabelanbieter verlangt für ein Paket, das Fernsehen, Internet und Telefon beinhaltet, im ersten Jahr nur 99 Dollar pro Monat. Nach Ablauf der Probezeit steigen die Tarife – auf 20 Dollar monatlich bei der Zeitschrift, auf eine monatliche Zuzahlung von 30 Dollar zum Mobiltarif und als zusätzliche 70 Dollar pro Monat für Fernsehserien (Serien, die wir stattdessen auch auf unserem neuen Smartphone sehen oder über die wir in unserer Zeitschrift lesen könnten).

Wir können das Abonnement »jederzeit kündigen«, aber normalerweise tun wir das nicht. Warum? Weil wir so etwas wie ein Kabelfernsehabonnement zwar nicht »besitzen«, durch das Probeabo aber ein Gefühl der Eigentümerschaft entwickelt haben. Nachdem wir diese Dienstleistungen und Produkte gehabt und genutzt haben, betrachten wir sie als wertvoller, einfach weil wir sie genutzt haben. Daher verzichten wir nicht auf den Dienst, wenn der Preis steigt; da wir ihn jetzt haben, werden wir – möglicherweise zähneknirschend – mehr bezahlen, um ihn zu behalten.

Die Marketingexperten wissen, dass sich unsere Perspektive verschiebt, wenn wir etwas einmal besitzen, sei es ein Kabelfernsehpaket, ein Möbelstück oder eine AOL-CD. Wir werden dieses Gut höher schätzen als wenn wir es nie besessen hätten. Unternehmen, die mit Probeangeboten arbeiten, wenden das gleiche Geschäftsmodell an wie Drogenhändler: Die erste Dosis ist gratis. Dann hängen wir am Haken und kommen nicht mehr davon los. Das soll nicht heißen, dass Kabelfernsehgesellschaften wie Drogenkartelle sind; vielmehr wollen wir sagen, dass wir stattdessen die meisten Sendungen auch im Internet verfolgen könnten (und zwar mit unserer eigenen Lieblingsdroge: Bier, Wein, Zigaretten oder einem großen Becher Eiscreme).

Es gibt auch etwas, das als VIRTUELLER BESITZ bezeichnet wird: Wir können das Gefühl der Eigentümerschaft entwickeln und uns mit einem Produkt verbunden fühlen, ohne es vollkommen zu kaufen. Der virtuelle Besitz unterscheidet sich von Probeangeboten, weil wir das Produkt nie wirklich besitzen.

Nehmen wir an, wir bieten auf eBay für eine Micky-Maus-Uhr. Die Versteigerung neigt sich dem Ende zu, und wir haben das Höchstgebot abgegeben. Wir sind noch nicht im Besitz der Uhr, weil die Auktion noch nicht beendet ist. Aber wir fühlen uns schon so, als hätten wir den Zuschlag erhalten und seien der Gewinner. Wir beginnen uns vorzustellen, wie wir die Uhr verwenden – und sind wahrscheinlich ziemlich verärgert, wenn jemand in letzter Sekunde ein höheres Gebot abgibt. So funktioniert der virtuelle Besitz. Wir haben die Micky-Maus-Uhr nie besessen, aber wir fühlen uns als ihr Besitzer, und in dieser Zeit steigt in unseren Augen der Wert dieser Uhr.

Dan unterhielt sich einmal mit einem Immobilienmakler, der am Verkauf eines Luxusanwesens im Wert von Dutzenden Millionen Dollar beteiligt war. Es wurden Angebote vorgelegt, und die Verhandlungen zogen sich mehr als sechs Monate in die Länge. Zu Beginn der Verhandlungen hatten die Bieter entschieden, wie viel sie für die Immobilie zu zahlen bereit waren. Aber als sich die Verhandlungen in die Länge zogen, waren sie bereit, ihre Angebote sukzessive zu erhöhen. Das Anwesen war immer noch dasselbe, es gab keine neuen Informationen. Es war lediglich Zeit verstrichen. Was hatte sich geändert? Im Lauf der Zeit begannen die Bieter, sich als Eigentümer des Anwesens zu sehen. Sie dachten darüber nach, wie sie es nutzen würden, wie sie dort leben würden. Sie besaßen es nur in ihrer Phantasie – es gab noch keine Einigung über einen Verkaufspreis –, aber der virtuelle Besitz weckte den Wunsch in ihnen, nicht auf die Möglichkeit zu verzichten, das Anwesen tatsächlich zu besitzen. Je länger der Prozess dauerte, desto mehr verfestigte sich ihr virtueller Besitz, und das Anwesen gewann weiter an Wert für sie.

Gute Werbetexter haben eine gewisse Ähnlichkeit mit guten Zauberern: Sie geben uns das Gefühl, die Produkte ihrer Klienten bereits zu besitzen. Wir fühlen uns so, als würden wir dieses Auto bereits fahren, als wären wir bereits mit unserer Familie in diesem Urlaub oder als wären wir mit diesen Models aus der Bierwerbung auf Fotos zu sehen. Wir sind keine realen, aber virtuelle Besitzer. Die von der Werbung heraufbeschworenen Fantasien stellen eine Beziehung zwischen uns und einem Produkt her. Diese Beziehung – wir berühren das Produkt im Geist 30 Sekunden lang – erzeugt ein Gefühl der Eigentümerschaft, das, wie wir mittlerweile wissen, unsere Bereitschaft erhöht, für dieses Produkt zu bezahlen. Wie lange wird es dauern, bis die Werbebranche Technologien einsetzen wird, um Bilder von uns in die Werbung einzufügen, die uns gezeigt wird? Da liegen wir am Strand und trinken *cerveza* mit diesen beschäftigungslosen Zwanzigjährigen. Bleibt nur zu hoffen, dass auch eine virtuelle Gewichtsabnahme stattfinden oder dass der Mann mit Schwimmreifen virtuelle Anerkennung finden wird.

## ES KOMMT DARAUF AN, WIE MAN VERLIERT

Der Endowment-Effekt ist untrennbar mit der VERLUSTABNEIGUNG verbunden. Das von Daniel Kahneman und Amos Tversky eingeführte Konzept der Verlustabneigung besagt, dass wir Gewinne und Verluste unterschiedlich bewerten.[41] Verluste schmerzen uns mehr als uns entsprechende Gewinne erfreuen. Der Unterschied ist nicht gering: Einen Verlust spüren wir doppelt so stark wie einen Gewinn. Verlieren wir 10 Dollar, ist der Schmerz doppelt so groß wie die Freude über einen Gewinn von 10 Dollar. Anders ausgedrückt: Wir müssten 20 Dollar gewinnen, um die gleiche emotionale Wirkung zu erzielen wie bei einem Verlust von 10 Dollar.

Die Verlustabneigung geht Hand in Hand mit dem Endowment-Effekt. Dass wir nicht aufgeben wollen, was wir besitzen, liegt teilweise daran, dass wir es überbewerten, und dass wir unserem Besitz einen zu hohen Wert beimessen, liegt teilweise daran, dass wir ihn nicht aufgeben wollen.

Aufgrund der Verlustabneigung messen wir potenziellen Verlusten sehr viel mehr Gewicht bei als potenziellen Gewinnen. Von einem kühlen wirtschaftlichen Standpunkt aus betrachtet ergibt das keinen Sinn – wir sollten Verluste und Gewinne als gleichwertige, aber gegensätzliche finanzielle Partner betrachten. Wir sollten uns bei unseren Entscheidungen am erwarteten Nutzen orientieren, wir sollten riesige gefühllose Supercomputer sein – aber glücklicherweise sind wir eben keine nutzenmaximierenden Maschinen oder gefühllose Supercomputer. Wir sind Menschen (was natürlich der Grund dafür ist, dass uns eines Tages gefühllose Supercomputer beherrschen werden).

Die Besitzer eines Guts messen dem potenziellen Verlust dieses Besitzes sehr viel größeren Wert bei als Nichtbesitzer dem potenziellen Gewinn durch den Erwerb desselben Guts. Diese durch die Verlustabneigung vergrößerte Differenz bewegt uns dazu, alle möglichen finanziellen Fehler zu begehen.

Wir haben gesehen, wie die Verlustabneigung bei den Bradleys wirkte, als sie die steigenden und fallenden Immobilienpreise in Beziehung zueinander setzen mussten. Den Wert ihres eigenen Hauses bewerteten sie mit Blick auf den Jahre zurückliegenden Höhepunkt des Immobilienmarkts. Sie dachten an den Preis, den sie damals hätten erzielen können, und konzentrierten sich auf den Verlust in Relation zu dem Verkaufserlös, der zu jenem Zeitpunkt möglich war.

Altersvorsorge und Investments für den Ruhestand sind weitere Bereiche, in denen die Verlustabneigung und der Endowment-Effekt unsere Fähigkeit zur objektiven Betrachtung der Welt erheblich einschränken kann.

Wenn es scheint, *wir* selbst könnten nie zum Opfer der Verlustabneigung werden, sollten Sie eine spontane Antwort auf die folgenden zwei Fragen geben:

1. Könnten Sie von 80 Prozent Ihres gegenwärtigen Einkommens leben?

2. Könnten Sie auf 20 Prozent Ihres gegenwärtigen Einkommens verzichten?

Eigentlich sollten die Antworten auf die beiden Fragen dieselben sein. Die Fragen sind mathematisch, ökonomisch und in den Augen eines Supercomputers identisch. Könnten wir im Ruhestand mit 80 Prozent unseres gegenwärtigen Einkommens auskommen? Tatsache ist, dass wir die Frage 1 eher mit Ja beantworten werden als die Frage 2.[42] Woran liegt das? Der Grund ist, dass bei Frage 2 der Verlust in den Vordergrund tritt. Wie wir mittlerweile wissen, wiegen Verluste schwer, was zur Folge hat, dass wir uns bei Frage 2 auf den Schmerz des Verlustes konzentrieren. Und wie sieht es bei Frage 1 aus? Diese Frage zu bejahen ist einfach, denn sie enthält keinen Hinweis auf einen Verlust.

Sofern dies einen Nutzen hat – und potenziell ist es sehr nützlich –, sei darauf hingewiesen, dass dasselbe Einordnungsproblem auch bei Entscheidungen über die medizinische Versorgung am Lebensende auftreten kann. Gesundheitsexperten, die Familien bei der Entscheidung darüber unterstützen, ob lebenserhaltende Maßnahmen ergriffen werden sollen, haben festgestellt, dass die Antwort davon abhängt, in welchen Kontext die Entscheidung eingeordnet wird. Die Menschen neigen sehr viel eher zur Genehmigung lebenserhaltender Maßnahmen, wenn deren Auswirkungen positiv dargestellt werden – »Es besteht eine 20-prozentige Chance, dass der Patient überleben wird« – und lehnen sie eher ab, wenn dieselbe Prognose negativ formuliert wird – »Die Wahrscheinlichkeit, dass der Patient nicht überleben wird, liegt bei 80 Prozent«.[43] Wir wünschen Ihnen, dass alle ihre Dilemmas mit der Verlustabneigung weniger schwerwiegend sein werden.

Verlustabneigung und der Endowment-Effekt können auch zusammenwirken, um uns dazu zu verleiten, eine kostenlose Altersvorsorge abzulehnen. Zum Beispiel bietet unser Arbeitgeber möglicherweise an, unsere Rentenbeiträge zu ergänzen, sofern wir selbst einen bestimmten Betrag einzahlen. Wenn wir 1000 Dollar beiseitelegen, steuert das Unternehmen denselben Betrag bei, was bedeutet, dass wir 1000 Dollar gratis bekommen. Aber wenn wir nichts beiseitelegen, trägt auch das Unternehmen nichts bei. Viele Leute zahlen überhaupt nichts in einen solchen Vorsorgeplan ein, andere leisten nicht den Höchstbeitrag, den das Unternehmen zu verdoppeln bereit ist. In beiden Fällen verzichten sie auf kostenloses Geld.

Warum sollen wir so dumm sein, auf ein Geldgeschenk zu verzichten? Dafür gibt es drei Gründe.

Erstens fühlt es sich wie ein Verlust an, Geld in einen Vorsorgeplan einzuzahlen: Wir geben Geld ab, das wir ausgeben könnten. Wir verwenden unser Einkommen für viele Dinge, darunter

Lebensmittel, Barbesuche, Mitgliedschaften in Weinclubs. Wenn wir einen Teil unseres Gehalts jetzt aufgeben, haben wir das Gefühl, diese Dinge aufzugeben.

Der zweite Grund ist, dass Investitionen in Aktien die Möglichkeit von Verlusten mit sich bringen. Da haben wir sie, die Verlustabneigung (mehr dazu in Kürze).

Drittens haben wir nicht das Gefühl, etwas zu verlieren, wenn wir auf den Zuschuss unseres Arbeitgebers verzichten. Wir haben das Gefühl, auf einen Gewinn zu verzichten. Und so vernünftig es uns scheinen mag, zu dem kühlen Urteil zu gelangen, dass es zwischen einem »Verlust« und einem »nicht wahrgenommenen Gewinn« kaum einen Unterschied gibt, entspricht das nicht unserem Verhalten oder Empfinden. Sie glauben uns nicht? Lesen Sie weiter.

In einem Experiment forderte Dan seine Versuchspersonen auf, sich vorzustellen, sie verdienten ein Jahresgehalt von 60 000 Dollar und ihr Arbeitgeber sei bereit, ihre Beiträge zu einem Altersvorsorgeplan bis zu einer Schwelle von 10 Prozent ihres Gehalts mit einem entsprechenden Zuschuss aufzustocken. Den Versuchsteilnehmern wurden Ausgaben für Lebensmittel, Unterhaltung und Bildung vorgegeben. Sie mussten abwägen, wofür sie ihr Geld verwenden wollten, denn die 60 000 Dollar genügten nicht, um alle im Experiment vorgegebenen Ausgaben zu bestreiten. So ist das Leben.

Nur wenige Versuchsteilnehmer zahlten den maximal möglichen Beitrag in ihren Vorsorgeplan ein und erhielten deshalb den maximalen Zuschuss ihres Arbeitgebers. Die meisten Leute legten nur sehr wenig beiseite.

In einer geringfügig abgewandelten Version dieses Experiments erklärten Forscher einer Versuchsgruppe, ihr Arbeitgeber habe zu Beginn jedes Monats 500 Dollar in ihren Altersvorsorgeplan eingezahlt. Die Versuchspersonen konnten so viel davon behalten, wie sie wollten, allerdings nur, wenn sie selbst einen entsprechenden Betrag in den Plan einzahlten. Wenn sie ebenfalls 500 Dollar pro Monat beisteuerten, konnten sie das gesamte eingezahlte Geld behalten. Sparten sie jedoch nur 100 Dollar, so behielten sie nur 100 der von ihrem Arbeitgeber eingezahlten 500 Dollar; die übrigen 400 Dollar gingen zurück an den Arbeitgeber. Die Teilnehmer, die nicht den vollen Betrag in ihren Vorsorgeplan einzahlten, wurden jeden Monat daran erinnert, dass sie den übrigen Beitrag des Arbeitgebers verloren hatten. Die Versuchsleiter teilten ihnen mit, wie viel das Unternehmen im Voraus in den Vorsorgeplan eingezahlt hatte, wie viel sie selbst beigetragen hatten und wie viel Geld wieder an das Unternehmen zurückgeflossen war. In der Aufstellung stand beispielsweise: »Wir zahlten 500 Dollar ein und Sie trugen 100 Dollar bei, weshalb 400 Dollar an das Unternehmen zurückflossen.« Der Verlust lag auf der Hand, was die Verlustabneigung der Versuchsteilnehmer weckte, die rasch begannen, den maximalen Vorsorgebeitrag zu leisten.

Haben wir die Verlustabneigung einmal verstanden und begriffen, dass viele Dinge sowohl als Gewinn als auch als Verlust dargestellt werden können – und dass die Darstellung als Verlust größere Motivationskraft hat –, so können wir unsere Entscheidungen möglicherweise anders einordnen, um die Voraussetzungen für ein Verhalten zu schaffen, das unserem langfristigen Wohlergehen besser dient.

Apropos langfristiges Wohlergehen: Die Verlustabneigung verringert auch unsere Fähigkeit, langfristige Risiken richtig einzuschätzen. Das wirkt sich insbesondere auf die Planung von Investitionen aus. Wenn es Risiken gibt und der Betrag des investierten Geldes steigt und sinkt, fällt es uns schwer, über die möglichen unbaren Verluste hinauszublicken und uns die zukünftigen Gewinne vorzustellen. Auf lange Sicht werfen Aktien sehr viel höhere Erträge ab als Anleihen. Aber wenn wir nur die kurzfristige Entwicklung betrachten, werden wir viele kurze Phasen schmerzhafter Verluste erleben.

Nehmen wir an, die Aktienkurse steigen 55 Prozent der Zeit und fallen 45 Prozent der Zeit. In diesem Fall wird unser in Aktien angelegtes Vermögen wachsen, aber dieser Zuwachs ist nicht in wenigen Wochen, ja nicht einmal über ein einzelnes Jahr hinweg, sondern nur langfristig zu beobachten.

Das Problem ist, dass wir die Phasen von Gewinnen und Verlusten sehr unterschiedlich erleben. In den Phasen steigender Kurse freuen wir uns ein bisschen, aber in den Phasen fallender Kurse fühlen wir uns wirklich elend. (Wie wir bereits gesehen haben, sind wir während eines Abschwungs, sofern man das Glück messen kann, etwa doppelt so unglücklich wie wir während eines identisch starken Aufschwungs glücklich sind.) Da wir einen Abschwung deutlicher spüren als einen Aufschwung, haben wir nicht das Gefühl, dass die Kurse insgesamt in 55 Prozent der Zeit steigen, sondern dass sie in 90 Prozent (45 Prozent × 2) der Zeit fallen.

Aufgrund der Verlustabneigung leiden wir, wenn wir Investitionen in Aktien kurzfristig betrachten. Könnten wir den Aktienmarkt hingegen nur langfristig betrachten, so würden wir uns sehr viel besser dabei fühlen, mehr Risiken einzugehen. Tatsächlich haben Shlomo Benartzi und Richard Thaler herausgefunden, dass Angestellte bereit sind, einen größeren Teil ihrer Ersparnisse in Aktien zu investieren, wenn man ihnen statt der kurzfristigen langfristige Renditen zeigt. Wenn wir die langfristige Entwicklung sehen, kommt die Verlustabneigung nicht ins Spiel.[44]

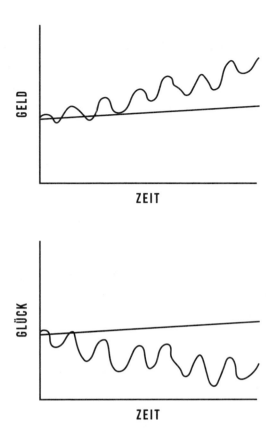

Die dunkle Linie zeigt die Entwicklung bei einem festen Zinssatz, während die graue Linie die Entwicklung bei schwankenden Erträgen (Aktien) darstellt. Das obere Diagramm zeigt die Entwicklung des investierten Betrags, während das untere die psychologische Reaktion auf das Auf und Ab der Investition abbildet, wobei berücksichtigt ist, dass sich die Verluste aufgrund der Verlustabneigung doppelt so stark auf Glück und Unglück auswirken. Sie sehen, dass die Entwicklung der Investition bei schwankenden Erträgen (Aktien) negativer empfunden wird (unteres Diagramm), obwohl der absolute Ertrag von Aktien höher ist (oberes Diagramm).

Die Verlustabneigung kann eine Vielzahl weiterer Investitionsprobleme verursachen. Allgemein bewegt sie uns dazu, steigende Aktien zu rasch abzustoßen – wir wollen den Gewinn nicht wieder einbüßen! – und fallende zu lange zu halten – weil wir den Verlust mit diesen Aktien nicht verbuchen wollen.[45]

Um den Schmerz kurzfristiger Verluste zu vermeiden, meiden manche Leute den furchteinflößenden, riskanten Aktienmarkt und legen ihr Geld lieber in Anleihen oder auf Sparkonten an, die eine sichere, aber sehr geringe Rendite versprechen. Anleihen fallen – und steigen – nicht so deutlich wie Aktien. Bei Investments in Anleihen leiden wir weniger unter der Verlustabneigung und fühlen uns nicht so elend. Natürlich können wir auf andere Art leiden, da uns ein möglicher langfristiger Vermögenszuwachs entgeht. Aber diesen Verlust bemerken wir nicht im Augenblick, sondern erst sehr viel später im Ruhestand, wenn es leider zu spät ist, unsere Meinung und unsere Investmententscheidungen zu ändern.

Wir – Dan und Jeff – bevorzugen eine andere Methode: Wir schauen uns einfach nicht an, wie sich unsere Investments entwickeln. Wenn wir sehr empfindlich auf geringfügige Schwankungen reagieren, besteht eine Lösung darin, einfach eine langfristige Entscheidung zu fällen und daran festzuhalten. Auf diese Art verhindern wir, dass uns die Verlustabneigung zu übereilten Entscheidungen verleitet. Wir versuchen, uns unsere Aktiendepots nur einmal im Jahr anzusehen. Wir sind uns unserer Irrationalität bewusst und wissen, dass wir in einer direkten Auseinandersetzung keine Chance gegen sie haben. Also versuchen wir, ihr aus dem Weg zu gehen. Das entspricht nicht unbedingt der Strategie, die Sunzi in *Die Kunst des Krieges* empfiehlt, aber wir raten Ihnen, unsere Methode zu übernehmen.

## WARTEN SIE! DAS IST NOCH NICHT ALLES!

Ist Ihnen schon aufgefallen, dass viele Unternehmen einen einzigen Betrag für ein Angebot verrechnen, das, wenn man ihrer Werbung glauben kann, aus vielen verschiedenen Produkten besteht? Beispielsweise verlangen Mobilfunkanbieter Geld für jeden kleinen Dienst, den wir in Anspruch nehmen – SMS, Verbindungsgebühren, Gesprächsminuten, Daten, Gerätemiete usw. –, aber da sie sehr nett sind und uns das Leid ersparen wollen, das mit mehreren kleinen Verlusten einhergeht, stellen sie uns nur einen großen Betrag in Rechnung. Was für ein tolles Geschäft! Wir fühlen einen Verlust, aber wir gewinnen viele wertvolle Dinge.

Die Methode der Telefongesellschaften, die als Verlustaggregation und SEGREGATION DER GEWINNE bezeichnet wird, macht sich unsere Verlustabneigung zunutze und fügt uns nur einen einzigen schmerzhaften Verlust zu, während sie uns zahlreiche angenehme Gewinne suggeriert. Wenn ein Produkt mehrere Merkmale aufweist, ist es im Interesse des Anbieters, jeden Vorzug einzeln herauszuheben und nur einen Preis für die Gesamtheit dieser Merkmale zu verlangen.

Abhängig von unseren religiösen Neigungen könnten wir uns vorstellen, dass Gott mit einigen Engeln Hof hält und über die Geschichte der Schöpfung nachdenkt. »Ja, ich weiß, wie die Segregation der Gewinne funktioniert. Als hätte ich wirklich eine Woche gebraucht, um die Erde mit all diesen Dingen zu erschaffen! Ha! Licht, Tiere, Bäume. Es ist nur eine Welt! Ein Ding. Aber wenn die Menschen glauben wollen, es habe sechs Tage gedauert, an denen ich jeweils ein paar Dinge schuf, soll es mir recht sein. Ich reserviere sogar einen siebten Tag zum Ausruhen und für den Fußball.«

Die besten Beispiele für die Segregation der Gewinne liefern vermutlich die Informercials. Das Shamwow-Putztuch, das Ginsu-

Messer, die 10-CD-Sammlung der größten Langhaarrocksongs der Achtziger: In all diesen Infomercials wird mit einem einzigen niedrigen Preis für Artikel geworben, die zahlreiche Einsatzmöglichkeiten und eine Vielzahl von Zusatzfunktionen haben. »Es hat eine Oberseite! Und eine Unterseite! Und nicht eine, sondern zwei Seiten! Bestellen Sie jetzt!«

Deshalb dachte Jeff, als er um die Hand seiner Freundin anhalten wollte, darüber nach, wie in einem Infomercial aufzutreten. »Wenn Du jetzt ja sagst, bekommst du nicht nur meine Hand, sondern auch meinen Arm, und noch eine Hand, und einen zweiten Arm ... einen Torso, einen Kopf, einen Kleiderschrank, mehrere Studienkredite, eine jüdische Schwiegermutter und vieles, vieles mehr! Wenn du jetzt ja sagst, geben wir obendrein nicht eine, nicht zwei, sondern sechs Nichten dazu! Du wirst das ganze Jahr Geburtstagsgeschenke kaufen können! Aber Du musst dich beeilen, denn dieses Angebot gilt nur für kurze Zeit. Unsere Telefone laufen heiß, also sag jetzt ja!« Er hätte es fast so gemacht, weil er eine gute Geschichte mag, aber er fürchtete sich vor dem Verlust, den er durch diesen Antrag erleiden konnte, weshalb er sich für die weniger riskante, handelsübliche Variante entschied: »Willst du mich heiraten, bitte, bitte, bitte.«

## DER VERSUNKENE BESITZ

Unsere Neigung, Verlusten größeres Gewicht beizumessen als Gewinnen und das, was wir haben, zu hoch zu bewerten, wirkt sich auf unseren Umgang mit VERSUNKENEN KOSTEN aus.

Von versunkenen Kosten sprechen wir, wenn wir feststellen, dass es uns, nachdem wir in etwas investiert haben, schwerfällt, diese Investition aufzugeben. Daher neigen wir dazu, weiteres Geld hineinzustecken. Wir werfen schlechtem Geld gutes hinterher und geben uns dem Wunschdenken hin, weil wir diese Investition nicht abschreiben wollen. Was, wenn wir der Geschäftsführer eines Automobilherstellers wären und ein neues Auto auf den Markt bringen möchten, dessen Entwicklung 100 Millionen Dollar kosten wird? Als wir 90 von diesen 100 Millionen in das Entwicklungsprojekt gesteckt haben, stellt sich heraus, dass ein Konkurrent unmittelbar vor der Markteinführung eines ganz ähnlichen Modells steht, das umweltfreundlicher ist, weniger Treibstoff verbraucht und billiger ist. Nun stehen wir vor der Frage, ob wir unser Projekt aufgeben und die verbliebenen 10 Millionen Dollar sparen oder in der Hoffnung, dass unser Modell trotz seiner Unterlegenheit Käufer finden wird, auch das restliche Geld noch in die Entwicklung investieren.

Stellen wir uns jetzt vor, dass wir mit derselben Situation konfrontiert werden, jedoch noch überhaupt kein Geld in die Entwicklung des Autos investiert haben und lediglich mit Entwicklungskosten von insgesamt 10 Millionen Dollar konfrontiert sind. Gerade als wir uns entschlossen haben, das Projekt in Angriff zu nehmen, erfahren wir, dass ein Konkurrent ein besseres Auto gebaut hat. Investieren wir die 10 Millionen Dollar trotzdem? An diesem Punkt stehen wir in beiden Fällen vor exakt derselben Frage: Sollen wir die 10 Millionen Dollar investieren oder nicht? Nur fällt es uns im ersten Fall schwer, nicht zurückzublicken und zu sehen, dass wir bereits 90 Millionen Dollar investiert haben. Im zweiten Fall haben wir überhaupt kein Geld investiert. Eine rationale Person würde in beiden Fällen die gleiche Entscheidung fällen, aber in der Realität tun das die wenigsten Menschen. Bei Investitionen in viele Dinge sollte grundsätzlich dasselbe gelten: Wir sollten nicht darüber nachdenken, wie viel wir bereits in einen Job, eine Karriere, eine Beziehung, ein Haus oder eine Aktie investiert haben, sondern wir sollten uns darauf konzentrieren, wie wahrscheinlich es ist, dass sich diese Investition in der Zukunft auszahlen wird. Aber da wir nicht so rational sind, liegen die Dinge nicht so einfach.

Versunkene Kosten sind Kosten, die dauerhaft in der Verlustspalte unserer Lebensbilanz stehen. Wir werden diese Kosten niemals loswerden, wir besitzen sie. Wir sehen nicht nur den Geldbetrag, sondern all die Entscheidungen, Anstrengungen, Hoffnungen und Träume, die mit dieser Investition einhergingen. So gewinnen diese Investitionen an Gesicht. Und da wir diese versunkenen Kosten überbewerten, sinkt unsere Bereitschaft, sie aufzugeben, während die Wahrscheinlichkeit steigt, dass wir unseren Karren immer tiefer in den Morast fahren.

Um seinen Studierenden das Konzept der versunkenen Kosten nahezubringen, verwendet Dan unter anderem ein Spiel, in dem ein Hundertdollarschein versteigert wird. Dabei gelten folgende Regeln: 1. Das Erstgebot sind 5 Dollar. 2. Die Gebote können immer nur um 5 Dollar erhöht werden. 3. Der Gewinner bezahlt den Betrag, den er zuletzt geboten hat, und bekommt die 100 Dollar. Und dann gibt es noch eine letzte Regel. Der Bieter, der das vorletzte Gebot abgegeben hat, muss ebenfalls den gebotenen Betrag bezahlen, bekommt jedoch nichts. In dem Moment, wo die Angebote auf 50 und 55 Dollar steigen, hat Dan Geld verdient. (Wenn der Teilnehmer, der 55 Dollar geboten hat, den Zuschlag erhält, zahlt er 55 Dollar und bekommt von Dan den 100-Dollar-Schein, während der Teilnehmer, der den zweithöchsten Betrag geboten hat, 50 Dollar zahlen muss, dafür jedoch nichts bekommt.) An einem Punkt bietet ein Teilnehmer 85 Dollar und ein anderer überbietet ihn mit 90 Dollar. An diesem Punkt unterbricht Dan die Auktion und erinnert die Teilnehmer daran, dass der siegreiche Bieter 10 Dollar erhalten wird (100 minus 90 Dollar), während der unterlegene Bieter 85 Dollar verlieren wird. Er fragt den Studierenden, der 85 Dollar geboten hat, ob er sein Angebot auf 95 Dollar erhöhen möchte. Dieser sagt immer ja. Dann stellt Dan dem anderen verbliebenen Bieter dieselbe Frage, und dieser Studierende ist natürlich gerne bereit, 100 Dollar zu bieten.

Aber damit ist die Tortur noch nicht beendet. Dan fragt den Teilnehmer, der 95 Dollar geboten hat, ob er sein Angebot auf 105 Dollar erhöhen will. Wie zuvor wird dieser Bieter den zuvor gebotenen Betrag (95 Dollar) verlieren, wenn er ablehnt. Aber da die Gebote an diesem Punkt den Wert des zu ersteigernden Guts übersteigen, wissen die Teilnehmer, dass sie von nun an mit jedem Gebot Geld verlieren werden. Diesmal sind es im Fall des Zuschlags nur 5 Dollar (105 Dollar minus des Gewinns von 100 Dollar), aber von jetzt an wird der Verlust nur noch höher werden. Es ist unvermeidlich, dass beide Teilnehmer immer weiter bieten, bis einer von beiden begreift, wie verrückt das ist (und diese Person verliert am meisten).

Am meisten hat Dan mit einer solchen Versteigerung bei einem Vortrag in Spanien verdient, wo er einen Hunderteuroschein für 590 Euro verkaufte. Der Fairness halber erklärt er den Teilnehmern immer im Voraus, dass sie ihre Gebote wirklich bezahlen müssen, und nimmt am Ende immer ihr Geld. »Ich denke, auf diese Art werden sie die Lektion besser lernen, und außerdem muss ich meinen Ruf wahren.«

In Dans Spiel/Experiment/Trickbetrug verwandelt der Effekt der versunkenen Kosten den potenziellen Gewinn von 95 Euro (100 Euro minus das Anfangsgebot von 5 Euro) rasch in einen Verlust von 190 Euro für seine Studierenden/Versuchsteilnehmer/Opfer. Das Experiment hat Ähnlichkeit mit einem Wettbewerb zwischen zwei Unternehmen auf einem *Winner-takes-all*-Markt. Im Allgemeinen wird sich eines der beiden Unternehmen den gesamten oder wenigstens den Großteil des Umsatzes sichern, während das andere leer ausgeht. Beide Unternehmen müssen jedes Quartal entscheiden, ob sie weiteres Geld in Forschung und Entwicklung und Werbung stecken oder aus dem Wettbewerb aussteigen sollen. Irgendwann sollte klar sein, dass die Unternehmen, wenn sie endlos versuchen, einander zu überbieten, am Ende beide sehr viel Geld verlieren werden. Trotzdem ist es schwer auszusteigen, weil man die bereits getätigten Investitionen kaum ignorieren kann. Der Trick bei dieser Art von Wettbewerb (und der Schlüssel zum Verständnis von Dans Spiel) besteht darin, entweder gar nicht erst in den Wettbewerb einzusteigen oder rasch zu erkennen, wenn die Dinge nicht so funktionieren wie erhofft, und den Verlust zu begrenzen.

Hal Arkes und Catherine Blumer haben einen anderen Denkfehler nachgewiesen, den wir in Zusammenhang mit den versunkenen Kosten begehen. Sie baten Versuchsteilnehmer anzunehmen, sie hätten 100 Dollar für ein Skiwochenende ausgegeben (das Experiment fand im Jahr 1985 statt). Dann gaben sie ihnen Informationen über einen Skiausflug, der in jeder Hinsicht besser war, jedoch nur 50 Dollar kostete, und baten die Versuchspersonen, sich vorzustellen, sie hätten auch diesen Ausflug gebucht. Anschließend eröffneten Arkes und Blumer den Teilnehmern, dass sich die beiden Ausflüge überschnitten, dass es jedoch nicht möglich sei, ihnen die Kaufpreise zurückzuerstatten. Nun mussten sich die Versuchspersonen entscheiden: Wollten sie das durchschnittliche Skiwochenende für 100 Dollar oder das sehr viel bessere für nur 50 Dollar? Mehr als die Hälfte der Teilnehmer entschloss sich für den teureren Urlaub, obwohl sie 1) zweifellos weniger Spaß haben würden als bei dem billigeren Ausflug und 2) in jedem Fall 150 Dollar ausgegeben hatten.[46]

Das Problem der versunkenen Kosten betrifft auch unser persönliches Leben. Einer von Dans Freunden quälte sich mit der Frage herum, ob er sich scheiden lassen sollte. Die Entscheidung nahm seine ganze Energie in Anspruch. An einem Punkt stellte Dan ihm eine einfache Frage: »Stell dir vor, du wärst nicht mit deiner Frau verheiratet, sondern lediglich seit zehn Jahren mit ihr befreundet und wüsstest alles über sie, was du heute weißt. Würdest du ihr heute einen Heiratsantrag machen?« Der Freund antwortete, die Wahrscheinlichkeit liege bei null Prozent. Darauf fragte Dan ihn: »Was verrät dir das über deine Entscheidung?«

Inwieweit beruhte seine innere Zerrissenheit darauf, dass er über die Vergangenheit nachdachte und die in diese Ehe investierte Zeit und Energie überbewertete, anstatt den Blick nach vorne zu richten und über die Zeit und Energie nachzudenken, die er ungeachtet seiner bisherigen Investitionen in der Zukunft aufwenden würde? Als Dans Freund die Situation aus diesem Blickwinkel betrachtete, gelangte er rasch zu dem Entschluss, sich scheiden zu lassen. Wenn jemand meint, das sei eine herzlose Art, eine Entscheidung zu fällen, sollten wir vielleicht darauf hinweisen, dass dieses Ehepaar keine Kinder hatte. Jeder kann manchmal davon profitieren, die versunkenen Kosten abzuschreiben und die Dinge mit neuen Augen zu betrachten.

Entscheidend ist, dass vergangene Investitionen in zahlreichen Lebensbereichen nicht bedeuten, dass wir denselben Weg fortsetzen sollten; tatsächlich wären die früheren Investitionen in einer rationalen Welt irrelevant. (Und wenn die früheren Investitionen ein Fehlschlag waren, sind sie »versunkene Kosten«: Wir haben dieses Geld ausgegeben, egal ob mit oder ohne Erfolg. Es ist weg.) Bedeutsamer ist unsere Erwartung des zukünftigen Werts. Manchmal ist es richtig, einfach in die Zukunft zu blicken.

## EIGNEN WIR UNS DIE ZUKUNFT AN

Der Besitz verändert unsere Perspektive. Wir passen sie dem Maß der Eigentümerschaft an, und dieses wird zum Maßstab, den wir zur Beurteilung von Gewinnen und Verlusten verwenden.

Eine Möglichkeit, um den Fallstricken der Eigentümerschaft auszuweichen, besteht darin, uns psychologisch von den Dingen zu trennen, die wir besitzen, sodass wir ihren Wert besser beurteilen können. Wir sollten darüber nachdenken, wo wir in diesem Augenblick stehen und wohin wir uns bewegen, nicht darüber, wo wir herkommen. Natürlich ist das sehr viel leichter gesagt als getan, vor allem da wir dazu neigen, so viel Emotionen, Zeit und Geld in unser Leben und unseren Besitz – unsere Häuser, unsere Investitionen und unsere Beziehungen – zu investieren. Die Eigentümerschaft bewegte die Bradleys dazu, sich auf das zu konzentrieren, was sie verloren – ihr wunderschönes, nach ihren persönlichen Vorlieben gestaltetes Haus –, anstatt sich mit der Frage zu befassen, was sie für die Zukunft gewannen: Geld für ein anderes Haus, für ein paar nette Abendessen und für Roberts und Robertas Ausbildung an einer guten und nahen (aber nicht allzu nahen) Universität. Etwa 90 Minuten sind eine angemessene Fahrzeit, damit Tom und Rachel ihre Kinder regelmäßig besuchen müssen, aber die Distanz ist nicht so gering, dass sie am Ende jede Woche die Wäsche ihrer Kinder waschen können. Sie werden die Zwillinge zwar vermissen, aber so sehr dann auch wieder nicht.

# 9
# WIR KÖNNEN UNFAIRNESS NICHT ERTRAGEN UND GLAUBEN, DER LOHN MÜSSE DEM AUFWAND ENTSPRECHEN

Schon am frühen Morgen sitzt James Nolan in einem Meeting. Besser gesagt, es handelt sich um eine Präsentation. Wahrscheinlich Zeitverschwendung, aber es ist eben Teil seines Jobs. Das Unternehmen, für das er arbeitet, stellt Dingsdas her (Dingsdas sind gerade in Mode). Auf Anweisung seines Vorgesetzten hat James eine Consultingfirma beauftragt, Mängel in den Betriebsabläufen des Unternehmens aufzuspüren und Abhilfemaßnahmen vorzuschlagen. Nach sechs Wochen sehen James und einige andere Manager der mittleren Ebene die Resultate – genauer gesagt, werden ihnen die Resultate in zahlreichen PowerPoint-Präsentationen vorgelegt.

Gina Williams, die Projektleiterin des Beratungsunternehmens, kommt mit drei großen Aktenordnern beladen ins Konferenzzimmer. Sie lässt die Ordner auf den Tisch fallen. Im Schlepptau hat sie vier Berater, zwei Assistentinnen, einen Techniker und einen Sicherheitsmann, die audiovisuelle Ausrüstung, noch mehr Aktenordner, einen Projektor, Berge von Papier, eine Kaffeekanne und einen Teller mit Gebäck hereintragen. James versteht nicht ganz, warum die Leute nicht vor der Sitzung alles aufgebaut haben, aber Zucker und Koffein sind geeignete Drogen, um ihn dazu zu bringen, sich nicht allzu sehr über solche Kleinigkeiten zu ärgern. Also macht er es sich auf seinem Bürosessel gemütlich und lässt den Tag auf sich zukommen.

Das Beraterteam macht sich bereit. Dann beginnt Gina mit der sorgfältigen Erläuterung einer 74-seitigen PowerPoint-Präsentation, die Aufschluss über alle Details gibt, beginnend mit dem Tag vor zwei Monaten, an dem die Berater ins Flugzeug stiegen, über all die Sitzungen, den Papierkram und die Standorte, weiter zu anderen Sitzungen und Mahlzeiten und Zubehör. Es wimmelt von Pfeilen und Akronymen. Nach einer zwanzigminütigen Pause folgen ein paar Qualifikationsnachweise und Bilder von Ginas Familie und Gesprächsprotokolle. Die Präsentation dauert fünf Stunden. Auf der letzten Folie – der Schlussfolgerung – steht: »Frage nicht, was dein Dingsda für dich tun kann, sondern was du für dein Dingsda tun kannst.«

Als klar ist, dass es vorüber ist, springen alle Anwesenden spontan auf und klatschen begeistert Beifall. Gebäckkrümel schneien von Sakkos, an der Tür werden herzlich Hände geschüttelt, und die Berater marschieren in dem Bewusstsein, etwas geleistet zu haben, durch den fluoreszenten Flur einer sinnerfüllten Zukunft entgegen. Hurra!

Am Nachmittag schaut James bei den Büros der Firmenleitung vorbei und sieht zu, wie der sichtlich zufriedene Geschäftsführer den Beratern zufrieden einen Scheck über 725 000 Dollar ausstellt. 725 000 Dollar für ein unpassendes, abgewandeltes Zitat von JFK? Wenn man berücksichtigt, wie viel Arbeit sich die Berater gemacht haben, scheint das Honorar durchaus gerechtfertigt.

An diesem Tag verlässt James das Büro früher, denn er hat noch einen Termin für einen Ölwechsel. Er stellt sein Auto in der ansonsten verwaisten Werkstatt ab. Ohne ihr Kartenspiel zu unterbrechen, sagen die Mechaniker ihm, dass der Ölwechsel ein paar Stunden dauern wird. Er kostet 50 Dollar.

James ist sehr aufgekratzt, da das Consultingprojekt erfolgreich abgeschlossen wurde, und entschließt sich, die drei Kilometer nach Hause zu laufen. Doch zu seinem Unglück gerät er auf halben Weg in einen heftigen Regenguss. Vollkommen durchnässt flüchtet er sich in einen Mini-Markt, dessen Inhaber gerade ein mit Regenschirmen beladenes Gestell hinter der Ladentheke hervorzieht. James will sich gerade einen Schirm nehmen, als der Besitzer das Preisschild mit der Aufschrift »$5« wegnimmt und durch eines ersetzt, auf das er »$10« geschrieben hat.

»Wie bitte? Die kosten doch 5 Dollar.«

»Nein, 10. Spezialpreis für Regentage.«

»Was? Das ist nicht speziell, das ist Diebstahl!«

»Sie können sich gerne anderswo nach einem besseren Angebot umsehen«, sagt der Ladeninhaber und deutet mit einer Handbewegung auf die nasse Straße hinaus.

»Das ist lächerlich! Sie kennen mich. Ich kaufe oft hier ein.«

»Beim nächsten Mal sollten Sie einen Regenschirm nehmen. Hin und wieder sind sie für 5 Dollar im Angebot.«

James verharrt einige Sekunden in wütendem Schweigen, um dann etwas nicht Druckreifes zu murmeln, seinen Jackenkragen hochzuziehen und ohne Regenschirm hinauszustürmen. Kaum ist er zuhause angelangt und hat sich seine völlig durchweichten Kleider ausgezogen, da hört es zu regnen auf. Fluchend stapft er halbnackt die Treppe hinauf, um sich etwas Trockenes anzuziehen.

Nach einer Weile bekommt James einen Anruf von der Werkstatt: Die Arbeit an seinem Auto dauert länger, sie werden es über Nacht dort behalten müssen. Der Mechaniker legt auf, bevor James protestieren kann. Er ist frustriert. Um ein wenig Stress abzubauen, entschließt er sich, wieder hinauszugehen und ein wenig zu joggen. Als er von seinem Lauf zurückkehrt, stellt er fest, dass er sich ausgesperrt hat. Seine Frau Renee ist auf Geschäftsreise, die Kinder sind bei Freunden, und sein Nachbar, der einen Ersatzschlüssel für ihn aufbewahrt, ist im Urlaub. Es sieht so aus, als würde es bald wieder zu regnen beginnen. Widerstrebend ruft James einen Schlüsseldienst an. Der Schlosser erklärt ihm, es werde ihn zwischen 150 und 250 Dollar kosten, entweder Schloss zu ersetzen oder auszutauschen. In der Hoffnung, ein besseres Angebot zu bekommen, ruft James zwei weitere Schlosser an. Als ihm klar geworden ist, dass diese Leute als Schlosser getarnte Räuber sind, beauftragt er den letzten, den er angerufen hat. Zwanzig Minuten später steht der Schlosser vor seinem Haus, geht zur Eingangstür, steckt ein Wasweißich ins Schloss, hakt ein Dingsdabums ein, zieht es mit einem Drehdichdrum heraus – und schon ist die Tür offen. Der ganze Eingriff dauert knapp zwei Minuten.

Der Schlosser begleitet den Hausbesitzer hinein, um ein Glas Wasser zu trinken, und sagt: »Danke. Das macht dann 200 Dollar.«

»Zweihundert Dollar? Das hat doch kaum mehr als eine Minute gedauert! Wollen Sie mir etwa erzählen, dass Ihr Stundenlohn bei 12 000 Dollar liegt?!«

»Das weiß ich nicht«, antwortet der Schlosser, »aber Sie schulden mir 200 Dollar. Wir können auch hinausgehen, damit ich Sie erneut aussperren kann. Dann können Sie ihr Glück mit einem anderen versuchen. Dauert nur eine Minute. Entscheiden Sie.«

»In Ordnung.« James stellt einen Scheck aus, wirft die Tür hinter dem Schlosser zu und schlurft ins Wohnzimmer, um Netflix einzuschalten und ein paar Minuten allein im Haus zu genießen.

Als Renee am Abend von ihrer Geschäftsreise zurückkehrt, ist sie bester Laune. Ihre Reise ist ein Erfolg gewesen, und sie ist glücklich, erstmals das Flugpreisvergleichsportal Kayak genutzt zu haben, denn anscheinend hat sie ein sehr günstiges Ticket gefunden. Für die Fahrt vom Flughafen nach Hause hat sie einen

Fahrer bei Uber bestellt, da ihr Auto ebenfalls in der Werkstatt war. Renee liebt Uber. Sie ist mehr als ein Uber-Fan, sie ist ein Uber-Über-Fan. Sie muss ihren Zeitplan laufend ändern, sodass Uber ihr das mühevolle Organisieren von Autos oder die Suche nach geeigneten öffentlichen Verkehrsmitteln erspart.

Einige Tage später bricht genau zu der Zeit, als sie zu einem Geschäftsessen mit einem Klienten in die Stadt fahren will, ein Schneesturm los. Es ist schwierig, an einen Uber-Wagen heranzukommen. Die Fahrt ins Zentrum, für die sie normalerweise 12 Dollar bezahlt, kostet jetzt 40 Dollar. Vierzig! Renee ist empört. Sie ruft ein normales Taxi und entschließt sich, Uber aus Protest nicht mehr zu nutzen. In den folgenden Wochen bucht sie das gewohnte Taxi, fährt im Bus, leiht sich ein Auto oder behilft sich auf andere Art. Es ist mühsam, aber sie kann es nicht ertragen, übers Ohr gehauen zu werden.

## WAS GEHT HIER VOR?

Diese Geschichte zeigt uns, wie das Konzept der FAIRNESS unsere Einschätzung des Werts beeinflusst. Die meisten Menschen, die älter als fünf Jahre sind und sich nicht politisch engagieren, verstehen das Konzept der Fairness. Wir erkennen sofort, ob etwas fair ist oder nicht. Aber wir wissen nicht, dass unser Sinn für Fairness großen Einfluss auf unsere alltäglichen finanziellen Entscheidungen hat.

Der Wert der Empfehlungen eines Beraters, eines Regenschirms im Regen, einer aufgesperrten Tür oder einer Fahrt nach Hause sollte nichts damit zu tun haben, ob wir *der Meinung sind*, dass der Preis dieser Dinge angemessen ist. Doch unabhängig davon, ob wir etwas kaufen oder nicht, hängt der Betrag, den wir dafür zu zahlen bereit sind, weitgehend davon ab, ob uns der Preis fair erscheint.

Die herkömmlichen ökonomischen Modelle vergleichen bei der Bewertung einer Transaktion einfach den Wert mit dem Preis. Reale menschliche Wesen setzen den Wert jedoch nicht nur mit dem Preis, sondern auch mit anderen Elementen in Beziehung. Es kann sogar sein, dass Menschen die effiziente, wirtschaftlich perfekte Lösung ablehnen, wenn sie in ihren Augen unfair ist. Dieses Gefühl können wir sogar dann haben, wenn eine Transaktion sinnvoll ist, wenn wir einen großen Wert erhalten würden – zum Beispiel, wenn wir mehr für ein Hilfsmittel bezahlen müssen, das uns im Regen trocken nach Hause bringt.

Die grundlegenden Gesetze von Angebot und Nachfrage besagen, dass Regenschirme mehr kosten sollten, wenn es regnet (aufgrund der größeren Nachfrage), und dass eine per Uber bestellte Fahrt in einem Schneesturm mehr kosten sollte (geringeres Angebot und höhere Nachfrage). Wir sollten also damit einverstanden sein, den höheren Preis zu bezahlen. Der Wert eines Ölwechsels oder eines Schlüsseldienstes sollte nichts mit unserem Sinn für Fairness zu tun haben, sondern nur damit, ob diese Dienstleistungen schnell und effizient erbracht werden. Trotzdem ärgern wir uns, beklagen uns, stampfen mit dem Fuß auf, treten wütend in den Rasen und drohen damit, unseren Ball zu nehmen und nach Hause zu gehen, wenn wir einen hohen Preis für etwas zahlen, das einfach aussieht oder wenig Zeit in Anspruch nimmt. Warum? Weil wir kleine Kinder sind, die glauben, Preise müssten fair sein. Wir verzichten auf wertvolle Produkte und Dienstleistungen, weil wir ihren Preis für unfair halten. Wir bestrafen Unfairness, und oft bestrafen wir damit auch uns selbst (wie wir am Beispiel unseres durchnässten Dingsda-Managers James gesehen haben).

Ein bekanntes Experiment verdeutlicht, wie wir Unfairness bestrafen. Es wird als »Ultimatumspiel« bezeichnet. Obwohl der Name ein wenig nach einem Thrillerfilm klingt, hat er nichts mit Jason Bourne zu tun.

An dem Spiel nehmen zwei Personen teil: ein Sender und ein Empfänger. Die beiden Spieler sitzen in getrennten Räumen. Sie kennen einander nicht und werden sich nie begegnen. Sie können tun, was sie wollen, ohne die Rache des anderen Spielers fürchten zu müssen. Der Sender erhält einen Geldbetrag, sagen wir 10 Dollar. Nun kann er entscheiden, wie viel von diesem Geld er dem Empfänger geben und wie viel er behalten will. Der Sender kann dem anderen Spieler einen beliebigen Betrag überlassen: 5 Dollar, 1 Dollar, 3,26 Dollar. Akzeptiert der Empfänger den angebotenen Betrag, so erhalten beide das ihnen zugeteilte Geld und das Spiel ist beendet. Lehnt der Empfänger den angebotenen Betrag ab, so erhält keiner der beiden etwas und das Geld geht zurück an den Versuchsleiter. Beide Spieler gehen leer aus.

Beide Spieler kennen die Spielregeln und den Betrag, um den gespielt wird, und sie wissen, wie das Geld aufgeteilt wird oder ob es nicht aufgeteilt wird.

Wenn wir rational denken wie ein gefühlloser Supercomputer oder Jason Bourne, werden wir zu dem Schluss gelangen, dass der Empfänger jeden Betrag akzeptieren sollte, der höher als null ist. Selbst ein Cent wäre etwas, dass er für seine bloße Anwesenheit erhalten würde. Es ist geschenktes Geld, weshalb jeder Betrag besser sein sollte als null. Lebten wir in einer vollkommen rationalen Welt, so würde der Sender einen Cent anbieten, und der Empfänger würde das Angebot annehmen.

Aber so verhalten sich wirkliche Menschen nicht. Die Empfänger im Ultimatumspiel lehnen regelmäßig Angebote ab, die ihnen unfair scheinen. Bietet der Sender weniger als ein Drittel des gesamten Betrags an, so lehnt der Empfänger das Angebot meistens ab, und beide Spieler gehen ohne Geld nach Hause. Die Leute lehnen also geschenktes Geld ab, um jemanden zu bestrafen – jemanden, den sie nicht kennen und wahrscheinlich nie kennenlernen werden –, nur weil ihnen diese Person ein unfaires Angebot unterbreitet hat. Diese Resultate zeigen, dass 1 Dollar aufgrund unseres Sinns für Fairness weniger als null für uns wert sein kann.

Denken wir einmal darüber nach: Wenn wir die Straße hinuntergingen und ein Fremder böte uns 50 Dollar an, würden wir dieses Angebot ablehnen, weil dieser Fremde selbst 100 Dollar behalten würde? Oder würden wir ihm danken und uns fest vornehmen, den Rest unseres Lebens jeden Tag diese Straße hinunterzugehen? Wenn wir einen Marathon liefen und jemand uns einen Becher Wasser anböte, würden wir dieses Wasser ablehnen, weil dort ein Tisch voller Becher steht, die wir nicht bekommen? Das wäre verrückt. Wie kommt es also, dass wir uns in so vielen anderen Situationen auf den halbleeren Teil des Glases konzentrieren – auf den Teil, der nicht fair ist? Auf den Teil, den wir nicht bekommen?

Nun, vielleicht sind wir ja verrückt. Forscher haben herausgefunden, dass sehr unfaire Angebote im Ultimatumspiel – zum Beispiel 1 Dollar von 10 Dollar – andere Hirnregionen aktivieren als faire Angebote wie 5 von 10 Dollar. Wurden die für »Unfairness« zuständigen Regionen einmal aktiviert, so steigt die Wahrscheinlichkeit, dass wir unfaire Angebote ablehnen.[47] Das bedeutet, dass unser Gehirn eine Abneigung gegen Unfairness hat und uns dazu bewegt, etwas zu tun, um unser Missvergnügen auszudrücken. Dummes, verrücktes Gehirn. Aber so wenig es uns gefällt, es ist nun einmal unser Gehirn.

## SPIELEN MIT ÖKONOMEN

Die Ausnahme von der Regel, dass wir in einem Ultimatumspiel unfaire Angebote ablehnen, sind die Ökonomen: Sie lehnen unfaire Angebote nicht ab. Sie wissen, welches die rationale Reaktion ist. Da dies offenkundig ein passiv-aggressiver Versuch ist, uns zu beweisen, dass sie viel schlauer sind als wir, sollten Sie, wenn Sie jemals das Ultimatumspiel mit einem Ökonomen spielen, nicht davor zurückschrecken, so grausam und unfair zu sein wie nur irgend möglich. Schließlich haben die Ökonomen gelernt, niedrige Angebote als wünschenswertes rationales Verhalten zu betrachten.

---

James lehnte einen unfairen Preis für den Regenschirm ab, obwohl er ihn brauchte, obwohl er ihn sich leisten konnte und obwohl er zu diesem Zeitpunkt für 10 Dollar wahrscheinlich einen entsprechenden Wert (trockene Kleider) bekommen hätte. Die Dienstleistung des Schlossers lehnte James nicht ab, obwohl er keinen Hehl aus seinem Missfallen und seiner Frustration machte und dem raschen Zugang zu seinem eigenen Haus keinen angemessenen Wert beimaß. Renee verzichtete eine Zeit lang auf die Dienste von Uber, nachdem sie Bekanntschaft mit den wetterabhängigen Preisschwankungen von Uber gemacht hatte, und das tat sie, obwohl der Wert dieser Dienstleistung unter normalen Witterungsbedingungen unverändert blieb.

(Diejenigen, die unsere Geschichte aufmerksam verfolgt haben, haben richtig gelesen: James weigerte sich, 5 Dollar mehr für trockene Kleidung zu bezahlen, nachdem er wenige Stunden vorher keine Miene verzogen hatte, als sein Chef für eine langatmige PowerPoint-Präsentation 725 000 Dollar bezahlt hatte. Es gibt einen Grund dafür, dass James' Gehirn keinen Widerspruch zwischen seinen Reaktionen auf diese zwei Transaktionen sah. Bleiben Sie dran, wir kommen gleich darauf zurück.)

Was, wenn Coca-Cola-Automaten mit Thermostaten ausgestattet und so programmiert wären, dass der Preis einer Dose mit steigenden Außentemperaturen steigen würde? Was würden wir an einem Tag mit 35 Grad im Schatten davon halten? Tatsächlich schlug Douglas Ivester, der Geschäftsführer des Coca-Cola Unternehmens, genau diese Maßnahme vor, um den Umsatz zu erhöhen. Als die Konsumenten mit Empörung reagierten und Pepsi die Gelegenheit nutzte, Coca-Cola Opportunismus vorzuwerfen, musste Ivester zurücktreten – obwohl das Unternehmen nie einen solchen Automaten gebaut hatte. Die von Angebot und Nachfrage abhängige Preisgestaltungsstrategie war logisch und vielleicht sogar rational, aber die Konsumenten hielten die Idee für unfair. Die Maßnahme wirkte wie ein unverfrorener Versuch, die Konsumenten zu erpressen, und die Leute wurden richtig wütend.

Anscheinend grummelt bei unseren wirtschaftlichen Transaktionen immer ein mürrisches Wesen in unserem Hinterkopf. Wir sagen zu unseren Geschäftspartnern: »Profitiere nicht auf meine Kosten!« Wir sind missmutige, voreingenommene Menschen: Wir verzichten aus Bosheit und Rachsucht auf Wert, der uns unfair erscheint.

Wenn unser Sinn für Fairness geweckt wird, ist es uns egal, ob es legitime Gründe für einen höheren Preis gibt. Wir schlagen die unsichtbare Hand aus, die uns der Markt entgegenstreckt. In einer Telefonumfrage erklärten 82 Prozent der Befragten, es sei unfair, den Preis von Schaufeln nach einem Schneesturm zu erhöhen (hier haben wir eine Hybridversion von Regenschirmen im Regen und Uber im Schnee), obwohl die ökonomische Regel von Angebot und Nachfrage besagt, dass dies die effiziente, legitime und richtige Reaktion des Markts ist.[48]

Im Jahr 2011 kündigte Netflix in einem Blogpost eine Änderung seiner Preisstruktur an. Das Unternehmen wollte die Kombination von Streaming-Dienst und DVD-Verleih, die 9,99 Dollar pro Monat kostete, in zwei getrennte Dienste aufspalten, die jeweils 7,99 Dollar monatlich kosten würden. Kunden, die zumeist nur einen der beiden Dienste nutzten, würden daher monatlich 2 Dollar weniger bezahlen. Diejenigen, die beide nutzten, würden hingegen jeden Monat fast 6 Dollar mehr bezahlen müssen.

Die meisten Netflix-Abonnenten nutzten nur einen der beiden Dienste. Aber wie reagierten sie auf die angekündigte Veränderung? Genau: Sie waren erbost. Nicht, weil der neue Preis ein Nachteil für sie gewesen wäre – für die meisten Kunden wurde Netflix billiger –, sondern weil er ihnen unfair erschien.* Diese loyalen Kunden verhielten sich wie die Kunden von JCPenney und bestraften Netflix hart. Das Unternehmen verlor rund eine Million Kunden, seine Aktie stürzte ab. Nach wenigen Wochen zog das Management den neuen Tarifplan zurück. Da die Leute das Gefühl hatten, Netflix bereichere sich auf ihre Kosten, lehnten sie eine Dienstleistung ab, die weiterhin großen Wert für sie hatte – einen Wert von 9,99 Dollar, für die sie nun nur noch 7,99 Dollar zahlen mussten. Die Netflix-Kunden wollten die mangelnde Fairness des Unternehmens bestrafen, und dafür waren sie bereit, sich selbst finanziell zu schaden. Sie waren bereit, auf eine ausgezeichnete Leistung zu verzichten, die jetzt um 2 Dollar verbilligt wurde, nur um das Unternehmen für die nur theoretische Preiserhöhung von 6 Dollar für ein Kombiangebot zu bestrafen, das sie überhaupt nicht nutzten.

Renees Erfahrung mit Uber beruht (so wie alle hier behandelten Fälle) auf einer wahren Geschichte. Im Dezember 2013 verlangte Uber während eines Schneesturms in New York bis zum Achtfachen des normalen Tarifs – dieser Preis war bereits höher als der regulärer Taxidienste und Autovermieter.[49] Besonders empörte Kritik war von einigen Prominenten zu hören (sie haben Zeit, sich zu empören). Uber antwortete, diese Tarife dienten einfach dazu, mehr Fahrern einen Anreiz zu geben, sich auf die unsicheren Straßen zu wagen. Aber die Konsumenten ließen sich nicht beruhigen.

*Normalerweise* sind Ubers Kunden glücklich darüber, dass zu jedem Zeitpunkt zuverlässig Fahrer verfügbar sind, und sind be-

---

\* Die Verlustabneigung spielt hier ebenfalls eine Rolle: Die Kunden wollten die DVD-Option nicht aufgeben, selbst wenn sie sie nie nutzten.

reit, für diese Verfügbarkeit einen Aufpreis zu bezahlen. Aber wenn die Marktkräfte von Angebot und Nachfrage sehr deutlich zutage treten, weil zum Beispiel in einem Schneesturm weniger Fahrer zur Verfügung stehen und gleichzeitig die Nachfrage steigt, was deutliche Preisanstiege zur Folge hat, beschweren sich die Kunden plötzlich über den Aufpreis. Gäbe es Uber nicht, so stünden auch nicht genug Taxis zur Verfügung, und die Leute hätten kaum eine Chance, eins zu ergattern. Uber verrechnet Zusatzgebühren, um ein Ungleichgewicht zwischen Nachfrage und Angebot zu bekämpfen. Wir sind regelmäßig bereit, unsere Einschätzung von fairen Preisen und Werten zu ändern – aber nur ein kleines bisschen. Unsere Flexibilität hat Grenzen. Einen plötzlichen, opportunistischen und hohen Aufpreis empfinden wir als unfair.

Stellen wir uns ein weiteres Experiment vor, in dem es einen weiteren Fahrdienstvermittler namens Rebu gibt, der immer achtmal so viel verrechnet wie Uber. In diesem Fall hätten die Kunden nichts dagegen einzuwenden, in einem Schneesturm den höheren Preis von Rebu zu bezahlen – schließlich ist es Rebus normaler Tarif. Möglicherweise würden sie diesen Preis sogar als gutes Geschäft betrachten. Als unfair empfinden sie den Preis nur, weil Uber den Tarif in dem Moment erhöht, als die Leute am meisten auf ein Beförderungsmittel angewiesen sind. Wenn Rebus Tarif immer achtmal so hoch ist wie der von Uber, wird er im Schneesturm nicht als unfair empfunden – obwohl er zu jedem anderen Zeitpunkt übertrieben hoch scheinen könnte.

## ANGEMESSENER AUFWAND

Warum verändert das Prinzip der Fairness unsere Einschätzung des Werts? Warum lehnen wir Angebote ab, die wir für unfair halten? Warum kehrte Renee Uber den Rücken, warum lief James ohne Schirm durch den Regen? Weil das Bedürfnis nach Fairness tief in uns verwurzelt ist. Und wovon hängt es ab, ob wir etwas als fair oder unfair betrachten? Es hat viel mit dem Aufwand zu tun.

Um die Fairness eines Preises zu beurteilen, der von uns für ein Produkt oder eine Dienstleistung verlangt wird, ziehen wir gerne das Maß an Aufwand heran, das in dieses Produkt oder diese Dienstleistung investiert wurde. Es ist nicht mühsamer, Regenschirme zu verkaufen, weil es draußen regnet. Während eines Schneesturms für Uber Fahrgäste zu befördern, mag ein wenig zusätzliche Bemühung erfordern, aber nicht achtmal so viel wie normal. Ein solcher Preisanstieg scheint dem zusätzlichen Aufwand nicht zu entsprechen, und da die Produktionskosten überhaupt nicht steigen, gelangen wir zu dem Schluss, dass der Aufpreis unfair ist. Aber James und Renee entgeht etwas, wenn sie sich nur auf den Aufwand (und damit auf die Fairness) konzentrieren: Der Wert der Dienstleistung – sie kommen im Schneesturm sicher beziehungsweise im Regen trocken nach Hause – ist aufgrund der neuen Umstände *gestiegen*, auch wenn vom Anbieter der Dienstleistung kein höherer Aufwand verlangt wird.

James hält den Preis des Schlossers für unfair, weil der Mann nur sehr wenig Zeit investieren muss, um die Tür zu öffnen. Aber wäre es ihm lieber gewesen, wenn der Schlosser gebummelt, sich viel Zeit genommen und Bemühung vorgetäuscht hätte? Nun ja, vielleicht hätte James das vorgezogen. Ein Schlosser erzählte Dan einmal, dass er zu Beginn seiner Laufbahn sehr lange gebraucht hatte, um Schlösser zu öffnen. Oft zerstörte er sie, weshalb er ein neues Schloss einbauen musste, was die Arbeit verlängerte und verteuerte. Er verrechnete das Ersatzschloss zusätzlich zum normalen Preis für die Öffnung der Tür. Die Kunden bezahlten den erhöhten Preis bereitwillig und gaben ihm obendrein Trinkgeld. Als er im Lauf der Zeit geschickter wurde und die Schlösser schneller öffnen konnte, ohne sie zu beschädigen, musste er feststellen, dass die Kunden nicht nur aufhörten, ihm Trinkgeld zu geben, sondern auch über den Preis zu diskutieren begannen.

Wie bitte? Wie viel ist es wert, dass uns jemand unsere Haustür öffnet, wenn wir uns ausgesperrt haben? Das sollte die Frage sein. Aber da es schwierig ist, diesen Wert zu bestimmen, orientieren wir uns daran, wie viel Mühe es erfordert, die Tür zu öffnen. Sehen wir sehr viel Aufwand, so fühlen wir uns sehr viel wohler dabei, einen hohen Preis für diese Dienstleistung zu zahlen. Dabei sollte der Wert einer offenen Tür das Einzige sein, was zählt.

So bewegt uns die unbewusste Vermengung von Aufwand und Wert oft dazu, für Inkompetenz mehr zu bezahlen. Es ist leicht, offenkundigem Bemühen großen Wert beizumessen. Viel schwieriger ist es, dafür zu bezahlen, dass jemand seine Arbeit wirklich gut macht, dass er sie mühelos macht, weil er dank seines Könnens effizient ist. Es ist schwierig, für die rasche Arbeit eines fähigen Fachmanns mehr zu bezahlen, weil er weniger Bemühen an den Tag legt, was dazu führt, dass wir seinen Aufwand geringer bewerten.

In einer Studie fragten On Amir und Dan die Studienteilnehmer, wie viel sie im Fall eines Computerschadens für die Datenrettung bezahlen würden.[50] Es stellte sich heraus, dass die Leute für eine größere Menge an geretteten Daten ein wenig mehr bezahlen würden, aber besonders wichtig war ihnen die Arbeitszeit, die der Techniker investierte. Dauerte die Datenwiederherstellung nur ein paar Minuten, so zeigten die Studienteilnehmer nur geringe Bereitschaft, für die Dienstleistung zu bezahlen; dauerte es hingegen mehr als ein Woche, um dieselbe Menge an Daten zu retten, so waren sie bereit, sehr viel mehr dafür zu bezahlen. Halten wir uns das vor Augen: Die Leute waren bereit, für den langsameren Service, der dasselbe Ergebnis brachte, mehr zu bezahlen.

Wenn wir dem Aufwand größeren Wert beimessen als dem Ergebnis, bezahlen wir im Grunde für Inkompetenz. Obwohl das irrational ist, *fühlen* wir uns rationaler und wohler, wenn wir für Inkompetenz bezahlen.

Über Picasso wird folgende Geschichte erzählt: Eines Tages trat im Park eine Frau an ihn heran und bat ihn, ein Portrait von ihr zu zeichnen. Er betrachtete sie ein paar Sekunden und zeichnete mit einem einzigen Strich ein perfektes Portrait von ihr.

»Sie haben mein Wesen in einem Atemzug erfasst. Unglaublich! Wie viel schulde ich Ihnen?«

»5000 Dollar«, antwortete Picasso.

»Was? Wie können Sie so viel verlangen? Sie haben doch nur ein paar Sekunden dafür gebraucht!«

»Nein, meine Dame. Ich habe mein ganzes Leben und ein paar Sekunden dafür gebraucht.«

Sachkenntnis, Wissen und Erfahrung sind wichtig, aber dies sind genau die Dinge, die wir außer Acht lassen, wenn wir uns bei der Beurteilung des Werts einer Sache in erster Linie am Aufwand orientieren.

Hier ist ein weiteres Szenario: Haben Sie schon einmal ein hartnäckiges Problem mit Ihrem Auto gehabt – zum Beispiel ein Motorengeräusch oder eine nicht richtig schließende Tür –, das der Mechaniker mit einem einfachen Werkzeug in wenigen Minuten behob, um Ihnen anschließend zu eröffnen, die Reparatur koste 80 Dollar? Die meisten Leute geraten in einer solchen Situation in Wut. Nehmen wir nun an, die Reparatur würde drei Stunden dauern und 120 Dollar kosten. Würde Ihnen das eher gerechtfertigt scheinen? Und wenn sie vier Tage dauerte und 225 Dollar kostete? Wurde das Problem nicht in allen Fällen behoben, nur dass die Reparatur im ersten Szenario sehr viel weniger Zeit und Geld kostet?

Oder nehmen wir das Beispiel eines Computertechnikers, der den ausgefallenen Server, auf den unser Unternehmen angewiesen ist, wieder in Gang bringen kann, indem er eine einzige Konfigurationsdatei ändert. Unser Unternehmen bezahlt nicht nur diesen einfachen Eingriff – der fünf Sekunden dauert –, sondern auch die Sachkenntnis des Fachmanns, der weiß, welche Datei er modifizieren und wie er dabei vorgehen muss. Was wäre, wenn wir mit einem Filmhelden neben einer Atombombe sitzen, die der Held entschärfen muss? Die Uhr der Zeitzündung tickt. Das Schicksal der Welt steht auf dem Spiel – gleich ist alles verloren! Ziehen wir es vor, dass er die Bombe lange unschlüssig begutachtet, oder werden wir ein Vermögen dafür bezahlen, dass er rasch und sachkundig handelt, in dem Wissen, dass man immer, immer das rote Kabel durchtrennen muss? *Nein, Moment! Ich meinte das blaue Kabel!* (Wumms!)

Letzten Endes ist das Problem, dass es uns schwerfällt, für Wissen und erworbene Kenntnisse zu bezahlen. Es fällt uns schwer, die Jahre zu berücksichtigen, die ein Fachmann opfern musste, um diese Fähigkeiten zu entwickeln, und sie in den Preis einzuspeisen, den wir zu zahlen bereit sind. Wir sehen lediglich, dass wir viel Geld für eine Leistung bezahlen, die nicht allzu schwierig scheint.

Die Zunahme der Restaurants und Künstler, die ihren Kunden anbieten, »zu bezahlen, soviel sie wollen«, verdeutlicht ebenfalls, wie unser Sinn für Fairness und unsere Einschätzung des Aufwands unsere Beurteilung des Werts beeinflussen. Ein Restaurant, das seinen Gästen anbot, für eine Mahlzeit den Preis zu bezahlen, der ihnen angemessen schien, stellte fest, dass die Leute weniger bezahlten als das Restaurant normalerweise für das Essen verlangt hätte. Man könnte meinen, dass müsse schlecht für den Restaurantinhaber gewesen sein, aber die Zahl der Gäste stieg, und kaum einer bezahlte nichts oder sehr wenig. So erzielte das Restaurant am Ende höhere Einnahmen.[51] Der Grund für diese relativ große Zahlungsbereitschaft war vermutlich, dass die Kunden den Aufwand sehen konnten – Kellner nahmen Bestellungen auf, in der Küche wurden Speisen zubereitet, Tischdecken wurden gewechselt, Weinflaschen entkorkt – und sich zu einer Gegenleistung verpflichtet fühlten. In einem Restaurant zu essen und einfach aufzustehen, ohne zu zahlen, wirkt nicht nur unaufrichtig, sondern unfair. Dieser Fall zeigt auch, dass die Fairness in beide Richtungen funktioniert.

Man stelle sich vor, was geschähe, wenn das Modell »Bezahle soviel du willst« in einem halbleeren Kino angewandt würde. Am Ende der Vorführung fordern die Angestellten die Kinobesucher auf, soviel Geld, wie sie wollen, in einen Korb zu werfen. In diesem Fall haben die Kunden vermutlich das Gefühl, dass es das Kino nichts gekostet hat, sie auf einem Platz sitzen zu lassen, der ansonsten frei geblieben wäre. Es sind weder eine bessere Vorführtechnik noch bessere schauspielerische Leistungen erforderlich gewesen. Dem Kino sind anscheinend keine weiteren Kosten entstanden, und es musste keinerlei zusätzlichen Aufwand betreiben. Und da das Kino keinen zusätzlichen Aufwand betrieben hat, erzielt es auch keine zusätzlichen Einnahmen. Wenn überhaupt, werden die Kinobesucher wahrscheinlich sehr wenig bezahlen.

Die Menschen fühlen sich auch nicht schuldig, wenn sie sich illegal Musik und Filme aus dem Internet herunterladen, ohne dafür zu bezahlen, denn sie gehen davon aus, dass der Produktionsaufwand in der Vergangenheit liegt, weshalb ein Download dem Produzenten keine zusätzlichen Bemühungen oder Kosten verursacht. (Das ist der Grund dafür, dass in Kampagnen gegen die Piraterie oft auf den Schaden verwiesen wird, der Autoren und Interpreten zugefügt wird. Die Verluste sollen personalisiert werden.)

Die Beispiele von Restaurant und Kino zeigen, dass der Unterschied zwischen Fixkosten und Grenzkosten problematisch ist, wenn Fairness und Aufwand bewertet werden. Fixkosten wie jene für den Unterhalt eines Kinosaals und die Beleuchtung wecken unser Bedürfnis, eine Gegenleistung zu erbringen, nicht so sehr wie Grenzkosten für den Fisch und das Gemüse, das der Koch für uns kocht, oder für die zerbrochenen Gläser, die ein ungeschickter Kellner vom Tablett fallen lässt.

Der Unterschied zwischen Kino und Restaurant zeigt auch, dass wir Anbieter für Preise bestrafen, die uns unfair scheinen, weil wir den Aufwand nicht sehen können, während wir Unternehmen belohnen, deren Preise wir aufgrund eines unübersehbaren Aufwands für fair halten. Ist das nicht einfach ein weiteres Beispiel dafür, dass unsere Beurteilung des Werts von Dingen wenig mit ihrem tatsächlichen Wert zu tun hat? Ja, so ist es. Und damit sind wir bei der Frage der TRANSPARENZ.

## TRANSPARENTER AUFWAND

Das Unternehmen von James zögerte keinen Augenblick, Ginas Consultingfirma 725 000 Dollar zu bezahlen, weil die Berater anscheinend so gründliche Arbeit geleistet und nicht nur die betrieblichen Schwachstellen ermittelt und Lösungsvorschläge unterbreitet, sondern auch eine Präsentation gestaltet hatten, um zu demonstrieren, wie hart sie an diesen Vorschlägen gearbeitet hatten.

Hätte der Schlosser James nicht so frech geantwortet, sondern ihm all die heiklen und wichtigen Eingriffe erklärt, die er vornehmen musste, um die Tür zu öffnen, so wären die beiden möglicherweise nicht einem Handgemenge nahe gekommen. Hätte Coca-Cola erklärt, dass es bei hohen Außentemperaturen sehr viel mehr kostet, Getränke zu kühlen oder dass die Automaten an heißen Tagen öfter neu befüllt werden müssen, hätte es möglicherweise keinen Aufschrei der Empörung gegeben. Vielleicht wären James und die Coke-Trinker dann bereit gewesen, mehr zu bezahlen und sich weniger aufzuregen. Denn der Aufwand wäre transparenter gewesen.

Nehmen wir an, wir haben die Wahl zwischen zwei traditionellen Aufziehuhren. Eine der beiden hat ein durchsichtiges Gehäuse, sodass wir sehen können, wie sich die Rädchen des komplexen Uhrwerks drehen. Werden wir mehr für diese Uhr bezahlen, nur weil wir sehen können, wie sie arbeitet? Vielleicht nicht (dieses Experiment haben wir noch nicht gemacht), aber es ist klar, dass wir in vielen finanziellen Transaktionen so vorgehen, ohne uns dessen bewusst zu sein.

Wir sind bereit, mehr zu bezahlen, wenn die Produktionskosten offensichtlich sind, wenn wir Leute umherlaufen sehen können, wenn wir sehen, welchen Aufwand ein Produkt oder eine Dienstleistung kostet. Wir nehmen implizit an, dass etwas arbeitsaufwändiges mehr wert ist als etwas, das es nicht ist. Dabei ist es weniger der objektive, sondern der *scheinbare* Aufwand, der darüber entscheidet, wie viel wir für etwas zu zahlen bereit sind. Ist das rational? Nein. Beeinflusst es unsere Wahrnehmung des Werts? Ja. Passiert es ständig? Aber sicher.

Die Berater, die James' Dingsdaunternehmen besuchten, taten alles, um dem Unternehmen zu zeigen, wie viel sie gearbeitet hatten. Sie hätten beinahe das ganze Projekt noch einmal durchgespielt. Stellen wir uns auf der anderen Seite ähnlich teure Anwaltskanzleien vor, die ihren Klienten Stundensätze verrechnen. Die Abscheu, die viele Leute gegenüber den Anwälten empfinden, hat möglicherweise auch damit zu tun, dass man nicht sehen kann, wie viel Aufwand ihre Arbeit kostet. Man bekommt lediglich eine Rechnung mit den geleisteten Stunden. Normalerweise mehr Stunden, als in einen Tag passen, aber nicht mehr als Stunden. Wir sehen keine Anstrengung, keinen Schweiß und nichts von der Aktivität, die unsere schlaue Consultingfirma an den Tag legte.

Ein transparenter Aufwand – die Offenlegung der Arbeit, die in einem Produkt oder einer Dienstleistung steckt – erlaubt es einem Unternehmen, uns zu zeigen, dass es sich sehr anstrengt und das Geld, das wir für seine Leistung bezahlen müssen, verdient hat. Wir messen Dingen erst wirklichen Wert bei, wenn wir wissen, dass sie großen Aufwand erfordert haben. Deshalb ist es im Internet so schwierig, Dienstleistungen zu kaufen oder zu verkaufen. Online sehen wir keinerlei Anstrengung, und daher haben wir nicht das Gefühl, dass wir für Apps oder Internetdienste viel bezahlen sollten.

Große wie kleine Unternehmen haben gelernt, dass Transparenz den Aufwand und damit den Wert sichtbar macht. Immer mehr Unternehmen bemühen sich, uns Hinweise zu geben, die uns den Wert ihrer Dienste vor Augen führen. Das Reiseportal Kayak.com bemüht sich unübersehbar um Transparenz. Auf seiner Website sehen wir den Fortschritt bei der Suche nach Flügen, samt Fortschrittsbalken, Scrolling von Angeboten und einem wachsenden Diagramm mit verschiedenen Optionen für Reisezeit, Preis und Fluglinie – wir sehen deutlich, wie viele Merkmale gesucht werden. Kajak zeigt uns, dass es zahlreiche Faktoren berücksichtigt und eine Vielzahl von Berechnungen anstellt. Am Ende sind wir zwangsläufig beeindruckt davon, wie viel Arbeit sich diese Leute für uns machen, und wir begreifen, dass wir ohne Kayak ewig und vielleicht noch länger gebraucht hätten, um all das herauszufinden.

Vergleichen wir das mit einer Google-Suche. Wir geben etwas ein und erhalten augenblicklich eine Antwort. Was Google macht, muss also sehr einfach und mühelos sein, nicht wahr?

Ein weiteres Beispiel ist die innovativste Veränderung in der Pizzabranche: der einzigartige Domino's Pizza Tracker®. Wann immer wir online eine Pizza von Domino's bestellen, zeigt uns ein Fortschrittsbalken, wie sich der Status unserer Bestellung verändert – von der Auftragserteilung über das Melken der Kuh, die Herstellung des Käses, die Verteilung des Käses auf der Pizza, die Backzeit im Ofen, den Transport zum Auto, das Wettrennen durch den Verkehr und die Verstopfung unserer Arterien bis zum

Besuch beim Arzt, der uns ein Statinpräparat verschreibt. Natürlich überspringt Domino's einige dieser Schritte, um den Pizza Tracker nicht zu überladen, aber die Darstellung der Schritte der Pizzaproduktionskette, die das Unternehmen zeigt, lockt jeden Tag viele Konsumenten auf die Website, die sich ansehen wollen, wie ihre eigene Pizza erzeugt wird.

Zu den undurchschaubarsten Vorgängen zählen jene in der staatlichen Bürokratie. In Boston wurde ein Projekt gestartet, um die Tätigkeit der Behörden für die Bürger transparenter zu machen. In Boston werden seit Erfindung des Reisens Straßen instand gesetzt. Um diese Reparaturen transparenter zu machen, stellte die Stadtverwaltung eine Karte ins Netz, auf der sämtliche Schlaglöcher zu sehen waren, die gerade von den Arbeitern des Straßenbauamts repariert wurden oder in der Zukunft repariert werden sollten. So konnten die Einwohner Bostons sehen, dass die Stadtverwaltung arbeitete, selbst wenn die Bautrupps noch nicht in ihrem Viertel zu sehen waren. Die Bürger konnten endlich einen Zusammenhang herstellen: Jetzt verstanden sie, warum es so schwierig war, in der Umgebung der Universität Harvard einen Parkplatz zu finden.

Apropos Boston: Unser Freund Mike Norton von der Universität Harvard hat weitere kreative Lösungen beschrieben, um den Wert der Transparenz zu demonstrieren, darunter die eines Datingportals, die ihren Kunden nicht nur kompatible Kandidaten, sondern auch alle Personen zeigt, die *nicht* zu ihnen passen. Indem das Portal seinen Kunden Tausende ungeeignete Kandidaten zeigt (seien wir ehrlich: normalerweise sind es unsinnig komische und *furchtbar* unpassende Optionen), beweisen seine Betreiber auch, wie viel Aufwand sie betreiben, um all diese Personen auszusortieren und die geeigneten für ihre Kunden auszuwählen.[52] Haben wir schon erwähnt, wie schrecklich wir die modernen Methoden der Partnersuche finden und wie wunderbar unsere Frauen sind?

Hätten Uber, der Mann vom Schlüsseldienst und der Regenschirmverkäufer den Aufwand erklärt, der hinter ihren Preisen steckte, so hätten ihre Preise möglicherweise fairer gewirkt. Netflix hätte seinen Abonnenten erklären können, dass die Lizenzgebühren für das Streaming sehr hoch sind, dass das Unternehmen die Kosten für die Nutzer senken wollte, die nur einen Dienst in Anspruch nahmen, dass sich Netflix darauf konzentrieren wolle, die einzelnen Dienste zu verbessern und dass es ein neues Programm anbieten werde ... aber das tat das Unternehmen nicht. Restaurants könnten Schilder aufhängen, auf denen die Gründe für jede Preiserhöhung erklärt werden – die steigenden Kosten für Strom und Gas, Rohstoffe und Arbeitskräfte. Sie könnten die Schuld auf die Steuern oder jemanden im Weißen Haus schieben, den sie nicht mögen. Jede dieser Erklärungen würde den Kunden das Verständnis der Preiserhöhungen erleichtern. Aber Unternehmen verzichten zumeist auf solche Erklärungen. Ja, Transparenz erleichtert es uns, den Wert zu sehen, aber wenn wir ein Unternehmen leiten, erwarten wir normalerweise leider nicht, dass eine Erklärung des Aufwands, der hinter unseren Produkten oder Dienstleistungen steckt, das Urteil der Kunden über unser Unternehmen ändern wird. Aber das tut es ...

Den menschlichen Wunsch nach Transparenz hervorzuheben hilft uns, rund um uns Wert zu sehen, aber es macht uns auch anfällig für Manipulation. Die Consultingfirma demonstrierte großen Aufwand, aber hatte sie wirklich viel geleistet? Der unerfahrene Schlosser strengte sich sehr an, um die Tür zu öffnen, aber verschwendete er nicht einfach eine Stunde der Zeit seines Kunden? Arbeiten die Mitarbeiter der Stadtverwaltung von Boston wirklich hart?

Wir fallen der Transparenz oder einem Mangel an Transparenz leichter zum Opfer, als wir zugeben möchten. Wenn uns jemand zeigt, dass er sich große Mühe gibt, neigen wir dazu, den Wert eines Produkts oder einer Dienstleistung zu überschätzen.

Da Transparenz den Aufwand zutage fördert und damit den Anschein fairer Preise erweckt, kann sie uns dazu verleiten, den Wert auf eine Art und Weise zu beurteilen, die wenig mit dem tatsächlichen Wert zu tun hat.

## HÄUSLICHER AUFWAND

Unser Sinn für Fairness und angemessenen Aufwand ist nicht auf finanzielle Dinge beschränkt. Natürlich können wir niemandem Ratschläge zu seinen persönlichen Beziehungen geben, aber wir haben festgestellt, dass wir, wenn wir ein beliebiges Paar nehmen, die Partner in getrennte Räume setzen und fragen, wie groß ihr Teil an den Hausarbeiten ist, am Ende immer deutlich mehr als 100 Prozent der Hausarbeiten erledigt werden. Anders ausgedrückt: Beide Partner glauben, dass sie selbst sehr viel im Haus tun, dass der andere Partner weniger tut und dass die Arbeitslast möglicherweise nicht fair verteilt ist.

Wie kommt es, dass die Partner zusammen immer mehr als 100 Prozent der Hausarbeit machen? Der Grund ist, dass wir immer im transparenten Modus sind. Wir sehen immer die Details unseres eigenen Aufwands, während wir nicht sehen, was unser Partner im Einzelnen leistet. Wir leiden unter einer Transparenzasymmetrie. Wenn wir den Boden aufwischen, ist uns das bewusst, und wir wissen, wie viel Mühe diese Arbeit gekostet hat. Aber wenn jemand anderer diese Arbeit macht, bemerken wir den sauberen Boden nicht, und wir wissen nicht, wie viel Mühe es gekostet hat, das Parkett so zum Schimmern zu bringen. Wir wissen, wenn wir den Müll rausbringen, welche Schritte das erfordert und was das für eine schmutzige Angelegenheit ist. Aber wir sehen nicht, wenn unser Partner dasselbe tut. Es ist uns bewusst, dass wir selbst das Geschirr mit geometrischer Logik in der Spülmaschine verstauen und dass unser Partner nicht den geringsten Respekt dafür zeigt, dass die Teller natürlich neben die Schüsseln passen!

Sollten wir zu unserer Beziehung also denselben Zugang wie die Berater wählen und jeden Monat eine PowerPoint-Präsentation erstellen, um unserem Partner und den Kindern zu zeigen, wie viele Kommoden wir abgewischt, wie viele Teller wir abgewaschen, wie viele Rechnungen wir bezahlt, wie viele Windeln wir gewechselt, wie viele Müllsäcke wir hinausgetragen haben? Sollten wir den Zugang des Rechtsanwalts wählen und einfach die geleisteten Arbeitsstunden abrechnen? Sollten wir bei der Zubereitung eines Abendessens alle Schritte vom Einkauf über das Zwiebelhacken und das Kochen bis zum Aufräumen beschreiben? Oder sollten wir uns darauf beschränken, viele Seufzer auszustoßen, damit unsere Partner uns mehr zu schätzen wissen? Nun ja, unseren Partner mit Kleinlichkeit zu verärgern, hat ebenfalls seine Nachteile. Jeder muss selbst das richtige Gleichgewicht zwischen der Demonstration seines Aufwands und der Verärgerung des Partners finden, aber wir wollten Ihnen wenigstens ein bisschen Stoff zum Nachdenken geben. Sie sollten auch Folgendes nicht vergessen: Scheidungsanwälte sind teuer. Sie verrechnen Stundenhonorare und verraten uns nichts darüber, welchen Aufwand sie betrieben haben.

## FAIR GENUG

Die Leute verlangen immer das, was ihnen »fair« erscheint. In geschäftlichen Verhandlungen, in der Ehe, im Leben. Das ist an sich nicht schlecht. Fairness ist etwas Gutes. Als Martin Shkreli im Jahr 2015 unmittelbar nach der Übernahme des Unternehmens, welches das Medikament Daraprim herstellte, den Preis dieses lebensrettenden Präparats von 13,50 auf 750 Dollar erhöhte – also um 5555 Prozent –, reagierte die Öffentlichkeit mit

Empörung. Sein Vorgehen wurde als unfair betrachtet. Aber obwohl Daraprim weiterhin überteuert und Shkreli weiterhin ein [Schimpfwort gestrichen] ist, hat der Konflikt endlich die Aufmerksamkeit auf die Fairness von Medikamentenpreisen gelenkt. Unser Sinn für Fairness kann also durchaus nützlich sein, sogar in der Wirtschaftswelt.

Manchmal wird die Fairness jedoch überbewertet. Unter weniger empörenden Umständen wie denen von Daraprim, versuchen wir angesichts scheinbar unfairer Preise das Unternehmen zu bestrafen, das diesen Preis festgesetzt hat – und schaden oft uns selbst, indem wir uns etwas entgehen lassen, was einen hohen Wert für uns hat.

Die Fairness hängt vom Aufwand ab, und Voraussetzung für den Nachweis des Aufwands ist Transparenz. Da das Maß an Transparenz von der Strategie des Herstellers abhängt, verfolgen Unternehmen nicht immer die besten Absichten, wenn sie mit ihrer Fairness werben (insbesondere, wenn sie dabei nicht ehrlich vorgehen).

Transparenz schafft Vertrauen und erzeugt Wert, indem sie den Aufwand sichtbar macht, den wir mit Fairness verbinden. Könnten skrupellose Menschen versuchen, unser Bedürfnis nach Transparenz auszunutzen und den *Anschein* zu erwecken, sie arbeiteten härter, als sie es tatsächlich tun, um den Wert ihres Produkts zu erhöhen? Nun, in den mehr als anderthalb Jahrhunderten harter Arbeit, die nötig waren, um dieses Buch zu schreiben, müssen wir sagen, dass ... nein. So etwas würde nie geschehen.

# 10
# WIR ERLIEGEN DEM ZAUBER VON WORTEN UND RITUALEN

Cheryl King arbeitet bis in die Nacht hinein. Sie führt eine Machbarkeitsstudie durch, um zu klären, ob ein Expertenteam engagiert werden soll, um genau zu bestimmen, welche Dingsdas ihr Unternehmen herstellen sollte und ob es einen Markt dafür gibt. Es fallen noch keine richtigen Entscheidungen, aber sie hat eine Deadline, einen ungeduldigen Geschäftsführer im Nacken und keine andere Wahl, als die Aufgabe direkt zu erledigen. Sie verkraftet es, gelegentlich noch spätabends im Büro sitzen zu müssen. Was sie nicht verkraftet, ist das scheußliche Sushi, das mit dem gelegentlichen späten Abend im Büro einhergeht.

Hin und wieder bestellen ihre Mitarbeiter dieses Sushi bei einem französisch-asiatischen Bistro in der Innenstadt, das angeblich von den Restaurantkritikern sehr gelobt wird. Das In-Restaurant hat gerade erst begonnen, Speisen nach Hause zu liefern. Als ihr Team das erste Mal dort bestellte, warf Cheryl nicht einmal einen Blick auf die Speisekarte – sie war so beschäftigt, dass sie ihre Kollegen bat, für sie mitzuordern. Ihr Mitarbeiter Brian brachte ihr eine »Schlüpfriger Drachen«-Rolle mit. Cheryl legte die Rolle auf eine Papierserviette und begann geistesabwesend, sie hinunterzuschlingen, während sie auf den

Bildschirm starrte. »Igitt«, dachte Cheryl beim letzten Bissen. »Scheußlich. Knusprig und weich zur selben Zeit. Was soll man machen?«

Auch heute Abend genießen ihre Kollegen im Nachbarraum ihre Mahlzeit, prosten einander zu und loben das Essen über den grünen Klee. Sie sind begeistert. Cheryl setzt ihre übergroßen Kopfhörer auf und versucht, sich auf die Dingsdas zu konzentrieren.

Nach einer Weile kehrt Brian mit einer Flasche Wein zurück. Er bietet Cheryl ein Glas an. Der Wein, den er geschenkt bekommen hat, scheint ihm phantastisch. Ein Pinot Noir, ein Chateau Vin De Mjam aus dem Jahr 2010. Brian gießt Cheryl ein wenig in ihre Tasse mit der Aufschrift »Eine der 500 besten Mütter der Welt« ein (ihre Kinder finden diese Tasse sehr lustig). Cheryl nippt daran und murmelt. »Oh ja, danke. Ich kann nur einen Schluck kosten, denn ich muss noch nach Hause fahren.« In der nächsten halben Stunde nimmt Cheryl hin und wieder einen Schluck, während sie ihren Teil des Projekts fertigstellt. Der Wein ist in Ordnung. Nichts Besonderes. Nicht mit dem Wein zu vergleichen, der daheim auf sie wartet.

Als sie das Büro verlässt, schaut sie in Brians Büro vorbei und legt ihm 40 Dollar für Speisen und Getränke auf den Tisch. »Reicht das?«

»Ja klar. War der Wein nicht toll? Er stammt aus – «

»Ja, er war gut. Wir sehen uns am Montag.«

Am Wochenende schlendert Cheryl mit ihrem Mann Rick die Laurel Street hinunter, wo sie einen Platz im Café Grand Dragon Peu Peu Peu reserviert haben, wo man angeblich das beste Fusion Food in der Stadt bekommt, obwohl der Name ein wenig nach einem französischen Maschinengewehr klingt: *peu peu peu*. Sie sind mit Freunden verabredet, die bereits am Tisch sitzen, als sie eintreffen.

»Was für eine Speisekarte! Wunderbar.«

»Ja, ich habe gehört, dass hier einfach alles gut ist«, sagt ihre Freundin Jennifer Watson.

Cheryl überfliegt das Menü und gurrt: »Schaut euch das an: Lokaler, in traditionellen Verfahren gereifter Ziegenmilchkäse veredelt ein von Hand erzeugtes Kompositgemisch von freilaufendem Rind mit frisch geernteten, nach althergebrachter Methode an der Rispe gereiften Tomaten, sorgfältig gezüchtetem Blattgemüse, handverlesenen Zwiebeln und einer aus globalen Quellen importierten, sorgfältig gereiften und von Experten ausgewählten Spezialwürzmischung, serviert im Stil einer geheimnisvollen dunklen Taverne.«

»Klingt interessant«, sagt Rick.

»Für mich klingt das nach einem sehr teuren Cheeseburger«, murmelt Jennifers Ehemann Bill ein wenig unwirsch.

Die Paare plaudern ein paar Minuten, bis ihr Kellner eintrifft und seinen modernen Shakespeare-Monolog über die Speisen auf der Tageskarte vorträgt. Bill Watson deutet auf die Speisekarte und bittet ihn, die *spécialité du maison* zu erklären.

»Das bedeutet ›Spezialität des Hauses‹, Sir.«

»Ja, ich weiß, aber was ist es?«

»Also ...« Der Kellner räuspert sich. »Der Küchenchef ist hier und in seiner Heimat Frankreich bekannt dafür, dass er für jede Jahreszeit eine einzigartige kulinarische Erfahrung kreiert.«

»In Ordnung. Und was ist das?«

»In dieser Saison ist es ein Filet, das mit größter Sorgfalt so zubereitet wird, dass die Aromen des Tiers, das in der Prärie auf sonnigen Weiden mit frischem Wasser aufgezogen und von der Geburt bis zur Zubereitung liebevoll gepflegt wurde, voll zur Geltung kommen.«

»Hmm. Ich glaube, ich bleibe bei der Fromage-Sache.«

Kurze Zeit später tritt der Sommelier an ihren Tisch und reicht Rick die üppige Weinkarte. Rick ist kein Weinkenner und bittet um eine Empfehlung.

»Nun, der Pinot Noir 2010 von Chateau Vin De Mjam ist ein ausgezeichneter und ungewöhnlicher Jahrgang. Im Sommer 2010 ließ der starke Regen in Südfrankreich die Grundwasserreserven anschwellen, sodass der Untergrund der meisten Weingärten mit einem reichhaltigen Sediment überflutet wurde, das den Trauben ein volleres, robusteres Charisma verlieh. Die Weinlese fand genau 144 Stunden später als normalerweise statt, wodurch die Trauben in der Brise aus den Bergen und im frischen Wasser reifen konnten. Der Jahrgang wurde rund um den Erdball mehrfach ausgezeichnet. Er ist für einen anspruchsvollen Gaumen bestimmt.«

Zustimmendes Gemurmel.

»Klingt sehr gut. Beginnen wir damit.«

Einige Minuten später kehrt der Sommelier mit einer Flasche zurück und schenkt Rick ein wenig von dem edlen Tropfen ein. Rick hebt das Glas gegen das Licht, schwenkt es ein wenig, nippt daran, schließt die Augen und spült den Wein im Mund. Er schluckt, hält einen Augenblick inne und nickt dem Sommelier zu, damit er die Gläser füllt. Die Freunde stoßen an, Rick bringt einen Toast aus, und die Mahlzeit kann beginnen.

Die beiden Paare teilen sich die Vorspeise des Tages. »Das ist unser berühmter Schlüpfriger Drache«, erklärt der Kellner. »Die von Hand zubereitete Rolle enthält verschiedene eigens von unserem Küchenchef ausgewählte, lokal gezüchtete und gefangene Fische wie Lachs, Masago, Seriola und Thunfischbauch, bestreut mit Tobiko, Schalotten, mit Soja gewürzten Meeresalgen, Gurke, Avocado und Nüssen.«

»Mmmmm.«

»Dafür würde ich sterben.«

Sehr viel später kommt die Rechnung. Alles in allem kosten der Wein, die Rolle, ein edler Cheeseburger und ein fröhlicher Abend voller Lügengeschichten 150 Dollar pro Paar. Das erscheint den vier Freunden sehr billig.

## WAS GEHT HIER VOR?

Diese zwei Szenen zeigen uns, wie der Zauber der Worte unsere Einschätzung des Werts ändert. Die Sprache kann sich darauf auswirken, wie wir unsere Erfahrungen einordnen. Sie kann uns dazu bringen, den Dingen, die wir konsumieren, größere Aufmerksamkeit zu schenken, und sie kann unsere Aufmerksamkeit auf bestimmte Bestandteile einer Erfahrung lenken. Sie kann uns dazu bewegen, einer Erfahrung größeres Gewicht beizumessen, als wir ihr ansonsten beigemessen hätten. Und wenn wir eine Erfahrung mehr genießen – sei es die eigentliche Erfahrung des Konsums oder die Sprache, in der sie beschrieben wird –, messen wir ihr einen höheren Wert bei und sind bereit, mehr dafür zu bezahlen. Wir konsumieren dasselbe, aber unsere Erfahrung dieses Konsums und damit unsere Bereitschaft, dafür zu bezahlen, ändern sich. Die Sprache dient nicht einfach dazu, die Welt, in der wir leben, zu beschreiben, sondern sie beeinflusst, welchen Erfahrungen wir Aufmerksamkeit schenken, was wir genießen und was nicht.

Erinnern Sie sich an das Sushi und den Wein, den Cheryl im Büro kaum bemerkte? Das gleiche Essen und der gleiche Wein schienen ihr sehr viel wertvoller, als sie der Sprache ausgesetzt wurde, mit der diese Dinge im Restaurant beschrieben wurden. Hätte Cheryl im Restaurant statt einer »Kompositmischung vom lokal gezüchteten Rind mit Käse« einfach einen »Cheeseburger« gegessen, so hätte sie diese Speise sehr viel weniger genossen und sich über den hohen Preis beklagt.

Natürlich hat es an sich einen Wert, nicht inmitten von Beraterberichten vor einem Computerbildschirm, sondern in Gesellschaft von Freunden an einem angenehmen Ort zu essen. Dafür würden wir alle bezahlen. Wir genießen das Essen mehr, wenn es Teil einer solchen Erfahrung ist ... und sind bereit, mehr dafür zu bezahlen. Aber selbst dann, wenn die Umgebung dieselbe und sogar das Essen dasselbe ist, werden wir es mehr genießen, wenn es anders beschrieben wird. Die Sprache hat die magische Wirkung, unsere Vorstellung vom Essen zu verändern, sodass der Anbieter einen Preis dafür verlangen kann, der dieser Beschreibung entspricht.

Bei der Erschaffung von Wert sind die Umgebung (ein luxuriöses Restaurant), die soziale Situation (enge Freunde) und die Beschreibung der Speisen (all diese postmodernen Begriffe) geeignet, die Erfahrung aufzuwerten.

Es sollte klar sein, dass die Sprache der wirkungsvollste Bestandteil dieses Szenarios ist und den Wert am meisten erhöht. Worte sollten den Stuhl nicht komfortabler, die Gewürze nicht schmackhafter, das Fleisch nicht zarter oder die Gesellschaft nicht angenehmer machen. Objektiv sollte es unerheblich sein, wie ein Angebot beschrieben wird. Ein Hamburger ist ein Hamburger, ein Ziegelgebäude ist ein Ziegelgebäude, ein Toyota ist ein Toyota. Die Worte können nichts daran ändern, was etwas ist. Wir bekommen einen Hamburger, ein Ziegelgebäude und einen Toyota, oder wir bekommen ein Huhn, eine Eigentumswohnung und einen Ford. Wir entscheiden uns zwischen den Dingen, nicht wahr?

Nein, das tun wir nicht. Seit die menschlichen Entscheidungsprozesse erforscht werden, ist klar, dass wir nicht zwischen verschiedenen Dingen, sondern zwischen den Beschreibungen dieser Dinge wählen. Hier haben wir es mit der Zauberkraft der Sprache zu tun, die den Wert verändern kann.

Die Sprache lenkt unsere Aufmerksamkeit auf bestimmte Merkmale eines Produkts oder einer Erfahrung. Nehmen wir an, wir haben zwei benachbarte Restaurants. Das eine bietet einen Hamburger an, der zu »80 Prozent fettfreies Rindfleisch« enthält. Das Restaurant nebenan bietet einen ganz ähnlichen Hamburger an, erklärt jedoch, dieser bestehe zu »20 Prozent aus fetthaltigem Rindfleisch«. Was geschieht nun? Die Forschung hat gezeigt, dass uns die beiden unterschiedlichen Beschreibungen von im Wesentlichen gleichen Hamburgern dazu bewegen, diese Angebote sehr unterschiedlich zu bewerten. Beim 80-Prozent-Hamburger wird die Aufmerksamkeit des Konsumenten auf den »fettfreien« Teil und damit auf die gesunden, schmackhaften und wünschenswerten Eigenschaften dieser Speise gelenkt. Beim 20-Prozent-Hamburger wird unsere Aufmerksamkeit auf den Fettgehalt gelenkt, wodurch wir nur an seine ungesunden Eigenschaften denken. Dieser Hamburger ist abstoßend in den Augen des Konsumenten, der darüber nachdenkt, vielleicht doch Veganer zu werden. Dem »fettfreien« Hamburger messen wir einen sehr viel höheren Wert bei, weshalb wir bereit sind, mehr dafür zu bezahlen.

Die flinke Zunge kann uns dazu bewegen, im Geist einen Schalter umzulegen, die Welt mit anderen Augen zu sehen und die Dinge anders einzuordnen. Wir haben gesehen, dass Menschen glauben, im Alter von 80 Prozent ihres gegenwärtigen Einkommens leben zu können, nicht jedoch mit einer Rente, die 20 Prozent unter ihrem gegenwärtigen Einkommen läge. Wie sich herausstellt, spenden Menschen Geld für wohltätige Zwecke, wenn die Spende als täglicher Cent-Betrag ausgedrückt wird, nicht jedoch, wenn sie aufgefordert werden, dieselbe Summe zu spenden, die als jährlicher Dollarbetrag ausgedrückt wird.[53] Und ein »Rabatt« von 200 Dollar schickt die Leute zur Bank, während ein »Bonus« von 200 Dollar sie auf die Bahamas schickt.[54] Die 80 Prozent des Einkommens, die wohltätige Spende und die 200 Dollar sind dieselben Beträge, egal wie sie beschrieben werden, aber die Beschreibungen wirken sich auf unsere Einschätzung eines Produkts oder einer Dienstleistung aus, und wie wir sehen werden, wirken sie sich sogar darauf aus, wie wir den Konsum von Produkten und Dienstleistungen erleben.

Am vielleicht besten verstehen sich Winzer auf die sprachliche Manipulation. Sie haben eine eigene Sprache entwickelt und verwenden Worte wie »Tannine«, »Komplexität«, »erdig« und »Abgang«, um den Geschmack ihrer Weine zu beschreiben. Und sie haben auch Begriffe, um den Prozess der Weinerzeugung und die Bewegung des Weins zu beschreiben, etwa die »Kirchenfenster«, die entstehen, wenn der Wein beim Schwenken Schlieren auf dem Glas zurücklässt. Es ist nicht klar, dass die meisten Leute die Bedeutung dieser Worte verstehen, aber viele von uns tun so, als könnten wir es. Wir schenken Wein behutsam ein, wir schwenken das Glas, wir halten es gegen das Licht, wir kosten ihn bedächtig. Und natürlich sind wir bereit, für einen gut beschriebenen Wein sehr viel mehr zu bezahlen.

Auf der einen Seite ist es irrational, mehr für die Beschreibung eines Weins zu bezahlen: Die Sprache verändert das Produkt nicht. Auf der anderen Seite haben wir tatsächlich größeren Genuss an einem gut beschriebenen Wein. Die Sprache wirkt sich erheblich darauf aus, wie wir den Wein erleben und konsumieren, ohne etwas an den physischen Eigenschaften des Getränks in der Flasche zu ändern. Die Sprache erzählt uns eine Geschichte. Wir hören die Beschreibung des Korkens, der aus dem Flaschenhals gezogen wird, vom Schwenken des Glases bis zum Aufsagen der »Blume«, vom Schlucken zum »Abgang«, und tauchen in die Geschichte des Weins ein. Das ändert den Wert des Weins in unseren Augen und verwandelt die Erfahrung des Genusses.

Während die Sprache also das Produkt nicht verändert, verändert sie die Art und Weise, wie wir mit diesem interagieren und es erfahren. Die Sprache kann uns zum Beispiel auch dazu bewegen, uns zu beruhigen und genau anzusehen, was wir tun. Nehmen wir an, wir haben ein Glas des besten Weins der Welt in der Hand, aber so wie Cheryl sitzen wir gerade vor dem Computer und beachten den Wein nicht. Wie sehr könnten wir ihn genießen? Stellen wir uns umgekehrt vor, wir haben einen minderwertigen Wein, beschäftigen uns jedoch damit, denken über seine

Geschichte nach, kosten ihn, untersuchen ihn und schätzen ihn. Trotz seiner objektiven Minderwertigkeit werden wir beträchtlichen Wert aus diesem Wein ziehen – möglicherweise mehr als aus dem objektiv besseren Wein.

Die Kaffeehersteller haben so wie vor ihnen die Winzer begonnen, kreative Autoren zu beauftragen, die Sprache rund um ihr Produkt weiterzuentwickeln und seinen Wert zu erhöhen. Zumindest hat es den Anschein. Wir hören von »Single-Origin-Kaffee«, von »Fairtrade-Kaffee«, von »Edelkaffee aus dem Katzendarm«, von »Civet-Katzenkaffee« (Sie möchten nicht wissen, was das ist) und von Kaffee, »der mit den Tränen der indigenen Völker getränkt ist, welche die Blätter Tausender Generationen tragen«. Das ist nicht wahr, aber es klingt glaubwürdig, weil es zu jedem Tropfen in unseren Veni, Vidi, Venti-Tassen eine lange, melodramatische Geschichte gibt. Und mit jedem Detail einer Geschichte, das wir aufnehmen, steigt der Preis, den wir zu zahlen bereit sind.

Die Schokoladenhersteller beschreiten denselben Weg. Es gibt sogenannte »Single-Origin-Schokolade« (wir haben keine Ahnung, warum Bohnen von einem einzigen Ort bessere Schokolade ergeben, aber die Konsumenten scheinen positiv zu reagieren) und andere Produkte, deren Preis stetig steigt. In Großbritannien gibt es ein Unternehmen, das »Schokoladenkenner« beliefert. Es bietet Abonnements und eine Vielzahl von Schokolade-Erfahrungen an, in die man eintauchen kann. Natürlich hat das seinen Preis. (Wer betrachtet sich nicht als Schokoladenkenner?«

Wie lange wird sich dieser Sprachtrend noch fortsetzen? Haben Erzeugung und Vermarktung von »Einkuhmilch« eine Zukunft? Könnten wir die Verfasser von Speisekarten dazu bringen, über die Persönlichkeit der Kuh Betsy aus Minnesota zu schreiben, deren dritte Milchspende am fünften Tag der zweiten Woche des Sommers in unserem Café Latte steckt? Werden die Kunden einen höheren Preis für das Wissen bezahlen, dass Betsys Mutter einst ihren Beitrag zu einer Eistüte leistete, die der 42. Präsident der USA verzehrte, oder dass sie ihre Reise nach Minnesota an Bord des ersten Traktor-Wohnwagens unternahm? Dass ihre Hobbys Grasen und in-der-Sonne-liegen sind? Werden die Kunden gerne ein Bild von Betsy betrachten, während der Kellner ihnen die guten »Fließeigenschaften«, die »laktoseabhängige Viskosität« und die »bovine Textur« ihres Getränks beschreibt? Da Betsy auf einer kreisförmig angelegten Farm lebt, schlagen wir vor, dass der Gast sein Glas dreht, bevor er den Keks in das hohe, mattierte Glas steckt, das ihre kostbare Milch enthält. Das macht dann 13 Dollar.

Wie wir gesehen haben, beeinflusst die Sprache, wie wir Güter, Dienstleistungen und Erfahrungen bewerten. Nach jahrhundertelanger Debatte haben wir anscheinend endlich Julia Capulets Theorie widerlegt: Was uns Rose heißt, wie es auch hieße, würde nicht so lieblich duften.

## EIN BESSERES KONSUMERLEBNIS

Um etwas genießen zu können, müssen wir es erstens spüren – den Geschmack des Essens, die Geschwindigkeit des Autos, den Klang des Songs – und zweitens die gesamte Erfahrung auch in unserem Gehirn erzeugen. Das können wir als umfassende Konsumerfahrung bezeichnen.

Die Sprache erhöht oder verringert die Qualität der Konsumerfahrung – und das ist der Hauptgrund dafür, dass sie unsere Bewertung von einem Stück Schokolade, einem Glas Wein oder einem Hamburger derart nachhaltig beeinflusst. Das KONSUMVOKABULAR dient diesem Ziel. Diese Sprache kommt zum Einsatz, wenn wir spezifische Begriffe zur Beschreibung einer Erfahrung verwenden und vom »Bouquet« eines Weins oder von der »Einfassung« einer Steppdecke sprechen. Das Konsumvokabular bewegt Menschen dazu, zu denken, sich zu konzentrieren und aufmerksam zu sein, einen Schritt zurückzutreten, um eine Erfahrung in einem anderen Licht zu betrachten, und die Welt dann mit anderen Augen zu sehen.

Eine einminütige Beschreibung der Spezialität eines Küchenchefs fesselt nicht nur unsere Aufmerksamkeit für eine ganze Minute an diese Speise, sondern ordnet das Essen auch in einen Kontext ein und bereichert es. Wir konzentrieren uns auf Aroma, Textur und Geschmack und sehen die Nuancen und die Komplexität dieser Speise. Vielleicht stellen wir uns vor, wie wir sie betrachten, riechen, kauen oder schneiden. Geist und Körper bereiten sich auf die Erfahrung vor. Wenn die Sprache eine Erfahrung oder die Vorwegnahme einer Erfahrung unterstützt, verändert und verbessert sie diese Erfahrung und bewegt uns dazu, ihr größeren Wert beizumessen.

Als Cheryl und Rick dem Kellner zuhörten, der ihnen die Spezialitäten des Tages und den Wein beschrieb, entwickelten sie eine Beziehung zu diesen Angeboten. Sie wurden sich der besonderen Eigenschaften dieser Speisen und dieses Getränks bewusst und begannen, sich auf den bevorstehenden Genuss und den Wert dieser Erfahrung zu freuen.

Obwohl dies kaum das gesündeste Beispiel ist, wurden in der Werbung für McDonald's stets alle Bestandteile seines Vorzeigeprodukts in einem Lied aufgelistet: »Zwei Rindfleischfrikadellen, Spezialsoße, Salat, Käse, saure Gurke, Zwiebelringe auf einem Sesambrötchen!« Der Konsument denkt 30 Sekunden lang über die einzelnen Lebensmittel nach, die er essen wird. So wie sein längerer Cousin, das Infomercial, zerlegt der Werbespot die Erfahrung, damit wir uns statt eines einzelnen Bissens sieben verschiedene Geschmacksnoten vorstellen können. Was klingt besser: diese Mischung von Aromen, oder »ein Hamburger«?

Werbetexter setzen das Konsumvokabular ein, um jene Bestandteile unserer Erfahrung hervorzuheben, die sie in unserem Bewusstsein verankern wollen – und dasselbe tun sie mit den Elementen, von denen sie uns ablenken wollen. Mach dir keine Gedanken über den Preis dieser Sportschuhe und darüber, wie schwer es ist, ein Spitzensportler zu werden: »Just do it« (Nike). Vergiss die Gefahr, dich zu schneiden, nur weil du unter sozialem Druck stehst, immer sauber und adrett zu wirken: Wenn du unsere Rasierer verwendest, holst du »das Beste im Mann« aus dir heraus (Gillette). In Ordnung, du bist pleite, aber: »Es gibt Dinge, die kann man nicht kaufen. Für alles andere gibt es MasterCard.« Zum weniger subtilen Konsumvokabular zählen »Have a Coke and a smile«, »Finger lickin' good« (Kentucky Fried Chicken), »Tastes great, less filling« (Miller Lite), »Ich liebe es« (McDonald's) und das direkte und instruktive »Schmelzen im Mund, nicht in der Hand« (M&Ms).

Das sonderbare Nebeneinander der Worte im Konsumvokabular fiel Jeff in einem Café am New Yorker Times Square auf: Schilder pflanzen die Worte »Entspannung«, »Lächeln«, »Locker«, »Lachen«, »Genuss«, »Aroma« und »Geschmack« im Bewusstsein der Kunden ein und beschreiben die Erfahrung, die ihnen das Unternehmen vermitteln möchte, damit sie ihrem Besuch größeren Wert beimessen.

Anscheinend funktioniert es, denn die Gäste bezahlen 3,50 Dollar für einen kleinen Kaffee. Nützlicher wären an diesem Standort vielleicht Schilder wie »Ignoriere hupende Taxis«, »Atme nicht durch die Nase ein« und »Kaufe keine Theaterkarten bei einem Mann, der keine Hose anhat«.

Wenn das Konsumvokabular nicht nur beschreibt, was wir konsumieren werden, sondern auch den Prozess der Produktion erklärt, wird das Angebot noch wertvoller für uns (denken Sie an den Einfluss von Aufwand und Fairness). Auch entwickeln wir durch unsere Auseinandersetzung mit der Sprache eine engere Beziehung zu dem Produkt. Erinnern Sie sich noch an den Endowment-Effekt, der darin besteht, dass der Wert eines Objekts (dank des virtuellen Besitzes) einfach dadurch steigt, dass wir es kurze Zeit in der Hand halten? Auch indem wir uns Zeit nehmen, um die Erzeugung von etwas – von einem Ikea-Tisch oder einer wohlschmeckenden Speise – besser zu verstehen, kann der Wert dieses Angebots in unseren Augen steigen.

## KOMISCHE KÖSTLICHKEITEN

Die Neigung von Restaurants, es mit der deskriptiven Sprache zu übertreiben, ist den Leuten, die einen Beruf daraus gemacht haben, sich über andere lustig zu machen, nicht entgangen. Zwei unserer bevorzugten Beispiele sind das Menü für das fiktive Fuds (www.fudsmenu.com/menu.html) und der Brooklyn Bar Menu Generator (www.brooklynbarmenus.com), der die Speisekarte eines neuen In-Lokals mit beliebigen Worten vervollständigt.

Als New Yorker kann Jeff bestätigen, dass dieser Nonsens glaubwürdig klingt und große Ähnlichkeit mit den tatsächlichen Menüs vieler trendiger Restaurants hat!

| | |
|---|---|
| Handgemachte Limettenplatte mit Salz- und Butterspießen | 14 |
| Zwergblaubarsch mit Mostschinken | 16 |
| Lamm mit französischer Kraut-Frittata | 14 |
| Winterfeige mit Venusmuschel | 14 |
| Expandierte Artischocke | 18 |
| Erschütterter Schnaps | 12 |
| Seesalz-Roggen | 10 |
| Geriebener Kürbis an Sardinen- und Granatbohnentartar | 14 |
| Wasserkuchen mit gewälztem Bärlauch | 14 |

Leider werden diese Optionen in der Realität nirgends angeboten, aber würden Sie nicht gerne einen erschütterten Schnaps probieren? Vielleicht mit in Bärlauch gewälzten expandierten Artischocken?

## WORTE WIRKEN FAIR

Dass Beschreibungen großen Einfluss darauf haben, wie wir Dinge bewerten, liegt auch daran, dass sie Aufwand und Fairness ausdrücken. Wie wir gerade gesehen haben, sind Begriffe, die den Aufwand hervorheben, extrem wichtig. Worte wie »selbst gemacht«, »handgefertigt«, »fair gehandelt« und »bio« werden nicht nur verwendet, um Kreativität, Einzigartigkeit, politische Überzeugungen und Gesundheit zu vermitteln, sondern dienen auch dazu, einen besonderen Aufwand zu signalisieren. Begriffe, die Aufwand unterstreichen, zeigen, dass sehr viel Mühe und Ressourcen in ein Produkt investiert wurden, und enthalten die implizite Botschaft, dass der Wert des Produkts höher ist, als er eigentlich wäre. Diese Worte steigern den Wert.

Werden wir mehr für einen Käse bezahlen, der mit althergebrachten Werkzeugen und Methoden in kleinen Mengen erzeugt wird, oder für einen Käse, der aus der maschinellen Massenproduktion kommt? Offensichtlich ist die Erzeugung des ersten Käses sehr viel mühsamer. Daher muss er mehr kosten, und wir werden wahrscheinlich bereit sein, mehr dafür zu bezahlen. Dabei wären wir möglicherweise nicht in der Lage, einen Unterschied zwischen diesen beiden Käsen zu erkennen, wenn die Sprache uns nicht darauf hinwiese.

Die Sprache des Aufwands ist allgegenwärtig. Allzu allgegenwärtig. Käse, Weine, Schals, Wohnungen. Alles ist selbst gemacht, in traditionellen Verfahren von Hand erzeugt, Handwerkskunst. Es gibt »in traditionellen Verfahren erzeugte Lofts« und »handgefertigte Zahnseide« (wirklich wahr). Einmal versuchte sich Jeff während eines unruhigen Flugs abzulenken, indem er das Bordmagazin durchblätterte, aber als er auf eine Geschichte über in traditionellen Verfahren von Hand erzeugte schwarzgebrannte Spirituosen stieß, fühlte er sich nur noch schlechter. »In traditionellen Verfahren von Hand erzeugt« bedeutet, dass etwas nicht in einer riesigen Fabrik produziert wurde. Schwarzgebrannte Spirituosen werden per definitionem in einem traditionellen Verfahren gebrannt; die Beschreibung ist hier also überflüssig (und verleiht dem Produkt keinerlei zusätzlichen Wert).

Inflationär verwendete Beschreibungen wie »in traditionellen Verfahren erzeugt« mögen ärgerlich sein, aber was bewirken sie? Sie beinhalten die Behauptung, dass eine sachkundige Person ein Produkt von Hand erzeugt hat, und etwas, was von Hand erzeugt wird, erfordert definitionsgemäß größeren Aufwand als etwas, das mit Maschinen produziert wird. Daher sollte auch mehr Geld dafür bezahlt werden. Man denke an all die Worte – die Aufwandsheuristik –, die der Kellner verwendete, um einen komplexen Prozess zu suggerieren, als er die gleichen Speisen und Getränke beschrieb, die Cheryl ohne Beschreibung und sehr viel billiger an ihrem Schreibtisch im Büro konsumiert hatte.

## TEILEN IST FAIR

Kommen wir zum Konzept der »Sharing Economy«. Unternehmen wie Uber, Airbnb und TaskRabbit gehören zur »Sharing Economy«. Der Begriff rückt diese Dienstleistungen in ein vorteilhaftes Licht. Wer möchte nicht teilen, wem sind Personen, die ihren Besitz mit anderen teilen, nicht sympathisch? Fast alle Menschen, die das Vorschulalter hinter sich haben, halten die Fähigkeit zu teilen für eine wunderbare menschliche Eigenschaft.

Die Phrase »Sharing Economy« beschwört ein Bild der guten Seite des Menschen herauf, was die meisten von uns dazu bewegt, einer Dienstleistung größeren Wert beizumessen. Mit Sicherheit lenkt diese Wortwahl die Aufmerksamkeit nicht auf die Schattenseiten der Ökonomie des Teilens. Dass hier etwas mit anderen »geteilt« wird, suggeriert Selbstlosigkeit, so als würden wir unsere kleine Schwester mit unserem Lego spielen lassen oder einem Waisen eine Niere spenden. Aber so ist es nicht immer. Tatsächlich behaupten die Kritiker der Sharing Economy, sie sei ein Nebenprodukt eines Arbeitsmarkts, der keine Vollzeitjobs, wenige Zusatzleistungen und kaum Sicherheit bietet, sie schraube die Arbeitnehmerrechte zurück und nutze die »Nation der freien Agenten« aus – dies ist ein weiterer Begriff, der uns dabei helfen soll, die Unterbeschäftigung positiv zu betrachten. Aber wir haben alle nichts dagegen, leichter an Dienstleistungen heranzukommen, nicht wahr?

Manchen Unternehmen wird Greenwashing vorgeworfen, das heißt sie werden verdächtigt, geringfügige und lediglich kosmetische Modifikationen an ihren Produkten vorzunehmen, um sie als umweltfreundlich bezeichnen zu können. Andere werden des Pinkwashing bezichtigt: Sie bezahlen Einrichtungen wie die Brustkrebsstiftung von Susan G. Komen dafür, als Unternehmen eingestuft zu werden, welche die Gesundheit von Frauen fördern, denn sie wissen, dass wir mehr für Produkte bezahlen werden, bei deren Herstellung ein zusätzlicher Aufwand betrieben wird, um die Welt zu einem besseren Ort zu machen. Gute Marketingexperten verstehen sich darauf, die Sprache einzusetzen, um Bilder von etwas Wunderbarem heraufzubeschwören, aber es gibt keine klaren Regeln dafür, wann man Produkte als »umweltfreundlich« oder »fair gehandelt« oder »gut für Babys, Bäume und Delphine« bezeichnen darf. Jeder kann eine Organisation gründen, einen Graphikdesigner mit der Gestaltung eines Logos beauftragen und dieses auf beliebige Produkte kleben. Und da haben wir es: »Eine gesunde und kluge Wahl«, »Umweltverträglich« oder »Empfohlen vom Expertenrat für gute Dinge, die dich glücklich machen werden«.*

---

* Nebenbei bemerkt: Das Buch, das Sie gerade in der Hand haben, wurde vom Expertenrat für gute Dinge, die dein Leben verbessern, als »A-Plus-Nummereins« zertifiziert. Glückwunsch zu Ihrer klugen und gesunden Wahl!

Die Sprache erlaubt uns, einen Blick auf die Bemühung zu werfen, die wir so gerne sehen wollen, weil sie in unseren Augen gleichbedeutend mit Fairness und Qualität ist. Wahrgenommene Fairness und Qualität wiederum werden mit Wert gleichgesetzt. Der Weg, der von der Sprache zum Wert führt, ist lang und gewunden, und man kann uns an jedem Punkt ein Bein stellen.

## DOPPELDEUTIGKEIT

Die Sprache kann nicht nur den Eindruck erzeugen, dass erhöhter Aufwand betrieben wird und dass etwas wertvoller ist, sondern sie kann uns auch dazu bewegen, den Menschen, die diese Sprache verwenden, Sachverstand zuzusprechen. Man nehme nur die Bereiche Gesundheitspflege, Finanzen und Recht. Wir Laien verstehen den Sinn vieler Begriffe nicht, mit denen die Experten auf diesen Gebieten um sich werfen – mediales Kollateralband, kollaterale Schuldverschreibung, Schuldturm –, und oft können wir nicht einmal ihre Handschrift entziffern. Eine unverständliche und geheimnisvolle Sprache erweckt den Eindruck der Sachkenntnis. Sie erinnert uns daran, dass die Experten größeres Wissen besitzen als wir, dass sie gewiss lange und hart gearbeitet haben, um sich all dieses Wissen anzueignen, und dass sie es uns jetzt zeigen, indem sie ihre übermäßig komplizierte Sprache verwenden. Daher müssen ihre Dienste besonders wertvoll sein.

Diese Verwendung der Sprache erzeugt das, was der Autor John Lanchester als »Priesterstände« bezeichnet. Diese Priester bedienen sich komplexer Rituale und Begriffe, deren Zweck es ist, uns zu verwirren, uns ratlos zu machen, uns einzuschüchtern. Wir haben das Gefühl, nicht genau zu wissen, wovon die Rede ist – aber solange wir die Dienste dieser qualifizierten Experten in Anspruch nehmen können, müssen wir uns keine Sorgen machen.[55]

Die komplexe und poetische Beschreibung des Weins durch den Sommelier ist verlockend, aber sie ist auch verwirrend für jene, die nichts von Kalkböden, Tanninen und Abgängen wissen. Sie scheint besonders, weil sie wie etwas klingt, das nur Experten verstehen können. Zu unserem Glück können wir von ihrem mühsam erworbenen und geheimnisvollen Fachwissen profitieren. In diesem Fall beruht der erhöhte Wert auf einem Mangel an Transparenz. Die unzugängliche Sprache der Weinerzeugung und jedes anderen Prozesses, der für den Laien nicht nachvollziehbar ist, erzeugt einen möglicherweise falschen Eindruck einer Komplexität, aber dieser Eindruck wirkt sich darauf aus, wie wir die Erfahrung an sich bewerten.

## »AUF« IST »AB«

Man könnte meinen, eine wohlklingende Beschreibung könne den Wert einer Erfahrung nur Schritt für Schritt erhöhen und beispielsweise Cheryl dazu bewegen, statt 40 Dollar 150 Dollar für ein Abendessen zu bezahlen. In Wahrheit können reichhaltige, spezifische, sinnliche Beschreibungen den Wert einer Erfahrung ziemlich dramatisch verändern – Cheryl war bereit, für eine Mahlzeit, die sie im Büro 40 Dollar gekostet hatte, im Restaurant 150 Dollar zu bezahlen. Darüber hinaus können Beschreibungen beeinflussen, ob wir für ein Produkt oder eine Dienstleistung bezahlen oder dafür *bezahlt werden*.

In Mark Twains wunderbarem Buch *Die Abenteuer von Tom Sawyer* muss der junge Held den Gartenzaun seiner Tante weiß anstreichen. Als sich seine Freunde über ihn lustig machen, weil ihm diese Arbeit aufgezwungen wurde, hält er ihnen entgegen: »Das nennt ihr Arbeit? Bekommt ein Junge jeden Tag die Chance, einen Zaun anzustreichen?« Und: »Tante Polly ist furchtbar eigen, was ihren Zaun anbelangt.« Nachdem Tom seinen Freunden die

Arbeit als Vergnügen beschrieben hat, fangen sie an, sich darum zu streiten, wer von ihnen in den Genuss der Freuden des Zaunanstreichens kommen darf, und bald bieten sie Tom im Gegenzug für das Privileg, auch ein Stück von dem Zaun anstreichen zu können, ihr Lieblingsspielzeug an.

Am Ende des Kapitels erklärt Twain: »Wäre Tom ein bedeutender Philosoph wie der Verfasser dieses Buchs gewesen, so hätte er begriffen, dass Arbeit in dem besteht, was der Körper zu tun verpflichtet ist, während Spiel in dem besteht, was der Körper nicht zu tun verpflichtet ist. [...] In England gibt es reiche Gentlemen, die im Sommer täglich 20 oder 30 Meilen in einer vierspännigen Kutsche zurücklegen, weil dieses Privileg sie sehr viel Geld kostet; böte man ihnen jedoch ein Gehalt für diesen Dienst an, so verwandelte er sich in eine Arbeit, und sie würden kündigen.«

Die Sprache kann Erfahrungen verwandeln. Sie kann eine Qual in ein Vergnügen oder ein Hobby in eine Arbeit verwandeln und umgekehrt. Jeff muss jedes Mal an Toms Abenteuer mit dem Zaun denken, wenn er der *Huffington Post* einen – unbezahlten – Artikel schickt. Die Gründerin der Zeitung, Arianna Huffington, war zweifellos eine der größten Zaunmalerinnen aller Zeiten: Sie bot mit Erfolg eine »Enthüllung« an, womit sie die Zauberkraft der Sprache bewies.

## MACHEN WIR EIN RITUAL DARAUS

Wie passen die Rituale hier hinein? Schmeckte der Wein besser, weil Rick das Glas schwenkte, die Lippen schürzte und einen Toast ausbrachte? Tatsächlich schmeckte er besser – und zwar sehr viel besser, als man erwarten würde.

Die deskriptive Sprache und das Konsumvokabular für Produkte und Dienstleistungen sind bemerkenswert einheitlich. Sie ändern sich nicht oft und bauen auf sich selbst auf. Bei jeder neuen Erfahrung mit einem Produkt denken wir in denselben Begriffen und sprechen von der Blume eines Weins, von der Textur eines Käses und von der Maserung eines Steaks. Abgesehen davon, dass die Sprache, wie wir bereits gesehen haben, eine wertsteigernde Wirkung hat, schafft die Konsistenz der Begriffe – unsere Anwendung und Wiederholung der Worte und ihr Einfluss auf unser Verhalten – die Grundlage für die Entstehung von Ritualen. Rituale verknüpfen eine Erfahrung mit vielen anderen vergangenen und zukünftigen ähnlichen Erfahrungen. Diese Verknüpfung verleiht der Erfahrung zusätzliche Bedeutung, indem sie sie zum Teil einer Tradition macht, die sich in die Vergangenheit und in die Zukunft erstreckt.

Die meisten Rituale sind religiösen Ursprungs. Zu den religiösen Ritualen zählen das Tragen der Kippa bei den Juden, das Zählen der Perlen bei den Muslimen und das Küssen des Kreuzes bei den Christen. All diese Rituale umfassen spezifische Abläufe und Beschreibungen, welche die Gläubigen mit vergangenen Handlungen und mit ihrer Geschichte verknüpfen. Aber vor allem sind sie Symbole, die einen zusätzlichen, einen höheren Sinn vermitteln. Dadurch wird alles, was mit einem Ritual zusammenhängt – sei es nun ein Gebet oder ein Glas Wein –, wertvoller, als es für sich genommen wäre.

Rufen wir uns in Erinnerung: Der Genuss entspringt sowohl der Erfahrung, die wir mit einem externen Produkt oder einer Dienstleistung machen, als auch der Erfahrung, die in unserem Gehirn stattfindet. So wie die Sprache bereichern auch Rituale die Erfahrung des Konsums, die unseren Genuss steigern, indem sie das Gefühl der Verbundenheit mit vergangenen Erfahrungen vertiefen und uns einen Sinn vermitteln. So erhöhen Rituale den Wert, den wir dem Gegenstand des Rituals beimessen: Ein Stück Sushi oder ein Glas Wein können aufgrund der Handlungen, die wir bei ihrem Konsum vollziehen, »kostbarer« wirken.

Kathleen Vohs, Yajin Wang, Francesca Gino und Mike Norton haben Rituale untersucht und herausgefunden, dass Rituale den Genuss, die Bewertung und selbstverständlich die Bereitschaft, für etwas zu bezahlen, erhöhen können.[56] Die glücklichen Teilnehmer an ihrer Studie erhielten einen Schokoladenriegel, den sie entweder direkt essen oder zuerst auf eine bestimmte Art auspacken und in mehrere Teile zerbrechen sollten, um ihn anschließend zu verzehren. Das war nicht unbedingt ein sinnvolles Ritual, aber es war ein Ritual. Die Angehörigen von zwei weiteren Versuchsgruppen erhielten jeweils eine Karotte, die sie entweder direkt oder erst nach der Ausführung eines Rituals verzehren durften, das darin bestand, die Knöchel zusammenzuschlagen, tief Luft zu holen und die Augen zu schließen. Zu schade, dass sie nicht daran dachten, das Ritual ein wenig zu erweitern und die Teilnehmer aufzufordern, von der Karotte abzubeißen und zu sagen: »Is was, Doc?« Das wäre zu schön gewesen ... natürlich für die Wissenschaft, nicht, weil wir es lustig gefunden hätten.

Das Ergebnis: Die Versuchspersonen, die ein Ritual durchführten, genossen die Schokolade oder die Karotte sehr viel mehr. Rituale verstärken die Erfahrung und den Genuss, und zwar sowohl in Erwartung der eigentlichen Erfahrung als auch im Augenblick. Ein erhöhter Genuss ist zweifellos etwas wert, nicht wahr? Natürlich ist er das. Als die Forscher die »Zahlungsbereitschaft« testeten, stellten sie fest, dass jene Versuchspersonen, die die »ritualisierte« Schokolade aßen, bereit waren, mehr dafür zu bezahlen, und der Meinung waren, eine höherwertige Schokolade zu essen.

Natürlich sind Rituale nicht auf sonderbare Klopfmuster und besondere Atemtechniken beschränkt. Sie können fast jede Handlung und jede Art von Erfahrung beinhalten. Einen Toast ausbringen, Händeschütteln, die Mahlzeit segnen oder einen Oreo-Keks aufbrechen und die Cremefüllung ablecken: Diese und zahllose andere Rituale helfen uns, uns eine Handlung bewusst zu machen, sodass wir die Erfahrung, den Gegenstand oder den Konsum intensiver erleben können.

Die Rituale, die wir beim Konsum vollziehen, machen eine Erfahrung zu etwas Besonderem. Wir verinnerlichen sie mehr, engagieren uns stärker und verknüpfen die Erfahrung enger mit unserem Leben. Rituale vermitteln uns auch ein Gefühl der Kontrolle. Eine Aktivität wird uns vertraut. Durch das Ritual wird sie zu unserem Eigentum. Wir beherrschen sie. Und auch das erhöht den Wert der Erfahrung. Rituale sorgen dafür, dass Speisen schmackhafter und Ereignisse besonderer scheinen. Das Leben scheint intensiver. Rituale machen Erfahrungen wertvoller. Wie das Konsumvokabular bewegen uns Rituale dazu, innezuhalten und uns auf das zu konzentrieren, was wir tun. Sie erhöhen den Genuss am Konsum, weil sie uns stärker in diesen Konsum einbinden. Aber Rituale tun noch mehr als das Konsumvokabular, weil sie uns auch zu einer Aktivität veranlassen, und sie vermitteln Sinn. So können sie fast jede Erfahrung verbessern.

Vielleicht trinken wir einfach nur ein Glas Wein, aber mit einem Ritual genießen wir diesen Augenblick mehr als ohne. Der gleiche Wein, einmal eine in eine Kaffeetasse gegossen und das andere Mal in ein schönes Weinglas eingeschenkt, geschwenkt, gegen das Licht gehalten, im Mund hin und her bewegt – welcher von beiden wird besser schmecken? Für welchen würden wir mehr bezahlen? Der Wein ist derselbe und sollte in beiden Situationen denselben Wert haben. Aber so ist es nicht. Ritualisierter Wein hat größeren Wert für uns! Unser Ausgabenverhalten ist in solchen Situationen zweifellos nicht rational, aber es ist verständlich – und in manchen Fällen ist es sogar wünschenswert.

## WEIT AUFGERISSENE MÜNDER

Jene von uns, die bezweifeln, dass Worte und Rituale dem Konsum eine andere Qualität verleihen können, sollten einmal versuchen, einem Kleinkind pürierte Erbsen zu essen zu geben.* Versuchen Sie anschließend dasselbe noch einmal, wobei Sie dem Kind diesmal jedoch sagen, der Löffel sei ein Flugzeug, das landen will. Lassen Sie den Löffel in der Luft kreisen. Ahmen Sie das Brummen des Propellers nach!

Es mag lächerlich aussehen, aber wir wissen, dass selbst das widerborstigste Kleinkind für den Verzehr eines kleinen Flugzeugs mehr bezahlen würde als für einen mit grüner Pampe gefüllten Löffel. Wenn Sie glauben, dass unser Essverhalten als Erwachsene nicht länger durch eine Show beeinflusst werden kann, sollten Sie einmal ein Hibachi-Restaurant besuchen, an einem Murder-Mystery-Dinner teilnehmen oder innehalten und sich ansehen, was Sie sich gerade in den Mund stopfen, während Sie Ihre Lieblingssendung im Fernsehen verfolgen.

Wir möchten glauben, dass unser Essen köstlich sein wird, sich unsere Investitionen bezahlt machen werden, dass wir ein gutes Geschäft erkennen, wir über Nacht Millionär werden können und dass wir gleich ein Flugzeug herunterschlucken. Wenn Sprache und Rituale uns das suggerieren, setzen wir unseren Unglauben bis zu einem gewissen Punkt aus und erleben, was wir erleben wollen.

Rituale und Konsumvokabular bewegen uns dazu, Dingen größeren Wert beizumessen als sie objektiv haben. Ihre Zauberkraft besteht darin, dass sie unsere Erfahrungen vom Kauf alltäglicher Produkte bis zu bedeutsamen Entscheidungen über Ehe, Beruf und unsere Interaktion mit der Welt verwandeln.

* Michael Norton erklärt, dass Eltern seit Jahrhunderten vorgeben, ein Löffel Erbsenpüree sei »ein Flugzeug im Landeanflug«, um ihren Kindern solche Speisen schmackhafter zu machen.

# 11

# WIR MESSEN DEN ERWARTUNGEN ZU GROSSEN WERT BEI

Vinny del Rey Ray genießt das Leben. Er mag schnelle Autos, gute Geschäfte und Vergnügungen. Er hält sich für einen Kenner der schönen Dinge des Lebens. Er gehört immer zu den Ersten, die auf einen neuen Trend aufspringen, er ist seiner Zeit immer voraus, er geht immer an die Grenze. Wenn etwas als »das Beste« gilt, muss er es unbedingt haben – und anschließend damit prahlen. Er geht sogar so weit, die Finger von allem zu lassen, was nicht als vorzüglich gilt. Er ist nicht superreich, aber er hat Geld und kann es sich leisten, sein Leben nicht mit minderwertigen Produkten und Erfahrungen zu vergeuden.

Er trägt Armani-Anzüge, und zwar nur die Besten. Sie fühlen sich gut an. Sie sehen gut aus. Sie strahlen eine Aura des Erfolgs aus, was Vinny in seiner Tätigkeit als Vermittler von Geschäftsimmobilien zugutekommt.

Heute ist er in seinem neuen Model S Tesla – dem besten Auto der Welt – auf dem Weg zu einem Klienten, um ein Immobiliengeschäft abzuschließen. Der Tesla ist emissionsfrei und trotzdem ein schneller Wagen, der toll aussieht. Vinny least alle ein bis zwei Jahre ein neues Luxusauto. Er hat alles über das Model S gelesen, bevor er sich ans Steuer dieses Wagens gesetzt hat, aber wirklich überzeugt hat ihn erst die Probefahrt. Er konnte die Motorkraft fühlen, und das Auto ließ sich wunderbar leicht steuern. Er konnte die neidischen Blicke sehen und das aufgeregte Geflüster hören, von dem er geträumt hatte. Dieses Auto war für ihn gemacht.

Vinny hält sich für den besten Immobilienverkäufer im Valley. In welchem Valley? In allen. Aber heute wird er ein Geschäft mit Richard von Strong abschließen, dem der Ruf vorauseilt, ein unwiderstehlich erfolgreicher und brutaler Geschäftsmann zu sein.

Normalerweise ist Vinny ruhig und gelassen, aber heute leidet er seit dem Aufstehen unter furchtbaren Kopfschmerzen. Er macht beim ersten Minimarkt halt, an dem er vorbeikommt.

Er betritt das Geschäft und macht sich auf die Suche nach einem extrastarken Tylenol. Sie haben keines da. »Versuchen Sie es mit dem Happy Farms Acetaminophen«, sagt der Angestellte. »Das gleiche wie Tylenol, aber viel billiger.«

»Was? Wollen Sie mich auf den Arm nehmen? Lassen Sie mich mit dieser billigen Kopie in Ruhe, die wird nie funktionieren. Tylenol ist das einzig Wahre. Nichts für ungut.«

Vinny fährt ein paar Meilen zurück zu einem Drogeriemarkt, den er kennt. Dort bekommt er sein extrastarkes Tylenol, das er mit einem 3 Dollar teuren Vitamingetränk hinunterspült.

Kurz darauf fährt Vinny vor dem Luxushotel vor, in dem Von Strong alle seine Geschäftssitzungen abhält. Von Strong ist berüchtigt dafür, eine Penthousesuite zu mieten, nur um seine Geschäftspartner einzuschüchtern. Vinny reibt seinen pochenden Schädel. Er fährt an den freien Parkplätzen vorbei und drückt dem Hoteldiener seinen Autoschlüssel in die Hand. Dem Teenager am Empfangsschalter erklärt er, dass das Model S die besten Bewertungen in seiner Klasse hat, wie das Raumschiff seiner Träume fliegt und obendrein den Planeten rettet.

Im Aufzug erhält Vinny eine Textnachricht von seiner Assistentin. Anscheinend musste Von Strong in einer dringenden Familienangelegenheit verreisen, weshalb ihn seine Geschäftspartnerin Gloria Marsh vertreten wird. Vinny atmet tief durch, rollt die Schultern zur Entspannung, streicht mit einer Hand über sein seidiges Sakko und fühlt, wie die Kopfschmerzen nachlassen.

In der Verhandlung fühlt sich Vinny wohl, denn er ist überzeugt, dass Gloria nicht so hart wie Von Strong sein kann. Er hört sich ihr erstes Angebot an und ist begeistert, denn es ist unübersehbar, dass sie nicht für harte Verhandlungen gemacht ist. Sein Gegenangebot ist höher als das, mit dem er Von Strong begegnen wollte. Er macht sich keine Sorgen: Diese Frau wird Vinny del Rey Ray nicht über den Tisch ziehen. Nicht heute. Am Ende werden sie sich handelseinig. Das Ergebnis ist weniger vorteilhaft als jenes, das er Von Strong abzuringen gehofft hatte, aber er ist zufrieden.

Beim Verlassen des Hotels schickt er eine Mitteilung an seine Assistentin und bittet sie, eine Flasche vom besten Wein zu besorgen, den sie finden kann. Er hüpft in sein Model S und macht sich auf den Heimweg, um zu feiern.

## WAS GEHT HIER VOR?

Vinnies Geschichte zeigt, wie Erwartungen unsere Beurteilung des Werts verzerren. Vinny erwartet, dass sein Auto besser fährt, aussieht und wahrgenommen wird als jedes andere, weshalb er mehr dafür bezahlt als jemand, der geringere Erwartungen hat. Er erwartet, dass Tylenol besser gegen seine Kopfschmerzen wirken wird als ein Generikum, das dieselben Wirkstoffe enthält, weshalb er mehr dafür bezahlt. Er erwartet, dass ein Mann härter verhandeln wird als eine Frau – und auch dafür bezahlt er.

Wenn wir uns schon einmal mit der Börse beschäftigt haben, sind wir auf die »Erwartungen der Analysten« gestoßen. Die Entwicklung der Aktienkurse gibt oft Aufschluss darüber, wie sich das Geschäft eines Unternehmens gemessen an den Analystenerwartungen entwickelt. Ein Unternehmen wie Apple kann in einem Quartal 70 Quadrillionen Dollar verdienen – wenn die Analysten einen Gewinn von 80 Quadrillionen erwartet haben, ist die Entwicklung »hinter den Erwartungen zurückgeblieben«, weshalb der Kurs der Apple-Aktie wahrscheinlich fallen wird. An den Erwartungen gemessen ist das Ergebnis von Apple schlecht. Aber hier stehen wir vor einer Falle, die wir leicht übersehen. Erst die Erwartungen der Analysten ließen den Aktienkurs ja überhaupt zu hoch steigen. Die Analysten erwarteten, dass Apple ein sehr gutes Quartalsergebnis von 80 Quadrillionen erzielen würde, weshalb der Wert des Unternehmens in ihrer Wahrnehmung stieg. Dasselbe tut unser Gehirn mit den Erwartungen.

Ähnlich wie der Aktienkurs eines Unternehmens werden auch unsere persönlichen Bewertungen von den Erwartungen des Analysten beeinflusst, dem wir am meisten vertrauen: von uns selbst. Wenn wir erwarten, dass etwas wirklich großartig sein wird, werden wir ihm einen höheren Wert beimessen als wenn wir erwarten, dass es Mist ist. Wir erwarten, dass ein Wein, wenn wir ihn aus einem schönen Glas trinken, besser schmecken wird als aus einer Tasse, die einen Sprung hat, und für diese Erwartung werden wir bezahlen. Das gilt selbst dann, wenn der Wein genau der gleiche ist.

Unser Gehirn hat großen Einfluss darauf, wie wir Dinge wahrnehmen.

Die Zukunft ist ein ungewisser Ort. Wir wissen nicht, was dort geschehen wird. Selbst wenn wir den Generalplan kennen – morgen werden wir um halb sieben aufstehen, duschen, einen Kaffee trinken, arbeiten gehen, am Abend nach Hause zurückkehren, unsere Lieben küssen, schlafen gehen – kennen wir nicht alle Details, all die unvorhersehbaren Wendungen des Lebens. Der Schulfreund, dem wir im Zug begegnen, die Geburtstagstorte im Büro, mit der wir unsere Hose bekleckern, oder die unerwartete sexuelle Spannung bei einer Begegnung mit Mavis in der Kopierstelle. Oh, Mavis, du und dein Sortiersystem ...

Zum Glück arbeitet unser Gehirn unablässig, um einige Lücken für uns zu füllen. Wir greifen auf unser Wissen und unsere Vorstellungskraft zurück, um die Details einer zukünftigen Erfahrung vorwegzunehmen. Das ist die Funktion der Erwartungen. Erwartungen färben die Schwarzweißfotos, die wir von unserem zukünftigen Selbst gemacht haben.

Unsere Vorstellungskraft ist ungeheuer wirkungsvoll. Elizabeth Dunn und Mike Norton fordern ihre Leser auf, sich vorzustellen, auf einem Einhorn über die Saturnringe zu reiten (ja, tatsächlich), und stellen fest: »Die Fähigkeit, sich auch eine solche beeindruckende und unmögliche Aktivität vorstellen zu können, trägt zum Zauber des Menschseins bei und zeigt uns unsere Fähigkeit, in unserer Fantasie fast überallhin zu reisen.«[57]

Stellen wir uns die Zukunft als eine Oberfläche vor, die mit Rissen, Spalten und Lücken übersät ist. Diese Lücken können mit der zähen Flüssigkeit der Erwartungen gefüllt werden. Anders ausgedrückt: Unser Verstand setzt Erwartungen ein, um unser Bild von der Zukunft zu vervollständigen. Unser Verstand ist eine großartige Maschine. Es ist eine Schande, dass so viele von uns versuchen, ihn mit *The Real Housewives of Midsized City* abzutöten.

## GROSSE ERWARTUNGEN

Erwartungen ändern den Wert unserer Erfahrungen in zwei verschiedenen Zeiträumen: bevor wir eine Kauferfahrung machen – das heißt in der Phase der Vorwegnahme der Erfahrung – und im Verlauf der Erfahrung. Diese beiden Arten von Erwartungen haben sehr unterschiedliche, aber gleichermaßen bedeutsame Wirkungen. Erwartungen bereiten uns Genuss (oder fügen uns Schmerz zu), wenn wir die Erfahrung vorwegnehmen, und verändern dann auch die Erfahrung an sich.

Wenn wir einen Urlaub erwarten, planen wir ihn, stellen uns vor, wie viel Spaß wir haben werden, wie wir am Sandstrand liegen und Fruchtcocktails genießen. Die freudige Erwartung bereitet uns einen zusätzlichen Genuss.

Doch die zweite Wirkung von Erwartungen ist noch viel stärker. Während der Erfahrung können unsere Erwartungen dazu führen, dass wir die uns umgebende Welt tatsächlich anders erleben. Eine Urlaubsreise kann dank hoher Erwartungen schöner und wertvoller werden, denn aufgrund dieser Erwartungen sind wir aufmerksamer und genießen das Erlebnis mehr. Die Erwartungen wirken sich nicht nur auf unseren Geist, sondern auch auf unseren Körper aus. Ja, wenn wir Zeit in freudiger Erwartung verbringen, hat dies physiologische Veränderungen zur Folge. Das klassische Beispiel ist der Pawlow'sche Hund, bei dem in Erwartung des Futters der Speichel zu fließen beginnt.

Der Augenblick, in dem wir beginnen, etwas zu erwarten, beginnen sich unser Geist und Körper auf diese zukünftige Realität vorzubereiten. Diese Vorbereitung kann sich auf die Realität der Erwartung auswirken und tut es im Normalfall auch. Wuff.

## WARTEN SIE EINEN AUGENBLICK! ERWARTUNGEN WIRKEN SICH AUS?

Anders als die anderen psychologischen Auswirkungen des Geldes, die wir bisher untersucht haben, können Erwartungen – so wie Worte und Rituale – den realen Wert unserer Erfahrung und nicht nur unsere *Wahrnehmung* dieses Werts ändern. Wir werden diesen wichtigen Unterschied in Teil 3 dieses Buchs genauer untersuchen, wo wir sehen werden, wie wir tatsächlich Vorteil aus einigen unserer menschlichen Eigenheiten ziehen können.

## DIE VORFREUDE MACHT ES ZU ETWAS GROSSARTIGEM

In der Phase der Vorwegnahme einer Kauferfahrung erhöht oder verringert die Erwartung den Wert dessen, was wir kaufen werden. Wenn wir eine positive Erfahrung erwarten, bereiten wir uns darauf vor: Wir lächeln, schütten Endorphine aus oder sehen die Welt einfach in einem vorteilhafteren Licht. Genauso funktioniert es auch bei negativen Erwartungen. Wenn wir eine negative Erfahrung erwarten, bereiten wir uns körperlich darauf vor: Wir werden angespannt oder mürrisch, geraten unter Druck, starren auf unsere Schuhe und wappnen uns, um uns der elenden Welt stellen zu können.

Wenn wir Genuss empfinden, weil wir uns auf einen schönen Urlaub freuen, verbessert dies die tatsächliche Erfahrung in diesem Urlaub. Wenn wir vier Wochen damit verbringen, vom warmen Sand und vom Rauschen des Meeres zu träumen, hat diese Vorfreude einen Wert an sich. Wenn wir die freudige Erwartung und die tatsächliche Erfahrung summieren – vier Wochen der Vorfreude und eine tatsächliche Urlaubswoche –, wird uns klar, wie die Erwartung über die tatsächliche Urlaubszeit hinaus den Gesamtwert dieser Erfahrung erhöht. Anders ausgedrückt: Mit dem Kauf von einer Woche Urlaub erhalten wir fünf Wochen Genuss. (Es gibt Leute, die erklären, Lotterielose in dem Bewusstsein zu kaufen, dass sie nicht gewinnen werden; tatsächlich kaufen sie einige Tage der Vorfreude, in denen sie sich vorstellen können, was sie mit einem Gewinn tun werden.)

Umgekehrt können geringe Erwartungen die Freude an einer Erfahrung verringern. Wenn uns in einer Woche eine Wurzelbehandlung bevorsteht, kann uns der Eingriff bis dahin mit furchtbaren Vorstellungen und Albträumen jeden Tag ruinieren. Dann findet die Wurzelbehandlung statt. Und sie tut weh. Zum Schmerz der Wurzelbehandlung kommt die Furcht vor der Wurzelbehandlung.

Erinnern Sie sich noch daran, dass schöne Beschreibungen und Rituale die »Konsumerfahrung« bereichern? Die Erwartungen funktionieren ähnlich. Freudige Erwartungen wirken sich darauf aus, wie wir Erfahrungen an sich bewerten. Erwartungen sind wie Werthinweise, die nicht direkt an das gekoppelt sind, was wir kaufen. Sie ändern nichts an der Sache, die wir kaufen, aber sie ändern die Wahrnehmung dieser Sache in unserem Verstand, und das wirkt sich darauf aus, wie wir sie erleben ...

## DER ZUSAMMENHANG ZWISCHEN ERWARTUNG UND ERFAHRUNG

Erwartungen ändern nicht nur unsere Wahrnehmung einer Sache, sondern auch die tatsächliche Funktion dieser Sache und unsere Erfahrung damit. Erwartungen haben reale Auswirkungen nicht nur darauf, wie wir uns auf eine Erfahrung vorbereiten, sondern auch darauf, wie sich diese Erfahrung subjektiv und objektiv anfühlt.

Wie sich herausgestellt hat, verbessern Erwartungen den Ablauf, bereichern die Konsumerfahrung und beeinflussen unsere Wahrnehmung, wodurch sie sich auf unsere Fähigkeit zur Beurteilung des Werts und unsere Zahlungsbereitschaft auswirken. Wie Worte und Rituale helfen uns Erwartungen, uns auf die positiven – oder negativen – Aspekte dieser Erfahrung zu konzentrieren, und geben diesen Elementen dadurch großes Gewicht. Woher sie auch kommen, Erwartungen können unsere Realität verändern.

Vinny erwartete, dass das Schmerzmittel Tylenol und sein Tesla gut funktionieren würden, was dazu führte, dass sie es in seiner Erfahrung taten. Menschen, die erwarten, dass ein Zeichentrickfilm lustig sein wird, lachen mehr. Wer erwartet, dass ein Politiker in einer Debatte gut abschneiden wird, gelangt zu der Überzeugung, dass es tatsächlich so ist.[58] Wer erwartet, dass ein Bier nicht schmecken wird, mag es am Ende weniger als wenn er diese negative Erwartung nicht gehabt hätte.[59]

In Rudolf Erich Raspes Klassiker *Münchhausens Abenteuer* gerät der Held in einen Sumpf. Er zieht sich samt seinem Pferd an den Haaren aus dem Morast. Natürlich ist das physikalisch unmöglich, aber der Lügenbaron glaubt, dass es funktionieren wird – er *erwartet*, dass es klappen wird –, weshalb es tatsächlich funktioniert. Leider sind wir nichtfiktionalen Figuren außerstande, unsere Erwartungen einzusetzen, um unsere physikalischen Grenzen zu überwinden, aber unsere Erwartungen können durchaus einiges bewirken.

Die Forschung hat sich eingehend mit der Frage beschäftigt, wie Erwartungen die Entwicklung unserer geistigen Aktivitäten verändern. Hier einige überraschende – und verstörende – Forschungsergebnisse:

A. Ruft man Frauen in Erinnerung, dass sie Frauen sind, so erwarten sie, mathematische Aufgaben schlechter zu bewältigen – und bewältigen sie tatsächlich schlechter.

B. Ruft man Frauen, die zudem Asiatinnen sind, in Erinnerung, dass sie Frauen sind, so erwarten sie, mathematische Aufgaben schlechter zu bewältigen, und tun es. Erinnert man diese Frauen jedoch daran, dass sie auch Asiatinnen sind, so erwarten sie, mathematische Aufgaben besser zu bewältigen, und tun es tatsächlich.[60]

C. Erwarten Lehrer von einigen Schülern in der Klasse, dass sie bessere Leistungen bringen werden als andere, so entsprechen beide Schülergruppen diesen Erwartungen. Der Grund dafür ist, dass das Verhalten der Lehrer und die Erwartungen der Schüler in Bezug auf ihre Leistungen durch die anfänglichen Erwartungen der Lehrer beeinflusst werden.[61]

Diese Forschungsergebnisse liefern wichtige Erkenntnisse über die Wirkung von Stereotypen und Vorurteilen, aber für unsere Zwecke genügt es zu wissen, dass sie zeigen, wie Erwartungen unsere Geisteshaltung und unsere mentalen Fähigkeiten beeinflussen.

Es ist erwähnenswert, dass der über unsere *geistigen* Fähigkeiten hinausgehende Einfluss der Erwartungen auf unsere Erlebnisse kulturübergreifend anerkannt wird. Von Oprah Winfreys Versprechen, »es in die Welt hinauszutragen«, bis zur Verbreitung von »Vision Boards« und der Verwendung der Visualisierung durch Spitzensportler (und dem unerschütterlichen Glauben an diese Praxis) glauben immer mehr Menschen an die transformative Kraft von Erwartungen. Wir wollen uns nicht zu den wissenschaftlichen Nachweisen für die Wirksamkeit derartiger Praktiken äußern, aber als Autoren eines Buchs, das gewiss ein Weltbestseller werden wird, der verfilmt werden und wesentlich zur Verbesserung des Lebens und des Weltfriedens beitragen wird, glauben wir ebenfalls daran, irgendwie.

Die Erwartungen sind also wichtig, aber woher kommen sie?

## IHR NAGELNEUES ICH

Die Markenentwicklung weckt Erwartungen, denn sie erhöht den wahrgenommenen Wert. Das Branding funktioniert!!©®™ Zweifellos wirkt es sich auf die subjektive Leistung aus, wie schon vor einer Ewigkeit – das heißt in den Sechzigerjahren des 20. Jahrhunderts – in Studien nachgewiesen wurde. Dasselbe Fleisch[62] und Bier schmecken besser, wenn sie einen Markennamen tragen.[63] Und um für einen Augenblick ganz neurowissenschaftlich zu werden: Forscher haben herausgefunden, dass Versuchspersonen »beim Konsum eines Cola-Getränks mit dem Markennamen Coke über einen größeren Genuss berichteten, was höheren Aktivierungsniveaus im dorsolateralen Präfontalkortex entsprach, einer Hirnregion, in der Emotionen und kulturelle Erinnerungen verarbeitet werden«.[64] Mit anderen Worten, die Markenentwicklung bewegt Menschen nicht nur dazu, zu *sagen*, dass sie etwas mehr genießen, sondern macht dieses Etwas tatsächlich in ihrem Gehirn zu einem größeren Genuss.

In einer neueren Studie zur Markenentwicklung wurden Personen, die zu viel Freizeit hatten – auch als »Freiwillige« bezeichnet – aufgefordert, verschiedene Produkte auszuprobieren, die teilweise wohlklingende Markennamen trugen und teilweise No-Name-Produkte waren. Die Versuchspersonen glaubten tatsächlich, dass Sonnenbrillen mit einem Markennamen das Sonnenlicht besser filterten als namenlose Brillen und dass Markenohrenschützer mehr Lärm fernhielten. In diesen Experimenten wurde immer dasselbe Produkt in einer Kategorie verwendet, nur dass die einzelnen Exemplare mit verschiedenen Namen versehen wurden. Das Etikett wirkte sich tatsächlich auf den wahrgenommenen Nutzen jedes dieser Produkte aus.[65]

Man sollte meinen, dass Markennamen lediglich die Erwartungen verbessern wird, ein *Produkt* werde mehr Sonnenlicht fernhalten und weniger Geräusche durchlassen. Aber die durch die Markennamen geweckten Erwartungen verbesserten tatsächlich die objektive Leistung: Wenn wir die reale Leistung beurteilen, stellen wir fest, dass das Markenprodukt *tatsächlich* mehr Licht blockierte und Geräusche besser dämpfte. Die Versuchsteilnehmer verwandelten sich selbst in Gläubige und konvertierten zum Glauben an die heilige Marke. Sie erwarteten, dass die Markenprodukte besser funktionieren und von höherem Wert sein würden, und diese Erwartung schuf einen höheren Wert. Es war eine sich selbst erfüllende Sonnenbrillen- und Ohrenschützer-Prophezeiung.

Wir bleiben auch gerne bei Marken, denen wir vertrauen. Vielleicht haben wir immer schon eine bestimmte Automarke bevorzugt, beispielsweise Honda. Wir glauben, dass diese Marke wertvoller ist als andere, dass sie besser sein muss, dass unser

Urteil richtig ist. Dick Wittink und Rahul Guha haben herausgefunden, dass Menschen, die ein neues Auto desselben Herstellers kaufen, der ihr früheres Auto produziert hatte, mehr dafür bezahlen als Personen, die dieses Modell zum ersten Mal kaufen.[66] Hier haben wir es mit einer Kombination von Self-Herding* und Markenaufpreis zu tun.

Auch das Ansehen eines Herstellers – das mit der Marke zu tun hat und oft damit verwechselt wird – wirkt sich auf die Erwartungen aus. Wir können die Wirkung der Reputation überall beobachten.

Es waren nicht nur die Namen Tesla, Tylenol und Armani, die Vinny zu der Überzeugung bewegten, dass die von ihm gewählten Produkte schneller, wirkungsvoller und edler waren. Es lag auch an der Reputation dieser Produkte.

Dan und seine Kollegen Baba Shiv und Ziv Carmon haben ein Experiment durchgeführt, in dem sie den Teilnehmern einen Sobe-Energy Drink vorsetzten, und zwar entweder allein oder in Kombination mit Literatur, in der behauptet wurde, dieses Getränk verbessere die Gehirnleistung und das Lösen von Puzzles. Die Teilnehmer, denen Literatur vorgelegt wurde, erhielten auch zahlreiche (fiktive) wissenschaftliche Artikel, in denen diese Behauptung bestätigt wurde. Es stellte sich heraus, dass diejenigen, die sämtliche (fiktiven) Studien lasen, in anschließenden Tests besser abschnitten als jene, die den Energy Drink zu sich genommen, aber keine »wissenschaftliche« Bestätigung für seine Wirksamkeit erhalten hatten. Die Reputation von Sobe als Problemlöser weckte bei den Versuchspersonen also die Erwartung, der Genuss dieses Getränks werde ihre geistige Leistungsfähigkeit erhöhen – und diese Erwartung führte dazu, dass ihre Leistungen tatsächlich besser wurden.[67]

---

* Wenn Sie den Lernstoff auffrischen wollen, springen Sie zurück zu Kapitel 7, »Wir vertrauen unserem eigenen Urteil«.

Im Juli 1911 war die Mona Lisa eines von vielen Bildern. Im August 1911 wurde sie aus dem Louvre gestohlen. Während die Polizei die Diebe jagte, bildeten sich im Museum plötzlich lange Schlangen von Besuchern, die den kahlen Fleck an der Wand sehen wollten, an dem das Bild gehangen hatte. Die Abwesenheit des Bildes wollten mehr Besucher sehen als das Gemälde selbst. Der Diebstahl war ein Signal. Es bedeutete, dass die Mona Lisa wertvoll war. Zweifellos wäre niemand auf die Idee gekommen, ein wertloses Gemälde zu stehlen. Dem Verbrechen verdankten die Mona Lisa und der Louvre langjährigen Wert. Heute ist diese Gemälde möglicherweise das bekannteste Kunstwerk im gesamten Museum. Sein Wert ist unermesslich. Es verdankt seinen Weltruf einem Diebstahl.

Jeff hat in Princeton studiert, an einer »renommierten« Universität, die ihn vier Jahre lang mit »Bier« und »Pizza« versorgte. Er erwartete eine vorzügliche Ausbildung, die er wahrscheinlich bekam und mit Sicherheit bezahlte. Unabhängigkeit davon, wie fleißig er dort studierte, profitierte er in Bewerbungsgesprächen, bei der beruflichen Vernetzung und in Warteschlangen vor Partys mit Türstehern auch von der Reputation dieser Eliteuniversität. Die Reputation zahlreicher Hochschulen wirkt sich auf die Erwartungen von Eltern, Zulassungsstellen, Personalmanagern und Blind Dates aus. Damit wollen wir nicht sagen, ihr guter Ruf sei unverdient, aber ihre Marke und ihre Reputation wirken sich zweifellos auf die Einschätzung ihrer Absolventen und darauf aus, was von ihnen erwartet wird.

## DIE VERGANGENHEIT IST DER PROLOG

Unsere vergangenen Erfahrungen prägen auch unsere Erwartungen in Bezug auf zukünftige Erfahrungen. Eine gute Erfahrung mit einem Produkt – einem Auto, einem Computer, einem Kaffee, einem Urlaubsort – bewegt uns dazu, den Wert dieses Produkts zu überschätzen, indem wir die vergangene Erfahrung auf den potenziellen zukünftigen Konsum projizieren.

Hollywood produziert am Fließband Fortsetzungen und Remakes. (Eine entsprechende Studie würde vermutlich zutage fördern, dass 145 Prozent aller neuen Hollywoodfilme einfach alte Hollywoodfilme mit neuen Titeln sind.) Warum? Weil uns der Originalfilm gefiel und weil wir das Filmstudio mit hohen Einspielquoten belohnten. Da unsere kollektive vergangene Erfahrung positiv war, erwartet alle Welt (und insbesondere das Studio) ein gutes Ergebnis für eine Fortsetzung. Die Erwartung ist zumindest so hoch, dass ich 15 Dollar dafür bezahlen werde, dass sie meine Kindheit zerstören.

Die auf früheren Erfahrungen beruhenden Erwartungen sind unter anderem deshalb problematisch, weil uns eine Enttäuschung droht, wenn die Erwartungen zu sehr von der eigentlichen Erfahrung abweichen. Ist der Kontrast zwischen Erwartungen und Realität zu groß, so ist die Wirkung der Erwartungen nicht groß genug, um diese Kluft zu überwinden. Die Kunden von JCPenney erwarteten Angebotspreise, und als sie keine Sonderangebote mehr fanden, waren sie empört, obwohl die tatsächlichen Preise praktisch dieselben waren wie zuvor.

Stellen Sie sich einen Teenager vor, der zum Geburtstag einen Geschenkgutschein über 25 Dollar von seiner Tante bekommt, die ihm in den letzten Jahren immer einen Gutschein im Wert von 100 Dollar geschenkt hat. Wie wird dieser Teenager reagieren? »Normalerweise schickt sie 100 Dollar. Was für ein Mist. Ich habe 75 Dollar verloren.« Er sieht nicht, dass er 25 Dollar gewonnen hat, sondern betrachtet das Geschenk in Relation zu den aufgrund vergangener Erfahrungen erwarteten 100 Dollar und empfindet es daher als Verlust.

Die vergangene Leistung ist einfach keine Garantie für zukünftigen Erfolg. Aber erzählen wir das einmal unseren Erwartungen. Nur weil etwas in der Vergangenheit gut funktionierte, muss es nicht auch in der Zukunft gut funktionieren. Das Steak, das bei früheren Gelegenheiten köstlich schmeckte, kann diesmal zäh sein, unser tropisches Urlaubsparadies kann von einem Hurrikan getroffen werden, ein erschreckender Augenblick in einem Horrorfilm, den wir früher toll fanden, kann ohne das Element der Überraschung langweilig sein. Wir bekommen nur eine Chance, einen guten ersten Eindruck zu machen; das gilt für Menschen genauso wie für Käufe. Aber unsere Erwartungen funktionieren nicht so. Sie sind mit unseren früheren Erfahrungen aufgeladen, die wir unbedingt wieder und wieder auf die gleichen und auf neue Erfahrungen anwenden wollen.

Die Präsentation und der Rahmen wecken ebenfalls Erwartungen, die dazu beitragen können, dass die Vorstellung zur Realität wird.

Wird Wein in unterschiedlich geformte Gläser aus unterschiedlichem Material eingeschenkt – in ein einfaches Trinkglas, ein schönes Weinglas, eine Tasse –, so kann dies die Wahrnehmung des Werts und damit auch den Preis des Weins ändern. Erinnern Sie sich noch daran, wie Cheryl den edlen Wein am Schreibtisch aus einer Kaffeetasse und später im Restaurant in Gesellschaft ihrer Freunde aus einem Weinglas trank? Die Flüssigkeit – das gleiche Produkt – hatte sehr viel größeren Wert für sie, als sie sie aus einem schönen Weinglas trank.

Marco Bertini, Elie Ofek und Dan gaben in einem Experiment Studierenden Kaffee zu trinken, wobei eine Gruppe aus Porzellantassen und die andere aus Pappbechern trank. Auch Zucker und Sahne wurden entweder in schönem Geschirr oder in Pappbechern bereitgestellt. Den Versuchspersonen, die aus Tassen tranken und denen Zucker und Sahne in dem Porzellangeschirr serviert wurden, schmeckte der Kaffee besser, und sie waren bereit, mehr dafür zu bezahlen, obwohl es der gleiche Kaffee war wie der, den die andere Gruppe aus Pappbechern trank.[68]

Ein berühmter Geiger, der inkognito in der U-Bahn auftritt, klingt für die vorbeilaufenden Fahrgäste wie ein Straßenmusikant, während ein Amateur, der in einem prachtvollen Konzertsaal aufspielt, nicht unbedingt »gut«, aber zumindest besser klingt als auf der Straße.

## DIE WAHL DES RICHTIGEN ZEITPUNKTS IST ENTSCHEIDEND

Die Macht der Erwartungen ist größer, wenn wir für etwas bezahlen, bevor wir es konsumieren oder erleben.

Kommen wir noch einmal auf den Schmerz des Bezahlens zurück. Wenn wir vor dem Konsum eines Produkts oder einer Dienstleistung dafür bezahlen, verringert dies den Schmerz, den wir zum Zeitpunkt des Konsums empfinden. Wenn wir 100 Dollar für etwas bezahlen, dass wir erst in drei Monaten konsumieren werden, bekommen wir den Konsum oder die Erfahrung, für die wir 100 Dollar bezahlt haben, sowie drei Monate der Vorfreude. Wir bekommen also mehr, als wir bezahlt haben, und wenn wir die Erfahrung schließlich genießen können, haben wir möglicherweise sogar das Gefühl, ein vorteilhaftes Geschäft gemacht zu haben.

Das nachträgliche Bezahlen verringert den Schmerz zum Zeitpunkt des Konsums ebenfalls in gewissen Maß, aber der Wert der Vorfreude auf die Konsumerfahrung und der Genuss daran sind geringer. Wenn wir über die Vergangenheit nachdenken, müssen wir unser Gedächtnis nutzen, das aufgrund all dieser widerborstigen Fakten und Details weniger kreative Freiheit genießt als unsere Fantasie beim Träumen von der Zukunft, in der wir all diese leeren Flächen ausfüllen und all diese verlockenden Möglichkeiten durchspielen können. Verdammte Erinnerung!

In einem Experiment genossen Studierende der University of Southern California ein Videospiel mehr, wenn sie sich vor Spielbeginn vorstellten, wie groß das Vergnügen sein würde. Die Verzögerung des Konsums erhöht das, was die Sozialwissenschaftler als »Speichelfaktor« bezeichnen. Anhand von Schokolade und Erfrischungsgetränken fanden sie heraus, dass die Versuchspersonen diese Dinge mehr genossen, wenn sie ein wenig darauf warten mussten, sie konsumieren zu können.[69] Diese Forschungsergebnisse bestätigen, was wir instinktiv über den mit der Vorfreude einhergehenden Genuss wissen, aber es sollte einmal jemand untersuchen, warum es in sozialwissenschaftlichen Experimenten so oft um Schokolade geht.

Erinnern Sie sich an die Geschichte von Jeff und seiner Frau, die ihre Urlaubsreise im Voraus bezahlten und mehrere Wochen Zeit hatten, um sich auszumalen, wie schön diese Reise sein würde? Dieses Beispiel zeigt, wie wir von der Erwartung einer genussvollen Erfahrung profitieren können. Auf der anderen Seite können negative Erwartungen auch den Wert von Erfahrungen verringern. In einem Experiment gaben Dan und seine Kollegen Studierenden mit einem Schuss Essig versetztes Bier zu trinken. (Nur ein kleines bisschen Essig, aber genug, um den Geschmack des Biers zu verändern.) Jene Versuchspersonen, denen sie im *Voraus* mitteilten, dass das Bier Essig enthielt, genossen das Getränk sehr viel weniger als jene, die erst im *Nachhinein* von dem Essig erfuhren. Wenn wir jemandem sagen, dass eine Erfahrung unangenehm sein wird, wird diese Person nicht nur aufgrund der tatsächlich unangenehmen Erfahrung wahrscheinlich unser Urteil teilen, sondern auch, weil unsere Warnung eine negative Erwartung bei ihr weckt.[70]

Die Zukunft birgt unendlich viele Möglichkeiten. Wenn es um diese Möglichkeiten geht, neigen wir zum Optimismus. Vorfreude, Fantasie, Erwartungen – all diese Dinge tragen dazu bei, den Wert dessen zu erhöhen, was wir in der Zukunft erhalten werden, sei es ein Theaterbesuch, eine Reise oder ein Stück Gourmetschokolade. Wenn wir uns jedoch an eine vergangene Erfahrung erinnern, leitet die schonungslose Realität unser Urteil. Wir sind gezwungen, die Lücken mit Fakten zu füllen. Es sei denn, wir sind ein Politiker, aber das ist ein Thema für ein anderes Buch.

## ZURÜCK ZUM KLOPFEN UND ZU DEN WORTEN

Rituale und Worte wecken ebenfalls Erwartungen, die sich auf die Ergebnisse und den Genuss auswirken. Wir haben gesehen, dass detaillierte Beschreibungen – zum Beispiel der Speisen in einem schicken Restaurant – unsere Aufmerksamkeit und unsere Konzentration erhöhen. Aber wir haben noch nicht geklärt, warum sie auch unsere Erwartungen erhöhen. Eine Speise, die einen dreiminütigen Vortrag wert ist, muss köstlich sein. Das zumindest erwarten wir, und das, so reden wir uns ein, erleben wir auch.

Wir wissen, dass Rituale eine Erfahrung bereichern können. Sie verringern die Angst und erhöhen das Vertrauen, die Konzentration und die Aufmerksamkeit.

In *Denken hilft zwar, nützt aber nichts* hat Dan den rituellen Nutzen von Airborne beschrieben, jenes Nahrungsergänzungsmittels, das angeblich die gewöhnliche Erkältung heilen kann. Das Zischen und die Bläschen, die den Anschein erwecken, dass es funktioniert. Das Ritual bewegte ihn dazu, sich auf die Genesung zu konzentrieren und weckte die Erwartung auf Besserung. Vor einem Auftritt oder einem Billardspiel spielt Jeff bestimmte Rituale durch – mit Kaugummi, Tic Tacs und Ginger Ale (fragen Sie nicht). Ist das Aberglaube, sind es Rituale, oder ist es einfach dumm? Wir wissen es nicht. Wir wissen nur, dass er glaubt, auf diese Art bessere Leistungen bringen zu können. Vielleicht liegt es daran, dass er mit den eigentümlichen Ritualen und dem unbestreitbaren Erfolg des Baseballstars Wade Boggs von den Boston Red Sox aufwuchs.*

## EIN HOCH AUF DIE ERWARTUNGEN!

Wir haben auf der Suche nach den Ursprüngen unserer Erwartungen lediglich an der Oberfläche gekratzt, aber an dieser Stelle genügt es, uns bewusst zu machen, dass sie allgegenwärtig sind und großen Einfluss auf unser Leben haben: Sie bewegen uns dazu, den Wert von Dingen auf eine Art zu beurteilen, die nichts mit ihrem tatsächlichen Wert zu tun hat.

Offenkundig wirken sich unsere Erwartungen darauf aus, wie wir die Dinge des Lebens bewerten, vom Gewöhnlichen (Tylenol und Kaffee) bis zum Besonderen (Malerei, Literatur, Musik, kulinarische Genüsse, Wein, Gesellschaft). Wenn wir mit hohen Erwartungen an etwas herangehen, werden wir dieser Erfahrung unabhängig von der Quelle der Erwartungen großen Wert beimessen und bereit sein, einen hohen Preis dafür zu bezahlen. Wenn wir von einer Erfahrung weniger erwarten, werden wir ihr geringeren Wert beimessen und weniger dafür bezahlen wollen. Manchmal ist das gut. Wenn wir glauben, dass uns ein bestimmtes Sushi besser schmecken wird, sollten wir vielleicht mehr für hohe Erwartungen und den damit verbundenen größeren Genuss an diesem Sushi bezahlen. Aber manchmal liegen die Dinge nicht

---

* Boggs – der fünfmal den Schlagrekord in der American League aufstellte – aß vor jedem Spiel Hühnchen, zog vor jedem Schlag mit seinem Schläger das hebräische Wort für »Lebendig« in den Sand und befolgte eine Reihe weiterer besonderer Rituale, die auch das Timing der Schlagübungen, der Dehnungsübungen und des Taktiktrainings umfassten. Er war großartig. Es ist eine Schande, dass er zu den Yankees wechselte.

so klar. Wenn wir glauben, ein teures Markenprodukt werde besser funktionieren als ein gleichwertiges No-Name-Produkt – und wenn wir aufgrund unserer Erwartungen das Gefühl haben, es funktioniere tatsächlich besser –, sollten wir dann mehr dafür bezahlen?

Manche von uns verlassen sich mehr auf ihre Erwartungen als andere. Zugegebenermaßen wirkt Vinny wie ein Trottel (wir bitten die Vinny-amerikanische Gemeinde um Entschuldigung für das Stereotyp). Hoffentlich sind wir keine Trottel, aber zweifellos sind wir manchmal wie Vinny, wenn wir uns unseres Verhaltens nicht bewusst werden und die Bewertung unserer Optionen und die Entscheidung über unsere Ausgaben von unseren Erwartungen abhängig machen.

Eine wichtige Quelle von Erwartungen, die den Wert verschieben, ist natürlich eben das, über das wir uns klar zu werden versuchen: das Geld. Wenn Dinge teuer sind, erwarten wir mehr von ihnen, und von billigen Dingen erwarten wir weniger. Und in einem selbst erzeugten Kreislauf von Erwartung und Wert bekommen wir das, wofür wir zu zahlen bereit sind.

# 12

# WIR KÖNNEN UNS NICHT BEHERRSCHEN

Sobald die Schweine fliegen gelernt haben, wird Rob Mansfield in Rente gehen können. Rob ist ein gebildeter, erfolgreicher und selbstständiger Unternehmer, aber er hat kein Geld für den Ruhestand zurückgelegt. Nach dem Studium arbeitete er bis Mitte dreißig in einem großen Unternehmen, das seinen Mitarbeitern einen Vorsorgeplan anbot, den der Arbeitgeber mit Beträgen bezuschusste, die den Beiträgen der Mitarbeiter entsprachen. Aber Rob entschloss sich, auf den Plan zu verzichten. Er hielt sein Gehalt für zu gering und glaubte, jeden Cent zu brauchen, um über die Runden zu kommen und ein wenig Spaß zu haben, während er jung genug war, das Leben zu genießen. Er hielt es für keine gute Idee, mehrere Hundert Dollar von seinem Gehalt für die Rente abzuziehen. Er wollte lieber die nächsten fünf bis zehn Jahre in vollen Zügen genießen. Sobald er eine deutliche Gehaltserhöhung erhielt, würde es ihm nicht mehr schwerfallen, jeden Monat einen erklecklichen Betrag zur Seite zu legen. Der zukünftige Rob würde für den Rentner Rob sorgen.

Als freiberuflicher Berater verdient Rob mittlerweile gutes Geld. Sein Einkommen schwankt, aber er kann die Rechnungen für sich und seine neue Frau bezahlen und sich gelegentlich den einen oder anderen Luxus leisten. Jeden Monat legt er Geld für Steuern und Krankenversicherung beiseite, nicht jedoch für den Ruhestand.

Bei seiner Hochzeit vor fünf Jahren unterhielten Robs Schwiegereltern die Gäste mit Geschichten über ihre Frührente. Sie sparten ihr Leben lang, und jetzt genießen sie mit Anfang sechzig ein bescheidenes Leben, ohne arbeiten zu müssen. Sie reisen, besuchen Verwandte, spielen Tennis und genießen ihren Ruhestand miteinander. Ach ja, und sie essen bei vielen Buffets.

Ein solches Leben scheint Rob unerträglich langweilig. Er genießt es, sein eigenes Unternehmen zu führen, auswärts zu essen, zu reisen und sich jedes Mal, wenn er einen Auftrag an Land zieht, ein neues Spielzeug zu leisten. Er hat eine Vorliebe für klassische Motorräder. Alle paar Jahre kauft er sich eine neue Maschine und bastelt unentwegt an den alten herum. Und hin und wieder unternimmt er sogar einen Ausflug auf einer der Maschinen.

Als Rob zwei Jahre verheiratet war, fragte ihn seine Frau auf Drängen ihrer Eltern zum ersten Mal nach seiner Altersvorsorge. Er antwortete scherzhaft, er habe in die Lotterie investiert und vor kurzem zwei Bäume gepflanzt und eine Hängematte gekauft.

Seine Frau kniff die Augen zusammen und sagte: »Ach so?«

Er antwortete. »Nein, nicht wirklich, aber mach dir darüber keine Sorgen.«

»Rob!«

»Es ist alles bestens.«

Als sie verärgert aus seinem Spielzimmer stürmte, brachte sie ihn mit ihrer nicht druckreifen Antwort auf eine gute Idee für einen Sparplan: Eine Sparbüchse, in die für jedes Schimpfwort ein Dollar eingezahlt werden muss. Hätte er diese Idee in die Tat umgesetzt, so wäre er mittlerweile ein reicher Mann.

Seitdem denkt Rob jeden Monat darüber nach, einen Vorsorgeplan zu starten. Aber egal wie viel er verdient, am Monatsende gelangt er immer zu der Überzeugung, dass er es sich nicht leisten kann, Geld beiseitezulegen. Er muss Rechnungen bezahlen. Und es gibt Dinge, die er für sich und seine Frau tun möchte – romantische Abendessen, Wochenendausflüge, neue Motorradausrüstung, ein besseres Soundsystem –, und das Leben zu genießen, solange sie können, ist wichtiger für die beiden als zu sparen. So sind die Jahre vergangen, und Rob spart noch immer nicht. Obendrein ist die Auftragslage im Augenblick nicht besonders gut. Der zukünftige Rob legt nicht mehr Geld zurück als einst der 25-jährige Rob.

Leider ist Rob keineswegs der einzige Amerikaner, der unfähig ist, für das Alter zu sparen (oder zu wenig spart). Im Jahr 2014 hatte fast ein Drittel der erwachsenen Amerikaner noch nicht begonnen, für den Ruhestand zu sparen. Und fast ein Viertel der 50- bis 64-jährigen Amerikaner, deren Erwerbsleben sich dem Ende näherte, hatte noch nicht begonnen, Geld für das Alter zurückzulegen.[71] Anders ausgedrückt: In den Vereinigten Staaten haben fast 40 Millionen Erwerbspersonen keinerlei Rücklagen für das Alter. Und sogar bei denen, die fürs Alter vorsorgen, liegt das Vermögen deutlich unter dem Betrag, der konservativen Schätzungen zufolge nötig sein wird, um im Alter ein angenehmes Leben führen zu können.[72] In einer Studie stellte sich heraus, dass 30 Prozent der Amerikaner mit ihrer Altersvorsorge so weit im Hintertreffen sind, dass sie bis zum achtzigsten Lebensjahr werden arbeiten müssen.[73] Die durchschnittliche Lebenserwartung der Amerikaner liegt bei ... 78 Jahren. Das bedeutet, dass einem Drittel zwei Jahre fehlen, um den Ruhestand zu erleben. Wir sind nicht nur schlecht im Sparen, sondern auch schlecht in Mathematik.

Eine interessante Studie förderte sogar zutage, dass 46 Prozent der *Finanzplaner* selbst keine Altersvorsorge betreiben.[74] Sie haben richtig gelesen: Jene, deren Job es ist, uns beim Sparen zu helfen, sparen selbst nicht. Schöne Aussichten.

## WAS GEHT HIER VOR?

Die Geschichte von Rob – und der Altersvorsorge im Allgemeinen – veranschaulicht unsere Probleme mit verzögerter Belohnung und Selbstbeherrschung. Selbst dann, wenn uns vollkommen klar ist, was gut für uns ist, fällt es uns schwer, Versuchungen zu widerstehen, die uns langfristig schaden.

Heben Sie die Hand, wenn Sie sich gestern Abend fest vorgenommen haben, heute früh aufzustehen und arbeiten zu gehen. Lassen Sie die Hand oben, wenn das Handheben die gesamte sportliche Betätigung ist, die Sie heute vorzuweisen haben.

Natürlich haben verzögerte Belohnung und Selbstbeherrschung nicht spezifisch mit der Psychologie des Geldes zu tun, aber unsere Fähigkeit, Belohnungen hinauszuzögern und uns zu beherrschen, wirkt sich auf unser finanzielles Management (oder besser: unser finanzielles Missmanagement) aus. Wir werden unentwegt mit Situationen konfrontiert, in denen wir Probleme mit der Selbstbeherrschung bekommen, von der alltäglichen Willensschwäche – wir schieben Verpflichtungen hinaus, verschwenden Zeit mit den sozialen Medien, nehmen uns noch eine vierte Ration des Desserts – bis zu gefährlichen und zerstörerischen Verhaltensweisen – wir nehmen unsere Medikamente nicht, wir haben ungeschützten Sex, wir telefonieren am Steuer.

## VERRÜCKT NACH SCHOKOLADENKEKSEN

Warum fällt es uns so schwer, uns zu beherrschen? Der Grund ist, dass bestimmte Dinge in der Gegenwart sehr viel größeren Wert für uns haben als in der Zukunft. Etwas Wunderbares, das wir erst in einigen Tagen, Wochen, Monaten oder Jahren bekommen werden, ist nicht so wertvoll für uns wie etwas, das lediglich in Ordnung, aber in diesem Augenblick verfügbar ist. Die Zukunft ist einfach keine so große Versuchung für uns wie die Gegenwart.

In seinem berühmten Marshmallow-Test setzte Walter Mischel vier- und fünfjährige Kinder in einen Raum, legte jedem ein einzelnes Marshmallow auf den Tisch und sagte den kleinen Versuchspersonen, dass sie, wenn sie das Marshmallow für kurze Zeit nicht anfassten, ein *zweites* erhalten würden. Sie würden die doppelte Belohnung bekommen, aber nur, wenn sie das erste jetzt nicht aßen. Dann verließ er den Raum. Die meisten Kinder verschlangen das Marshmallow sofort und beraubten sich der Chance auf ein zweites.

Aber wir sind ja keine Kinder mehr, nicht wahr? Wir sind nicht impulsiv, sondern können uns beherrschen. Beantworten Sie also folgende Frage: Hätten Sie lieber eine *halbe* Schachtel köstlicher Pralinen in diesem Augenblick oder eine *ganze* Schachtel in einer Woche? Nehmen wir an, jemand würde Ihnen die Schachtel zeigen und den Deckel öffnen, damit Sie die Pralinen sehen und riechen können. Sie haben die Pralinen vor der Nase, und das Wasser läuft Ihnen im Mund zusammen. Was werden Sie tun?

Die meisten Leute – die meisten *Erwachsenen* – erklären in dieser Situation, dass es sich nicht lohnt, eine Woche auf eine weitere halbe Schachtel Pralinen zu warten. Also nehmen sie die halbe Schachtel sofort. Wir sind also wie diese kleinen Kinder, die ein Marshmallow nicht eine Minute auf dem Tisch liegen lassen können? Genau.

Aber einen Augenblick! Wie sieht es aus, wenn wir die Entscheidung in die Zukunft verschieben? Würden wir eine halbe Schachtel Pralinen in einem Jahr oder eine ganze Schachtel in einem Jahr und einer Woche vorziehen? Die Frage ist dieselbe: Lohnt es sich, eine Woche länger zu warten, um eine zusätzliche halbe Schachtel Pralinen zu bekommen? Nun, wenn die Frage so gestellt wird, antworten die meisten Versuchspersonen, dass sie eine weitere Woche auf die größere Menge Pralinen warten würden. Es scheint sich zu lohnen, in einem Jahr eine weitere Woche auf eine zusätzliche Belohnung zu warten. Sind wir am Ende also doch Erwachsene?

Nicht wirklich. Der Unterschied zwischen unserer Entscheidung über die Gegenwart und unserer Entscheidung über die Zukunft ist einfach, dass Entscheidungen, die in der Gegenwart gefällt werden (eine bestimmte Menge Pralinen jetzt oder eine größere Menge in einer Woche?) Emotionen wecken, während das für Entscheidungen über die Zukunft nicht gilt.

Wenn wir uns unsere zukünftige Realität vorstellen – unser Leben, unsere Entscheidungen, unsere Umgebung –, denken wir anders über unsere gegenwärtige Realität. Unsere heutige Realität ist klar definiert, samt Details, Emotionen und so weiter. In der Zukunft ist unsere Realität nicht definiert. In der Zukunft können wir wunderbare Menschen sein. Wir werden uns viel bewegen, uns gut ernähren und unsere Medikamente nehmen. Wir werden früh aufstehen, für unsere alten Tage sparen und niemals beim Autofahren telefonieren. Man stelle sich vor, was das für eine großartige Welt wäre, wenn jeder den großen amerikanischen Roman schriebe, von dem er sagt, er werde »sehr bald damit beginnen«.

Das Problem ist natürlich, dass es unmöglich ist, in der Zukunft zu leben. Wir leben immer in der Gegenwart. Und in der Gegenwart machen uns unsere Emotionen einen Strich durch die Rechnung. Unsere Emotionen in diesem Augenblick sind real und greifbar. Unsere Emotionen in der Zukunft sind bestenfalls eine Voraussage. Sie sind imaginär, und in unserer imaginären Zukunft können wir sie beherrschen. Daher sind unsere Entscheidungen über die Zukunft emotionslos.

In der Gegenwart sind unsere Emotionen jedoch real und stark. Sie bewegen uns dazu, ein ums andere Mal der Versuchung nachzugeben, und sie bewegen uns dazu, einen Fehler nach dem anderen zu begehen. Deshalb scheitert Rob in jedem Monat – selbst in denen, die einst »in der Zukunft« lagen (unter uns: das gilt für alle!) – mit seinem Vorhaben, Geld für den Ruhestand zur Seite zu legen, und gibt stattdessen der Versuchung nach, eine neue Lautsprecherbox oder eine Flasche Reifenwachs zu kaufen. Das ist genau das, was geschieht, wenn bei einer Entscheidung Emotionen ins Spiel kommen: In der Gegenwart gibt es Versuchungen, in der Zukunft nicht. Um mit unseren Beispielen in der Magengegend zu bleiben. Nehmen wir an, man fragt uns, was wir nächsten Monat vorziehen: eine Banane oder einen Schokoladenkuchen? Die Banane ist zweifellos gesünder und besser für uns. Der Kuchen ist köstlich. Wir werden sagen: »In der Zukunft werde ich lieber eine Banane essen.« In der Zukunft gibt es keine Emotion, weshalb wir bei der Wahl zwischen zwei Speisen einfach ihren Nährwert und die Kalorien vergleichen. Welche der beiden ist besser für uns? Werden wir jedoch in der Gegenwart vor diese Wahl gestellt, so denken wir: »In diesem Augenblick möchte ich eigentlich lieber den Kuchen.« In der Gegenwart berücksichtigen wir neben dem Nährwert auch unsere Emotionen und Begierden. Für die meisten Leute ist der Schokoladenkuchen emotional anziehender als die Banane. Jene, für die das nicht gilt, bitten wir hiermit um Entschuldigung.

## EMOTIONALE DEFINITION

Dass uns unser zukünftiges Ich emotional so fern ist, liegt vor allem daran, dass unser zukünftiges Ich so schlecht definiert ist. Wir stellen uns unser zukünftiges Ich oft als eine Person vor, die ganz anders ist als unser gegenwärtiges Ich.[75] Wir verstehen und spüren unsere gegenwärtigen Bedürfnisse und Wünsche sehr viel klarer als die unseres zukünftigen Ich.

Die Wirkung einer *augenblicklichen* Belohnung durch ein Marshmallow, eine halbe Schachtel Pralinen oder einen besseren Stereosound ist unmittelbar und deutlich zu spüren, weshalb sie sich nachhaltiger auf unsere Entscheidung auswirkt. Die Belohnung durch dieselben Dinge in der unbekannten Zukunft ist sehr viel weniger spürbar, weniger greifbar, weniger real, was zur Folge hat, dass sie sich kaum auf unsere Entscheidung auswirken kann. Zu einer abstrakten Zukunft können wir schwerer eine emotionale Beziehung herstellen als zu einer realen Gegenwart.

---

Das Sparen für die Zukunft – oder die Unfähigkeit dazu – ist ein ausgezeichnetes Beispiel für den emotionalen Unterschied zwischen der Beschäftigung mit dem Jetzt und der Auseinandersetzung mit dem Später (wenn es um den Ruhestand geht, ist das Später sehr weit entfernt). Wenn wir für das Alter sparen, müssen wir etwas Reales in der Gegenwart aufgeben, damit unser zukünftiges Ich das Leben genießen kann – und wir müssen dieses Opfer für ein zukünftiges Ich bringen, mit dem wir keine rechte Beziehung herstellen können, für ein zukünftiges Ich, an das wir oft nicht einmal denken wollen. Wer denkt schon gerne darüber nach, dass er alt sein und Geld brauchen wird, wenn er jung ist und ebenfalls Geld braucht?

Wir sollten den Wert von etwas auf der Grundlage der Opportunitätskosten beurteilen: Welche anderen Dinge können wir mit dem Geld erwerben, das wir ausgeben wollen? Aber die Auseinandersetzung mit den Opportunitätskosten wird noch komplizierter, wenn wir zukünftige Ausgaben berücksichtigen müssen. Wie können wir die reale unmittelbare Versuchung, uns heute Abend zwei Eintrittskarten für das Musical *Hamilton* zu leisten, gegen die Möglichkeit abwägen, die 200 Dollar für diese Karten in 30 Jahren für ein Medikament auszugeben, das wir im Alter brauchen könnten? Das ist sehr schwierig.

Das Problem der Altersvorsorge ist besonders komplex und mit großer Ungewissheit verbunden. Wir müssen wissen, wann wir aufhören zu arbeiten, wie viel wir bis dahin verdient haben, wie lange wir leben, wie hoch unsere Ausgaben im Ruhestand sind und welche Rendite unsere Investitionen abwerfen. Wer werden wir in 20, 30, 40 Jahren sein, was werden wir brauchen, was wird uns die Welt bieten? Nicht ganz einfach zu beantworten. Auch die Instrumente der Ruhestandsplanung sind nicht ganz einfach. Da gibt es Pläne und Alternativpläne und Pläne zur Verwaltung der Alternativpläne, während das Management die Alternativpläne abwandelt. Es sind steuerliche Fragen und garantierte und flexible Leistungen und die Renditeentwicklung von Rentenfonds zu berücksichtigen. Herauszufinden, wie das alles zusammenpasst, kann eine beängstigende und verwirrende Aufgabe sein. Es ist, als suchte man nach einem anderen Wort für »Synonym« oder versuchte herauszufinden, was das Beste vor Schnittbrot war. Es ist einfach sehr, sehr schwierig.

Um zu sparen, müssen wir eine ferne, ungewisse Zukunft bewerten und entsprechend planen. Rob ist nicht dazu imstande. Viele von uns sind nicht dazu imstande. Selbst wenn wir den besten Weg finden können, um möglichst viel zu sparen, werden wir mit Versuchungen und Herausforderungen für unsere Selbstbeherrschung konfrontiert werden. Es ist leicht, sich gegenwärtig gut zu fühlen. Es ist schwierig, zu fühlen, wie es sein wird, sich in der Zukunft nicht gut zu fühlen. Wir und viele andere vor uns haben es bereits gesagt, aber wir glauben, dass es sich lohnt, es zu wiederholen: Der Nutzen, etwas in diesem Augenblick zu konsumieren, wird immer größer sein als die Kosten, die dadurch entstehen, dass wir darauf verzichten, um für etwas anderes in der Zukunft zu sparen. Oder wie es Oscar Wilde zusammenfasste: »Ich kann allem widerstehen außer der Versuchung.«[76]

## DIE VERSUCHUNG DES GUTEN WILLENS

Die meisten von uns bemühen sich, Versuchungen durch Willenskraft zu widerstehen. Aber wir besitzen nur selten genug Willenskraft, um dem unerschöpflichen Angebot an Versuchungen zu widerstehen. Wir sind überall von ihnen umgeben, und dank der Technologie nehmen sie ständig zu. Man denke nur an all die scheinbar überflüssigen Gesetze, die wir brauchen, um die Versuchung in Schach zu halten – es ist verboten, zu stehlen, alkoholisiert Auto zu fahren, Medikamente als Suchtgift zu missbrauchen oder seine Cousine zu heiraten. Es gäbe keine Gesetze gegen solche Verstöße, wenn die Menschen nicht versucht wären, sie zu begehen.

Nehmen wir das Verbot, beim Autofahren Textnachrichten auf dem Handy zu lesen. Natürlich sind wir alle imstande, Nutzen des Textens augenblicklich gegen die Kosten abzuwägen. Wir könnten einen Unfall haben, jemanden töten oder selbst sterben. Noch nie hat jemand gesagt: »Ich habe über Kosten und Nutzen des Textens am Steuer nachgedacht. Ich habe darüber nachgedacht, dass ich einen Menschen töten könnte. Ich habe darüber nachgedacht, wie groß mein Bedürfnis ist, am Leben zu bleiben. Und ich bin zu dem Ergebnis gelangt, dass es sich lohnt, beim Autofahren zu texten! Ich denke, ich werde das Handy von jetzt an im Auto häufiger benutzen.«

Nein! Wir alle wissen, dass in dem Moment, in dem wir auf das Display unseres Smartphones schauen, während wir am Steuer eines Autos sitzen, die Wahrscheinlichkeit eines tödlichen Unfalls dramatisch steigt. Wir alle sind uns der Tatsache bewusst, dass dies eine sehr dumme Art ist, uns eigenes Leben und das anderer Menschen aufs Spiel zu setzen. Niemand denkt, es sei klug, während des Autofahrens Textnachrichten zu verschicken. Aber wir tun es.

Warum sind wir so dumm? Es liegt an den emotionalen Faktoren, an unserer Unfähigkeit, die Belohnung hinauszuzögern, an der Tatsache, dass wir nicht wissen, ob wir sterben werden, wenn wir beim Autofahren Textnachrichten lesen, und an unserem übertriebenen Vertrauen in unsere Fähigkeit, einen tödlichen Unfall zu vermeiden. Gemeinsam verschieben diese Faktoren die Wertgleichung. In der Zukunft sind wir weiterhin »perfekt«, aber das Signal, dass wir eine Textnachricht erhalten haben, erklingt jetzt. Das Jetzt zieht uns in seinen Bann.

Wir geben wissentlich mehr Geld aus als wir sollten, wir essen mehr als wir sollten und sündigen abhängig von unseren religiösen Neigungen mehr als wir sollten. Die Versuchung ist die Erklärung für die Lücke zwischen dem rationalen Verhalten, das wir an den Tag legen *sollten*, und dem von unseren Emotionen gesteuerten tatsächlichen Verhalten. Egal ob es sich dabei um unsere Geldbörse, unseren Gaumen oder unsere Hosen handelt.

Wenn es ums Geldausgeben – und damit ums Nichtsparen geht –, sind wir fast unentwegt Versuchungen ausgesetzt. Wir nehmen an, dass niemand eine Belehrung über unsere Konsumkultur braucht, aber sollten Sie noch nicht damit vertraut sein, so schalten Sie einmal ihr Fernsehgerät ein, gehen Sie ins Internet, werfen sie einen Blick in eine Zeitschrift oder schlendern Sie durch ein Einkaufszentrum: Sie werden die Allgegenwärtigkeit der Versuchung verstehen.

Rob gibt sich den Versuchungen hin. Er umgibt sich in seinem Haus mit luxuriöser Unterhaltungselektronik und auf der Straße mit spektakulären Motorrädern. Sein Besitz erinnert ihn laufend daran, was er hat, wer er ist und was er will. Jeden Monat wird ihm *bewusst*, dass er sparen sollte, aber er kann der Versuchung nicht widerstehen. Wie das Kind, das in jedem von uns steckt – und der Erwachsene, der in den meisten von uns steckt – besitzt Rob sehr wenig Selbstbeherrschung.

Das ist der Grund dafür, dass Selbstbeherrschung nicht nur voraussetzt, dass wir die gegenwärtigen Versuchungen erkennen und verstehen, sondern auch, dass wir die Willenskraft aufbringen, ihnen zu widerstehen. Und Willenskraft erfordert definitionsgemäß Anstrengung – das Bemühen, der Versuchung zu widerstehen, unsere Instinkte zu unterdrücken, ein kostenloses Marshmallow, eine schicke Motorradjacke oder etwas anderes, das uns emotional anspricht, abzulehnen.

Wir wissen nicht genau, was Willenskraft eigentlich ist, aber es ist klar, dass es schwierig ist, diese Kraft aufzubringen.

Die Unfähigkeit zu sparen ist in Wahrheit nur eine Manifestation der Willensschwäche. Aber Sparen erfordert mehr als nur Willensstärke. Um Geld zurücklegen zu können, müssen wir zuerst eine Sparstrategie entwickeln. Dann müssen wir uns die Emotionen bewusst machen, die uns in Versuchung führen, von dieser Strategie abzuweichen. Schließlich müssen wir die Willenskraft aufbringen, den Versuchungen zu widerstehen, die hinter jeder Ecke lauern.

Offenkundig ist es einfacher, *nicht* zu beginnen, fürs Alter zu sparen, denn auf diese Art sind wir nicht gezwungen, unser Verhalten zu ändern oder auf einen unserer gegenwärtigen Genüsse zu verzichten. Ein paar fettige Imbisse in der Mikrowelle aufzuwärmen ist leichter als frisches Gemüse einkaufen zu gehen, es nach Hause zu tragen, zu säubern, zu schneiden und zuzubereiten. Es ist leichter, faul zu sein. Und unser Verhalten zu rechtfertigen ist einfacher als es zu ändern. Es ist nicht unsere Schuld, dass wir gelegentlich von dem Schokoladenkuchen naschen: Die Schuld liegt beim Kuchen, weil er so köstlich ist.

## FERNSTEUERUNG

Es lohnt sich zu fragen, welche anderen Faktoren – neben der Neigung, den gegenwärtigen Konsum dem zukünftigen vorzuziehen – unsere Willenskraft verringern (was sich auf unsere Fähigkeit auswirkt, Versuchungen zu widerstehen … die unsere Emotionen nutzen, um uns dazu zu verleiten, der Gegenwart übermäßig großen Wert beizumessen ... was der Grund dafür ist, dass wir keine Selbstbeherrschung haben). Wir alle kennen das Phänomen der sexuellen Erregung. Einige von uns haben es mit dem Vorwand des »wissenschaftlichen Interesses« sogar studiert. Dan veröffentlichte im Jahr 2006 gemeinsam mit George Loewenstein eine Arbeit, in der die beiden zu dem Ergebnis gelangten, dass sexuell erregte Männer bereit sind, Dinge zu tun, die sie normalerweise als abstoßend oder unmoralisch empfinden würden.[77] In einer weiteren, damit zusammenhängenden Studie stellte sich heraus, dass Männer im Zustand der sexuellen Erregung schlechtere Entscheidungen fällen. Die Studie trägt den Titel »Bikinis verleiten zu allgemeiner Ungeduld bei intertemporalen Entscheidungen«, weil die Überschrift »Das hier scheint ein wunderbares Einsatzgebiet für Forschungsgelder zu sein und ist genau, womit ich meine Zeit verbringen möchte« zu lang war.[78]

Neben der Erregung gibt es weitere häufig beobachtete Faktoren, die unsere Neigung verstärken, die Selbstbeherrschung zu verlieren. Dazu zählen Alkohol, Erschöpfung und Ablenkung. Gemeinsam schaffen diese Faktoren die Grundlagen für die Glücksspielindustrie und die nächtlichen Dauerwerbesendungen. Mittelmäßige Musik in Kombination mit dem unablässigen Klimpern von Münzen und dem Rattern und Klingeln der Glücksspielautomaten, gut versteckte Türen, keine Uhren, Gratisgetränke und über die Belüftungsanlage in den Saal gepumpter Sauerstoff sind die Ablenkungswerkzeuge des Casinos. Rasant geschnittene Clips, langwierige Beschreibungen und der Geisteszustand der Zuschauer um 3 Uhr morgens sind die Waffen der Wahl für nächtliche Werbesendungen. Die in diesen Wirtschaftszweigen tätigen Unternehmen haben Imperien auf dem Rücken unserer Unfähigkeit errichtet, Versuchungen zu widerstehen.

## VEREINT GEGEN UNS SELBST

Das Problem der mangelnden Selbstbeherrschung kann natürlich nicht von den anderen zuvor behandelten Bewertungsproblemen getrennt werden. Es verschärft diese Probleme. Wir haben gesehen, dass es sehr schwierig ist, über Geld nachzudenken. Es ist eine große Herausforderung, die Opportunitätskosten abzuwägen, die Bestimmung des Werts in Relation zu anderen Dingen zu vermeiden, den Schmerz des Bezahlens zu ignorieren, unsere Erwartungen beiseitezulassen, uns nicht von Worten und Ritualen lenken zu lassen und so weiter.

Und jetzt erschweren wir die Dinge noch ein wenig mehr, indem wir erklären, dass bei unseren finanziellen Entscheidungen zusätzlich zu all diesen Problem auch noch die Zukunft zu berücksichtigen ist. Wir müssen uns mit der Frage befassen, wie viel Geld und welche Wünsche und Bedürfnisse wir in der Zukunft haben werden und wie unsere Selbstbeherrschung untergraben wird. Wir müssen also nicht nur unsere gegenwärtigen finanziellen Optionen richtig bewerten, sondern uns obendrein auch mit der Zukunft beschäftigen, was die Aufgabe zusätzlich erschwert.

Erinnern Sie sich noch an Brian Wansink und das Experiment mit den bodenlosen Suppenschüsseln, das er in *Mindless Eating* beschreibt? (Mit diesem Experiment haben wir uns im Kapitel über die Relativität befasst.) Nun, die Versuchspersonen aßen nicht nur mehr Suppe, weil ihnen die Relativität (die Menge an Suppe gemessen an der Größe der Schüssel) einen falschen Hinweis zum angemessenen Sättigungsgefühl gab. Oft essen wir einfach, weil wir Speisen sehen – nicht weil wir hungrig sind, sondern weil da etwas zu essen ist. Es ist unser Instinkt zu essen, weil es sich *gut anfühlt* zu essen. In einem solchen Augenblick ist es eine unmittelbare Versuchung. Ohne Selbstbeherrschung kann uns nur der sinkende Pegelstand in einer unerschöpflichen Suppenschüssel bremsen.

Aber wenigstens sind wir keine Fische. Wenn wir zu viel Futter ins Aquarium schütten, wird unser Goldfisch – wir wollen ihn Wanda nennen – solange fressen, bis sein Magen platzt. Warum? Weil Fische keine Selbstbeherrschung haben. Außerdem hat Wanda dieses Buch nicht gelesen. Wenn wir deprimiert sind, weil es uns an Selbstbeherrschung mangelt, denken wir an den Fisch. Verglichen mit Wanda können wir uns gut beherrschen. Relativ gut. Der Schmerz des Bezahlens hat ebenfalls mit der Selbstbeherrschung zu tun. Er macht uns bewusst, welche Wahl wir haben. Er macht die Optionen klar und hilft uns dabei, uns bis zu einem gewissen Grad zu beherrschen. Wenn wir uns mit Freunden spontan zum Abendessen im Restaurant treffen und die Rechnung nicht mit der Kreditkarte, sondern bar bezahlen, wird uns sehr viel deutlicher bewusst, dass uns das 150 Dollar kostet. Dieses gegenwärtige Gefühl hilft uns, der Versuchung eines teuren Abendessens zu widerstehen. Umgekehrt erleichtern uns Mechanismen, die den Schmerz des Bezahlens verringern, die Selbstbeherrschung auszutricksen und Versuchungen leichter und schneller nachzugeben.

Die mentale Buchhaltung – die besonders formbare mentale Buchhaltung – ist eine weitere Taktik, derer wir uns bedienen, um unsere Selbstbeherrschung zu schwächen. »Eigentlich sollte ich heute Abend nicht zum Essen ausgehen ... aber es ist ja sozusagen ein Arbeitsessen.«

In der Auseinandersetzung mit unserem übermäßigen Vertrauen in uns selbst haben wir uns darauf konzentriert, dass wir unserem *früheren* Ich vertrauen – entweder dem Ich, das in der Vergangenheit eine finanzielle Entscheidung fällte, oder dem Ich, das einen irrelevanten Preis, wie den Angebotspreis einer Immobilie, sah. Aber es gibt auch Probleme mit dem Vertrauen zwischen unserem gegenwärtigen und unserem zukünftigen Ich. Robs zukünftiges Ich vertraut seinem gegenwärtigen Ich und verlässt sich darauf, dass dieses im Interesse der Altersvorsorge auf unmittelbare Belohnungen verzichten wird, während sein gegenwärtiges Ich darauf vertraut, dass sein zukünftiges Ich in der Lage sein wird, klügere Entscheidungen über ... sagen wir die Altersvorsorge zu fällen. Weder der eine noch der andere Rob erweist sich als vertrauenswürdig. Das gilt für uns alle: Es ist unklug, darauf zu vertrauen, dass unser vergangenes oder zukünftiges Ich der Versuchung widerstanden hat oder widerstehen wird.

Diese und die übrigen im Lauf des Buches behandelten Faktoren bewegen uns dazu, Dinge falsch zu bewerten. Doch unser Mangel an Selbstbeherrschung bewegt uns dazu, selbst dann irrational zu handeln, wenn wir die Dinge richtig bewerten. Mag sein, dass wir allen psychologischen Fallen ausgewichen und zu einem rationalen finanziellen Urteil gelangt sind ... doch dann sorgt unser Mangel an Selbstbeherrschung dafür, dass wir uns trotzdem irrational verhalten. Das Bemühen um Selbstbeherrschung ist so, als müsste man einen üppigen Dessertwagen ignorieren, nachdem man sich durch eine Mahlzeit aus Grünkohl und Quinoa gequält hat. Komm schon, man lebt und bezahlt nur einmal, nicht wahr?

## NICHT GANZ SO LEICHTES GELD

Dan nahm einmal an einer Konferenz teil, zu der zahlreiche Sportgrößen eingeladen waren. Muhammad Ali war unter den Gästen, und man konnte nicht umhin, über die langfristigen Auswirkungen seiner Boxkarriere auf sein Leben nachzudenken. Ali war bereit gewesen, für den sportlichen Erfolg brutale Schläge einzustecken, und musste später mit der Parkinson-Krankheit dafür bezahlen. Wir werden nicht über seine Entscheidungen urteilen – wir wissen nicht, welche Faktoren er berücksichtigte, welche wissenschaftlichen Erkenntnisse ihm seinerzeit zugänglich waren oder was sich sonst noch auf seine Entscheidungen auswirkte –, aber Alis Leben liefert ein schönes Anschauungsbeispiel dafür, dass es uns nicht gelingt, einen Zusammenhang zwischen unseren gegenwärtigen Wünschen und unserem zukünftigen Wohlergehen herzustellen.

Bei derselben Konferenz sprach Dan auch mit einem berühmten Baseballspieler, der ihm erzählte, wie er seinen ersten Profivertrag unterschrieben hatte. Als ihm sein Trainer seinen ersten Gehaltsscheck überreichte, war er fassungslos, denn auf dem Scheck stand nur ein Betrag von 2000 Dollar. Er hatte einen Vertrag über mehrere Millionen Dollar unterschrieben und verstand nicht, was hier passierte.

Er rief seinen Agenten an, der ihm erklärte: »Keine Sorge, ich habe dein Geld. Es ist in Sicherheit. Ich werde es für dich investieren, damit du nach dem Ende deiner aktiven Laufbahn ein sorgenfreies Leben führen kannst. Bis dahin erhältst du Geld für deine alltäglichen Ausgaben. Wenn du feststellst, dass du mehr brauchst, lass es mich wissen, und wir sprechen darüber.«

Die Mannschaftskollegen dieses Spielers hatten ebenfalls Millionenverträge, aber sie hatten nicht denselben Agenten. Sie gaben mehr Geld aus, fuhren spektakulärere Autos und gingen kostspieligeren Aktivitäten nach. Aber sie legten nicht annähernd so viel Geld beiseite wie er. Heute sind die meisten von ihnen pleite, während dieser Sportler mit seiner Frau ein sorgenfreies Leben führt.

Die Erfahrung dieses Baseballspielers beleuchtet einige überraschende Fakten. Viele Profisportler verdienen in kurzer Zeit sehr viel Geld. Aber sie geben auch sehr schnell viel Geld aus und gehen oft rasch pleite. Rund 16 Prozent der amerikanischen Footballspieler müssen innerhalb von zwölf Jahren nach dem Ende ihrer aktiven Laufbahn Konkurs anmelden, obwohl sie im Lauf ihrer Karriere durchschnittlich 3,2 Millionen Dollar verdienen.[79] Einige Studien haben gezeigt, dass der Anteil der NFL-Spieler, die wenige Jahre nach dem Ende ihrer Profikarriere »unter finanziellen Stress« geraten, sehr viel höher ist: Er liegt bei sage und schreibe 78 Prozent. Auch 60 Prozent der in der NBA engagierten Basketballprofis gerät innerhalb von fünf Jahren nach dem Ende ihrer Karriere in finanzielle Schwierigkeiten.[80] Ähnliche Daten gibt es über Lotteriegewinner: Trotz ihrer gewaltigen Gewinne sind rund 70 Prozent der Lottogewinner innerhalb von drei Jahren pleite.[81]

Wer sehr viel Geld verdient oder gewinnt, ist einem größeren Risiko ausgesetzt, die Selbstbeherrschung zu verlieren. Ein plötzlicher Vermögenszuwachs kann eine besonders große Herausforderung sein. So sonderbar es klingt, ist ein deutlicher Anstieg unseres Kontostands keine Garantie dafür, dass es uns von nun an leichter fallen wird, unsere finanziellen Bedürfnisse zu erfüllen.

Jeff hat eine Hypothese aufgestellt, die er sehr gerne überprüfen würde: Er glaubt, dass er anders als die meisten Menschen in der Lage wäre, einen plötzlichen Vermögenszuwachs zu bewältigen. Leider ist es ihm bisher nicht gelungen, den für das Forschungsprojekt benötigten siebenstelligen Betrag aufzutreiben, aber er hofft, dass sich bald jemand finden wird, der diese wichtige Studie finanzieren möchte.

---

Fast alles in unserer Kultur begünstigt und belohnt den Verlust der Selbstbeherrschung. Im Reality-TV geht es nur darum, wer sich am schlechtesten verhalten kann – wer die Beherrschung verliert, wer aus der Rolle fällt, wer durchdreht. Sie strahlen keine Sendungen wie »Isst du Gemüse besser als ein Fünftklässler?« aus.

Probleme mit der Selbstbeherrschung sind allgegenwärtig. Sie begleiten uns seit jeher, seit Adam und Eva auf jenen reifen, saftigen Apfel verzichten sollten (oder was immer die Ursünde unserer Wahl ist).

Die Versuchung lauert nicht nur überall, sie wird auch größer. Wie sollen wir uns verhalten, wenn es nach den Wünschen unserer kommerziellen Umwelt geht? Denken die Akteure in dieser Umwelt darüber nach, was für uns in 20 oder 30 Jahren gut sein wird? Machen sie sich Gedanken über unsere Gesundheit, unsere Familie, unsere Nachbarn, unsere Produktivität, unser Glück oder unsere Figur? Eher nicht.

Die kommerziellen Akteure wollen, dass wir tun, was gut für sie ist, und sie wollen, dass wir es sofort tun. Läden, Apps, Websites und soziale Medien buhlen um unsere Aufmerksamkeit, unsere Zeit und unser Geld, und es geht ihnen darum, was kurzfristig gut für sie ist, nicht darum, was langfristig in unserem Interesse ist. Und dreimal dürfen Sie raten: Diese Akteure wissen normalerweise besser als wir, wie man uns dazu bringen kann, etwas Bestimmtes zu tun. Und sie werden immer besser darin.

Wir haben bereits zahlreiche Probleme mit der Selbstbeherrschung, und die Überflutung mit immer neuen Versuchungen wird vermutlich dazu führen, dass wir noch sehr viel mehr Probleme bekommen werden. Handys, Apps, Fernsehen, Websites, Einzelhandel und was immer als nächstes kommt, vervollkommnen ihre Abläufe, und sie werden immer besser darin, uns in Versuchung zu führen. Die gute Nachricht ist, dass wir ihnen nicht wehrlos ausgeliefert sind. Wir können einige dieser Probleme bewältigen, indem wir unser Verhalten verstehen lernen, uns der Herausforderungen bewusst werden und uns klar machen, wie uns unsere finanzielle Umgebung dazu verleitet, schlechte Entscheidungen zu fällen. Und wir können die Technologie nutzen, um diese Probleme unter Kontrolle zu bringen: Sie kann uns helfen herauszufinden, wie wir unser Geld in unserem eigenen langfristigen Interesse einsetzen können, anstatt damit den Interessen anderer zu dienen.

Dazu in Kürze mehr. Können Sie sich gedulden? Besitzen Sie genug Willenskraft, um der Versuchung zu widerstehen, zu den Lösungen zu springen? Wir sind überzeugt, dass Sie willensstark genug sind.

# 13
## WIR ÜBERSCHÄTZEN DIE BEDEUTUNG DES PREISES

Vor vielen Jahren wollte ein jüngerer Dan Ariely eine Couch für sein Büro im Massachusetts Institute of Technology (MIT) kaufen. Seine Suche führte ihn zu einem schönen Sofa, das 200 Dollar kostete. Kurze Zeit später stieß er auf ein anderes Sofa, das von einem französischen Designer stammte und 2000 Dollar kostete. Es war viel interessanter als das andere, man saß darauf sehr nah am Boden und hatte ein ganz anderes Sitzgefühl. Aber es war nicht klar, ob es komfortabler war oder ob es seine Funktion als Sofa besser erfüllen würde. Es schien nicht angebracht, zehnmal so viel dafür zu bezahlen. Dan entschloss sich trotzdem für das Designersofa. Seit jenem Tag fällt es jedem, der ihn in seinem Büro besucht, schwer, sich auf diesem Sofa niederzulassen – und noch schwerer, wieder aufzustehen. An dieser Stelle werden wir uns nicht zu dem Gerücht äußern, Dan habe dieses Sofa nur gekauft, um Besucher seines Büros zu foltern.

### WAS GEHT HIER VOR?

Es fiel Dan schwer zu beurteilen, welche langfristigen Erfahrungen das schicke Sofa versprach. Er probierte es aus und räkelte sich ein paar Minuten auf dem Sofa. Aber viel wichtiger war, wie angenehm es sein würde, mehr als eine Stunde auf dem Sofa zu sitzen – wie sich herausstellte, war das sehr angenehm – und wie sich seine Gäste fühlen würden – es zeigte sich, dass es ihnen nicht gefiel, so tief zu sitzen und sich mühsam von der Couch erheben zu müssen. Da er diese Fragen zum Zeitpunkt des Kaufs nicht beantworten konnte und folglich nicht wusste, wie gut das Sofa seinen Zweck erfüllen würde, griff Dan auf eine einfache Entscheidungsregel zurück: Teuer ist gleichbedeutend mit gut. Also entschied er sich für die teure Couch.

Dan ist keineswegs der Einzige, der diese Entscheidungsstrategie anwendet. Würden Sie billigen Hummer kaufen? Oder Discount-Kaviar oder spottbillige Foie gras? Restaurants machen bei solchen Delikatessen keine Sonderangebote, weil sie wissen, wie wir den Preis deuten. Er sendet ein deutliches Signal aus. Selbst wenn der Großhandelspreis für Hummer, Kaviar und Foie gras abstürzte (wie es vor einigen Jahren tatsächlich geschah), gäben Restaurants diese Preissenkungen nicht an ihre Gäste weiter. Das liegt nicht einfach an der Geldgier der Betreiber, sondern daran, dass niedrige Preise eine unangenehme Botschaft über die Natur von Luxusgütern beinhalten. Einen Preisnachlass verbinden wir mit geringerer Qualität. In uns keimt der Verdacht auf, dass mit diesen Speisen etwas nicht stimmt. Und wir sind ziemlich sicher, dass sie den Delikatessen der Konkurrenz unterlegen sind.

Und wenn man uns statt billigem Hummer eine sehr günstige Herzoperation anbietet? Auch hier werden wir denken, dass es nicht mit rechten Dingen zugeht. Wir werden uns nach dem besten Chirurgen umsehen, den wir finden können, und das wird angesichts unserer mangelnden kardiologischen Kenntnisse wahrscheinlich der teuerste sein, den wir finden können.

Wir handeln so, weil eine weitere wichtige Methode zur Bestimmung des Werts (eine Methode, die ebenfalls nichts mit dem tatsächlichen Wert zu tun hat) darin besteht, dem Preis einen Sinn zuzuschreiben. Wenn wir etwas nicht direkt bewerten können – was oft der Fall ist –, setzen wir den Preis mit Wert gleich. Das gilt insbesondere in Ermangelung anderer klarer Werthinweise. Als junger, leicht zu beeindruckender Professor am MIT wusste Dan nicht, wie er den Wert eines Büromöbels bestimmen sollte. Also hielt er sich an das, was er messen konnte: an den Preis. Anderthalb Jahrzehnte und viele unglückliche Gäste später weiß er, dass es eine schlechte Entscheidung war.

In *Denken hilft zwar, nützt aber nichts* hat Dan gezeigt, dass wir darauf geeicht sind, hohe Preise als Platzhalter für Effektivität zu betrachten. Gemeinsam mit seinen Kollegen Rebecca Waber, Baba Shiv und Ziv Carmon führte Dan ein Experiment mit einem falschen Schmerzmittel namens VeladoneRx durch.[82] (Tatsächlich enthielt die Kapsel nur Vitamin C.) Dieses Präparat versahen die Forscher mit einem gesalzenen Preis von 2,50 Dollar pro Tablette. Sie gaben ihren Versuchspersonen fingierte Informationsbroschüren und stellten ihnen einen Techniker in schickem Anzug und weißem Kittel vor. Anschließend verabreichten sie den Versuchsteilnehmern eine Reihe von Stromschlägen, um ihre Schmerztoleranz zu ermitteln. Fast alle Patienten berichteten nach der Einnahme von VeladoneRx über geringere Schmerzen. Als Dan und seine Spießgesellen dasselbe Experiment mit einer weiteren Gruppe wiederholten, den Preis des angeblichen Medikaments diesmal jedoch auf 10 Cent pro Tablette herabsetzten, berichteten die Versuchspersonen im Durchschnitt über eine Schmerzverringerung, die nur halb so groß war wie in der Gruppe der Patienten, denen das Präparat mit dem Preis von 2,50 Dollar verabreicht worden war.

Sodann weiteten Barbara, Ziv und Dan das Experiment aus, indem sie den Energydrink Sobe verwendeten. (Mit diesem Experiment haben wir uns schon an anderer Stelle befasst.) Die Versuchspersonen, denen das Getränk zusammen mit Informationsmaterial gegeben wurde, aus dem hervorging, dass Sobe die geistige Leistungsfähigkeit erhöhe, erzielten in verschiedenen Tests tatsächlich bessere Ergebnisse als die Teilnehmer, die keine fingierte wissenschaftliche Literatur erhalten hatten. Ein weiteres Experiment zeigte, dass Personen, die einen stark verbilligten Energydrink erhielten, in den anschließenden Tests tatsächlich schlechter abschnitten als jene, die das gleiche Getränk zum vollen Preis erhielten. In einem anderen Experiment stellte sich heraus, dass jene Versuchspersonen, die das verbilligte Getränk erhielten, erwarteten, dass es von geringerer Qualität sein würde, und es aufgrund des Preissignals tatsächlich als minderwertig empfanden.[83]

Ob es stimmt oder nicht, ein hoher Preis ist ein Signal für einen hohen Wert. Im Fall wichtiger Dinge wie Gesundheitsfürsorge, Nahrung und Kleidung signalisiert er zudem, dass das Produkt nicht von geringer Qualität ist. Manchmal ist die Abwesenheit geringer Qualität ebenso wichtig wie die Gegenwart hoher Qualität. Tante Susi bezahlt vielleicht keine 100 Dollar für ein T-Shirt, aber wenn das der »reguläre« Preis von JCPenney ist, dann muss jemand bereit sein, so viel Geld dafür zu bezahlen. Also muss es ein hochwertiges Produkt sein. Und Tante Susi hat Glück: Sie bekommt tatsächlich eins dieser totschicken 100-Dollar-T-Shirts für 60 Dollar. Das Handy Vertu bietet dieselben Funktionen wie die meisten anderen Handys, aber wer es sich leisten kann, bezahlt zwischen 10 000 und 20 000 Dollar für die Ehre, Angry Birds auf einem prestigeträchtigen Statussymbol spielen zu dürfen. »Mit Sicherheit würde niemand so viel dafür bezahlen, wenn es das Gerät nicht wert wäre«, muss jemand gedacht haben, um tatsächlich so weit zu gehen, und sich ein Vertu zuzulegen. Auf einer anderen Technologieplattform stand für einen einzigen Tag – die Seite wurde rasch wieder vom Server genommen – ein iPhone mit Namen »I Am Rich« zum Verkauf. Es zeigte einfach ein paar Worte an, die besagten, dass sein Besitzer reich war. Sonst konnte es nicht mehr als jedes andere Gerät. Es kostete 999,99 Dollar. Acht Personen kauften es. Diese acht Personen können gerne Kontakt zu uns aufnehmen, damit wir ihnen einige ähnlich vielversprechende Investitionen vorschlagen können.

Der Preis sollte sich nicht auf Wert, Leistung oder Genuss auswirken, aber er tut es. Wir haben gelernt, uns in jeder einzelnen Transaktion rasch auf der Grundlage des Preises zu entscheiden, und vor allem in Ermangelung anderer Werthinweise tun wir genau das.

Rufen wir uns den Ankereffekt und die willkürliche Kohärenz in Erinnerung: Die Nennung eines beliebigen Preises genügt, um unsere Wahrnehmung des Werts zu beeinflussen. (Der erste Preis, der mit einem Produkt verknüpft wird, dient als Anker für unsere Bewertung dieses Produkts. Und es muss nicht einmal ein Preis sein. Eine willkürlich ausgewählte Zahl wie eine Sozialversicherungsnummer oder die Zahl der afrikanischen Länder genügt.)

Nehmen wir den Wein, der den Magen eines Mannes öffnet, der, wie man uns gesagt hat, das Tor zu seinem Herzen ist. Je höher der Preis einer Flasche Wein, desto besser schmeckt er uns. Die Beweise sind unanfechtbar: Wenn wir wissen, wie viel wir für das Getränk ausgeben, gibt es eine deutliche Korrelation zwischen Preis und Genuss. Und dabei spielt es keine große Rolle, was es für ein Wein ist.[84] Dabei ist es eine ziemlich grobe Methode, vom Preis auf die Qualität zu schließen. Der Einfluss des Preises auf die deduzierte Qualität könnte sinken, wenn wir den Wein anders beurteilen könnten – wenn wir wüssten, wo genau der Wein herkommt, wann er angebaut wurde, warum das wichtig ist oder ob wir den Winzer persönlich kennen und wissen, wie gut er seine Füße wäscht, bevor er die Trauben zerstampft. Aber das ist unwahrscheinlich.

## UNGEWISSHEIT

Das ist alles schön und gut, aber wie oft »kennen wir den Winzer«? Das heißt, wie oft kennen wir alle relevanten Details, die es uns erlauben, den Wert einer Safari oder einer technischen Spielerei oder einer Safari mit lauter technischen Spielereien objektiv zu beurteilen? Fast nie. Wie wir gesehen haben, haben wir normalerweise keine Ahnung, was etwas kosten sollte. Ohne Kontext haben wir keine Möglichkeit, unabhängig den wirklichen Wert von irgendetwas zu bestimmen, seien es Casinochips, Eigenheime oder Schmerzmittel. Wir treiben orientierungslos in einem Meer ungewisser finanzieller Werte.

In Zeiten wie diesen wird das Geld zur vorrangigen Dimension. Ein Preis ist eine Zahl, und er ist klar. Wir können ihn zwischen zahlreichen Optionen vergleichen, und weil es leicht ist, sich eine derart buchstäbliche, scheinbar präzise Vorstellung vom Preis zu machen, achten wir zu sehr darauf und lassen andere Erwägungen außer Acht.

Woran liegt das? Es hat mit unserer Liebe zur Präzision zu tun. Wenn es um Entscheidungen im Allgemeinen und finanzielle Entscheidungen im Besonderen geht, liefert uns die Psychologie eine mehr oder weniger richtige Antwort und die Ökonomie eine präzise falsche Antwort.

Wir lieben die Präzision – und die Illusion der Präzision –, weil sie uns das gute Gefühl gibt, wir wüssten, was wir tun. Und dieses Gefühl gibt sie uns besonders dann, wenn wir nicht wissen, was wir tun.

Das Sonderbare am Geld ist, dass wir es messen können, obwohl wir nicht verstehen, was es ist. Jedes Mal, wenn wir mit einem Produkt oder einer Erfahrung konfrontiert werden, das oder die viele unterschiedliche Eigenschaften und ein präzises und vergleichbares Merkmal (den Preis) hat, neigen wir dazu, die Bedeutung dieses spezifischen Merkmals zu überschätzen, weil das der leichteste Weg ist. Es ist schwierig, Eigenschaften wie Geschmack, Stil oder Erwünschtheit zu messen und zu vergleichen. Daher greifen wir für unsere Entscheidung auf den Preis zurück, der leichter gemessen und verglichen werden kann.

Viele Leute erklären, lieber der bestbezahlte Mitarbeiter eines Unternehmens zu sein als der am schlechtesten bezahlte – und zwar selbst wenn das bedeutet, weniger Geld zu verdienen als in einem anderen Unternehmen. Wenn man die Leute fragt, ob sie lieber 85 000 Dollar verdienen und an der Spitze der Gehaltspyramide stehen oder mit einem Einkommen von 90 000 Dollar nicht an der Spitze stehen würden, so werden sie sich für das höhere Einkommen entscheiden. Ist das vernünftig? Natürlich ist es das.

Stellt man jedoch dieselbe Frage und ordnet sie anders ein, so erhält man eine andere Antwort. Fragt man die Leute, ob sie *glücklicher* wären, wenn sie mit einem Einkommen von 85 000 Dollar an der Spitze der Gehaltspyramide ihres Unternehmens stünden, oder wenn sie mit 90 000 nicht an der Spitze stünden – dieselben Optionen mit denselben Parametern, nur in Bezug zum Glück gesetzt –, so erklären sie mehrheitlich, sie würden mit dem geringeren Einkommen glücklicher sein, sofern sie an der Spitze der Gehaltspyramide stünden. Der Unterschied zwischen den Reaktionen auf die allgemein formulierte Frage und auf die Frage, bei der das Glück in den Mittelpunkt gerückt wird, ist darauf zurückzuführen, dass es sehr einfach ist, sich nur mit Geld auseinanderzusetzen. In Ermangelung eines anderen spezifischen Maßstabs konzentrieren wir uns automatisch auf das Geld. Wenn wir über so etwas wie einen Arbeitsplatz nachdenken ist das Geld so spezifisch, präzise und leicht messbar, dass es uns als Erstes in den Sinn kommt und größeren Einfluss auf unsere Entscheidung hat, selbst wenn zahlreiche Faktoren zu berücksichtigen sind.

Sehen wir uns ein alltäglicheres Beispiel für dasselbe Prinzip an: die quälende Entscheidung über das geeignete Handy. Es gilt eine Vielzahl von Faktoren zu berücksichtigen: Displaygröße, Geschwindigkeit, Gewicht, Kameraauflösung, Sicherheit, Daten, Reichweite. Welches Gewicht sollten wir in Anbetracht all dieser Faktoren dem Preis beimessen? Wenn die Komplexität eines Produkts steigt, wird die Auswahl aufgrund des Preises eine einfachere und attraktivere Strategie. Also konzentrieren wir uns auf den Preis und lassen die Komplexität der Entscheidung weitgehend außer Acht.

Ähnlich verhält es sich mit der willkürlichen Kohärenz. Wie wir gesehen haben, fällt es den meisten von uns sehr schwer, eine Art von Produkt oder Erfahrung mit einer ganz anderen zu vergleichen. Das heißt, wir ziehen nicht die Opportunitätskosten heran, um einen Toyota mit einer Urlaubsreise oder zwanzig teuren Abendessen zu vergleichen. Stattdessen vergleichen wir Dinge, die in dieselbe Kategorie gehören: Autos mit Autos, Handys mit Handys, Computer mit Computer. Nehmen wir an, wir hätten uns seinerzeit das iPhone gekauft, das damals das einzige Smartphone war. Es gab sonst kein derartiges Produkt, womit konnten wir es also vergleichen? (Es stimmt schon, es gab den Palm Pilot und das Blackberry, aber das iPhone war ihnen so deutlich überlegen, als gehörte es in eine ganz andere Produktkategorie. Abgesehen davon, der Palm Pilot? Nein danke, Opa.) Wie konnten wir herausfinden, ob das iPhone seinen Preis wert war? Als Apple das Gerät auf den Markt brachte, kostete es 600 Dollar. Wenige Wochen später senkte das Unternehmen den Preis auf 400 Dollar. Auf diese Art schuf Apple in dieser Kategorie ein neues Produkt, das mit dem *ersten* iPhone verglichen werden konnte – das in Wahrheit natürlich dasselbe iPhone war, nur mit einem anderen Preis. Wenn es erst einmal mehrere Produkte in einer Kategorie gibt, wird der Preis zu einem verlockenden Vergleichsmaßstab, was dazu führen kann, dass wir dem Preis übermäßige Bedeutung beimessen. Wir konzentrieren uns auf den Preisunterschied (toll, es kostet 200 Dollar weniger) statt auf andere Eigenschaften, und natürlich lassen wir weiterhin die Opportunitätskosten außer Acht.

Der Preis ist nicht das einzige Attribut, das als Bezugspunkt für Vergleiche herangezogen werden kann. Auch andere Merkmale können, sofern quantifiziert, diese Funktion erfüllen. Werden diese Attribute jedoch nicht quantifiziert, ist es viel zu schwierig, sie zu verwenden. Es ist schwierig, die Köstlichkeit von Schokolade oder die Fahrbarkeit eines Sportwagens zu messen. Diese Schwierigkeit verdeutlicht die Anziehungskraft des Preises: Dieser kann *immer* leicht quantifiziert, gemessen und verglichen werden. Ein Beispiel: Sind Megapixel, PS oder Megahertz einmal spezifiziert und werden nebeneinandergestellt, so sind sie besser vergleichbar und präziser. Das wird als BEWERTBARKEIT bezeichnet. Wenn wir Produkte vergleichen, können quantifizierbare Merkmale leicht bewertet werden und rücken in den Mittelpunkt, selbst wenn sie eigentlich unwichtig sind. Das erleichtert es uns, unsere Optionen mit Blick auf diese Merkmale zu bewerten. Oft versuchen die Hersteller, uns dazu zu bewegen, uns auf diese Merkmale zu konzentrieren und andere außer Acht zu lassen: Sprechen wir über die Pixel, nicht darüber, wie häufig bei dieser Kamera Defekte auftreten. Ist ein Attribut einmal gemessen, so schenken wir ihm größere Aufmerksamkeit, und sein Einfluss auf unsere Entscheidung wächst.

Christopher Hsee, George Loewenstein, Sally Blount und Max H. Bazerman haben ein Experiment durchgeführt, in dem sie ihre Versuchspersonen anwiesen, Lehrbücher zu überfliegen und anzugeben, wie viel sie für ein Musiklexikon bezahlen würden, das 10 000 Stichworte enthalte und in ausgezeichnetem Zustand sei. Eine andere Gruppe von Versuchsteilnehmern wurde gefragt, wie viel sie für ein Musiklexikon bezahlen würden, das 20 000 Stichworte enthalte, jedoch einen beschädigten Klappendeckel habe. Keine der beiden Gruppen wusste von der Existenz des anderen Lexikons. Die Versuchspersonen wollten durchschnittlich 24 Dollar für das 10 000-Worte-Lexikon und 20 Dollar für das 20 000-Worte-Lexikon mit dem beschädigten Einband bezahlen. Der Einband, der für die Suche nach musikalischen Begriffen irrelevant war, hatte großen Einfluss auf ihre Entscheidung.

Als nächstes konfrontierten die Forscher eine dritte Gruppe gleichzeitig mit beiden Optionen. Jetzt konnten die Versuchspersonen die zwei Optionen miteinander vergleichen. Das änderte ihre Einschätzung der Produkte. In dieser Situation, in der ein Vergleich der Optionen einfach war, wollten die Versuchsteilnehmer durchschnittlich 19 Dollar für das 10 000-Worte-Lexikon und 27 Dollar für das 20 000-Worte-Lexikon mit dem beschädigten Einband bezahlen. Durch die Einführung eines leichter vergleichbaren Produktmerkmals – der Zahl der Stichworte – wurde das umfangreichere Lexikon trotz des beschädigten Einbands plötzlich deutlich mehr wert. Wenn sie ein einzelnes Produkt bewerten mussten, spielte es keine Rolle für die Versuchspersonen, ob das Lexikon 10 000 oder 20 000 Stichworte enthielt. Erst als dieses Attribut leicht vergleichbar wurde, wurde es wichtig für die Beurteilung des Werts. Wenn wir nicht wissen, wie wir ein Produkt bewerten sollen, haben leicht vergleichbare Merkmale unverhältnismäßig großen Einfluss auf unsere Entscheidung, selbst wenn diese Merkmale, wie der Einband in diesem Experiment, wenig mit dem realen Wert des fraglichen Produkts zu tun haben. In diesem Fall stieg die Bedeutung der Zahl der Stichworte, während der Zustand des Einbands an Bedeutung verlor. Zumeist ist das Merkmal, das wir bei einer Entscheidung überbetonen, jenes Attribut, das immer leicht zu sehen und zu bewerten ist: der Preis.[85]

Aber ist etwas daran auszusetzen, dass wir dazu neigen, uns auf das Attribut zu konzentrieren, was wir am leichtesten messen und vergleichen können? Tatsächlich ist einiges daran auszusetzen. Dieses Verhalten kann sehr problematisch werden, wenn das messbare Attribut eigentlich nicht ausschlaggebend für die Entscheidung sein sollte. Wenn es nicht der angestrebte Zweck, sondern nur das Mittel zu diesem Zweck ist. Ein gutes Beispiel sind die Vielfliegermeilen. Niemand macht es zu seinem Lebensziel, Vielfliegermeilen anzuhäufen – sie sind lediglich ein Mittel, das eines Tages den Zweck erfüllen kann, uns einen Urlaub oder kostenlose Flüge zu verschaffen. Selbst die von George Clooney in *Up in the Air* gespielte Figur sammelt die Vielfliegermeilen nicht um ihrer selbst willen, sondern weil sie ein Symbol für Macht und Wohlstand sind.

Während also kaum jemand die Anhäufung von Vielfliegermeilen als Schlüssel zu einem erfüllten Leben betrachtet, ist es immer verlockend, etwas anzuhäufen, das leicht messbar ist. Wie vergleichen wir 10 000 zusätzliche Flugmeilen mit vier zusätzlichen Stunden am Strand? Wie viele Meilen entsprechen einer Stunde der Entspannung?

Das Geld funktioniert genauso. Es ist nicht das eigentliche Ziel im Leben, sondern ein Mittel zu einem Zweck. Aber da Geld sehr viel greifbarer ist als Glück, Wohlergehen und ein Lebenssinn, neigen wir dazu, uns bei unseren Entscheidungen nicht auf unsere eigentlichen, sinnvolleren Ziele, sondern auf das Geld zu konzentrieren.

Wir wollen unbedingt glücklich und gesund sein und das Leben genießen. Messbare Dinge wie Vielfliegermeilen, Geld und Emmy-Nominierungen erleichtern es uns, unseren Fortschritt zu beurteilen. Viele Reisende wählen verrückte Flugrouten, nur um mehr Meilen zu sammeln, was aufgrund von Flugverzögerungen, ungemütlichen Sitzen und dem geschwätzigen Vertreter, der unbedingt die Geschichte seiner heimlichen Liebe zu Mavis in der Kopierstelle erzählen muss, tatsächlich ihr Lebensglück verringert. Verdammt nochmal, lad sie doch einfach auf ein Bier ein!

## IM SPIEL DES LEBENS SIEGEN

Ach, das Leben. Und das Geld. Und die wichtigen Dinge im Leben. Geld ist ein Symbol für Wert, was im Wesentlichen etwas Gutes ist. Dank des Geldes ist unser Leben individuell und kollektiv schöner, erfüllter und freier. Weniger gut ist es, wenn die Funktion des Geldes als Maßstab des Werts auf Bereiche unseres Lebens ausgeweitet wird, die über den Erwerb von Gütern und Dienstleistungen hinausgehen.

Da Geld greifbarer ist als menschliche Bedürfnisse wie Liebe, Glück und Kindergelächter, konzentrieren wir uns oft auf das Geld, um den Wert unseres Lebens zu bestimmen. Wenn wir aufhören, darüber nachzudenken, wissen wir, dass Geld nicht das Wichtigste im Leben ist. Niemand bereut auf dem Sterbebett, nicht genug Zeit mit seinem Geld verbracht zu haben. Aber da Geld sehr viel leichter zu messen ist – und da uns die Beschäftigung damit weniger Angst macht – als der Sinn des Lebens (was immer das sein mag), können wir uns auf das Geld konzentrieren.

Betrachten wir beispielsweise, wie die Arbeit von Künstlern in einer modernen Volkswirtschaft bewertet wird, in der die Schaffung von Inhalten nicht mehr so gut bezahlt wird wie in der Vergangenheit. Da der Wert in unserer Kultur anhand des Geldes bestimmt wird, kann es verletzend und entmutigend sein, wenn man für seine Kunst nicht bezahlt wird, obwohl man überzeugend argumentieren könnte, dass Geld nicht das Ziel der Kunst ist. Viele große Künstler waren von großzügigen Mäzenen von der Art abhängig, die es nicht mehr gibt, oder starben verarmt ... und das in Zeiten, in denen sie nicht mit Candy Crush und Instagram-Modellen um Aufmerksamkeit buhlen mussten.

Im Lauf von Jeffs unkonventioneller Karriere – Rechtsanwalt für drei Minuten, Komiker, Kolumnist, Buchautor, Redner, Unterwäschemodel (stimmt nicht, aber es muss erlaubt sein zu träumen) – reagierte seine Familie auf jede seiner Leistungen von der Veröffentlichung eines Buchs über einen Fernsehauftritt und neue Kontakte bis zur Begegnung mit Dan (sie lernten sich durch Jeffs erstes Buch über Unaufrichtigkeit kennen, nicht dank Tinder, wie böse Zungen behaupten) mit der Frage: »Was bekommst du dafür?« Das störte ihn lange, denn es schien ihm hartherzig und geringschätzig, ein Hinweis darauf, dass seine Familie den wahren Wert seiner Tätigkeiten nicht verstand. Tatsächlich verstanden seine Lieben nicht, was er tat, aber geringschätzig waren sie nicht. Sie versuchten zu verstehen. Sie fragten nach dem Geld, um seine Aktivitäten einordnen zu können. Mit dem Bemühen um monetäre Einordnung versuchten sie, Jeffs nicht greifbare, unverständliche Aktivitäten in eine Sprache zu übersetzen, die sie verstehen konnten: in die Sprache des Geldes. Anfangs bestand eine schmerzhafte Kluft zwischen Jeffs Weltverständnis und dem seiner Familie, aber als er begriff, dass sie ihn nicht nur kritisieren, sondern auch verstehen wollten, verwandelte sich das Geld in eine gemeinsame Sprache. Es half der Familie zu beurteilen, was er tat, seine Aktivitäten zu bewerten und ihm Rat und Unterstützung zu geben. Auf diese Art konnten sie sich mit *fundierten* Tiefschlägen, *realitätsbezogenen* Scherzen und *sachlich gerechtfertigtem* Augenrollen über ihn lustig machen. Es war ein Fortschritt.

Selbstverständlich ist es teilweise gerechtfertigt, sich auf das Geld zu konzentrieren, aber man könnte sagen, dass wir alle diese nützliche Auseinandersetzung mit dem Geld seit langem hinter uns gelassen haben und heute nur noch besessen vom Geld ziellos das Meer der finanziellen Ungewissheit durchpflügen.

## ÄPFEL ZU ÄPFELN, STAUB ZU STAUB

Wir sollten uns bewusst machen, dass Geld nichts anderes als ein Tauschmittel ist. Es versetzt uns in die Lage, Dinge wie Äpfel,

Wein, Arbeitskraft, Urlaubsreisen, Bildung und Wohnungen miteinander auszutauschen. Wir sollten ihm keine Symbolkraft beimessen. Wir sollten es als das betrachten, was es ist: ein Werkzeug, mit dem wir uns jetzt, ein bisschen später und auch sehr viel später das beschaffen können, was wir brauchen und wollen.

Jeder kennt die Redensart über die Schwierigkeit, Äpfel mit Birnen zu vergleichen. Aber es ist nicht schwer. Tatsächlich ist es ganz einfach, Äpfel und Birnen miteinander zu vergleichen: Niemand steht jemals vor einem Obstteller und fragt sich, ob er den Apfel oder die Birne vorzieht. Wenn wir Dinge abhängig davon bewerten, wie viel Genuss sie uns bereiten werden – das wird als direkte hedonistische Bewertung bezeichnet –, wissen wir mit einiger Sicherheit, welche der Optionen wir mehr genießen werden.

Schwierig ist es, Äpfel mit Geld zu vergleichen. Wenn das Geld in die Gleichung aufgenommen wird, wird die Entscheidung sehr viel schwieriger, und unsere Fehleranfälligkeit steigt. Es ist ein sehr gefährliches Unterfangen, festzustellen, wie viel Geld dem Genuss entspricht, den wir beim Verzehr eines Apfels empfinden werden.

Unter diesem Gesichtspunkt besteht eine hilfreiche finanzielle Entscheidungsstrategie darin, so zu tun, als gäbe es kein Geld.

Wie wäre es, das Geld gelegentlich aus der Gleichung herauszunehmen? Wie wäre es, wenn wir, um über eine Urlaubsreise zu entscheiden, versuchen würden, den Betrag zu bestimmen, den uns dieser Urlaub gemessen an Kinobesuchen oder guten Weinen, die wir trinken könnten, kosten wird? Wie wäre es, angesichts der Frage, ob wir unsere Wintergarderobe ersetzen sollen, zu überlegen, wie viele Tankfüllungen für das Auto oder Fahrradreparaturen oder freie Tage uns die neue Kleidung kosten wird? Wie wäre es, nicht die Preise von Flachbildfernsehern zu vergleichen, sondern darüber nachzudenken, dass dieser Preisunterschied den Kosten eines Restaurantessens mit Freunden plus vierzehn Überstunden im Büro entspricht, und anschließend darüber zu entscheiden, ob wir ein neues Fernsehgerät brauchen?

Wenn wir nicht Dinge mit Geld, sondern stattdessen direkt Dinge mit Dingen vergleichen, beginnen wir, unsere Entscheidungen in einem anderen Licht zu betrachten.

Besonders nützlich dürfte diese Methode bei wichtigen Entscheidungen sein. Nehmen wir an, wir wollten uns ein Eigenheim zulegen und hätten die Wahl zwischen einem großen Haus, für das wir eine hohe Hypothek aufnehmen müssten, und einem mittelgroßen Haus mit einer kleineren Hypothek. Es ist schwierig, diese Optionen zu vergleichen, wenn die Attribute, die wir vergleichen können, monatliche Zinszahlungen, Eigenkapital, Zinssätze und dergleichen sind. Noch schwieriger wird die Entscheidung, wenn uns alle Beteiligten – Verkäufer, Makler, Kreditgeber – dazu bewegen wollen, mehr Geld auszugeben und das größere Haus zu kaufen. Wie wäre es, den Wert nicht am Geld zu messen? Wie wäre es zu sagen: »Das größere Haus kostet mich genauso viel wie das kleinere plus ein jährlicher Urlaub, ein Studiensemester für jedes meiner Kinder und zusätzliche drei Arbeitsjahre, bevor ich in den Ruhestand gehen kann. Ja, ich kann es mir leisten, aber vielleicht lohnt es sich nicht, all diese Dinge gegen ein zusätzliches Bad und einen größeren Garten einzutauschen.« Vielleicht entscheiden wir uns auch nach dieser Kalkulation für das größere Haus. Wunderbar! Aber zumindest sind wir uns der Entscheidung bewusst geworden, indem wir alternative Möglichkeiten zur Verwendung unseres Geldes erwogen haben.

Diese Methode des direkten Vergleichs ist nicht zwangsläufig die effizienteste, und möglicherweise ist sie nicht einmal die rationalste. Es würde uns lähmen, würden wir uns bei jeder finanziellen Entscheidung die Zeit nehmen, um die Transaktion in eine geldlose Analyse der Opportunitätskosten zu verwandeln.

Aber es ist eine gute Übung zur Beurteilung unserer Entscheidungsfähigkeit, vor allem, wenn wir mit bedeutsamen Entscheidungen konfrontiert sind.

Das Geld ist Fluch und Segen zugleich. Es ist ein wunderbares Tauschmittel, aber wie wir gesehen haben, führt es uns oft in die Irre und bewegt uns dazu, uns auf die falschen Dinge zu konzentrieren. Da kann es hilfreich sein, bei der Beurteilung des Werts hin und wieder auf das Geld zu verzichten. Wägen Sie gelegentlich zwischen Dingen und anderen Dingen ab, anstatt sich immer nur auf das Verhältnis zwischen Dingen und Geld zu konzentrieren. Wenn Sie nach der Abwägung mit einer Entscheidung zufrieden sind, nur zu. Wenn nicht, sollten Sie noch einmal darüber nachdenken. Und dann noch einmal. Und noch einmal.

Egal wo wir im Leben stehen, sollten wir über unsere Lebensentscheidungen nicht mit Blick auf das Geld, sondern mit Blick auf das Leben nachdenken.

## DAS GELD GIBT DEN TON AN

Vielleicht erinnern Sie sich noch an einige der Personen, denen wir in diesem Buch begegnet sind: an George Jones, Tante Susi, Jane Martin, den frischvermählten Jeff, die Immobilienmakler aus Tucson, Tom und Rachel Bradley, James Nolan, Cheryl King, Vinny del Rey Ray und Rob Mansfield? All diese Leute dachten lange Zeit darüber nach, wie sie ihr Geld am besten ausgeben konnten, und entschieden sich am Ende doch falsch. Sie waren dumm, und zwar nicht nur, weil sie sich in der komplexen und verschlungenen Welt des Geldes nicht zurechtfanden, nicht nur, weil sie sich von irrelevanten Werthinweisen in die Irre führen ließen, nicht nur, weil sie Fehler machten. Sie waren auch dumm, weil sie so viel Zeit damit verbrachten, über das Geld nachzudenken. Sie trieben im Meer der Ungewissheit und ließen sich vom

Wind der Werthinweise zu einer Insel treiben, auf der sie wie rituelle Opfer in einen Geldvulkan geworfen wurden.

Am Anfang dieses Kapitels haben wir untersucht, warum wir alle im Bemühen, bei finanziellen Entscheidungen den Wert von Dingen zu bestimmen, dazu neigen, dem Geld – genauer gesagt dem Preis – übermäßige Bedeutung beizumessen. Anschließend haben wir analysiert, warum wir dem Geld bei anderen wichtigen Entscheidungen und bei der allgemeinen Bewertung unseres Lebens zu große Bedeutung beimessen.

Keiner von uns ist so kompetent oder so vollkommen glücklich, dass er den Anspruch erheben könnte, irgendjemandem zu sagen, was er mit seinem Leben tun soll. Aber wir besitzen ausreichende Daten, um behaupten zu dürfen, dass wir alle versuchen sollten, uns aus dem Würgegriff des Geldes zu befreien. Zumindest sollten wir seinen Einfluss auf unser Leben ein wenig verringern.

Wir maßen uns nicht an, Ihnen zu sagen, wie Sie ihre Prioritäten setzen sollten, wie viel von Ihrem Geld Sie für Familie, Liebe, guten Wein, Sport und Ferien ausgeben sollten. Wir wollen Sie nur dazu bewegen, darüber nachzudenken, wie Sie über Geld denken.

**TEIL III**
# UND JETZT? BAUEN WIR EIN HAUS AUF DEM FUNDAMENT UNSERER DENKFEHLER

# 14

# LASSEN WIR DEN GEDANKEN TATEN FOLGEN

Was können wir also tun? Wir haben gesehen, dass unsere Vorstellungen vom Geld falsch sind und dass wir den Wert auf eine Art und Weise beurteilen, die wenig mit dem tatsächlichen Wert zu tun hat, woraus folgt, dass wir unser Geld falsch ausgeben. Wir haben einen Blick hinter den Vorhang geworfen und etwas über die Abläufe in unserem finanziellen Verstand gelernt. Wir haben gesehen, dass wir irrelevanten Faktoren übermäßige Bedeutung beimessen, wichtige ignorieren und uns von unerheblichen Werthinweisen in die Irre führen lassen.

Wie sollten wir also über Geld nachdenken? Welche Lösungen gibt es für unsere Probleme?

Wir sind sicher, dass der eine oder andere Leser bereits zum Ende des Buches gesprungen ist, um das herauszufinden. Manch einer tut das vielleicht, während er in der Buchhandlung das Angebot durchstöbert. Wenn Sie zu diesen Personen gehören, wollen wir Ihnen 1) dazu gratulieren, dass Sie sich die Kosten dieses Buchs erspart haben, 2) sagen, dass Sie unsere Bemühung nicht richtig bewerten, und 3) an dieser Stelle die Kurzfassung des Buchs anbieten: Wenn wir vor finanziellen Entscheidungen stehen, *sollten* die Opportunitätskosten, der tatsächliche Nutzen einer Ausgabe und der tatsächliche Genuss, den uns eine Ausgabe verglichen mit anderen möglichen Optionen verschafft, ausschlaggebend sein.

Was sollte in einer vollkommen rationalen Welt *nicht* ausschlaggebend sein?

- Angebotspreise oder »Ersparnisse«, das heißt wie viel wir zur selben Zeit für etwas anderes ausgeben (Relativität).

- Die Klassifizierung unseres Geldes, woher es stammt und was wir in Bezug auf das Geld empfinden (mentale Buchhaltung).

- Die Annehmlichkeit der Zahlung (Schmerz des Bezahlens).

- Der erste Preis, den wir sehen, oder Preise, die wir in der Vergangenheit für etwas Vergleichbares bezahlt haben (Ankereffekt).

- Das Gefühl der Eigentümerschaft (Endowment-Effekt und Verlustabneigung).

- Ob derjenige, der ein Produkt erzeugt oder eine Dienstleistung erbringt, anscheinend hart arbeitet (Fairness und Aufwand).

- Ob wir den gegenwärtigen Versuchungen nachgeben (Selbstbeherrschung).

- Wie leicht der Preis eines Produkts oder einer Erfahrung mit anderen Preisen verglichen werden kann (Überbetonung des Geldes).

Denken Sie daran: Diese Dinge wirken sich nicht auf den Wert dessen aus, was wir kaufen (selbst wenn wir denken, dass sie es tun). Es gibt noch weitere Faktoren, die den Wert nicht verändern würden, wenn wir vollkommen rational wären, aber da wir sehr unvernünftig sind, wirken sie sich auf den Wert unserer Erfahrungen aus. Diese Faktoren sind:

- Die Worte, die etwas beschreiben, sowie die Dinge, die wir zum Zeitpunkt des Konsums tun (Konsumvokabular und Rituale).

- Die Vorwegnahme der Konsumerfahrung im Gegensatz zu ihrer tatsächlichen Natur (Erwartungen).

Sprache, Rituale und Erwartungen sind von den übrigen Faktoren zu trennen, weil sie die Erfahrung tatsächlich verändern können. Ein Preisnachlass von 25 Prozent oder die Bezahlung mit einem Mausklick werden den Wert eines Produkts nie ändern. Hingegen kann eine Konsumerfahrung dadurch, dass wir etwas über die Herstellung eines Weins erfahren oder dass ein Sommelier mit weißen Handschuhen bei einem Picknick am See unser Glas füllt, tatsächlich bereichernder und wertvoller werden.

Wären wir vollkommen rational, so würden Sprache, Rituale und Erwartungen unsere Ausgabenentscheidungen nicht beeinflussen. Aber da wir keine Roboter, sondern Menschen sind, scheint es unangebracht, zu sagen, dass uns Sprache, Rituale und Erwartungen *nie* beeinflussen sollten. Es ist schwer zu sagen, an welchem Punkt es ein Fehler wird, eine Konsumentscheidung von diesen Faktoren abhängig zu machen, vor allem, wenn sie eine Erfahrung tatsächlich verbessern. Wenn wir aufgrund einer schönen Beschreibung, einer angenehmen Umgebung, einer ansprechenden Flasche, eines Verkostungsrituals usw. erwarten, dass wir einen Wein mehr genießen werden, wird der Wert dieses

Weins für uns tatsächlich steigen. Ist es also ein Fehler, zuzulassen, dass das geschieht? Oder haben wir es mit einem Mehrwert zu tun, der eine höhere Ausgabe wert ist?

Unabhängig davon, ob Sprache, Rituale und Erwartungen nützliche Beiträge zur Bewertung einer Erfahrung leisten, ist klar, dass wir selbst diejenigen sein sollten, die entscheiden, inwiefern wir sie berücksichtigen. Wir sollten selbst entscheiden, ob wir uns der Irrationalität hingeben wollen, um eine Erfahrung zu bereichern. Diese Einflüsse sollten uns nicht aufgezwungen werden. Mit dem Wissen, das wir jetzt besitzen, können wir entscheiden, ob und wann wir Wein mehr genießen werden, weil er auf eine bestimmte Art eingeschenkt wird.

Es ist fraglich, ob es wünschenswert wäre, in einer Welt ohne Sprache, Rituale und Erwartungen zu leben, in einer Welt, in der wir alle Erfahrungen in einem vollkommen neutralen emotionalen Zustand machen würden. Das klingt nicht nach großem Lebensgenuss. Wir sollten jedoch dafür sorgen, dass wir selbst steuern können, wie diese wichtigen Elemente eingesetzt werden.

Das ist einfach, nicht wahr? Von der Relativität bis zu den Erwartungen, jetzt wissen Sie, wie wir über Geld denken und welche irrationalen Faktoren uns dabei beeinflussen. Jetzt können Sie loslegen und bei allen finanziellen Entscheidungen diese Erkenntnisse berücksichtigen.

Sie haben begriffen, dass es nicht ganz so einfach ist, stimmt's? Die Aufgabe wirkt eher beängstigend. Nun, es gibt einen Grund dafür, dass wir uns entschlossen haben, Ihnen zu zeigen, *warum* wir dumme finanzielle Entscheidungen fällen, anstatt Ihnen zu sagen, *was Sie in jeder Situation tun können*. Zunächst einmal wissen wir nicht, was in jeder Situation das Richtige ist. Niemand weiß das. Aber wir wollen Ihnen auch nicht einfach Fisch geben, sondern wir möchten Ihnen zeigen, wie Sie bisher gefischt haben, damit Sie sich in Zukunft beim Fischen geschickter anstellen können, wenn Sie es denn wollen. Vielleicht ist es nicht fair, Ihnen einen Haufen Informationen vor die Füße zu werfen und uns zu verabschieden. Sie darauf hinzuweisen, dass Sie ohne Paddel in einem Wildbach treiben – und dann wegzuschwimmen. Fröhlich lachend zu erklären, dass es keinen Ausweg gibt. Nun, tatsächlich glauben wir nicht, dass es keinen Ausweg gibt. Wir sind durchaus optimistisch. Wir sind davon überzeugt, dass es möglich ist, viele unserer finanziellen Fehler zu korrigieren. Wenn wir uns bemühen, können wir individuell und kollektiv unsere finanziellen Entscheidungen verbessern. Der erste Schritt besteht darin, uns unsere Fehler bewusst zu machen. Das haben wir erreicht. Der nächste Schritt besteht darin, dieses Bewusstsein in einen effektiven Plan und konkrete Schritte umzumünzen.

Nachdem wir die vielen Dinge studiert haben, die wir falsch machen, können wir beginnen, die Nuancen unseres Verhaltens zu analysieren, um Methoden zu entwickeln, die uns zu besseren finanziellen Entscheidungen in der Zukunft verhelfen werden. Eine der wichtigsten Erkenntnisse der Verhaltensökonomie ist, dass schon geringfügige Veränderungen an der Umwelt, in der wir leben, viel bewirken können. Ausgehend von dieser Erkenntnis glauben wir, dass eine genaue Kenntnis der menschlichen Verwundbarkeit geeignet ist, um unsere Entscheidungsprozesse im Allgemeinen und unsere finanziellen Entscheidungen im Besonderen zu verbessern.

Beginnen wir mit den Dingen, die jeder von uns tun kann, um unsere Fehler bei der Bewertung von Dingen zu vermeiden, zu korrigieren oder auszugleichen.

**Wir lassen die Opportunitätskosten außer Acht.**

Betrachten wir finanzielle Transaktionen mit Blick auf die Opportunitätskosten, indem wir uns vor Augen halten, auf was wir verzichten, um etwas zu bekommen. Wir können zum Beispiel Geld in Zeit übersetzen – wie viele Stundenlöhne oder Monatsgehälter müssen wir opfern, um uns etwas leisten zu können?

**Wir vergessen, dass alles relativ ist.**

Wenn wir ein Sonderangebot sehen, sollten wir nicht die Frage stellen, wie viel das Produkt oder die Dienstleistung *vorher kostete* oder wie viel Geld wir sparen. Stattdessen sollten wir darüber nachdenken, wie viel wir tatsächlich ausgeben werden. Kaufen wir ein Hemd, das von 100 auf 60 Dollar herabgesetzt worden ist, so bedeutet das nicht, dass wir »40 Dollar sparen«, sondern dass wir »60 Dollar ausgeben«. Tante Susi bekam nie 40 Dollar, die sie einstecken konnte, sondern sie bekam ein hässliches Hemd. Oder besser, ihr Neffe bekam ein hässliches Hemd.

Wenn es um große, komplexe Käufe geht, können wir versuchen, unsere Ausgaben zu segregieren. Wenn wir etwas kaufen, das zahlreiche Optionen aufweist – zum Beispiel ein Auto oder ein Haus –, sollten wir jedes Merkmal für sich bewerten.

Wir sollten versuchen, nicht in Prozenten zu denken. Wenn uns Daten in Prozentzahlen präsentiert werden (zum Beispiel 1 Prozent der verwalteten Vermögenswerte), sollten wir zusätzliche Mühe auf uns nehmen und herausfinden, wie viel Geld damit wirklich gemeint ist. Das Geld in unserer Geldbörse ist greifbar und existiert in absoluten Werten: 100 Dollar sind 100 Dollar. Ob es nun 10 Prozent des Kaufpreises von 1000 Dollar oder 1 Prozent eines Portfolios von 100 000 Dollar sind, man kann davon in jedem Fall 100 Packungen Tic Tacs kaufen.

**Wir kategorisieren.**

Die Budgetierung kann hilfreich sein, aber Sie dürfen ein einfaches Prinzip nicht vergessen: Geld ist austauschbar. Jeder Dollar ist so viel wert wie jeder andere Dollar. Es ist unerheblich, woher das Geld kommt – aus unserer Erwerbstätigkeit, einer Erbschaft, einem Lottoschein, einem Bankraub oder einem Auftritt als Bassist in einem Jazzquartett (man wird ja wohl noch träumen dürfen) –, es ist unser Geld und gehört auf das allgemeine Konto, auf dem »unser Geld« liegt. Wenn wir feststellen, dass wir zwischen verschiedenen »Arten« von Geld unterscheiden – nur weil wir das Geld im Geist auf das Konto »Bonuszahlungen« oder »Glücksspielgewinne« gelegt haben –, sollten wir innehalten, noch einmal gründlich nachdenken und uns in Erinnerung rufen, dass es einfach nur Geld ist. Unser Geld.

Gleichzeitig sollten wir uns vor Augen halten, dass die mentale Buchhaltung zur Kategorisierung unserer Ausgaben ein nützliches Budgetinstrument für jene unter uns sein kann, die nicht in jedem Augenblick die Opportunitätskosten berechnen können. Das heißt, für uns alle. Die mentale Buchhaltung ist eine potenziell gefährliche Methode, weil sie eine uneinheitliche Verwendung unseres Geldes begünstigt. Auf der anderen Seite kann sie uns, wenn wir sie richtig einsetzen, dabei helfen, unser Geld im Großen und Ganzen vernünftig auszugeben.

**Wir vermeiden Schmerzen.**

Der Schmerz des Bezahlens ist die verzwickteste und undurchschaubarste Facette unserer problematischen Beziehung zum Geld. Indem wir uns beim Bezahlen einem gewissen Maß an Schmerzen aussetzen, machen wir uns den Wert unserer Optionen und die Opportunitätskosten zumindest bewusst. Der Schmerz des Bezahlens hilft uns, vor einem Kauf kurz innezuhalten und darüber nachzudenken, ob wir unser Geld wirklich in diesem Augenblick für dieses Produkt oder jene Dienstleistung ausgeben sollten. Er hilft uns, die Opportunitätskosten zu sehen.

Das Problem ist natürlich, dass die Leute, die Zahlungssysteme entwickeln, nicht das geringste Interesse daran haben, dass wir innehalten, über Alternativen nachdenken und uns fragen, ob wir dieses Geld wirklich ausgeben wollen. Daher dürfte die beste Methode, um uns den Schmerz des Bezahlens zu bewahren, darin bestehen, keine Kreditkarten zu verwenden. Oder vielleicht gibt es eine noch bessere Lösung: Wir können uns jedes Mal, wenn wir Geld ausgeben, mit aller Kraft in die Magengrube schlagen, um den Schmerz des Bezahlens zu fühlen. Das dürfte allerdings kein gut durchdachter Finanzplan sein, da uns die Arztrechnungen schließlich einholen würden.

Die Hoffnung, dass wir plötzlich aufhören werden, mit der Kreditkarte zu bezahlen, ist unrealistisch. Aber wir sollten skeptisch gegenüber den neuesten Finanztechnologien sein, insbesondere gegenüber denen, die so gestaltet sind, dass sie uns weniger Zeit und Aufmerksamkeit kosten und uns die Trennung von unserem Geld erleichtern. Über kurz oder lang wird eine Zahlungsoption darin bestehen, auf eine bestimmte Art mit der Wimper zu zucken. Lassen Sie sich darauf nicht ein.

**Wir vertrauen unserem eigenen Urteil.**

Das Vertrauen in uns selbst – in die Richtigkeit unserer früheren Entscheidungen und unsere Reaktionen auf die Preise, mit denen wir konfrontiert wurden – gilt normalerweise als etwas Gutes. »Vertraue deinem Gespür«, rufen uns die Selbsthilfegurus zu (und kassieren ein deftiges Honorar dafür). Aber oft ist das alles andere als eine gute Idee, insbesondere in Zusammenhang mit Geldausgaben. Wenn es ums Geldausgeben geht, verschärft das Vertrauen in unsere früheren Entscheidungen die Probleme mit dem Ankereffekt, mit dem Herding und mit der willkürlichen Kohärenz. Wir sollten also anscheinend »zufälligen« Zahlen, gut sichtbar platzierten »vom Hersteller empfohlenen Preisen« und abwegig hohen Preisen misstrauen. Wenn wir einen Schuh für 2000 Dollar oder ein Sandwich für 150 Dollar sehen, sollten wir auf der Hut vor dem zweitteuersten Schuh oder Sandwich oder einem Schuh sein, der nicht mehr wert ist als ein überteuertes Sandwich.

Zusätzlich dazu, dass wir die von anderen festgesetzten Preise hinterfragen sollten, sollten wir auch den Preisen misstrauen, die wir selbst festlegen. Wir sollten es vermeiden, etwas immer wieder zu tun – zum Beispiel regelmäßig einen Cafe Latte für 4 Dollar zu kaufen –, nur weil wir das schon seit Langem tun. Hin und wieder sollten wir innehalten und unsere langfristigen Gewohnheiten hinterfragen. Jene unter uns, die nicht aus ihrer

Ausgabengeschichte lernen, sind dazu verurteilt, sie zu wiederholen. Wir sollten uns fragen, ob uns ein Cafe Latte wirklich 4 Dollar wert ist, ob ein Kabelfernsehpaket 140 Dollar im Monat wert ist oder ob es eine Mitgliedschaft in einem Fitnessclub wert ist, jedes Mal um einen Parkplatz zu kämpfen, nur um auf unser Handy zu starren, während wir eine Stunde lang auf einem Laufbahn dahin trotten.

**Wir überschätzen, was wir besitzen und was wir verlieren könnten.**

Wir sollten uns nicht darauf verlassen, dass die Renovierungsarbeiten, die wir durchführen werden, den Wiederverkaufswert unseres Hauses erhöhen werden. Wir sollten uns klar machen, dass unser Geschmack einzigartig ist, und dass andere Leute Dinge, die uns schön scheinen, möglicherweise nicht schön finden. Es ist in Ordnung, das Haus zu renovieren, sofern uns bewusst ist, dass diese Arbeiten den Wert des Hauses möglicherweise nur in unseren eigenen Augen erhöhen werden.

Wir sollten vor Probeabonnements und Werbeangeboten auf der Hut sein. Die Marketingexperten wissen, dass wir alles höher schätzen, wenn wir es erst einmal besitzen, sodass es uns schwerer fallen wird, uns wieder davon zu trennen.

Versunkene Kosten können nicht wieder hereingeholt werden. Ein einmal ausgegebener Betrag ist für immer ausgegeben. Die Vergangenheit ist vergangen. Wenn wir eine Entscheidung fällen, sollten wir nur in Betracht ziehen, wo wir jetzt sind und wo wir in der Zukunft sein werden. Man könnte meinen, dass sich versunkene Kosten auf unsere zukünftigen Entscheidungen auswirken sollten, aber das ist falsch. Wir müssen lernen loszulassen.

**Wir machen uns Gedanken über Fairness und Aufwand.**

An irgendeinem Punkt in unserem Leben lernen wir alle eine einfache Lektion, sei es als Fünfjähriger, der von einer Schaukel gestoßen wird, oder als Fünfunddreißigjähriger, der bei einer Beförderung übergangen wird: Die Welt ist nicht gerecht.

Halten wir uns nicht damit auf, ob der Preis einer Sache fair ist. Fragen wir uns stattdessen, was sie uns wert ist. Wir sollten nicht auf beträchtlichen Wert verzichten – auf den Zugang zu unserem Haus, aus dem wir uns ausgesperrt haben, auf die Rettung der auf unserem beschädigten Computer gespeicherten Daten, auf eine Autofahrt in einem Schneesturm –, nur um den Anbieter dafür zu bestrafen, dass sein Preis in unseren Augen unfair ist. Er wird sein Verhalten kaum ändern, und wir stehen ohne unsere Daten draußen im Schnee.

Außerdem können wir uns über den fairen Preis und darüber täuschen, ob beträchtlicher Aufwand hinter einem Produkt oder einer Dienstleistung steht. Wir sollten auch anerkennen, dass Wissen und Erfahrung einen Wert haben. Schlosser, Künstler, Autoren von Büchern über Geld: Der Wert ihrer Arbeit liegt nicht im Zeitaufwand und in der Anstrengung, die wir sehen können, sondern in der Zeit und Mühe, die sie im Lauf ihres Lebens aufwenden mussten, um ihre Sachkenntnis zu erwerben. Handwerker haben die Kunst perfektioniert, ihre Tätigkeit mühelos erscheinen zu lassen, aber sie ist es nicht. Von Picassos Kunst bis zur Kindererziehung, viele Tätigkeiten wirken sehr viel einfacher, als sie sind.

Gleichzeitig müssen wir darauf achten, nicht auf vorgetäuschten Aufwand hereinzufallen. Wir sollten vor übermäßiger Transparenz auf der Hut sein. Wenn uns ein Berater zeigt, welche Mühen er auf sich genommen hat, um nichts als eine Rechnung über 100 000 Dollar hervorzubringen, sollten wir uns das Ergebnis seiner Arbeit noch einmal genauer ansehen. Wenn eine Webseite nicht mehr als einen Fortschrittsbalken und einen »Bezahlen«-Schalter anbietet, sollten wir weitersuchen. Wenn unser Lebensgefährte keucht und stöhnt und Erschöpfung und Verzweiflung vortäuscht, während er die Spülmaschine anfüllt oder die Wäsche aufhängt – nun ja, in diesem Fall sollten wir wahrscheinlich eine Fußmassage anbieten. Nur um auf Nummer sicher zu gehen.

**Wir erliegen dem Zauber der Worte und Rituale.**
Man kann es nicht besser ausdrücken als die großen Philosophen von Public Enemy (sie sind nebenbei auch eine Hip-Hop-Gruppe): »Fall nicht auf den Hype herein.« Wenn die Beschreibung eines Angebots oder der Prozess des Konsums langwierig und übertrieben ist, bezahlen wir wahrscheinlich für diese Beschreibung und diesen Prozess, obwohl sie keinen realen Mehrwert erzeugen.

Achten sie auf irrelevante Aufwandsheuristik: Es gibt nur selten einen Grund, mehr für einen anhand traditioneller Verfahren erzeugten Hammer zu bezahlen.

Auf der anderen Seite dürfen wir nicht vergessen, dass Sprache und Rituale die Qualität unserer Erfahrung tatsächlich erhöhen können. Daher sollten wir uns darauf einlassen, um eine Erfahrung zu bereichern, wenn wir es wünschen.

**Wir machen unsere Erwartungen zur Realität.**
Unsere Erwartungen geben uns Grund zu der Annahme, dass etwas gut – oder schlecht, oder köstlich, oder furchtbar – sein wird, und sie beeinflussen unsere Wahrnehmung und unsere Erlebnisse, ohne etwas an der eigentlichen Natur der Konsumerfahrung zu ändern. Wir sollten uns der Quelle unserer Erwartungen bewusst sein: Ist es der Genuss, den wir in unseren Tagträumen und Wünschen empfinden, oder ist es die irrelevante Illusion, die durch Markennamen, Vorurteile oder eine geschickte Darstellung eines Produkts erzeugt wird? Oder, wie es viele große Philosophen und mittelmäßige Graphikdesigner ausgedrückt haben: »Beurteile ein Buch nicht nach seinem Umschlag.«

Wie im Fall von Sprache und Ritualen wollen wir – Dan und Jeff – einräumen, dass Erwartungen eine Erfahrung tatsächlich bereichern können. Wir können unsere Erwartungen zu unserem Vorteil *nutzen*, oder sie können von anderen *benutzt werden*, um uns zu übervorteilen.

Haben wir einmal eine Flasche Wein gekauft, so möchten wir uns vielleicht einreden, dass sie 20 Dollar mehr wert ist, als wir dafür bezahlt haben. Wir können den Wein atmen lassen, in einem schönen Glas schwenken und seine Blume aufsaugen und all diese Dinge in dem Wissen tun, dass wir den Rebensaft mehr genießen werden. In diesem Fall nutzen wir unsere Erwartungen.

Was wir nicht tun sollten, ist, eine Flasche Wein zu kaufen, weil uns jemand dazu gebracht hat, 20 Dollar mehr als den angemessenen Preis dafür zu bezahlen. Wir hören dem Sommelier zu, der von der Reifung im Eichenholzfass, von Tanninen, Auszeichnungen, Lob der Weinkritiker und einem Anklang von Holunderbeere erzählt, und wir glauben, dass dieser Wein sehr viel wert sein muss. In diesem Fall werden unsere Erwartungen von anderen ausgenutzt.

Was ist real? Ist es ist der objektive Geschmack des Weins, wie ein Roboter ihn ermitteln würde, oder enthält der Geschmack unsere Erwartungen und all die psychologischen Einflüsse, die in die Erfahrung einfließen? In Wahrheit ist beides real. Nehmen wir an, wir hätten zwei Flaschen, die denselben Wein enthalten, aber sie wären unterschiedlich geformt, hätten verschiedene Farben und Etiketten und unterschiedliche Empfehlungen. Unsere Erwartungen könnten uns dazu bewegen, den Wein aus diesen zwei Flaschen sehr unterschiedlich zu erleben. Aber eine Weinprobe mit verbundenen Augen – oder ein Test durch einen Roboter – würde zeigen, dass beide Weine identisch schmecken.

Wir leben jedoch nicht wie blinde Roboter. (Gut, wir wissen nicht genau, was sich in der künstlichen Intelligenz und in der Neurowissenschaft tut, weshalb wir es vielleicht doch tun; aber die meisten von uns sind weiterhin Menschen.) Wir sollten nicht auf die Realität verzichten, in der unsere Erwartungen den Genuss eines Weins objektiv erhöhen können. Das geschieht. Es ist ebenfalls real.

Wir haben die Wahl zwischen Manipulation und Selbstmanipulation. Wir sollten nicht zulassen, dass wir gegen unseren Willen oder ohne unser Wissen von jemand anderem manipuliert werden, aber wenn wir uns aus freien Stücken entscheiden, uns manipulieren zu lassen, oder ein System entwickeln, um uns selbst zu manipulieren, ist nichts daran auszusetzen. Jeder, der schon einmal über dem Spülbecken eine Mahlzeit zu sich genommen hat – also jeder von uns – weiß, dass dieselbe Mahlzeit sehr viel besser schmeckt, wenn wir in angenehmer Gesellschaft an einem gedeckten Esstisch sitzen.

**Wir messen dem Preis zu große Bedeutung bei.**
Der Preis ist nur eines von vielen Attributen, die Hinweise auf den Wert einer Sache geben. Er kann das einzige Attribut sein, dass wir leicht verstehen können, aber er ist mit Sicherheit nicht das einzige Attribut, das wichtig ist. Deshalb sollten wir versuchen, andere Kriterien anzuwenden, selbst wenn sie schwer zu messen sind. Wir treiben alle im Meer der Ungewissheit; aber die Vorstellung anderer Leute vom Wert – das heißt der Preis – sollte nicht der Rettungsanker sein, an den wir uns klammern. Ein Preis ist nichts weiter als eine Zahl, und während er uns wichtige Hinweise geben kann, sollte er nicht die einzige Grundlage für unsere Entscheidung sein.

**Allgemein.**
Wenn wir keine spezifische Vorstellung vom Wert einer Sache haben, sollten wir ein wenig Grundlagenforschung betreiben. Wir können uns im Internet umsehen und unsere Bekannten fragen. Heute steht uns derart viel Information zur Verfügung – da gibt es diese Sache namens Internet –, dass wir keinen Grund haben, auf eine gründliche Beschäftigung mit dem Wert der Dinge zu verzichten. Wir müssen keine Woche damit verbringen, den angemessenen Preis einer Packung Kaugummi zu recherchieren, aber es ist durchaus ratsam, uns ein paar Stunden oder zumindest ein paar Minuten im Internet umzusehen, bevor wir zu einem Autohändler aufbrechen.

## WIE VIEL WIRD ES KOSTEN, SIE DAZU ZU BEWEGEN, NACHFORSCHUNGEN ANZUSTELLEN?

Beim Autokauf klafft eine besonders große Informationslücke zwischen Verkäufern (die sehr viel wissen) und Käufern (die sehr wenig wissen). Autoverkäufer nutzen diese Wissenskluft häufig aus, und wie sich herausstellt, gibt es bestimmte Käufergruppen, die sie besonders leicht übervorteilen können. Diese Gruppen sind Frauen und Minderheiten.

Manche Leute können mehr als andere davon profitieren, vor dem Gang zu einem Autohändler eine Internetrecherche durchzuführen. Wer würde mehr davon profitieren, sich genauer zu informieren? Dieselben Gruppen: Frauen und Minderheiten.

Der Autohandel ist ein besonders komplexes Geschäft, in dem zahlreiche finanzielle Fallen lauern und kulturell bedingte Voreingenommenheit eine wichtige Rolle spielt, aber aus den Vorgängen beim Autokauf können wir eine allgemeingültige Lehre ziehen: Wann immer wir mit einer Situation konfrontiert werden, in der wir weniger wissen als die andere Seite und in der diese Kluft genutzt werden kann, um uns zu übervorteilen – das gilt für viele Lebensbereiche und für Angehörige aller Gesellschaftsgruppen –, werden wir sehr profitieren, wenn wir uns auch nur ein kleines bisschen besser informieren.[86]

---

Wir sollten gut informiert sein. Nicht nur über unsere potenziellen Käufe, sondern auch über uns selbst, unsere Vorurteile und unsere finanziellen Irrtümer.

# 15
# EIN KOSTENLOSER RATSCHLAG

Denken Sie daran: Gratis ist auch ein Preis. Und zwar ein Preis, der unsere Aufmerksamkeit besonders fesselt.

Wie es so schön heißt: »Einen kostenlosen Ratschlag gibt es nicht.«

Es stimmt: Dieses Kapitel hat unseren Verlag eine Seite gekostet.

# 16
# BEHERRSCHEN WIR UNS

Die Selbstbeherrschung verdient besondere Aufmerksamkeit, wenn es um unseren Umgang mit Geld geht. Selbst wenn es uns gelingt, die vielen Hürden zu überwinden, die wir auf dem Weg zu rationalen Finanzentscheidungen meistern müssen, kann uns mangelnde Selbstbeherrschung noch kurz vor der Ziellinie zu Fall bringen. Vielleicht gelingt es uns, den Wert verschiedener Optionen richtig zu bestimmen, aber unsere Unfähigkeit, uns zu beherrschen, verleitet uns zur falschen Entscheidung.

Rufen wir uns in Erinnerung: Unser Mangel an Selbstbeherrschung ist darauf zurückzuführen, dass wir der Zukunft zu geringe Bedeutung beimessen, weil wir nicht emotional daran gebunden sind, und dass wir nicht genug Willenskraft aufbringen, um den gegenwärtigen Versuchungen zu widerstehen. Wie können wir unsere Selbstbeherrschung erhöhen? Indem wir eine Beziehung zu unserer Zukunft herstellen und der Versuchung widerstehen. Allerdings ist das leichter gesagt als getan.

## ZURÜCK IN DIE ZUKUNFT

Wir stellen uns unser zukünftiges Ich als eine Person vor, die nicht mit uns identisch ist. Deshalb haben wir beim Sparen für die Zukunft mitunter das Gefühl, Geld für einen Fremden zur Seite zu legen.[87] Eine Möglichkeit, diesem Gefühl zu begegnen, besteht darin, eine Beziehung zu unserem zukünftigen Ich herzustellen.

Hal Hershfield hat verschiedene Methoden untersucht, die wir anwenden können, um diesen Mangel zu beseitigen. Seine grundlegende Erkenntnis: Anhand einfacher Methoden können wir uns ein zukünftiges Ich vorstellen, das lebhafter, klarer definiert und zugänglicher ist.[88] Ein einfacher Trick besteht darin, ein imaginäres Gespräch mit unserem älteren Selbst zu führen. Oder wir können einen Brief an eine ältere Version von uns schreiben. Wir können auch einfach darüber nachdenken, welches unsere spezifischen Bedürfnisse und Wünsche sein werden, wenn wir 65, 70, 95 oder 100 Jahre alt sein werden. Was wird uns die größte Freude bereiten, was werden wir am meisten bereuen?

Das Gespräch mit unserem zukünftigen Ich ist geeignet, unser Denken zu verschieben und größere Willenskraft zu entwickeln, um den gegenwärtigen Versuchungen besser widerstehen zu können. Es muss keine sarkastische, negative Diskussion werden: »Aber nein, mein junges Ich hatte es nicht nötig zu sparen. Warum auch? Es lebt sich doch gut in einem Verschlag aus Karton.« Es kann und sollte ein positives und konstruktives Gespräch sein. Stellen wir uns vor, wir bezahlen im Voraus ein nettes Hotel. Als wir an der Rezeption stehen, eröffnet uns der Angestellte, dass unser gesamter Aufenthalt bereits bezahlt ist. Nun können wir uns unserem jüngeren Ich zuwenden und sagen: »Vergangenes Ich, es war sehr nett von dir, dieses Hotelzimmer für mich zu reservieren! Es ist wunderbar.« Und nun stellen wir uns vor, dass wir uns selbst statt eines bezahlten Hotelzimmers 500 000 Dollar in einem Vorsorgeplan hinterlassen.

Wir können mit Selbstgesprächen beginnen, aber es gibt noch weitere Methoden, die wir anwenden sollten, um eine emotionale Bindung an unser älteres Selbst herzustellen. Je besser es uns gelingt, vor unserem inneren Auge eine klar definierte, realistische und detaillierte Zukunft heraufzubeschwören, desto eher können wir uns in diese Zukunft hineinversetzen, und desto mehr wird uns unser zukünftiges Ich am Herzen liegen, sodass wir in seinem Interesse handeln werden.

Eine Möglichkeit, um eine engere Beziehung zu unserem zukünftigen Ich zu knüpfen, besteht darin, eines unserer wichtigsten Entscheidungsumfelder zu ändern: die Personalabteilung, wo die Mitarbeiter oft ihre Vorsorgeentscheidungen fällen. Die Personalabteilung sollte wie eine Arztpraxis oder ein Altersheim aussehen, am besten dekoriert mit Schalen voller Karamellbonbons, Shuffleboards, Tassen mit dem Aufdruck »Die beste Oma der Welt« und allen möglichen Dingen, die auf alte Menschen und langfristiges Denken hinweisen. Offenkundig ist das eine größere Herausforderung für die wachsende Zahl von Selbstständigen, aber vielleicht könnten wir unseren Küchentisch in ein Personalbüro verwandeln, wenn wir uns daranmachen, Entscheidungen für den Ruhestand zu fällen.

In einer Studie stellte sich heraus, dass Versuchspersonen eine geringere Zeitpräferenz zeigten, wenn die Zukunft nicht als Zeitraum, sondern anhand eines bestimmten Datums beschrieben wurde. Für einen Ruhestand, der »am 18. Oktober 2037« beginnt, werden wir eher sparen als für einen Ruhestand, der »in zwanzig Jahren« beginnt. Diese geringfügige Modifikation macht die Zukunft anschaulicher, konkreter und realer.[89] Diese Änderung können Personalmanager und Investmentberater leicht vornehmen, um uns dazu zu bewegen, mehr Geld für das Alter zur Seite zu legen.

Wir können auch Technologien einsetzen, um eine sehr anschauliche (und ein wenig beängstigende) Beziehung zu unserem zukünftigen Ich herzustellen. Wenn wir mit einer computergenerierten »älteren« Version von uns konfrontiert werden, sparen wir mehr.⁹⁰ In einer solchen Simulation stellen wir eine Beziehung zu dem alten Menschen her, der wir sein werden. Wir fühlen mit ihm und wollen ihm das Leben erleichtern. Es ist unerheblich, ob wir altruistische Gefühle gegenüber anderen empfinden oder nur von Eigennutz getrieben werden: Für diese Person, für dieses »zukünftige Ich« sollte gesorgt werden.

Das wirkt ein wenig wie der Plot eines Science-Fiction-Films, aber die Methode ist sehr wirksam: Anstatt uns ein Gespräch mit unserem zukünftigen Ich *vorzustellen*, können wir es tatsächlich führen. Wir können ein zukünftiges Ich sehen und mit ihm interagieren. Gewiss, wir werden diese Person wahrscheinlich nach den richtigen Lottozahlen und Sportergebnissen fragen, aber wenn das nicht funktioniert, werden wir doch zumindest eher bereit sein, Geld für diese Person beiseitezulegen, von der wir jetzt ein klares Bild haben. Und sehen wir uns an: Vielleicht werden wir sogar gesünder essen und uns mehr bewegen. Und Feuchtigkeitscreme verwenden, um Himmels willen, wir müssen unsere Haut besser pflegen.

Natürlich können die meisten von uns keine Virtual-Reality-Tour durch die Zukunft unternehmen, während sie über ihren Vorsorgeplan entscheiden. Wie können wir also die Begegnung mit unserem älteren Ich demokratisieren? Vielleicht sollte auf unseren Gehaltsabrechnungen oder Kreditkarten ein Foto von uns erscheinen, auf dem unser Gesicht mit einem Computerprogramm älter gemacht wurde. Oder wir könnten unsere Bestrebungen und unsere Gefühle in Bezug auf die Zukunft nutzen, indem wir Bilder verwenden, auf denen unser älteres Ich jene schönen Dinge tut, die wir in einer perfekten Zukunft tun könnten – Fotos von Wanderungen, Urlauben, vom Spiel mit unseren Enkeln, Schnappschüsse von unseren olympischen Goldmedaillen, von einer Rede an die Nation und von startenden Raumschiffen ...

## FESSELT MICH AN DEN MAST

Wenn es um finanzielle Entscheidungen geht, können wir verschiedenste Dinge ausprobieren, um das Verhalten unseres gegenwärtigen und zukünftigen Ichs besser an unseren langfristigen Interessen auszurichten. Eine Lösung besteht in bindenden Vereinbarungen zur Selbstbeherrschung, die wir als *Odysseus-Verträge* bezeichnen.

Jeder kennt die Geschichte von Odysseus und den Sirenen. Odysseus wusste, dass er dem Ruf der Sirenen folgen würde, was für ihn und seine Gefährten das Ende bedeuten würde wie für so viele Seeleute vor ihnen. Er wusste, dass er den Sirenenrufen nicht würde widerstehen können. Aber er wollte die Sirenen hören (er hatte gehört, dass ihre letzte Platte »der Wahnsinn« war). Da ihm klar war, dass er ihren mythischen Melodien nicht widerstehen würde, bat er seine Gefährten, ihn an den Mast des Schiffes zu binden. Auf diese Art konnte er sich die Sirenenrufe anhören, jedoch dem unwiderstehlichen Drang, ihnen zu folgen, nicht gehorchen. Außerdem wies er seine Gefährten an, sich die Ohren mit Wachs zu verstopfen, damit sie weder die Sirenen noch sein Flehen um Entfesselung hören konnten und nicht versucht sein würden, in ihren Untergang zu segeln.

Es funktionierte. Odysseus und seine Mannschaft überlebten.

Ein Odysseus-Vertrag ist jede Vereinbarung, mit der wir uns gegen zukünftige Versuchungen absichern. Wir geben uns keine Wahl, sondern schalten die Willensfreiheit ab. Leider gehen Odysseus-Verträge selten mit schöner Musik einher, aber auf der anderen Seite sind wir auch selten mit der Gefahr konfrontiert, dass unser Schiff an zerklüfteten Felsen zerschellt.

Finanzielle Odysseus-Verträge enthalten Bestimmungen wie feststehende Höchstgrenzen für die Kreditkartenausgaben, die Verwendung von Prepaid-Debitkarten oder sogar den völligen

Verzicht auf die Verwendung von Karten und eine Beschränkung auf die Barzahlung. Ein weiterer solcher Vertrag hat eine Bezeichnung, die nun wirklich überhaupt nicht nach Homer klingt: »Altersvorsorgeplan.«

Ein Odysseus-Vertrag über einen Vorsorgeplan ist eine irrationale, aber bemerkenswert wirkungsvolle Strategie. Die rationalste Zugang zum langfristigen Sparen besteht darin, bis zum Ende jedes Monats zu warten und anschließend die Rechnungen und Ausgaben unter die Lupe zu nehmen, um zu entscheiden, wie viel wir sparen können. Natürlich ist klar, was passiert, wenn wir diese Strategie verfolgen: Wir werden nie Geld zur Seite legen, sondern es wird uns ergehen wie Rob Mansfield mit seinen Motorrädern und Stereoanlagen. Was können wir also tun? Wir können eine irrationale Strategie wählen und uns von vornherein auf eine bestimmte Art von Sparplan und auf einen Betrag festlegen, obwohl wir nicht wissen, wie viel Geld wir später pro Monat brauchen werden. Wenigstens gestehen wir uns unsere mangelnde Selbstbeherrschung ein und ergreifen eine Maßnahme, die uns helfen wird, jeden Monat die Entscheidungen zu fällen, an denen uns gelegen ist. Altersvorsorgepläne sind zweifellos keine ideale Strategie, aber sie sind besser als untätig zu bleiben. Wichtig ist, dass dieser Zugang auf einer einfachen einmaligen Entscheidung beruht, die uns langfristig zugutekommen wird: Wir müssen der Versuchung nicht zwölfmal im Jahr, sondern nur einmal widerstehen. Eine Herausforderung zu bewältigen ist schwierig genug; zwölf zu bewältigen, ist sehr viel schwerer. Die Verringerung der Versuchung ist eine gute Methode, um unsere Entscheidungen zu verbessern, auch wenn sie keine gute Methode für das Reality-TV ist (die Fernsehanstalten wollten von Jeffs Idee für »Die sparsamen Hausfrauen und rationalen Ehemänner von Overland Park« nichts wissen).

Ein weiterer guter Ansatz besteht darin, Renten- und Sparbeiträge zur automatischen Standardoption zu machen, sodass wir aktiv aus dem Sparplan *aussteigen* müssen. Auf diese Art vermeiden wir nicht nur das vorhersehbare Problem, jeden Monat zwischen der Altersvorsorge und den Versuchungen und Erfordernissen der Gegenwart abwägen zu müssen, sondern ersparen uns auch die Hürde, einmal einen Vorsorgeplan unterschreiben zu müssen.

Wenn wir automatisch an einem Altersvorsorgeplan teilnehmen, verwandeln sich Trägheit und unsere Neigung zur Faulheit in einen Vorteil, denn sie erhöhen die Wahrscheinlichkeit, dass wir nichts ändern und an dem Sparplan festhalten werden. Obwohl die Entscheidung für das Sparen nichts anderes ist als eine Entscheidung für das Sparen und obwohl die beiden Zugangsweisen identisch sein sollten – wir bleiben dabei oder wir steigen aus –, ist der Aufwand, der nötig ist, um einen Vorsorgeplan abzuschließen, tatsächlich ein Hindernis für das Sparen. Die automatische Verpflichtung widerspricht der herkömmlichen ökonomischen Vorstellung, wir sollten und könnten immer fundierte, rationale Entscheidung fällen, aber sie passt sehr gut zu den Erkenntnissen der Verhaltensforschung.

Als Rob als junger Mann in einem Unternehmen arbeitete, ließ ihn sein Arbeitgeber wählen, ob er in einen Vorsorgeplan einzahlen wollte, und er entschloss sich, es *nicht* zu tun. Was wäre geschehen, wenn er automatisch daran teilgenommen hätte? Wahrscheinlich hätte er sich nicht entschlossen, die Altersvorsorge aktiv zu verweigern und aus dem Plan auszusteigen. Die Standardoption in Kombination mit Faulheit und Trägheit hätte seine Ersparnisse langfristig deutlich erhöht.

Derartige automatische Sparpläne – für den Ruhestand, für das Studium, für die medizinische Versorgung usw. – nutzen die psychologischen Fallen, die das automatische Geldausgeben begünstigen (darunter den Schmerz des Bezahlens und die formbare mentale Buchhaltung) zu unserem Vorteil. Automatisches Sparen gegen automatisches Geldausgeben: Wir *wissen*, welches

von beiden besser ist, aber wenn man uns die Entscheidung überlässt, wählen wir nicht immer die bessere Lösung.
Odysseus-Verträge zum Sparen funktionieren wirklich. Nava Ashraf, Dean Karlan und Wesley Yin haben in einer Studie herausgefunden, dass Personen, welche die Option wählten, jeden Monat automatisch einen festen Betrag von ihrem Girokonto auf ein Sparkonto zu überweisen – ihre Ersparnisse innerhalb eines Jahres um 81 Prozent erhöhten.[91]

In einer anderen Studie untersuchte eine Forschergruppe, wie es sich auswirkte, wenn automatisch ein bestimmter Teil *aller zukünftigen Gehaltserhöhungen* in einen Sparplan floss. Das gegenwärtige Einkommen der Studienteilnehmer war davon nicht betroffen, und sie erhielten weiterhin Gehaltserhöhungen, die lediglich ein wenig geringer ausfielen. Diese Praxis war ebenfalls geeignet, die Ersparnisse zu erhöhen. Sie ist ein weiteres ausgezeichnetes Beispiel dafür, wie wir einen psychologischen Fehler – in diesem Fall die Status-quo-Verzerrung und den Wunsch, nichts zu ändern – dazu nutzen können, um einen anderen – den Mangel an Selbstbeherrschung – zu überwinden.[92]

Die Zweckbindung ist eine weitere Methode, um uns zum Sparen zu verpflichten und dazu zu bewegen, an unseren Plänen festzuhalten. Bei der Zweckbindung werden bestimmte Geldbeträge bestimmten tatsächlichen und mentalen Konten zugewiesen. Diese Methode kann vorteilhaft sein, wenn wir uns aktiv und bewusst dafür entscheiden (im Gegensatz zu den unabsichtlichen, widerwilligen Reaktionen, die Probleme verursachen). Die Zweckbindung kann uns daran hindern, Geld für verschiedenste Dinge zu verwenden, vor allem für solche, die wir ursprünglich nicht im Sinn hatten. Wir können Mittel binden, indem wir visuelle Erinnerungshilfen auf unseren Gehaltsabrechnungen anbringen, Geld auf getrennten Bankkonten beiseitelegen oder – wie im Kapitel über die Kategorisierung erwähnt – einen festen Betrag für unsere wöchentlichen Ermessensausgaben auf eine Prepaid-Debitkarte überweisen\*. Derartige Maßnahmen erinnern uns an die Regeln, die wir uns selbst auferlegt haben, und helfen uns, uns selbst gegenüber »Rechenschaft abzulegen«.

Wir können uns auch mit emotionalen Tricks manipulieren, zum Beispiel, indem wir das wunderbarste Werkzeug einsetzen, das die Natur dem Menschen mitgegeben hat: das Schuldgefühl. Dilip Soman und Amar Cheema haben herausgefunden, dass Eltern weniger Geld verschwenden, wenn sie bestimmte Beträge für ihre Kinder vormerken.[93] Wenn die Eltern, die an der Studie von Soman und Cheema teilnahmen, Geld in Briefumschläge steckten, die mit den Namen ihrer Kinder versehen waren, gaben sie weniger Geld aus und sparten mehr.

Und dann ist da der Odysseus-Vertrag schlechthin. Odysseus ließ sich an den Mast fesseln. Wie wäre es, diese Fesselung und Bestrafung noch ein wenig weiter zu treiben und eine Disziplinierungsbank zu gründen? Diese Bank, deren Logo eine Domina zieren könnte, würde uns alle möglichen finanziellen Entscheidungen abnehmen. Unser Arbeitgeber würde unser Gehalt auf ein Konto bei der Disziplinierungsbank überweisen, die unsere Rechnungen bezahlen und uns ein wöchentliches Taschengeld auszahlen würde. Das Geld auf unserem Konto wäre gebunden. Wir könnten nicht damit tun, was immer wir wollen, sondern es würde für eine bestimmte Verwendung beiseitegelegt, und der Bankmanager könnte die Regeln nach seinem Ermessen ändern.

---

\* Sollten wir das Geld für unsere wöchentlichen Ermessensausgaben am Montag oder am Freitag auf eine Prepaid-Debitkarte laden? Die Antwort: Am Montag. Warum? Wenn wir es am Freitag tun, fühlen wir uns am Wochenende reich, weil wir wahrscheinlich nicht über unsere Bedürfnisse am nächsten Mittwoch oder Donnerstag nachdenken werden. Wenn wir sie am Montag aufladen, haben wir eine Woche von normalerweise feststehenden Ausgaben vor uns – Fahrten zur Arbeit, normale Mahlzeiten – und können mehr für die Prasserei am Wochenende sparen. Dasselbe gilt für den Wochentag, an dem wir unseren Gehaltsscheck bekommen.

Würden wir von den vorgegebenen Leitlinien abweichen, so würden wir bestraft, weil wir ganz, ganz schlimm waren. Und warum kombinieren wir das nicht mit einer früheren Idee und verwenden für das Banklogo das Bild einer Domina, die eine computergenerierte in die Jahre gekommene Version von uns misshandelt? Das würde die Leute gewiss dazu bringen, ... etwas ... mit ihrem Geld zu tun.

Selbstverständlich wollen wir eine solche Bank nicht wirklich (so attraktiv uns das Logo auch scheinen mag), aber wir fragen uns, ob wir das Leben vielleicht mehr genießen würden, wenn wir uns nicht unentwegt Sorgen über die Verwaltung unseres Geldes machen müssten. Wie wäre es, wenn wir die meisten unserer Entscheidungen und Pflichten einmalig einem System übertragen könnten, das von da an unser Geld für uns verwalten würde? Würden wir unser Leben dann ein wenig mehr genießen? Wir hätten weniger Freiheit, aber auch weniger Sorgen. Obwohl wir davon überzeugt sind, können wir es nicht mit Gewissheit sagen. Um diese Hypothese zu testen, könnten Sie uns Ihr gesamtes Geld schicken, damit wir es für Sie verwalten. Wir werden sehen, was dabei herauskommt. (Das ist natürlich nicht ernst gemeint. Sie müssen uns nicht Ihr *gesamtes* Geld schicken.)

Wir sollten darauf hinweisen, dass Odysseus-Verträge sehr nützliche Werkzeuge sein können, um uns zu helfen, Versuchungen in praktisch allen Lebensbereichen zu widerstehen. Studierende von Dan haben ihm erzählt, dass sie in der Prüfungswoche ihre Computer bei Freunden abstellen und diese bitten, ihre Facebook-Kennworte zu ändern, damit sie sich bis zur letzten Prüfung nicht einloggen können. Einige seiner MBA-Studentinnen ziehen hässliche Unterwäsche an, wenn sie nicht wollen, dass ein Date zu weit geht. Vielleicht könnten wir sogar einen buchstäblichen Odysseus-Vertrag entwerfen, der vorsieht, dass wir jedes Mal, wenn wir einer Versuchung nachgeben, Homers *Odyssee* lesen müssen, und zwar im altgriechischen Original.

## BELOHNEN WIR UNS SELBST

Eine weitere Methode, um Probleme mit der Selbstbeherrschung zu bekämpfen, besteht in BELOHNUNGSSUBSTITUTION. Rufen wir uns in Erinnerung, dass eines unserer Probleme in der Zeitpräferenz besteht, das heißt darin, dass wir einer Belohnung in der Zukunft – zwei Marshmallows, einer ganzen Schachtel Pralinen – sehr viel geringeren Wert beimessen als einer Belohnung in der Gegenwart, selbst wenn die augenblickliche Belohnung – ein Marshmallow, eine halbe Schachtel Pralinen – sehr viel kleiner ist. Wie wäre es, wenn wir versuchten, unsere Unfähigkeit zur Wertschätzung zukünftiger Belohnungen zu umgehen und solche Belohnungen durch eine andersartige gegenwärtige Belohnung zu ersetzen? Würde uns das ermöglichen, uns besser zu beherrschen?

Dan hat in seinem komplexen medizinischen Leben einschlägige Erfahrungen gesammelt. Als Teenager wurde er mit schweren Verbrennungen ins Krankenhaus eingeliefert. Während eines langen Krankenhausaufenthalts erkrankte er an Hepatitis C. Später erfuhr er von einem Testprogramm der Medikamentenzulassungsbehörde FDA, in dem untersucht werden sollte, ob Hepatitis mit einem neuen Medikament namens Interferon geheilt werden könne. Dan meldete sich als Freiwilliger. Nun musste er anderthalb Jahre lang dreimal in der Woche unangenehme Injektionen über sich ergehen lassen. Nach jeder Spritze ging es ihm in der folgenden Nacht sehr schlecht: Er begann zu zittern, bekam Fieber und musste sich übergeben. Wenn es ihm gelang, die Behandlung durchzustehen, würde die Wahrscheinlichkeit einer Leberzirrhose 30 Jahre später deutlich sinken ... aber dafür musste er heute Nacht leiden. Es war ein sehr klares und einigermaßen extremes Beispiel für die Abwägung zwischen gegenwärtigen Opfern und zukünftigen Belohnungen.

Dan hielt durch und schloss die Behandlung ab. Später erfuhr er, dass er der einzige Patient in dem Programm war, der die furchtbare Medikation bis zum Ende ausgehalten hatte. Dass es ihm gelang, lag nicht daran, dass er ein Supermann oder besser als andere Leute wäre (»Ist er nicht!«, ruft Jeff im Hintergrund), sondern daran, dass er verstand, wie die Belohnungssubstitution funktioniert.

Jedes Mal, wenn er sein Medikament nehmen musste, belohnte er sich, indem er sich einen Film auslieh. Er ging nach Hause, spritzte sich das Interferon und legte rasch den Film ein, auf den er sich gefreut hatte, bevor die quälenden Nebenwirkungen einsetzten. Er verband etwas Unangenehmes – die Injektion – mit etwas Angenehmem – dem Film. (Gelegentlich erwischte er eine kitschige Liebeskomödie, die sein Unwohlsein noch verstärkte. Das Buch *Dans Filmempfehlungen zur Überwindung von Übelkeit* erscheint in Kürze.)

Dan machte sich nicht die Mühe zu versuchen, eine Beziehung zu seinem zukünftigen Ich herzustellen. Er konzentrierte sich nicht auf die Vorteile einer gesunden Leber. So bedeutsam sie unter empirischen Gesichtspunkten waren, konnten diese zukünftigen Vorteile die gegenwärtigen Kosten der schlimmen Nebenwirkungen nicht aufwiegen. Anstatt sich einzuschärfen, wie wichtig es sei, alles für eine gesunde Zukunft zu tun, änderte er seine gegenwärtige Situation. Er fand einen weniger wichtigen, aber unmittelbaren und sehr viel greifbareren Grund dafür, in der Gegenwart ein Opfer zu bringen. Anstatt sich auf die bedeutsamere, aber schwer greifbare Belohnung (keine Hepatitis C mehr) für das Opfer zu konzentrieren, richtete er seine Aufmerksamkeit auf eine sehr viel weniger wichtige, aber augenblickliche Belohnung (einen Film). Das nennt man Belohnungssubstitution.

Vielleicht könnten wir die Leute dazu bringen, ihr Geld klüger auszugeben und mehr zu sparen, indem wir ihnen Ersatzbelohnungen für ihr rationales Verhalten anböten. Genau das tun einige amerikanische Bundesstaaten, die jenen Bürgern, die Geld auf Sparkonten legen, einen »Lottoschein« anbieten.[94] Jede Einlage wird mit einem Los belohnt, das dem Inhaber eine kleine Chance gibt, einen zusätzlichen Geldbetrag zu gewinnen. Diese lotteriegestützten Sparpläne funktionieren. Ein weiteres Beispiel für Belohnungssubstitution.

\* \* \*

Zweifellos gibt es noch viele andere Methoden, um in zahlreichen Situationen unserer mangelnden Selbstbeherrschung Herr zu werden. Zumindest sollten wir uns der Tatsache bewusst sein, dass unser Mangel an Selbstbeherrschung auch die Erfolge der brillanten finanziellen Entscheidungssysteme behindert, die wir auf den folgenden Seiten beschreiben werden.

# 17

# WIR GEGEN SIE

Vor einigen Seiten haben wir uns Möglichkeiten angesehen, einige unserer vielen Trugschlüsse in Geldangelegenheiten unter Kontrolle zu bringen. Wir müssen uns jedoch der Tatsache bewusst sein, dass es zwei sehr verschiedene Dinge sind, zu wissen, wie wir unser Verhalten ändern *können*, und es tatsächlich zu ändern. Das gilt insbesondere in Geldangelegenheiten, in denen wir nicht nur gegen unsere eigenen Neigungen, sondern uns auch gegen finanzielle Akteure zur Wehr setzen müssen, die aktiv versuchen, uns zu schlechten finanziellen Entscheidungen zu verleiten. Wir leben in einer Welt, in der unablässig äußere Kräfte um unser Geld, unsere Zeit, unsere Aufmerksamkeit buhlen. Unter diesen Bedingungen ist es schwer, rational zu denken und klug zu handeln.

Ein Beispiel: Solange Hypothekenkredite nur anhand des Zinssatzes beschrieben werden, können die Kunden leicht herausfinden, welche Hypothek günstiger ist: 4 Prozent Zinsen sind weniger als 4,5 Prozent. (Trotzdem verbringen die Hauskäufer nicht viel Zeit mit der Suche nach einer billigeren Hypothek. Viele Leute verstehen nicht, dass sogar eine geringfügige Senkung des Zinssatzes – zum Beispiel von 3,5 auf 3,25 Prozent – langfristig eine große Ersparnis bedeutet.)

Aber wenn die Kreditvermittler ein Punktesystem zu den Optionen ergänzen – beispielsweise kann man einen Betrag von

10 000 Dollar anzahlen, um die Zinszahlungen um 0,25 Prozent zu verringern –, verlieren wir jegliche Fähigkeit, die Angebote miteinander zu vergleichen. Plötzlich wird aus einer eindimensionalen Kalkulation (Prozentsätze) eine zweidimensionale (Anzahlung und Prozentsätze), und in diesem geringfügig komplexeren Entscheidungsumfeld begehen wir mehr Fehler.

Nun sagen Sie vielleicht: »Nun ja, es ist eben schwierig, komplexe Zusammenhänge zu klären.« Sie haben Recht, aber die Hypothekenanbieter wissen genau, wie schwer uns die Feststellung des Werts fällt, wenn sie mehrere Dimensionen hat. Und siehe da: Plötzlich werden Hypotheken mit mehr und mehr Optionen angeboten. Diese werden als »größere Auswahl für den Konsumenten« präsentiert und so dargestellt, als hätten wir nun die Möglichkeit, fundierte Entscheidungen zu fällen ... aber natürlich bedeuten mehr Information und mehr Optionen auch, dass wir leichter Fehler begehen können. Dieses System dient nicht dazu, uns zu helfen, sondern dazu, unsere Neigung zu finanziellen Irrtümern zu verstärken.

Der Kampf um die Verbesserung unserer finanziellen Entscheidungen ist also nicht nur ein Kampf gegen unsere persönlichen Mängel, sondern auch eine Auseinandersetzung mit den Systemen, die entworfen wurden, um diese Mängel zu verstärken und auszunutzen. Das bedeutet, dass wir noch härter kämpfen müssen. Wir müssen unsere Denkprozesse individuell anpassen, um unser Geld klüger ausgeben zu können. Und wir müssen als Gesellschaft (vorausgesetzt, wir möchten, dass die Menschen in unserer Umgebung ebenfalls bessere finanzielle Entscheidungen fällen) Systeme entwerfen, die mit unseren Vorstellungen vom Geld vereinbar sind, damit unsere Entscheidungen nicht jenen, die unsere Denkfehler ausnutzen wollen, sondern uns selbst und der Gesellschaft zugutekommen.

Je besser wir jetzt unsere Mängel und Beschränkungen verstehen, desto eher werden wir sie in der Zukunft überwinden können. Niemand kann die Zukunft vorhersehen, weder die Zukunft unserer Geldanlagen noch die unserer Gesundheit oder unseres Arbeitsplatzes. Niemand kann wissen, wie sich die Welt entwickeln wird, ob Stars des Trash-TV Präsidenten werden oder Roboter Wein trinken werden.* Aber eines wissen wir: In der Zukunft werden unsere Ausgabenentscheidungen noch schwieriger werden. Von Bitcoin über Apple Pay, Netzhautscanner, Amazon-Präferenzen und Dronenlieferung werden mehr und mehr Systeme entwickelt, die uns dazu bewegen sollen, häufiger und schneller mehr Geld auszugeben. Wir leben in einer Umgebung, in der immer weniger Platz für gut durchdachte, rationale Entscheidungen ist. Und diese modernen Werkzeuge werden es uns nur noch schwieriger machen, Entscheidungen zu fällen, die unseren langfristigen Interessen dienen.

## VERSUCHUNG DURCH INFORMATION

Nun da wir wissen, dass zahlreiche kommerzielle Akteure es auf unsere Zeit, unsere Aufmerksamkeit und unser Geld abgesehen haben, können wir über Möglichkeiten nachdenken, uns zur Wehr zu setzen. Schließlich halten wir uns für vernünftige und rationale Wesen. Würde es nicht genügen, dass wir uns die richtigen Informationen beschaffen, um kluge Entscheidungen zu fällen?

Wir essen zu viel? Informationen über den Kaloriengehalt der Nahrungsmittel werden genügen, um wieder schlank zu werden. Wir sparen nicht genug? Mit einem Programm zur Rentenberechnung werden unsere Ersparnisse rasch wachsen. Die Leute lesen beim Autofahren Whatsapp-Nachrichten? Es genügt, sie über die

---

\* Dank eines Calvin and Hobbes-Comics dachte Jeff, er würde mittlerweile in einem Frauencabaret in New Orleans Saxophon spielen.

Gefahren aufzuklären, und sie werden zur Vernunft kommen. Zu viele Jugendliche brechen die Schule ab? Ärzte waschen sich nicht die Hände, bevor sie ihre Patienten untersuchen? Erklären wir den Kindern einfach, warum es besser für sie ist, die Schule fortzusetzen, und klären wir die Ärzte darüber auf, warum eine gute Hygiene Leben retten kann.

Leider sind die Dinge im wirklichen Leben nicht so einfach. Die meisten unserer Probleme im modernen Leben haben ihre Ursache nicht in mangelnder Information. Deshalb scheitern viele unserer Versuche, das menschliche Verhalten durch zusätzliche Information zu verbessern.

Wir haben einen Wendepunkt in der Geschichte erreicht, einen Punkt, an dem die Technologie entweder zu unserem Vorteil oder zu unserem Nachteil eingesetzt werden kann. Gegenwärtig wird der Großteil der finanziellen Technologie zu unserem Nachteil eingesetzt, denn diese Technologie dient dazu, uns dazu zu bringen, schneller mehr Geld auszugeben, anstatt länger damit zu warten und weniger auszugeben. Die Technologie ist auch so gestaltet, dass sie uns dazu bringt, uns weniger mit unseren Ausgaben zu beschäftigen und Versuchungen leichter nachzugeben. Wenn wir nur unserem Instinkt gehorchen und uns auf die leicht zugängliche Technologie verlassen, sind wir einer großen Zahl von Mechanismen ausgeliefert, die uns dazu verleiten, ein ums andere Mal verlockende kurzfristige Entscheidungen zu fällen.

Ein Beispiel: Die digitale Geldbörse wird als Krönung der Evolution des modernen Konsumenten gefeiert. Wir können auf Bargeld verzichten und werden flexibel und zeitlich unabhängig. Wir müssen uns weniger mit der Verwaltung unseres Geldes befassen und werden mit Daten versorgt, die uns dabei helfen, unser vergangenes Ausgabenverhalten zu analysieren. Das klingt nach einer utopischen Ära voller technologischer Segnungen. Die Warteschlangen werden verschwinden, das Unterschreiben wird beschleunigt, wir erhalten leichter und schneller reibungslosen

Zugang und können unser Leben mehr genießen. Der lästige Bezahlvorgang wird praktisch beseitigt, und wir treten in eine neue, postmonetäre Ära der finanziellen Freiheit ein.

Nicht so schnell. In Wahrheit werden diese modernen finanziellen Instrumente falsches Verhalten begünstigen und uns dazu verleiten, zu viel, zu leicht, zu unüberlegt, zu schnell und zu oft Geld auszugeben. Würden wir Inkassobüros betreiben oder wären wir Konkursanwälte, so wäre dies eine vielversprechende Zukunft, aber bei den meisten von uns wird diese leuchtende Zukunft vor allem Löcher in die Geldbörse brennen.

Aber dazu muss es nicht kommen.

Immer mehr Menschen begreifen, dass die Technologie, die entwickelt wird, um das Geldausgeben zu »erleichtern«, nicht zwangsläufig geeignet ist, es zu »verbessern«. Die Leute beginnen nicht nur über Möglichkeiten nachzudenken, ihr Verhalten zu korrigieren, sondern auch darüber, unsere finanzielle Umwelt, unsere finanziellen Werkzeuge und unsere finanzielle Grundhaltung zu verändern.

Wir können unser Wissen vergrößern, indem wir Systeme, Umgebungen und Technologien entwerfen, die uns helfen, anstatt uns in Versuchung zu führen. Wir können dieselben Verhaltensweisen und Technologien, die uns schaden, zu unserem Vorteil nutzen. Wir können das ganze System auf den Kopf stellen. Wir können unsere Schwächen in Stärken verwandeln.

Wie können wir unsere finanzielle Umwelt neu gestalten? Wie können wir Systeme entwickeln, die das Gegenteil von Apple Pay und Android Pay bewirken – Systeme, die uns nicht dazu verleiten, unser Geld gedankenloser auszugeben, sondern uns dabei helfen, klarer über unsere Ausgaben zu denken? Wir müssen nicht erst handeln, *nachdem* wir etwas abgeschlossen haben, etwa indem wir ein Buchhaltungssystem entwickeln, das unsere Ausgaben registriert, nachdem wir sie getätigt haben, sondern indem wir ein System entwickeln, das uns hilft, *bevor* wir finanzielle

Entscheidungen fällen. Wie können wir das tun? Indem wir darüber nachdenken, wie wir Zahlungsinstrumente entwickeln können, die für die Wesen bestimmt sind, die wir wirklich sind: für Menschen mit begrenzter Zeit, Aufmerksamkeit und kognitiver Kapazität und mit zahlreichen Schrullen. Ausgehend von einer Analyse dessen, wozu wir in der Lage sind und wozu nicht, können wir Ausgaben- und Sparinstrumente entwickeln, die uns wirklich helfen werden.

Wir hoffen, dass die in diesem Buch beschriebenen menschlichen Mängel und Methoden, die wir anwenden können, um diese Mängel zu unserem Vorteil zu nutzen, als Anregung dienen, die nächsten Schritte zu tun und solche Werkzeuge zu entwickeln.

## ANGEWANDTE PSYCHOLOGIE

Sehen wir uns ein wenig in der Welt der »Apps« um. Diese Programme, die vor einem Jahrzehnt noch vollkommen unbekannt waren, sind Hammer und Schraubenzieher der Gegenwart. Diese Werkzeuge dienen dazu, uns zu unterhalten, zu bilden und zu fesseln. Wenn Apps uns dabei helfen können, uns in Form zu bringen und unser geistiges Wohlbefinden zu verbessern, warum sollten sie nicht auch unsere finanzielle Fitness und unser budgetäres Wohlbefinden verbessern?

Wie wäre es, eine App zu entwickeln, die uns dabei helfen würde, jederzeit zahlreiche Vergleiche und Berechnungen anzustellen, um uns die Opportunitätskosten bewusst zu machen? Diese Applikation könnte den Vergleich automatisieren: Sie denken darüber nach, ein schickes Oberteil für 100 Dollar zu kaufen? Bing bong zack! Das entspricht zwei Kinokarten für Sie und Ihre Partnerin samt Popcorn und einer Flasche Wein nach dem Film. Wollen Sie gut aussehen oder sich gut fühlen?

Um sowohl die vorteilhaften als auch die nachteiligen Aspekte der mentalen Buchhaltung in den Griff zu bekommen, könnten wir Apps entwickeln, die Kategorien erzeugen und Ausgabengrenzen dafür festlegen, um dann eine Warnung auszugeben, wenn wir uns dem Ausgabenlimit für eine Kategorie nähern. Um der Verlustabneigung zu begegnen, könnten wir eine App entwickeln, die den erwarteten Wert unserer Optionen so berechnet, dass er nicht davon abhängt, ob wir diese Option gegenwärtig als Gewinn oder Verlust bewerten. Sie wollen Ihr Haus verkaufen? Vielleicht kann Ihnen die App helfen, den richtigen Preis festzulegen und ihre subjektive Bindung an das Haus zu überwinden.

Dies sind nur ein paar Anregungen für den Anfang. Vielversprechend ist die Vorstellung, dass uns die Handys, die wir überallhin mitnehmen, nicht nur ablenken und mit Versuchungen konfrontieren, sondern uns auch in Echtzeit Werkzeuge für bessere Entscheidungen zur Verfügung stellen können. Im Silicon Valley findet man in jedem Café ein paar arbeitslose Programmierer, die nur darauf warten, Ihnen bei der Entwicklung zu helfen.

## ZU VIEL DES GUTEN

Es werden immer neue Forschungsergebnisse vorgelegt, die zeigen, dass zu viel Information Verhaltensänderungen behindern kann.[95] Wir leben im Zeitalter der persönlichen Quantifizierung: Apps beobachten unseren Schlaf und messen den Puls, den Kalorienverbrauch, die Trainingswirkung, die Zahl der Treppenstufen und den Atemrhythmus – ganz zu schweigen vom Ausgabenverhalten, der Internetnutzung und anderen Verhaltensweisen. Wir können augenblicklich wissen, wie viel von allem wir tun, getan haben und tun sollten. Es ist wunderbar, diese Informationen zu haben, aber ein Übermaß an Daten kann sogar den Genuss an gesunden Aktivitäten wie Training, Schlaf, Diäten und Sparen schmälern. Wenn sich die Daten häufen und wenn wir die Mühe auf uns nehmen müssen, unsere Aktivitäten zu messen, zu verfolgen und zu analysieren, kann aus »Lebensart« leicht »Arbeit« werden. Die Folge ist, dass unsere Motivation, diesen gesunden Aktivitäten nachzugehen, schwindet. Selbst wenn uns die Daten helfen können, zu verstehen, was wir tun *sollten*, verringert ein Übermaß an Daten den Wunsch, tatsächlich etwas zu tun.

Wie bei allen Dingen – von Wein und Eiscreme bis zu Technologie und Mittagsschläfchen – ist Mäßigung der Schlüssel zum Erfolg. Ja, sogar Wein und Eiscreme sollten in Maßen genossen werden. (Wir wollten auf diesen Satz verzichten, aber unsere Anwälte und Ärzte haben darauf bestanden.)

---

## KRATZEN UND GEWINNEN

Die elektronischen Geldbörsen erleichtern es uns, den Schmerz des Bezahlens zu verdrängen, damit wir mehr Geld *ausgeben*. Unsere Antwort könnte darin bestehen, uns unsere Ausgaben *bewusster* zu machen, wodurch der Schmerz des Bezahlens stärker würde, und das wiederum würde unsere Ausgaben verringern und unsere *Ersparnisse* erhöhen.

Wir denken nicht sehr oft darüber nach, Geld zu sparen. Wenn wir es doch einmal tun, bewegen uns diese Gedanken nur selten dazu, tatsächlich mehr zu sparen. Um herauszufinden, inwieweit sich das Design digitaler Geldbörsen auf das Verhalten auswirken kann, führten Dan und seine Kollegen ein großes Experiment mit Tausenden Nutzern eines mobilen Zahlungssystems in Kenia durch. Ein Teil der Studienteilnehmer erhielt jede Woche zwei Textnachrichten: Am Anfang der Woche wurden sie daran erinnert, Geld beiseitezulegen, und am Ende der Woche erhielten sie eine Zusammenfassung ihrer Ersparnisse. Eine andere Gruppe erhielt etwas andere Textnachrichten: Die Mitteilungen waren so formuliert, als kämen sie von ihrem Kind, das sie aufforderte, für »unsere Zukunft« zu sparen.

Vier weitere Gruppen wurden bestochen, damit sie sparten (die formale Bezeichnung lautete »finanzielle Anreize«). Die Mitglieder der ersten dieser Gruppen erhielten einen Bonus von 10 Prozent für die ersten 100 Schilling, die sie zurücklegten. Die zweite Gruppe erhielt einen zwanzigprozentigen Bonus für die ersten 100 Schilling. Die dritte und vierte Gruppe bekamen ebenfalls einen Bonus von 10 beziehungsweise 20 Prozent für die ersten 100 Schilling, die sie sparten, wobei jedoch zusätzlich ihre Verlustabneigung geweckt wurde. (Hier zahlten die Forscher den Gesamtbetrag der Zuzahlung – 10 beziehungsweise 20 Schilling – am Anfang der Woche auf das Konto der Teilnehmer ein. Die Studienteilnehmer wurden darüber aufgeklärt, dass die endgültige Zuzahlung von ihrer Sparleistung abhing, sodass ein Teil des vorausgezahlten Bonus wieder von ihrem Konto abgezogen würde, sofern sie nicht den vollen Betrag von 100 Schilling sparten. Finanziell gab es keinen Unterschied zwischen dieser Variante und der Aufstockung am Ende der Woche. Aber die Idee war, dass die Studienteilnehmer die Abbuchungen von ihrem Konto als schmerzhaft empfinden und daher mehr sparen würden.)

Eine letzte Gruppe erhielt dieselben Textmitteilungen sowie eine goldfarbene Münze, auf der die Zahlen 1 bis 24 eingraviert waren, um die 24 Wochen darzustellen, die der Sparplan lief. Diese Studienteilnehmer wurden aufgefordert, die Münze gut sichtbar in ihrem Haus zu platzieren und nach jeder Woche mit einem Messer die entsprechende Zahl wegzukratzen, um anzugeben, ob sie gespart hatten oder nicht.[96]

Am Ende der sechs Monate stellte sich heraus, dass eine Methode den Sparerfolg deutlich gegenüber den anderen erhöht hatte. Es war ... Trommelwirbel ... der Plan mit der Münze. Jede andere Vorgehensweise hatte die Ersparnisse ein wenig erhöht, aber die Personen, die eine Münze erhalten hatten, sparten etwa doppelt so viel wie jene, die nur Textmitteilungen erhalten hatten. Man hätte meinen sollen, am wirkungsvollsten werde der 20-Prozent-Bonus oder auch der 20-Prozent-Bonus mit Verlustabneigung sein, und genau das prognostizieren die meisten Leute. Aber es kam anders.

Wie ist es möglich, dass eine einfache Münze das Verhalten so nachhaltig beeinflusst? Erinnern wir uns daran, dass die Studienteilnehmer mit Textmitteilungen daran erinnert wurden, dass sie sparen sollten. Berücksichtigt man, welche Beträge die sie an den verschiedenen Wochentagen sparten, so zeigt sich, dass die Münze den Sparerfolg nicht an den Tagen erhöhte, an denen die Studienteilnehmer mit Textnachrichten ans Sparen erinnert wurden. Am meisten wirkte sie an den übrigen Tagen. Die goldfarbene Münze rückte den Akt des Sparens in den Vordergrund, indem sie sich darauf auswirkte, woran die Studienteilnehmer dachten, während sie ihren täglichen Aktivitäten nachgingen. Hin und wieder fiel ihr Blick auf die Münze in ihrer Hütte. Gelegentlich berührten sie sie, sprachen darüber, wurden sich ihrer Gegenwart bewusst. Durch ihre physische Präsenz verankerte die Münze das Konzept des Sparens und damit den Akt des Sparens im Alltag. Nicht unentwegt, aber hin und wieder, und das genügte, um sie dazu zu bewegen, aktiv zu werden und etwas zu ändern.

Hier haben wir ein wunderbares Anschauungsbeispiel dafür, wie wir unsere Vorstellungen vom Geld, wie wir unsere Defizite zu unserem Vorteil nutzen können. Wir *sollten* am stärksten auf die Methode reagieren, die unser Geldvermögen maximiert – auf einen Bonus für das Sparen, der geschenktes Geld ist –, aber das tun wir nicht. Am meisten beeinflusst uns etwas, das sich auf unser Gedächtnis, unsere Aufmerksamkeit und unser Denken auswirkt, zum Beispiel eine Münze. Statt uns über eine finanzielle Persönlichkeitsstörung zu beklagen, können wir in vielen Lebensbereichen Systeme entwickeln, die uns das Gegenstück einer Münze liefern, um uns zum Sparen zu motivieren.

## DEN WERT SICHTBAR MACHEN

Wir können die grundlegende Erkenntnis, dass eine physische Darstellung des Sparens dem potenziellen Sparer diese Aktivität deutlicher bewusst macht, auf die Gemeinschaft als ganze anwenden und versuchen, die sozialen Werte zu korrigieren und die Menschen mit sanftem Druck dazu zu bewegen, zu sparen statt zu konsumieren.

Wir bestimmen das angemessene Maß an Ausgaben oft, indem wir uns ansehen, was unsere Kollegen und Nachbarn tun – indem wir uns ihre Häuser, Autos und Urlaube ansehen. Diese Dinge können wir sehen. Ersparnisse können hingegen nicht beobachtet werden. Ohne zu spionieren oder einen Haufen halbwüchsiger russischer Hacker zu engagieren, können wir nicht wissen, wie viel unsere Kollegen in ihren Vorsorgeplan stecken. Wir können nur sehen, wie viel sie in neue Kleidung, Küchenrenovierungen und Autos stecken. Aufgrund dieser Beobachtungen stehen wir unter sozialem Druck, bei den Ausgaben »mit den Jones' Schritt zu halten«. Für ihre unsichtbaren Ersparnisse gilt das nicht.

Sehen wir uns an, wie das in anderen Kulturen ist. In einigen Gegenden Afrikas sparen die Menschen, indem sie mehr Ziegen kaufen. Wer wohlhabend ist, besitzt mehr Ziegen, und jedermann weiß, wie viele dieser Tiere man hat. An anderen Orten sparen die Leute, indem sie Ziegelsteine kaufen und vor ihrer Hütte aufstapeln, bis sie genug haben, um einen weiteren Raum anzubauen. Auch in diesem Fall weiß die gesamte Gemeinschaft, wie viele Ziegelsteine jede Familie besitzt.

In unserer modernen digitalen Kultur funktioniert das Sparen nicht mehr so. Wenn wir Geld in ein Ausbildungskonto für unser Kind oder in einen Altersvorsorgeplan einzahlen, ist das für unsere Umgebung weitgehend unsichtbar. Wenn wir unserem Kind ein Geschenk kaufen, sieht das Kind das und kann dankbar sein. Aber es sieht nicht, wenn wir eine Überweisung auf sein Ausbildungskonto einzahlen.

Wie können wir diese »unsichtbaren Dinge« sichtbar machen? Unser lobenswertes Verhalten sollte sichtbar sein, nicht nur, damit wir Anerkennung dafür erhalten, sondern auch, damit in unserer Familie und unserer Gemeinschaft ein Gespräch über das Sparen beginnt, damit wir Unterstützung von unserer Umgebung erhalten, wenn wir für eine bessere Zukunft finanzielle Opfer bringen, die allzu oft beinahe unbemerkt bleiben.

Wenn Amerikaner in der Wahlkabine ihrer Bürgerpflicht nachkommen, erhalten sie einen Anstecker mit der Aufschrift »Ich habe gewählt«. Als die Demokratie vor Kurzem in Ländern wie dem Irak und Afghanistan Einzug hielt, streckten die Bürger den Fotografen stolz ihre lila verfärbten Finger entgegen, um zu zeigen, dass sie gewählt hatten. Könnte man etwas Ähnliches tun, um zu zeigen, dass jemand seine Pflicht zu sparen erfüllt hat? Etwas, um zu zeigen, was für Sparkonten wir für uns und unsere Kinder eröffnet haben?

Wie wäre es, wenn wir einen Anstecker erhielten, wenn wir mehr als 15 Prozent unseres Einkommens sparten? Oder einen kleinen Pokal? Oder eine große Statue? Scharlachrote Dollarzeichen am Jackenaufschlag und an der Haustür? Es wäre etwas übertrieben, vor unserem Haus eines dieser großen Thermometer aufzustellen, das unseren Ersparnissen entsprechend ansteigt, aber es gibt keinen Zweifel daran, dass wir alle mehr sparen würden, wenn wir es täten. Solange solche Messinstrumente nicht kulturell akzeptiert sind, könnten wir ein Fest ausrichten, wenn wir unsere Hypothek oder die Raten für das Auto abbezahlt haben. Statt einer »Sweet 16«-Party könnten wir eine »Jetzt kann ich es mir leisten, meine Sechzehnjährige auf die Universität zu schicken«-Party veranstalten.

Diese Ideen sind möglicherweise nicht besonders praktisch, aber wir sollten an dem Prinzip festhalten, dass es vorteilhaft wäre, das Sparen sichtbar zu machen. Wir können damit beginnen, dass wir ein Gespräch darüber führen, was angemessene Ersparnisse wären, damit wir nicht nur um größere Autos, sondern auch um höhere Ersparnisse wetteifern.

## SEHT IHR, WIE GUT ICH BIN?

Nicht nur in der Welt des Geldes ist es vorteilhaft, vorausschauende und altruistische Entscheidungen zur Schau zu stellen. Auch in anderen Lebensbereichen könnte es nützlich sein, gutes Verhalten zu feiern.

Nehmen wir beispielsweise die Erderwärmung. Sieht man einmal vom Recycling und vom gelegentlichen Entsetzen über die Nachrichten ab, so bringen die wenigsten von uns regelmäßig persönliche Opfer für die Zukunft der Erde. Wie wäre es, die Belohnungssubstitution einzusetzen, um den Wert solcher Entscheidung sichtbar zu machen? Könnten wir die Leute dazu bewegen, aus den falschen Gründen das Richtige zu tun? Wir könnten. Und wir sollten es tun.

Denken Sie an den Toyota Prius und den Tesla. Mit diesen Autos können ihre Besitzer der übrigen Welt zeigen, was für großzügige, wunderbare, besorgte Menschen sie sind. Prius- und Tesla-Fahrer können sich lächelnd im Rückspiegel betrachten und denken: »Ich bin ein guter Mensch.« Sie können der Welt zeigen, dass sie sich für das Gute entschieden haben, und sie glauben, dass andere Menschen bei ihrem Anblick denken: »Oh, was für ein guter Mensch muss am Steuer dieses umweltfreundlichen Meisterwerks sitzen!« Die direkte Belohnung, zum Kampf gegen den Klimawandel beizutragen, mag nicht jedermann genügen, aber wenn sie mit dieser Anerkennung verbunden wird, können vielleicht mehr Menschen dazu bewegt werden, die Erderwärmung ein wenig zu bremsen.

---

## ICH GLAUBE, DASS DIE KINDER EINE ZUKUNFT HABEN

Studien haben gezeigt, dass Kinder, deren Eltern ein Ausbildungskonto für sie eröffnen, während ihres gesamten Lebens erfolgreicher sind. Mancherorts wird dieses Ergebnis mit der gleichermaßen wichtigen Erkenntnis kombiniert, dass Arme, denen ein gewisser Geldbetrag zur Verfügung gestellt wird, zu sparen beginnen, wodurch sich ihre finanzielle Zukunft verbessert. Endowment-Effekt, Verlustabneigung, mentale Buchhaltung und Ankereffekt zählen zu den Mechanismen, die zu diesen positiven Ergebnissen beitragen.

Ausbildungskonten in Form von Child Development Accounts (CDA) sind Spar- oder Investmentkonten, die der langfristigen Entwicklung dienen. In CDA-Programmen wird für frischgebackene Eltern automatisch ein Ausbildungskonto mit einer Anfangseinlage von 500 oder 1000 Dollar eröffnet, und der Staat gibt ihnen Zuschüsse zu ihren Ersparnissen. Die Eltern werden regelmäßig über den Kontostand informiert und daran erinnert, für die Hochschulausbildung ihrer Kinder zu sparen.

Warum funktionieren diese Programme? Aus denselben Gründen, aus denen die Goldmünze funktionierte. CDA-Programme helfen den Familien nicht nur beim Sparen, sondern haben auch eine psychologische Wirkung. Sie erinnern Eltern und Kinder daran, dass die Universität ein realistisches Ziel ist und dass es wichtig ist, dafür zu sparen. Mit den Kontoauszügen wird den Familien gezeigt, wie ihr Vermögen wächst. Kinder, die wissen, dass sie die Möglichkeit haben, die Universität zu besuchen, werden zuversichtlicher, konzentrieren sich mehr auf ihre Schulbildung und richten den Blick auf die Zukunft. Und schließlich entwickeln diese Kinder und ihre Eltern eher Erwartungen und eine Identität, die das Konzept des Hochschulbesuchs beinhalten.[97]

CDA-Programme sind ein weiteres Beispiel für ein gezielt gestaltetes finanzielles Umfeld, in dem das Sparen und eine entsprechende Geisteshaltung einen Wert haben. Diese Programme rufen den Teilnehmern ihre Ersparnisse in Erinnerung, geben ihnen das Gefühl, etwas zu besitzen, und helfen ihnen, die Angst vor dem Verzicht auf Geld in der Gegenwart zu überwinden, indem sie ihnen den langfristigen Wert ihrer Ziele vor Augen halten. All das nutzt die Psychologie des Geldes zu unserem Vorteil.

## PROBIEREN SIE DAS HIER AUS

Die meisten Leute leben von einem festen Einkommen – Gehalt, Renten usw. – und haben fixe Ausgaben in einer bestimmten Höhe – für Wohnung, Transport, Versicherung usw. Alles andere wird als »Ermessensausgaben« bezeichnet. Wir können mit gutem Gewissen einen Teil des dafür verfügbaren Geldes ausgeben, aber einen anderen Teil sollten wir nicht anrühren, sondern den Kategorien Ersparnisse, verzögerte Ausgaben und Notgroschen zuweisen.

Die Methode, die wir anwenden, um festzustellen, welcher Teil unserer Ermessensausgaben auf welche Kategorie entfallen sollte – »leicht auszugeben« oder »unantastbar« –, können wir zu unserem Vorteil nutzen. Gegenwärtig besteht das einfachste Verfahren zur Messung des Geldes, das für Ermessensausgaben zur Verfügung steht, darin, festzustellen, wie viel Geld auf unserem Girokonto liegt. Haben wir weniger Geld auf dem Girokonto – und haben wir das *Gefühl*, dort weniger zu haben –, so schränken wir unsere Ausgaben ein. Haben wir das Gefühl, dass der Kontostand höher ist, so geben wir mehr aus.

Es gibt mehrere Möglichkeiten, diese Giro-Regel zu unserem Vorteil zu nutzen und uns selbst zu überlisten, damit wir sparen. Beispielsweise können wir ein wenig Geld vom Girokonto auf ein Sparkonto überweisen. Die Folge ist, dass der Kontostand auf dem Girokonto künstlich zu niedrig wird, weshalb wir das Gefühl haben, ärmer zu sein, als wir tatsächlich sind. Einen ähnlichen Effekt könnten wir erzielen, indem wir unsern Arbeitgeber bitten, einen Teil unseres Gehalts direkt auf ein getrenntes Konto zu überweisen, um uns dabei zu helfen, diese Ersparnisse zu »vergessen«. Mit einem solchen Zugang könnten wir den Saldo auf unserem Girokonto immer noch als Hinweis darauf nutzen, wie viel wir ausgeben sollten, aber wir würden feststellen, dass wir uns ein oder zwei Restaurantessen weniger leisten könnten oder auf anderen Luxus verzichten müssten, wodurch sich unsere Gesamtausgaben verringern würden.

Wesentlich ist, dass wir unsere Ausgaben senken können, indem wir Geld vor uns selbst verstecken. Wenn wir darüber nachdenken, ist uns natürlich bewusst, dass wir es verstecken und wo es ist. Aber wir können unsere kognitive Faulheit und die Tatsache nutzen, dass wir nicht regelmäßig darüber nachdenken, wie viel Geld auf unseren Konten liegt – und wir denken noch weniger darüber nach, wenn die Einzahlungen automatisch erfolgen und wir das Geld nicht jedes Mal selbst bewegen. Uns selbst auszutricksen, ist eine einfache und wirksame Strategie. Es ist keine permanente Täuschung, aber es hindert uns zweifellos an einigen irrationalen Ausgaben.

## MEHR MACHT FÜR SIE

Es gibt zahlreiche Tricks, um Geld zu sparen. Beispielsweise hat in Großbritannien ein Teil der Verbraucher die Möglichkeit, Münzen in den Stromzähler zu werfen, wenn sie ihr Haus heizen wollen. So nutzen sie den Schmerz des Bezahlens, um ihre Stromrechnung zu senken. Das ist etwas ganz anderes, als wenn einmal im Monat jemand kommt, um den Zählerstand abzulesen, woraufhin eine Rechnung erstellt wird, die der Konsument einige Zeit später bezahlt. Diese Briten spüren häufig den Schmerz, dass sie dafür bezahlen müssen, es ein wenig wärmer zu haben. Wenn sie diese unangenehme Erfahrung machen, können sie entscheiden, ob sie lieber einfach einen Pullover anziehen.

Kommen wir von denen, die ihre Münzen zählen, zu denen, die genug Münzen haben, um auf einen Teil davon verzichten zu können. Die Experten von Fidelity Investments haben herausgefunden, dass jene Anleger, deren Portfolios sich am besten entwickeln, eben jene sind, die vollkommen vergessen haben, dass sie ein Investmentportfolio haben.[98] Die Investoren, die ihre Depots einfach in Ruhe lassen und darauf verzichten, mit ihren Aktien zu handeln, der Neigung zum Herdenverhalten nachzugeben, dem Preis übermäßige Bedeutung beizumessen, Verlustabneigung zu spüren, überzubewerten, was sie besitzen, und sich von ihren Erwartungen leiten zu lassen, schnitten am besten ab. Indem sie eine »kluge Investmententscheidung« fällten und das Depot anschließend in Ruhe ließen, verringerten sie die Zahl ihrer finanziellen Irrtümer auf ein Mindestmaß. Dasselbe können wir alle tun. Wir können auch davon träumen, dass irgendwo ein großes Depot schlummert, das wir vergessen haben ...

Es sollte darauf hingewiesen werden, dass einige erfolgreiche Investoren ihre Investments in Ruhe ließen, weil sie starben. Das deutet darauf hin, dass die Strategie, sich totzustellen, nicht nur bei Bärenangriffen ratsam ist: Sie ist auch eine gute Geldanlagestrategie. (Vermutlich kann man daraus auch etwas über den »Bärenmarkt« lernen, aber wir nähern uns dem Ende des Buches, also sollten wir uns nicht damit aufhalten.)

## DIE ILLUSION DES REICHTUMS

Auf die Erkenntnis »Oh, dieser Kaffee kostet 4 Dollar am Tag« reagieren wir anders als auf die Erkenntnis »Oh, dieser Kaffee kostet 1460 Dollar im Jahr«. Die Darstellung des Zeitraums, in dem wir einen Geldbetrag ausgeben – in Stunden, Wochen, Monaten oder Jahren – hat erhebliche Auswirkungen darauf, wie wir über den Wert und die Klugheit unserer Ausgabenentscheidungen denken.

Als wir den Teilnehmern an einer Studie ein Gehalt von 70 000 Dollar gaben, dieses jedoch als Stundengehalt von 35 Dollar darstellten, sparten sie weniger als jene Versuchspersonen, für die wir dasselbe Gehalt als Jahreseinkommen von 70 000 Dollar präsentierten. Wenn unser Gehalt als jährlicher Betrag dargestellt wird, nehmen wir eine langfristige Perspektive ein. Folglich sparen wir mehr für den Ruhestand. Natürlich werden in den Vereinigten Staaten die meisten Tätigkeiten im Niedriglohnsektor pro Stunde bezahlt, was das Problem der mangelnden Ersparnisse normalerweise verschärft.

Das Phänomen, dass ein Pauschalbetrag von 100 000 Dollar beim Renteneintritt größer scheint als der entsprechende monatliche Betrag von 500 Dollar für das durchschnittlich verbleibende Leben, wird als »Illusion des Reichtums« bezeichnet.[99] Und während die »Illusion des Reichtums« als Denkfehler betrachtet werden kann, können wir darin auch etwas sehen, das wir nutzen können, um zu unserem Vorteil Sparsysteme zu entwickeln. Im Fall der Altersvorsorge sollte uns die Darstellung des Ruhestandseinkommens als monatlicher Betrag das Gefühl geben, wir sparten nicht genug, und uns dazu bewegen, den Betrag zu erhöhen. Gleichermaßen sollten wir das erwartete Monatseinkommen im voraussichtlichen Renteneintrittsalter in den Renteninformationen an die erste Stelle setzen, um hervorzuheben, dass weiterhin erheblicher Sparbedarf besteht. Bei einigen Vorsorgeplänen wurden bereits mit Erfolg entsprechende Schritte unternommen.[100]

Wenn wir erst einmal unser eigentümliches Denken in Geldangelegenheiten besser verstehen, können wir uns daranmachen, herauszufinden, wie wir diese Eigenheiten zu unserem langfristigen Vorteil nutzen und unser Sparverhalten ändern können. Eine geeignete zeitliche Einordnung scheint ein wichtiger Faktor zu sein. Um die Leute dazu zu bewegen, einen Teil ihres Einkommens zur Seite zu legen, sollten wir es als Jahreseinkommen darstellen. Um sie davon zu überzeugen, dass sie in der Zukunft mehr Ersparnisse brauchen werden, sollten wir ihre Ausgaben monatlich darstellen. Und die zuvor erwähnte Domina könnte auch hilfreich sein.

Neben diesen Methoden zur zeitlichen Einordnung der Zahlen gibt es weitere Möglichkeiten zur Verwendung unseres Jahreseinkommens, die unser Glück fördern und uns von schlechten Ausgabenentscheidungen abhalten können. Wenn wir ein regelmäßiges Einkommen haben – zum Beispiel von 5000 Dollar im Monat –, neigen wir dazu, unsere Ausgaben zu erhöhen, um sie diesem Betrag anzupassen. Und was wäre, wenn wir uns obendrein selbst einen Bonus zahlten? Wie würden wir dieses Geld verwenden?

Dan forderte seine Studierenden einmal auf, sich vorzustellen, sie arbeiteten für ihn und könnten zwischen einer Gehaltserhöhung von 1000 Dollar im Monat und einer Bonuszahlung von 12 000 Dollar am Jahresende wählen. Fast alle hielten eine monatliche Gehaltserhöhung für vernünftiger. Erstens würden sie ihr Geld auf diese Art früher bekommen. Außerdem waren sie überzeugt, dass sie das Geld bei einem monatlichen Einkommenszuwachs anders verwenden würden als bei einer Einmalzahlung am Jahresende. Wenn sie es jeden Monat erhielten, würde es Teil des regelmäßigen Geldflusses sein, und sie würden es verwenden, um Rechnungen zu bezahlen und ihre alltäglichen Ausgaben zu bestreiten. Erhielten sie es jedoch am Jahresende, so würden sie es nicht auf dem mentalen Konto verbuchen, das mit dem Gehalt verbunden war. Folglich würden sie eher bereit sein, es für besondere Ausgaben zu verwenden, die ihnen mehr Freude bereiten würden als das bloße Bezahlen der Rechnungen. Hoffentlich würden sie nicht den ganzen Bonus von 12 000 Dollar auf diese Art verprassen, aber einen Teil würden sie sicher freigiebiger ausgeben.

Was würde es also für unsere Lebensqualität bedeuten, die Wahl zwischen einem monatlichen Gehalt von 6000 Dollar und einem Monatsgehalt von 5000 Dollar zuzüglich eines Bonus von 12 000 Dollar am Jahresende zu haben? Die Person, die 6000 Dollar im Monat verdiente, würde wahrscheinlich ihre Lebensqualität mit einem etwas besseren Auto, einer schöneren Wohnung und besserem Essen erhöhen, hätte jedoch nicht die Möglichkeit, sich mit etwas Besonderem zu belohnen. Die Person mit dem Bonus könnte sich etwas Besonderes wie ein Motorrad oder einen Urlaub leisten – oder ein Sparkonto einrichten.

Das scheint dem zu widersprechen, was wir gerade über Pauschalbeträge und Ersparnisse gesagt haben, aber 1) dabei handelte es sich um Ersparnisse, während es hier um Ausgaben geht, 2) wir sind menschlich, und 3) niemand hat je behauptet, dass das menschliche Verhalten einheitlich wäre.

Für Ersparnisse wird auch der Ausdruck »Bezahle dich selbst zuerst« verwendet, und genau das sollten wir tun. Aber wenn wir ein relativ stabiles Einkommen haben, besteht eine gute Möglichkeit, es mehr zu genießen, darin, einen Teil dieses regelmäßigen Einkommens abzuziehen, unsere Ausgaben dem niedrigeren verfügbaren Betrag anzupassen und das gesparte Geld zu verwenden, um uns einen Bonus zuzugestehen, den wir für etwas verwenden können, das wir wirklich genießen werden. Es stimmt schon, wir sollten unser zukünftiges Ich zuerst bezahlen, aber ein bisschen Geld können wir auch für unser gegenwärtiges Ich zur Seite legen.

# 18
# HALTEN WIR INNE UND DENKEN WIR NACH

In den letzten Kapiteln haben wir uns einige Beispiele dafür angesehen, wie wir unsere Umwelt gestalten können, um unsere Denkfehler in Werkzeuge zu verwandeln, mit denen wir in Geldangelegenheiten erfolgreicher werden können. Wir könnten noch viele Experimente und Studien aus aller Welt zitieren, aber entscheidend ist Folgendes: Es wurde damit begonnen, die von der Finanzpsychologie und der Verhaltensökonomie zutage geförderten menschlichen Eigenheiten zu nutzen, um die Ergebnisse unserer Denkfehler zu verbessern, anstatt sie nur zu unserem Nachteil zu nutzen. Doch angesichts dessen, was wir in der Welt beobachten können, ist klar, dass noch viel Arbeit vor uns liegt.

Es wäre großartig, wenn wir mehr Systeme wie diese entwickeln könnten, um unsere finanzielle Umwelt zu verbessern, den durch unsere finanziellen Denkfehler angerichteten Schaden zu verringern und jene äußeren Kräfte zu schwächen, die uns hinters Licht führen.

Aber die Wahrheit ist, dass diese Kräfte nicht unser einziger oder größter Feind sind. Unser größter Feind sind wir selbst. Würden wir den Wert von Dingen nicht falsch bewerten, wäre es nicht möglich, uns im gegenwärtigen Ausmaß auszunutzen. Wir müssen unsere Mängel und Fehler verstehen und akzeptieren. Glauben Sie nicht alles, was Sie denken. Hören Sie auf, starrköpfig zu sein. Geben Sie sich nicht der Illusion hin, Sie seien zu schlau, um auf diese Tricks hereinzufallen. Glauben Sie nicht, diese Methoden funktionierten nur bei anderen. Der weise Mensch weiß, dass er ein Dummkopf ist. Der dumme Mensch zückt seine Geldbörse und beseitigt jeden Zweifel.

Das Eingeständnis, dass wir auf irrelevante Werthinweise reagieren, eröffnet uns die Chance, zu lernen, zu reifen, unsere finanziellen Fähigkeiten zu erhöhen – und genug Geld zu haben, um diesen Reifeprozess zu feiern (wobei wir die Feier hoffentlich ein wenig hinauszögern).

Auf einer wunderbaren Karikatur von Sam Gross betrachten zwei Männer eine riesige Werbetafel, auf der die Worte »Halte inne und denke nach« stehen. Einer der beiden wendet sich dem anderen zu und sagt: »Das bringt dich irgendwie dazu, innezuhalten und nachzudenken, nicht wahr?«

Solche Schilder müssen wir in unserer finanziellen Umgebung aufstellen, damit sie uns aufhalten und uns aus unserem finanziellen Schlafwandel reißen. Und wir müssen dafür sorgen, dass diese Schilder ziemlich oft auftauchen, nur um uns einen Augenblick der Besinnung zu ermöglichen, ein wenig Zweifel zu wecken, uns dazu zu bewegen, den Stand-by-Modus abzuschalten, unsere Aufmerksamkeit auf die Gegenwart zu lenken und uns dabei helfen, uns unseres Verhaltens bewusst zu werden.

Wenn wir mit einer großen Tüte Popcorn oder Chips auf dem Sofa sitzen, werden wir es gedankenlos aufessen. Teilen wir dieselbe Menge jedoch auf vier kleinere Tüten auf, so werden wir einen Moment innehalten, bevor wir die nächste aufreißen. Diese kleine Unterbrechung gibt uns Gelegenheit, nachzudenken und zu entscheiden, ob wir mehr essen wollen oder nicht. Wie sich herausstellt, essen wir dank der Unterbrechungen, die uns mehrere Tüten ermöglichen, weniger Knabbereien als wenn wir eine große Tüte haben.

Übertragen wir diesen Umgang mit Knabbereien auf die Finanzwelt: Wenn wir unser ganzes Geld für einen gegebenen Zeitraum in einem großen Umschlag aufbewahren, neigen wir dazu, alles gedankenlos auszugeben. Wird derselbe Betrag hingegen auf mehrere Umschläge aufgeteilt, so unterbrechen wir das Geldausgeben jedes Mal, wenn wir einen geleert haben. Und wenn wir die Namen unserer Kinder auf diese Umschläge schreiben, wird es noch unwahrscheinlicher, dass wir weiter Geld ausgeben.[101]

Der Grund dafür, dass wir den Verzehr von Knabbereien oder das Geldausgeben anpassen, wenn wir eine neue Tüte oder einen weiteren Umschlag anbrechen müssen, ist darin zu suchen, dass wir in dem Moment, wenn wir den neuen Behälter öffnen, gezwungen sind, kurz innezuhalten und uns bewusst zu machen, was wir tun. In diesem kurzen Entscheidungsintervall beurteilen wir unsere Handlungen – so oberflächlich diese Evaluierung auch sein mag – und denken über unsere nächsten Schritte nach.

In diesem Buch haben wir versucht zu zeigen, dass wir in unserem finanziellen Leben mit zahlreichen Entscheidungen konfrontiert sind. Oft halten wir nicht inne, um über diese Entscheidungen nachzudenken, und oft wird uns nicht einmal bewusst, dass es überhaupt etwas zu entscheiden gibt. Aber wir fällen eine Vielzahl finanzieller Entscheidungen, bei denen wir zahlreiche irrelevante Werthinweise erhalten, denen wir ein ums andere Mal folgen. Diese Dinge müssen wir uns deutlicher bewusst machen. Dann wird es uns in einigen Fällen gelingen, kurz innezuhalten, nachzudenken und eine bessere Entscheidung zu fällen.

Das Leben verlangt eine Vielzahl von Entscheidungen von uns. Große Entscheidungen, kleine Entscheidungen, wiederholte Entscheidungen. Bei den großen Entscheidungen – über den Kauf eines Hauses, über eine Heirat oder über die geeignete

Universität – lohnt es sich, innezuhalten und möglichst gründlich über den Wert unserer Optionen und über unsere Ausgaben nachzudenken. Die meisten von uns tun das. Nicht genug, aber zumindest ein wenig.

Die kleinen Entscheidungen – darüber, bei einer Kirmes Geld für ein riesiges Stofftier aus dem Fenster zu werfen oder beim Essen am Hochzeitstag noch ein Dessert zu bestellen – sind es normalerweise nicht wert, sich Gedanken über die Werthinweise zu machen. Es wäre nicht schlecht, auch darüber nachzudenken, aber wir würden verrückt werden, würden wir uns ständig über jede kleine Entscheidung den Kopf zerbrechen.

Und dann sind da die wiederholten Entscheidungen, bei denen es sich im Grunde um kleine Entscheidungen handelt, die wir jedoch wieder und wieder fällen. Sie sind Gewohnheiten: der Kauf von Kaffee, das Einkaufen im Supermarkt, Restaurantbesuche oder der wöchentliche Kauf von Blumen für die Liebste oder den Liebsten. Für sich genommen ist jede dieser Ausgaben gering, aber da wir sie oft wiederholen, haben sie eine große kumulative Wirkung. Auch über diese wiederholten Ausgaben sollten wir vermutlich nicht jedes Mal nachdenken, aber hin und wieder, vielleicht am Ende des Semesters, oder der Saison oder des Buchs können wir kurz innehalten und uns damit beschäftigen. (Natürlich war das mit den Blumen nur ein Scherz: Wir sind noch niemandem begegnet, der genug Geld ausgibt, um seinem signifikanten Anderen seine Liebe zu zeigen.)

***

Wir wollen also nicht sagen, dass jede finanzielle Entscheidung gründlich hinterfragt werden muss. Das wäre zwar wirtschaftlich vernünftig, aber psychologisch überfordernd und daher unklug. Wir wollen nicht ängstlich, geizig oder ständig besorgt sein. Hinterfragen wir also nicht alles. Genießen wir das Leben. Aber wir sollten uns unsere Denkfehler bewusst machen und jene Dinge hinterfragen, die uns langfristig am ehesten schaden werden.

Denken wir hin und wieder mal darüber nach, wie viel Genuss, wie viel Wert uns ein Kauf tatsächlich verschaffen wird. Denken wir darüber nach, wofür wir unser Geld verwenden könnten und warum wir die Entscheidung fällen. Wenn wir uns bewusst machen, was wir tun und warum wir es tun, werden wir im Lauf der Zeit die Fähigkeit erlangen, bessere Entscheidungen zu fällen.

Das Geld ist eine schwer zu durchschauende Abstraktion. Es ist schwer, damit umzugehen, und es ist schwierig, darüber nachzudenken. Das bedeutet jedoch nicht, dass wir hilflos wären. Sofern wir die Anreize und Werkzeuge und unsere eigene Psychologie verstehen, können wir uns zur Wehr setzen. Wenn wir bereit sind, psychologisch tiefer zu schürfen, können wir unser Verhalten verbessern, unser Leben mehr genießen und uns weitgehend von finanzieller Verwirrung und Stress in Geldangelegenheiten befreien.

## DAS GELD IST EBENSO WICHTIG WIE DUMM ... UND DASSELBE GILT FÜR UNS

Jeff wurde einmal engagiert, um für eine junge Frau, die sich um die bedeutende Machtposition einer Schülervertreterin in der fünften Klasse bewarb, eine Wahlrede zu schreiben. (Sie siegte; ansonsten würden wir diese Geschichte nicht erzählen.) Er verbrachte den Großteil seiner Zeit damit, ihren Eltern – erfolgreichen Hedgefondsmanagern – zu versichern, sie seien gute Menschen, obwohl er in Wahrheit der Meinung war, dass ihr Reichtum und ihre Beziehung zum Geld ihre Wertvorstellungen sowie ihre Beziehung zu ihrem Kind durcheinandergebracht hatten. Warum flunkerte er sie also an? Warum nahm er den Job überhaupt an? Natürlich wegen des Geldes, das ihm die Eltern zahlten. (Er sagt gerne, er habe es »wegen der Geschichte« getan, aber in Wahrheit ging es ihm vor allem ums Geld.) Das Geld bringt uns alle dazu, verrückte Dinge zu tun. Und wenn wir etwas aus den Geschichten über ruinierte Lottogewinner und bankrotte Profisportler gelernt haben, so ist es dies: Selbst wenn man viel Geld hat, wird es nicht leichter, richtig damit umzugehen. Manchmal geschieht gerade das Gegenteil.

Was können wir also tun? Wir könnten versuchen, uns aus der modernen Wirtschaft zurückzuziehen und das Geld zu umgehen. Wir könnten in eine Kommune von Korbflechtern eintreten oder uns einer Gemeinschaft anschließen, in deren geldloser, auf dem Tauschhandel beruhender Wirtschaft jede Mahlzeit einen dreifingrigen albanischen Blorock kostet. Aber dann müssten wir auf Theater, Kunst, Reisen und Wein verzichten. Das Geld hat uns in die Lage versetzt, die riesige, komplexe, faszinierende moderne Gesellschaft zu entwickeln, in der das Leben lebenswert ist und in der es sich lohnt, Geld zu verdienen.

Daher sollten wir uns um eine friedliche Koexistenz mit dem Geld bemühen. Es gibt eine wachsende Bewegung von Milliardären, die ihr Vermögen verschenken, weil sie den Wert der Gemeinnützigkeit und die negativen Auswirkungen extremen Reichtums erkannt haben. Und es erscheinen mehr und mehr Bücher zu der Frage, wie wir mehr Genuss, Sinn und Erfüllung aus unseren Ausgaben ziehen können (Pioniere auf diesem Gebiet sind unsere Freunde Mike Norton und Elizabeth Dunn, die Autoren von *Happy Money*). Wahrscheinlich haben Sie selbst ebenfalls ein paar gute Ideen. Entwickeln Sie sie weiter, teilen Sie sie mit anderen, loten Sie ihre Möglichkeiten aus. Denken wir weiter über das Geld und darüber nach, wie wir eine harmonische Beziehung zu dieser heiklen, aber unverzichtbaren Erfindung herstellen können.

Wir müssen auch beginnen, mit unseren Freunden über Geld zu sprechen. Es ist nicht leicht, darüber zu sprechen, wie viele

Fehler wir machen, was wir mit unserem Geld tun, wie viel von unserem Einkommen wir sparen und wie viel wir ausgeben sollten. Aber es ist wichtig, dass wir einander helfen, besser mit unserem Geld umzugehen und die damit verbundenen komplexen Entscheidungen zu bewältigen.

Letzten Endes ist Geld wirklich nicht das Einzige, was zählt. Aber es ist für uns alle sehr wichtig. Wir verbringen sehr viel Zeit damit, darüber nachzudenken – und oft denken wir falsch.

Wir können weiterhin zulassen, dass die Preissetzer, Verkäufer und kommerziellen Akteure unsere psychologischen Bedingungen, unser Verhalten, unsere Neigungen und unsere Dummheit ausnutzen. Wir können darauf warten, dass Interessenvertretungen oder staatliche Einrichtungen Programme einrichten, um uns vor unserer Dummheit zu schützen. Oder wir können uns unsere Grenzen bewusst machen, persönliche Systeme entwickeln, um unsere Fehler zu korrigieren, und unser finanzielles Schicksal in die Hand nehmen, damit unser kostbares, endliches und unermesslich wertvolles Leben jeden Tag bereichernder wird.

Es liegt an uns. Wir heben unsere schmutzigen Kaffeetassen und stoßen mit köstlichem Wein auf eine bessere Zukunft an.

Zum Wohl,
Dan und Jeff

# DANK

Dan und Jeff möchten dem Geld ihren aufrichtigen Dank aussprechen. Wir danken dem Geld dafür, dass es so komplex ist. Wir danken ihm dafür, dass es so viele Wege findet, uns zu erschweren, es zu verstehen. Wir danken ihm dafür, dass es der Finanzwelt die Möglichkeit gibt, besonders komplex zu werden.

Vielen Dank für Kreditkarten, Hypotheken, versteckte Gebühren, mobiles Banking, Casinos, Autokonzessionäre, Finanzberater, Amazon.com, Immobilienpreise, das Kleingedruckte sowie Äpfel und Birnen.

Ohne euch wäre das Leben sehr viel einfacher, aber niemand würde dieses Buch brauchen.

Dieses Buch würde auf bloßer Spekulation beruhen ohne die brillanten Studien der auf den vergangenen Seiten zitierten Forscher, Lehrer und Autoren.

Es wäre eine Ansammlung sinnloser Worte ohne die Eingriffe von drei sehr talentierten Personen namens Elaine Grant, Matt Trower und Ingrid Paulin.

Und es wäre nur eine beschädigte Datei auf unseren Festplatten ohne die Unterstützung von Jim Levine und die Sachkenntnis und Leidenschaft von Matt Harper.

Wir danken euch.

Jeff möchte auch seinen Eltern danken, denn das ist, was undankbare Kinder tun. Er möchte seinen Geschwistern danken, die den Weg der Undankbarkeit für ihn geöffnet haben. Er dankt seiner Frau Anne für ihre Geduld, Inspiration und Liebe, seinen

Kindern Scott und Sarah für das schönste Gelächter in der Welt und natürlich Dan Ariely dafür, dass er seinen israelischen Akzent – den er sich auch nach Jahrzehnten in den Vereinigten Staaten rätselhafterweise bewahrt hat – eingesetzt hat, um den Lärm in einem Restaurant in North Carolina zu zerschneiden und zu fragen: »Wie wäre es, etwas über Geld zu schreiben?«

Dan Ariely liebt seine Familie ebenfalls, aber er zieht es vor, die Details Ihrer Fantasie zu überlassen.

# ÜBER DIE AUTORE[N]

**DAN ARIELY** ist Professor für Psychologie und Verhalt[en an der] Duke University und Gründer des Center for Advanc[ed Hindsight, der] seine Tage und Nächte damit verbringt, den vielen Fe[hlern nachzuspüren,] die wir im Umgang mit unserem Geld, unserer Zeit und [unseren Entscheidungen] begehen. Vor allem aber denkt er darüber nach, was [uns] unsere Entscheidungen mit unserem langfristigen W[ohl ein-] bringen. Dan ist auch Mitautor des Dokumentarfilms ([The] *About Lies* sowie Autor von drei Büchern, die es auf die Be[stsellerliste der New] York Times geschafft haben. Unter seinen Büchern sin[d *Denken] hilft zwar, nützt aber nichts*, *Fühlen nützt nichts, hilft aber*, *Die hal[be Wahrheit ist die beste] Lüge*, *Irrationally Yours* sowie *Payoff*.

Dan lebt mit seiner Frau Sumi und seinen reizenden Kin[dern] in Durham, North Carolina.

**JEFF KREISLER** ist ein typischer Princeton-Jurist, der [sich in einen preis-] gekrönten Komiker, Autor, Redner, Fernsehkommentat[or und] Verfechter der Verhaltensforschung verwandelt hat. Er s[etzt seinen Humor ein,] um die Welt zu verstehen, zu erklären und zu verändern.
Er wurde mit dem Bill Hicks Spirit Award für Comed[y, die zum Nachdenken] anregt, ausgezeichnet. Jeff schreibt für das Fernsehe[n und berät] Unternehmensleiter, tritt regelmäßig bei CNN, Fox-News [und Sirius] XM auf, veranstaltet Podcasts (darunter *Dollars & Nonsense*) [und mehr.] Seine Spezialgebiete sind Geld, Politik und andere mensc[hliche Laster.] Die New York Times hat seinen Humor als »köstlich« bez[eichnet. Rachel] Maddow (MSNBC) sagt über ihn: »Sie werden auf dem W[eg lachen.«] Seine Kinder finden ihn immer noch »cool«. Jeffs erstes [Buch erschien] mit dem Titel *Get Rich Cheating*.

jeffkreisler.com

# ANMERKUNGEN

1  Kathleen D. Vohs (University of Minnesota), Nicole L. Me̲ University) und Miranda R. Goode (University of British C Psychological Consequences of Money«, in: *Science* 314, Nr. 5₤ 1156.

2  Institute for Divorce Financial Analysts, »Survey: Ce Financial Analyst® (CDFA®) Professionals Reveal the Leac Divorce«, 2013, www.institutedfa.com/Leading-Causes-Divor

3  Dennis Thompson, »The Biggest Cause of Stress in A CBS News, 2015, www.cbsnews.com/news/the-biggest-cau america-today/.

4  Anandi Mani (University of Warwick), Sendhil Mullainat Eldar Shafir (Princeton) und Jiaying Zhao (University of Brit »Poverty Impedes Cognitive Function«, in: *Science* 341, Nr. 6: 980.

5  Paul K. Piff (UC Berkeley), Daniel M. Stancato (Berkeley), (Rotman School of Management), Rodolfo Mendoza-Denton Dacher Keltner (Berkeley), »Higher Social Class Predicts Incre Behavior«, *Proceedings of the National Academy of Sciences* 109 (2012

6  Maryam Kouchaki (Harvard), Kristin Smith-Crowe (Unive Arthur P. Brief (University of Utah) und Carlos Sousa (Unive »Seeing Green: Mere Exposure to Money Triggers a Business I and Unethical Outcomes«, in: *Organizational Behavior and I Processes* 121, Nr. 1 (2013):53–61.

7  Shane Frederick (Yale), Nathan Novemsky (Yale), Jing Wa Management University), Ravi Dhar (Yale) und Stephen Nowlis University), »Opportunity Cost Neglect«, in: *Journal of Consun* Nr. 4 (2009): 553–561.

Adam Gopnik, »Art and Money«, in: *New Yorker*, 1. Juni 2015.

Jose Paglieri, »How an Artist Can Steal and Sell Your Instagram Photos«, CNN, 28. Mai 2015, http://money.cnn.com/2015/05/28/technology/do-i-own-my-instagram-photos/.

10 Brad Tuttle, »JC Penney Reintroduces Fake Prices (and Lots of Coupons Too, Of Course)«, in: *Time*, 2. Mai 2013, http://business.time.com/2013/05/02/jc-penney-reintroduces-fake-prices-and-lots-of-coupons-too-of-course/.

11 Brian Wansink, *Essen ohne Sinn und Verstand: Wie die Lebensmittelindustrie uns manipuliert* (Frankfurt a. M.: Campus, 2008).

12 Aylin Aydinli (Vrije Universiteit, Amsterdam), Marco Bertini (Escola Superior d'Administració i Direcció d'Empreses [ESADE]) und Anja Lambrecht (London Business School), »Price Promotion for Emotional Impact«, in: *Journal of Marketing* 78, Nr. 4 (2014).

13 Gary Belsky und Thomas Gilovich, *Das Lemmingprinzip: Warum auch clevere Leute im Umgang mit Geld schwere Fehler machen und wie man diese korrigiert* (München: FinanzbuchVerlag, 2007).

14 Jonathan Levav (Columbia) und A. Peter McGraw (University of Colorado), »Emotional Accounting: How Feelings About Money Influence Consumer Choice«, in: *Journal of Marketing Research* 46, Nr. 1 (2009):66–80.

15 Ebd.

16 Amar Cheema (Washington University, St. Louis) und Dilip Soman (University of Toronto), »Malleable Mental Accounting: The Effect of Flexibility on the Justification of Attractive Spending and Consumption Decisions«, in: *Journal of Consumer Psychology* 16, Nr. 1 (2006):33–44.

17 Ebd.

18 Eldar Shafir (Princeton) und Richard H. Thaler (University of Chicago), »Invest Now, Drink Later, Spend Never: On the Mental Accounting of Delayed Consumption«, in: *Journal of Economic Psychology* 27, Nr. 5 (2006):694–712.

19 Donald A. Redelmeier (University of Toronto), Joel Katz (University of Toronto) und Daniel Kahneman (Princeton), »Memories of Colonoscopy: A Randomized Trial«, in: *Pain* 104, Nr. 1–2 (2003):187–194.

20 Drazen Prelec (MIT) und George Loewenstein (Carnegie Mellon University), »The Red and the Black: Mental Accounting of Savings and Debt«, in: *Marketing Science* 17, Nr. 1 (1998):4–28.

21 Nina Mazar (University of Toronto), Hilke Plassman (Institut Européen d'Administration des Affaires [INSEAD]), Nicole Robitaille (Queen's University) und Axel Lindner (Hertie Institute for Clinical Brain Research), »Pain

of Paying? A Metaphor Gone Literal: Evidence from Neural and Behavioral Science«, in: INSEAD Working Paper Nr. 2017/06/MKT, 2016.

22   Dan Ariely (MIT) und Jose Silva (Haas School of Business, UC Berkeley), »Payment Method Design: Psychological and Economic Aspects of Payments« (Working Paper 196, 2002).

23   Prelec und Loewenstein, »The Red and the Black«.

24   Für einen Überblick vgl. Dilip Soman (University of Toronto), George Ainslie (Temple University), Shane Frederick (MIT), Xiuping L. (University of Toronto), John Lynch (Duke University), Page Moreau (University of Colorado), George Zauberman (UNC Chapel Hill), u. a., »The Psychology of Intertemporal Discounting: Why Are Distant Events Valued Differently from Proximal Ones?«, in: *Marketing Letters* 16, Nr. 3–4 (2005):347–360.

25   Elizabeth Dunn (University of British Columbia) und Michael Norton (Harvard Business School), *Happy Money: So verwandeln Sie Geld in Glück* (Kulmbach: books4success, 2014), S. 119.

26   Drazen Prelec (MIT) und Duncan Simester (MIT), »Always Leave Home Without It: A Further Investigation of the Credit-Card Effect on Willingness to Pay«, in: *Marketing Letters* 12, Nr. 1 (2001):5–12.

27   Richard A. Feinberg (Purdue), »Credit Cards as Spending Facilitating Stimuli: A Conditioning Interpretation«, in: *Journal of Consumer Research* 12 (1986):356–384.

28   Promotesh Chatterjee (University of Kansas) und Randall L. Rose (University of South Carolina), »Do Payment Mechanisms Change the Way Consumers Perceive Products?« *Journal of Consumer Research* 38, Nr. 6 (2012):1129–1139.

29   Uri Gneezy (UC San Diego), Ernan Haruvy (UT Dallas) und Hadas Yafe (Israel Institute of Technology), »The Inefficiency of Splitting the Bill«, in: *Economic Journal* 114, Nr. 495 (2004):265–280.

30   Gregory B. Northcraft (University of Arizona) und Margaret A. Neale (University of Arizona), »Experts, Amateurs, and Real Estate: An Anchoring-and-Adjustment Perspective on Property Pricing Decisions«, in: *Organizational Behavior and Human Decision Processes* 39, Nr. 1 (1987): 84–97.

31   Amos Tversky (Hebrew University) und Daniel Kahneman (Hebrew University), »Judgment under Uncertainty: Heuristics and Biases«, in: *Science* 185 (1974):1124–1131.

32   Joseph P. Simmons (Yale), Robyn A. LeBoeuf (University of Florida) und Leif D. Nelson, (UC Berkeley), »The Effect of Accuracy Motivation on

Anchoring and Adjustment: Do People Adjust from Provided Anchors?«, in: *Journal of Personality and Social Psychology* 99, Nr. 6 (2010):917–932.

33 William Poundstone, *Priceless: The Myth of Fair Value (and How to Take Advantage of It)* (New York: Hill & Wang, 2006).

34 Simmons, LeBoeuf und Nelson, »The Effect of Accuracy Motivation on Anchoring and Adjustment.«

35 Dan Ariely (Duke University), *Denken hilft zwar, nützt aber nichts: Warum wir immer wieder unvernünftige Entscheidungen treffen* (München: Droemer, 2008).

36 Daniel Kahneman (Princeton), Jack L. Knetsch (Simon Fraser University) und Richard H. Thaler (University of Chicago), »The Endowment Effect: Evidence of Losses Valued More than Gains«, in: *Handbook of Experimental Economics Results* (2008).

37 Michael I. Norton (Harvard Business School), Daniel Mochon (University of California, San Diego) und Dan Ariely (Duke University), »The IKEA Effect: When Labor Leads to Love«, in: *Journal of Consumer Psychology* 22, Nr. 3 (2012):453–460.

38 Ziv Carmon (INSEAD) und Dan Ariely (MIT), »Focusing on the Forgone: How Value Can Appear So Different to Buyers and Sellers«, in: *Journal of Consumer Research* 27, Nr. 3 (2000):360–370.

39 Daniel Kahneman (UC Berkeley), Jack L. Knetsch (Simon Fraser University) und Richard Thaler (Cornell), »Experimental Tests of the Endowment Effect and the Coarse Theorem«, in: *Journal of Political Economy* 98 (1990):1325–1348.

40 James R. Wolf (Illinois State University), Hal R. Arkes (Ohio State University) und Waleed A. Muhanna (Ohio State University), »The Power of Touch: An Examination of the Effect of Duration of Physical Contact on the Valuation of Objects«, in: *Judgment and Decision Making* 3, Nr. 6 (2008):476–482.

41 Daniel Kahneman (University of British Columbia) und Amos Tversky (Stanford), »Prospect Theory: An Analysis of Decision under Risk«, in: *Econometrica: Journal of Econometric Society* 47, Nr. 2 (1979):263–291.

42 Belsky und Gilovich, *Das Lemmingprinzip*.

43 Dawn K. Wilson (Vanderbilt), Robert M. Kaplan (UC San Diego) und Lawrence J. Schneiderman (UC San Diego), »Framing of Decisions and Selection of Alternatives in Health Care«, in: *Social Behaviour* 2 (1987):51–59.

44 Shlomo Benartzi (UCLA) und Richard H. Thaler (University of Chicago), »Risk Aversion or Myopia? Choices in Repeated Gambles and Retirement Investments«, in: *Management Science* 45, Nr. 3 (1999):364–381.

45  Belsky and Gilovich, *Das Lemmingprinzip*.

46  Hal R. Arkes (Ohio University) und Catherine Blumer (Ohio University), »The Psychology of Sunk Cost«, in: *Organizational Behavior and Human Decision Processes* 35, Nr. 1 (1985):124–140.

47  Alan G. Sanfey (Princeton), James K. Rilling (Princeton), Jessica A. Aronson (Princeton), Leigh E. Nystrom (Princeton) und Jonathan D. Cohen (Princeton), »The Neural Basis of Economic Decision Making in the Ultimatum Game«, in: *Science* 300 (2003):1755–1758.

48  Daniel Kahneman (UC Berkeley), Jack L. Knetsch (Simon Fraser University) und Richard H. Thaler (Cornell), »Fairness as a Constraint on Profit Seeking: Entitlements in the Marketing«, in: *American Economic Review* 76, Nr. 4 (1986):728–741.

49  Annie Lowrey, »Fare Game«, in: *New York Times Magazine*, 10. Januar 2014.

50  On Amir (UC San Diego), Dan Ariely (Duke), Ziv Carmon (INSEAD), »The Dissociation Between Monetary Assessment and Predicted Utility«, in: *Marketing Science* 27, Nr. 6 (2008):1055–1064.

51  Jan Hoffman, »What Would You Pay for This Meal?«, in: *New York Times*, 17. August 2015.

52  Ryan W. Buell (Harvard Business School) und Michael I. Norton (Harvard Business Sch ool), »The Labor Illusion: How Operational Transparency Increases Perceived Value«, in: *Management Science* 57, Nr. 9 (2011):1564–1579.

53  John T. G ourville (Harvard) und Dilip Soman (University of Colorado, Boulder), »Payment Depreciation: The Behavioral Effects of Temporally Separating Payments From Consumption«, in: *Journal of Consumer Research* 25, Nr. 2 (1998):160–174.

54  Nicholas Epley (University of Chicago), Dennis Mak (Harvard) und Lorraine Che n Idson (Harvard Business School), »Bonus or Rebate? The Impact of In come Framing on Spending and Saving«, in: *Journal of Behavioral Decision Making* 19, Nr. 3 (2006):213–227.

55  John Lanchester, *Die Sprache des Geldes und warum wir sie nicht verstehen (sollen)* (Stuttgart: Klett-Cotta, 2015).

56  Kathleen D. Vohs (University of Minnesota), Yajin Wang (University of Minnesota), Francesca Gino (Harvard Business School) und Michael I. Norton (Harvard Business School), »Rituals Enhance Consumption«, in: *Psychological Science* 24, Nr. 9 (2013):1714–1721.

57 Elizabeth Dunn (University of British Columbia) und Michael Norton (Harvard Business School), *Happy Money: So verwandeln Sie Geld in Glück* (Kulmbach: Börsenmedien, 2013):110.

58 Michael I. Norton (MIT) und George R. Goethals, »Spin (and Pitch) Doctors: Campaign Strategies in Televised Political Debates«, in: *Political Behavior* 26 (2004):227.

59 Margaret Shin (Harvard), Todd Pittinsky (Harvard) und Nalini Ambady (Harvard), »Stereotype Susceptibility Salience and Shifts in Quantitative Performance«, in: *Psychological Science* 10, Nr. 1 (1999):80–83.

60 Ebd.

61 Robert Rosenthal (UC Riverside) und Leonore Jacobson (South San Francisco Unified School District), *Pygmalion in the Classroom: Teacher Expectation and Pupils' Intellectual Development* (New York: Holt, Rinehart & Winston, 1968).

62 James C. Makens (Michigan State University), »The Pluses and Minuses of Branding Agricultural Products«, in: *Journal of Marketing* 28, Nr. 4 (1964):10–16.

63 Ralph I. Allison (National Distillers Products Company) und Kenneth P. Uhl (State University of Iowa), »Influence of Beer Brand Identification on Taste Perception«, in: *Journal of Marketing Research* 1 (1964):36–39.

64 Samuel M. McClure (Princeton), Jian Li (Princeton), Damon Tomlin (Princeton), Kim S. Cypert (Princeton), Latané M. Montague (Princeton) und P. Read Montague (Princeton), »Neural Correlates of Behavioral Preference for Culturally Familiar Drinks«, in: *Neuron* 44 (2004):379–387.

65 Moti Amar (Onno College), Ziv Carmon (INSEAD) und Dan Ariely (Duke), »See Better If Your Sunglasses Are Labeled Ray-Ban: Branding Can Influence Objective Performance« (Working Paper).

66 Belsky und Gilovich, *Why Smart People Make Big Money Mistakes*:137. Das Lemmingprinzip.

67 Baba Shiv (Stanford), Ziv Carmon (INSEAD) und Dan Ariely (MIT), »Placebo Effects of Marketing Actions: Consumers May Get What They Pay For«, in: *Journal of Marketing Research* 42, Nr. 4 (2005):383–393.

68 Marco Bertini (London Business School), Elie Ofek (Harvard Business School) und Dan Ariely (Duke), »The Impact of Add-On Features on Consumer Product Evaluations«, in: *Journal of Consumer Research* 36 (2009):17–28.

69 Jordi Quoidbach (Harvard) und Elizabeth W. Dunn (University of British Columbia), »Give It Up: A Strategy for Combating Hedonic Adaptation«, in: *Social Psychological and Personality Science* 4, Nr. 5 (2013):563–568.

70   Leonard Lee (Columbia University), Shane Frederick (MIT) und Dan Ariely (MIT), »Try It, You'll Like It«, in: *Psychological Science* 17, Nr. 12 (2006): 1054–1058.

71   Polyana da Costa, »Survey: 36 Percent Not Saving for Retirement«, *Bankrate*, 2014, http://www.bankrate.com/finance/consumerindex/survey-36-percent-not-saving-for-retirement.aspx.

72   Nari Rhee (National Institute on Retirement Security) und Ilana Boivie (National Institute on Retirement Security), »The Continuing Retirement Savings Crisis«, 2015, www.nirsonline.org/storage/nirs/documents/RSC%20 2015/final_rsc_2015.pdf

73   Wells Fargo, »Wells Fargo Study Finds Middle Class Americans Teeter on Edge of Retirement Cliff: More than a Third Could Live at or Near Poverty in Retirement«, 2012, www.wellsfargo.com/about/press/2012/20121023_ MiddleClassRetirementSurvey/.

74   Financial Planning Association Research und Practice Institute, »2013 Future of Practice Management Study«, 2013, www.onefpa.org/business-success/ResearchandPracticeInstitute/Documents/RPI%20Future%20of%20 Practice%20Management%20Report%20-20Dec%202013.pdf.

75   Hal Ersner-Hershfield (Stanford), G. Elliot Wimmer (Stanford) und Brian Knutson (Stanford), »Saving for the Future Self: Neural Measures of Future Self-Continuity Predict Temporal Discounting«, in: *Social Cognitive and Affective Neuroscience* 4, Nr. 1 (2009):85–92.

76   Oscar Wilde, *Lady Windermere's Fan* (London, 1893).

77   Dan Ariely (MIT) und George Loewenstein (Carnegie Mellon), »The Heat of the Moment: The Effect of Sexual Arousal on Sexual Decision Making«, in: *Journal of Behavioral Decision Making* 19, Nr. 2 (2006):87–98.

78   Bram Van den Bergh (KU Leuven), Sigfried Dewitte (KU Leuven) und Luk Warlop (KU Leuven), »Bikinis Instigate Generalized Impatience in Intertemporal Choice«, in: *Journal of Consumer Research* 35, Nr. 1 (2008):85–97.

79   Kyle Carlson (Caltech), Joshua Kim (University of Washington), Annamaria Lusardi (George Washington University School of Business) und Colin F. Camerer, »Bankruptcy Rate, among NFL Players with Short-Lived Income Spikes«, in: *American Economic Review*, American Economic Association, 105, Nr. 5 (Mai 2015):381–84.

80   Pablo S. Torre, »How (and Why) Athletes Go Broke«, in: *Sports Illustrated*, 23. März 2009, www.si.com/vault/2009/03/23/105789480/how-and-why-athletesgo-broke.

81  Ilana Polyak, »Sudden Wealth Can Leave You Broke«, CNBC, www.cnbc.com/2014/10/01/sudden-wealth-can-leave-you-broke.html.
82  Rebecca Waber (MIT), Baba Shiv (Stanford), Ziv Carmon (INSEAD) und Dan Ariely (MIT), »Commercial Features of Placebo and Therapeutic Efficacy«, in: JAMA 299, Nr. 9 (2008):1016–1017.
83  Baba Shiv (Stanford), Carmon Ziv (INSEAD) und Dan Ariely (MIT), »Placebo Effects of Marketing Actions: Consumers May Get What They Pay For«, in: *Journal of Marketing Research* 42, Nr. 4 (2005):383–393.
84  Felix Salmon, »How Money Can Buy Happiness, Wine Edition«, Reuters, 27. Oktober 2013, http://blogs.reuters.com/felix-salmon/2013/10/27/how-money-can-buy-happiness-wine-edition/.
85  Christopher K. Hsee (University of Chicago), George F. Loewenstein (Carnegie Mellon), Sally Blount (University of Chicago) und Max H. Bazerman (Northwestern /Harvard Business School), »Preference Reversals Between Joint and Separate Evaluations of Options: A Review and Theoretical Analysis«, in: *Psychological Bulletin* 125, Nr. 5 (1999):576–590.
86  Florian Zettelmeyer (UC Berkeley), Fiona Scott Morton (Yale) und Jorge Silva-Risso (UC Riverside), »How the Internet Lowers Prices: Evidence from Matched Survey and Auto Transaction Data«, in: *Journal of Marketing Research* 43, Nr. 2 (2006):168–181.
87  Christopher J. Bryan (Stanford) und Hal E. Hershfield (New York University), »You Owe It to Yourself: Boosting Retirement Saving with a Responsibility-Based Appeal«, in: *Journal of Experimental Psychology* 141, Nr. 3 (2012):429–432.
88  Hal E. Hershfield (New York University), »Future Self-Continuity: How Conceptions of the Future Self Transform Intertemporal Choice«, in: *Annals of the New York Academy of Sciences* 1235, Nr. 1 (2011):30–43.
89  Daniel Read (University of Durham), Shane Frederick (MIT), Burcu Orsel (Goldman Sachs) und Juwaria Rahman (Office for National Statistics), »Four Score and Seven Years from Now: The Date/Delay Effect in Temporal Discounting«, in: *Management Science* 51, Nr. 9 (2005):1326–1335.
90  Hal E. Hershfield (New York University), Daniel G. Goldstein (London Business School), William F. Sharpe (Stanford), Jesse Fox (Ohio State University), Leo Yeykelis (Stanford), Laura L. Carstensen (Stanford) und Jeremy N. Bailenson (Stanford), »Increasing Saving Behavior Through Age-Progressed Renderings of the Future Self«, in: *Journal of Marketing Research* 48 (2011):S23–S37.

91 Nava Ashraf (Harvard Business School), Dean Karlan (Yale) und Wesley Yin (University of Chicago), »Female Empowerment: Impact of a Commitment Savings Product in the Philippines«, in: *World Development* 38, Nr. 3 (2010):333–344.

92 Dilip Soman (Rotman School of Management) und Maggie W. Liu (Tsinghua University), »Debiasing or Rebiasing? Moderating the Illusion of Delayed Incentives«, in: *Journal of Economic Psychology* 32, Nr. 3 (2011):307–316.

93 Dilip Soman (Rotman School of Management) and Amar Cheema (University of Virginia), »Earmarking and Partitioning: Increasing Saving by Low-Income Households«, in: *Journal of Marketing Research* 48 (2011):S14–S22.

94 Autumn Cafiero Giusti, »Strike It Rich (or Not) with a Prize-Linked Savings Account«, in: *Bankrate*, 2015, www.bankrate.com/finance/savings/prize-linked-savings-account.aspx.

95 Jordan Etkin (Duke University), »The Hidden Cost of Personal Quantification«, in: *Journal of Consumer Research* 42, Nr. 6 (2016):967–984.

96 Merve Akbaş (Duke), Dan Ariely (Duke), David A. Robalino (Weltbank) und Michael Weber (Weltbank), »How to Help the Poor to Save a Bit: Evidence from a Field Experiment in Kenya« (IZA Discussion Paper Nr. 10024, 2016).

97 Sondra G. Beverly (George Warren Brown School of Social Work), Margaret M. Clancy (George Warren Brown School of Social Work), und Michael Sherraden (George Warren Brown School of Social Work), »Universal Accounts at Birth: Results from SEED for Oklahoma Kids« (CSD Research Summary Nr. 16–07), Center for Social Development, Washington University, St. Louis, 2016.

98 Myles Udland, »Fidelity Reviewed Which Investors Did Best and What They Found Was Hilarious«, in: *Business Insider*, 2. September 2004, www.businessinsider.com/forgetful-investors-performed-best-2014-9.

99 Daniel G. Goldstein (Microsoft Research), Hal E. Hershfield (UCLA) und Shlomo Benartzi (UCLA), »The Illusion of Wealth and Its Reversal«, in: *Journal of Marketing Research* 53, Nr. 5 (2016):804–813.

100 Ebd.

101 Soman und Cheema, »Earmarking and Partitioning«: 14–S22.

Hermann-Josef Tenhagen

# Das Finanztip-Buch

Wie Sie mit wenig Aufwand viel Geld sparen

Gebunden mit Schutzumschlag
Auch als E-Book erhältlich.
www.econ.de

2000 Euro im Jahr sparen! Das können Sie und Ihre ganze Familie ganz schnell mit ein paar einfachen Handgriffen. Finanztip-Chef Hermann-Josef Tenhagen entlarvt die größten unnötigen Geldfresser unseres Alltags. Ob bei Versicherungen, Strom und Handyvertrag, bei Zinsen oder Hauskauf: Das Finanztip-Buch verrät, wie Sie cleverer mit Ihrem Geld umgehen und mit wenigen Entscheidungen jeden Monat mehr in der Tasche haben.

Der schnelle Tipp zum Einstieg: Stellen Sie Ihre Kfz-Versicherung auf jährliche Zahlweise um, und Sie sparen sofort die 19,99 Euro für dieses Buch.

»Deutschlands bekanntester Verbraucherschützer«
**Der Spiegel**

**Econ**

Thomas Ramge
Jan Schwochow

## Wirtschaft verstehen

Eine Einführung in 111 Infografiken

Mit 111 farbigen Infografiken.
Halbleinenband.
www.econ.de

*Wirtschaft für alle – faktenreich und unterhaltsam.*

So haben Sie Wirtschaft noch nie gesehen! Thomas Ramge und Jan Schwochow übertragen die wichtigsten Schlagwörter und Themen der Ökonomen in bunte Bilder, die jeder versteht, vom Menschen über die Betriebs- und Volkswirtschaft bis zur globalen Ökonomie. So werden die Einkommensverteilung, Wachstum oder die globalen Handelsströme in ein lebendiges Bild der realen Wirtschaft übersetzt. Kapitel zu den großen Vordenkern, zur Nachhaltigkeit und ein Blick in die Zukunft runden den prächtigen großformatigen Bildband ab. Ramge und Schochow laden die Leser zu einem virtuellen Rundgang durch die Welt der Wirtschaft ein und begeistern für das sonst so sperrige Thema.

Econ

*Axel Koch*

**Change mich am Arsch**

Wie Unternehmen ihre Mitarbeiter und sich selbst kaputtverändern

Klappenbroschur
Auch als E-Book erhältlich.
www.econ.de

Change hat viele Gesichter – die von freigestellten Leistungsträgern, verramschten Fachkräften, frustrierten und orientierungslosen Mitarbeitern. Dieses Buch gibt den Opfern des Change-Wahns eine Stimme. Doch nicht nur für die Mitarbeiter sind Restrukturierungen, Outsourcing und New-Work-Fantasien oft der blanke Horror. Durch die unrealistische Erwartungshaltung der Führungsetagen entsteht auch ein gewaltiger wirtschaftlicher Schaden. Über jeder Change-Maßnahme schwebt drohend die Frage, wie lange Menschen und Unternehmen die Überdosis an Change noch aushalten.

Econ